Klaus Berger

Im Anfang war Johannes

Klaus Berger

Im Anfang war Johannes

Datierung und Theologie des vierten Evangeliums

Quell

ISBN 3-7918-1434-6 (gebunden)
ISBN 3-7918-1435-4 (kartoniert)

Lektorat: Hans-Joachim Pagel
Umschlaggestaltung: Barbara Hanke, Hamburg
Gesetzt aus der Adobe Garamond 11 / 13 pt
Gesamtherstellung: Maisch & Queck, Gerlingen

INHALT

NT-Theologie:
≠ Dogmatik-Theologie
= Verm.-M.-Theologie

Der Erinnerung an Joseph Winter
(1905–1966)

Joh. Ev. =
Diff. v.
– Mystischer Ebene (= Primat Andreas)
(„Lieblingsjünger" Andreas)
(Prolog: … wir haben seine
Herrlichkeit
gesehen (!) =
die H. des Sohnes
vom Vater (!)
voll …. ")

– Inkarnations-Geschichtl.
Ebene (= Primat des
Sohnes) Petrus)
(„Hirte" Simon Petrus)
(„Christolog. Ebene")
(„Verm. [illegible]")

Philippus – Petrus – Andreas

Prantius: Symbol. Theologie
oder Kategor. Ordnung

VORWORT

Die Johannes-Auslegung, die dieses Buch präsentiert, vertrete ich in Grundzügen seit meiner ersten Heidelberger Johannes-Vorlesung im Sommersemester 1976. Das vorgelegte Buch entfaltet überdies Ansätze aus meiner Theologiegeschichte des Urchristentums (2. Auflage 1995) und versucht, sie teilweise umfassender zu begründen.
Die Sekundärliteratur zum Johannes-Evangelium ist so angewachsen, daß man mittlerweile zu jedem Vers eine mehrbändige Forschungsgeschichte schreiben könnte und müßte. Die Diskussion mit anderen Autoren geschieht daher nur an besonderen Stellen ausführlicher. Gleiches gilt für die breitere religionsgeschichtliche Argumentation. Sie entfällt nicht, wird aber nur an einzelnen Stellen geboten, auch um anzudeuten, was möglich (und auch wiederum nötig) wäre.
Viele Kapitel dieses Buches entstanden auf den langen Bahnfahrten von und zu Vorträgen vor einer breiteren Öffentlichkeit. Oft habe ich daher auch an diese Kreise Interessierter gedacht, manchmal in der Überzeugung, daß von ihrem Interesse und von ihren Fragen her allein noch wirkliche Neuerungen in der Exegese zu erwarten sind.
Für mich persönlich war die Arbeit am Johannes-Evangelium mit Blick auf dieses Buch immer verbunden mit der Erfahrung großer Befreiung. Das gilt oft hinsichtlich einer Exegese, die – bei allem anerkennenswerten Aufwand von Mühe und Sachkunde – dieses Evangelium ungenießbar gemacht hat.
Wer es wagt, mit allen Konsequenzen das Johannes-Evangelium an den Anfang der Evangelien-Entwicklung zu setzen, muß so weit gelangt sein, daß er vor nichts Irdischem mehr Angst hat.
Gewidmet ist das Buch dem Gedenken an den Mann, Pfarrer und Akademiedirektor in Goslar, der mich als erster für die Lektüre des Johannes-Evangeliums begeisterte, mich zu meinem Beruf anregte und viele Menschen engagiert gefördert hat.
Meiner Frau und vielen anderen danke ich für viele kritische und aufmunternde Gespräche unterwegs.
Für die Beschaffung der Literatur danke ich herzlich Herrn Markus Sasse.

Heidelberg, im Juli 1997 *Klaus Berger*

TEIL I
EINFÜHRUNG

§ 1
Datierungsfragen

In diesem Buch wird eine Frühdatierung des JohEv auf die Zeit gegen Ende der sechziger Jahre des 1. Jh. vorgeschlagen. Das wäre an sich nicht erheblich, weil für kaum eine einzige Schrift des Neuen Testaments auch nur annähernd das Entstehungsdatum in absoluter Chronologie anzugeben ist. So käme es auf ein paar Jahre früher oder später eigentlich nicht an. Bei einer Frühdatierung des JohEv[1] liegt der Fall indes anders. Denn bisher galt das JohEv nicht nur als das späteste Evangelium (um 100 n. Chr., nach anderen nach 140 n. Chr., nach F. C. Baur im späten 2. Jh.), sondern auch weitgehend als Resultat der *relecture* anderer neutestamentlicher Schriften wie der Synoptiker und des Paulus. Nun, eine solche literarische Abhängigkeit konnte man bezweifeln, und man hat es immer wieder getan. Brenzlig wird die Frage indes für das Jesusbild: Dürfen wir uns – und das ist nun wirklich Konsens der Forschung – für das Bild des historischen Jesus allein auf die synoptischen Evangelien (und, wie manche meinen, zu denen ich auch gehöre: das ThomasEv) verlassen – oder auch zum Beispiel auf das JohEv? Die Frage heißt daher ganz schlicht: Muß die Jesus-Überlieferung neu gedeutet werden?

Nun gibt man gerne zu, daß das JohEv in Einzelzügen manchmal ältere Daten bewahrt; das gilt besonders für die Passions- und Osterge-

[1] Ähnliche Versuche: J. A. T. ROBINSON: The Priority of John, London 1985. – M. BARTH: Die Juden im Johannesevangelium. Wiedererwägungen zum Sitz im Leben, Datum und angeblichen Judaismus im Johannes-Evangelium, in: D. NEUHAUS (Hg.): Teufelskinder oder Heilsbringer – Die Juden im Johannesevangelium (Arnoldshainer Texte 64), Frankfurt, 2. A. 1993, 39–94. – Der Versuch von Robinson ist methodisch ganz anders geartet als der hier vorgelegte, der von M. Barth argumentiert vor allem von der Beurteilung des Judentums her und ist in meinen Augen recht nützlich. Beide Publikationen werden durch das hier Vorgelegte nicht überholt.

schichte. Es gilt auch für Nachrichten in Kapitel 1 über Jesusjünger aus dem Täuferkreis, von denen einige aus Bethsaida stammen sollen. Es gilt schließlich für die politischen Elemente in Joh 6,15; 11,47–53 und 19,12. Aber das ist dann auch schon fast alles, was man zum historischen Wert des JohEv für das Bild Jesu zu bemerken hat.

Hier wird das anders gesehen. Die Konsequenz ist, daß der johanneische Jesus weitaus ernster zu nehmen ist, als es bisher geschah. »Ernster«, das heißt: Was Jesus nach dem JohEv sagt und tut, ist nicht belanglos für das offene Mosaik, das allein wir noch zusammenzusetzen uns bemühen können. Was man bisher als johanneisch und spät zu mißachten gewöhnt ist, könnte sich weithin als historisch ernstzunehmende Variante früher christlicher Überlieferungen entpuppen. Im Klartext: Im JohEv haben wir viel, sehr viel zu lesen, das durchaus zu Jesus von Nazareth passen könnte.

Diese andere Sicht hat ihre methodischen Gründe, die weit in das Fundament der allgemein akzeptierten liberalen Jesusforschung hinunterreichen. Sie werden im folgenden nicht verschwiegen. – Daß es für viele Menschen nur die Alternative zwischen klassischer liberaler und fundamentalistischer Exegese gibt, ist ebenso bekannt wie bedauerlich. Der Versuch, das zu ändern, dauert bei mir schon lebenslang.

Im übrigen lag mir vor allem daran, möglichst viel von dem zur Geltung zu bringen, was man oft »Theologie des JohEv« nennt. Besonders wichtig ist mir hier, was ich im Verhältnis zu den Synoptikern »ökumenische Komplementarität« nennen möchte.

Folgender Weg wird in diesem Buch beschritten: Wir beginnen mit den klassischen Gründen für die Spätdatierung des JohEv und orientieren uns dann an den methodischen Fragen bezüglich der Echtheit von Jesusworten und christologischen Hoheitsaussagen. Sodann erörtern wir klassische Einleitungsfragen (Autor, Adressaten, Gegner, Hinweise für Datierung, Identität des Lieblingsjüngers). Dann gehen wir den großen theologischen Themen nach und versuchen schließlich, das JohEv in das Feld verwandter frühchristlicher Autoren einzuordnen, von denen besonders Paulus und die Verfasser des Kolosser- und des Hebräerbriefes wichtig zu sein scheinen.

Möglichst jedem Abschnitt ist ein kurzes Resümee beigegeben, das den Titel trägt *Ältere Tradition(en) im JohEv.* Hier werden die Argumente für die Frühdatierung zusammengefaßt.

§ 2
Die klassischen Argumente für die Spätdatierung des Johannes-Evangeliums

Das JohEv ist die – nach dem gegenwärtigen Stand der Forschung – am frühesten bezeugte Schrift des frühen Christentums. Mehrere sehr alte Papyrusfragmente werden in die Zeit vor 150 n. Chr. datiert. Als ältestes Fragment gilt der Abschnitt Joh 18,31–33.37–38 in der John Ryland's Library in Manchester (Greek Papyrus 457), in der Forschung »Papyrus 52« genannt. In Ägypten ist demnach das JohEv sehr schnell verbreitet worden. Dennoch hält die Forschung an ihrer Meinung über die Spätdatierung fest, die sich längst vor den Papyrusfunden gebildet hatte.
Seit David Friedrich Strauß und Ferdinand Christian Baur hat sich die Forschung an eine Spätdatierung des JohEv gewöhnt. Die Argumente sind im einzelnen zu prüfen.

David Friedrich Strauß[2]

1. Da die Evangelien der Gattung und Art nach »verherrlichend« seien, gelte hier der Grundsatz, »daß … in streitigen Fällen immer diejenige Angabe die minder glaubwürdige ist, welche jenem Zweck der Verherrlichung am meisten entspricht«. Das sei beim JohEv der Fall, da Jesus hier von Anfang bis Ende »im unveränderten messianischen Glanz strahlt«. Bei den Synoptikern dagegen gehe es unterschiedlich um Ver- und Enthüllung. Erst allmählich habe sich Jesus hier zum Messias entwickelt.
2. Durch die *Leichtigkeit*, mit der er den *Redestoff* beherrscht, erregte der vierte Evangelist den Verdacht, nur selbsterzeugten vor sich zu haben.
3. Im JohEv spreche auch der Täufer »ganz in denselben Formeln und in dem gleichen Tone« wie Jesus. Dagegen sei einzuwenden, »daß dieser johanneische Styl für den rauhen Täufer viel zu weich, für den praktischen Kopf viel zu mystisch« sei. Beide, Jesus wie den Täufer, habe der Evangelist in seinem eigenen Stil reden lassen.

[2] D. F. STRAUSS: Das Leben Jesu I, 1835, 470.473f.477.648f; II, 1836, 460.471f.

4. Daß Jesus sein Leiden nicht nur vorhergewußt, sondern auch zuvor schon völlig überwunden habe, so daß er ihm mit völliger Ruhe ins Auge blicken konnte, das sei gegenüber den Synoptikern »die höchste Stufe andächtiger, aber ungeschichtlicher Verschönerung«.
Zur *Bewertung* dieser Kritik ist zu sagen: Strauß sagt nur etwas zum Problem der historischen Treue, nicht aber zur relativen oder absoluten Datierung.
In Punkt 1 und 4 ist vorausgesetzt, daß Jesus zunehmend verherrlicht bzw. vergottet worden sei. Dieses Dekadenz- bzw. Aszendenz-Schema wird leider in der Regel nicht in Frage gestellt. Zugrunde liegt ein liberalistisches Karriere-Denken. Gerade wenn man berücksichtigt, wie unterschiedlich die Milieus und Voraussetzungen sind, in die das frühe Christentum eindringt, wird es unmöglich, die im Sinne des 19. Jh. gemutmaßte »Vollkommenheit« zum Maßstab für theologiegeschichtliche Einordnung und zum Kriterium für früh/spät oder echt/unecht zu machen.
Zu Punkt 2 und 3: Der Verfasser des JohEv hat eine andere Vorstellung von Authentizität als die Synoptiker. – Woher will Strauß so genau wissen, daß Jesus nicht im johanneischen Stil geredet haben kann? Auch bei den Synoptikern gibt es »johanneische Passagen«. Und stand vielleicht der Täufer Jesus doch näher?

Ferdinand Christian Baur

1. Dem JohEv gehe es nicht um eine rein historische Erzählung, sondern um die Darstellung einer Idee. Daher seien die Synoptiker die historisch treueren. Die Idee, der das JohEv folge, sei die der göttlichen Größe und Herrlichkeit Jesu.
2. Weil das JohEv laut 10,16 das »Ideal einer auf gleiche Weise aus Juden und Heiden bestehenden christlichen Gemeinde« vertrete, sei es in einer Zeit entstanden, »in welcher das Christenthum in seinem Entwicklungsgang schon über jene Gegensätze der ersten Zeit hinweggeschritten war«. Damit komme das JohEv für eine Augenzeugenschaft nicht in Frage.[3]
So bemerkt Baur zusammenfassend:

[3] F. C. BAUR: Kritische Untersuchungen über die kanonischen Evangelien, Tübingen 1847, 316.386.73f.76.108.239.

»Durchaus geht seine Anschauungsweise über die beiden andern Richtungen hinaus, um sie und mit ihnen Judenthum und Heidenthum in einer höhern allgemein menschlichen Einheit zusammenzufassen ... Heidenthum und Judenthum stehen also in demselben negativen Verhältnis zum Christenthum als der allein wahren absoluten Religion. Das Judenthum hat zwar den Vorzug vor dem Heidenthum, daß seine Gottesverehrung eine wissende, das heißt auf das wahre Object des religiösen Bewußtseins gerichtete ist ..., aber auch das Heidenthum hat einen gewissen Antheil an dem von Anfang an in der Finsternis leuchtenden Lichte des Logos, das alle Menschen erleuchtet (1,9) ...«[4]

Das heißt: Das JohEv nimmt nach dem Schematismus der Dialektik einen notwendigen Platz auf dem Weg ein, der zur Bildung der katholischen Kirche führt. Denn es birgt in sich ein Gleichgewicht von judenchristlichen und heidenchristlichen Elementen. So kann F. C. Baur zum »johanneischen Lehrbegriff« sagen: »In ihm erreicht die neutestamentliche Theologie ihre höchste Stufe und ihre vollendetste Form. Vergleicht man den johanneischen Lehrtypus mit den bisher dargestellten Lehrbegriffen, so ist leicht zu sehen, wie er sie *alle zu seiner Voraussetzung hat«*[5] (kursiv von mir; K. B.). Konsequenz: Baur vertrat später eine Entstehung des JohEv im ausgehenden 2. Jh.[6]

Zur *Bewertung* dieser Urteile ist zu sagen: Die religionsgeschichtliche Einordnung des JohEv hat sich gegenüber der Zeit F. C. Baurs verschoben, und zwar in Richtung Judentum. Das geschah vor allem durch zwei Beobachtungen:

Erstens hat man seit den sechziger Jahren des 20. Jh. das »hellenistische Judenchristentum« als entscheidendes Zwischenglied zwischen dem palästinischen Judenchristentum und dem Heidenchristentum herausgestellt. Das bedeutet: Entgegen dem dialektischen Schematismus von F. C. Baur verlief die Entwicklung eben nicht zwischen der »These« Judenchristentum und der krassen »Antithese« Heidenchri-

[4] F. C. BAUR: Kirchengeschichte der drei ersten Jahrhunderte, 3. A., Tübingen 1863, 148f.

[5] F. C. BAUR: Vorlesungen über neutestamentliche Theologie, Hg. F. F. BAUR, Leipzig 1864, 351.

[6] F. C. BAUR: Über die Komposition und den Charakter des johanneischen Evangeliums, 1844, und: Kritische Untersuchungen über die kanonischen Evangelien ..., 1847.

stentum (Paulus), wobei sich die Zwischenglieder erst im Prozeß dialektischer Vermittlung, eben zum Beispiel in Gestalt des späten JohEv, gebildet hätten. Der Übergang erfolgte allmählich: Auf eine oder mehrere palästinische Anfangs-Gemeinden (nicht: Urgemeinden) folgten dann erst Gemeinden mit Griechisch sprechenden Judenchristen (zum Beispiel in Antiochien; im Bereich von Markus und der Logienquelle), aus denen sich die beschneidungsfreie Heidenmission (Paulus, später auch Petrus u. a.) herausschälte. – Das JohEv gehört eben in den Bereich der Griechisch sprechenden Judenchristen. Eine Zuwendung zu Heiden wird zwar anvisiert, ist aber noch nicht vollzogen.

Zweitens hat man aufgrund der Funde von Qumran nun sehr viel deutlicher einen Zugang zum zeitgenössischen Judentum gewonnen. Wichtig ist das für die Einordnung aller frühchristlichen Schriften in das zeitgenössische Judentum. Auch das JohEv ist davon maßgeblich betroffen. Das religionsgeschichtliche Milieu, dem es entstammt, ist nicht als »Gnosis« oder gar Mandäismus zu bestimmen, wie man von F. C. Baur bis R. Bultmann annahm, sondern wird durch Qumranfunde und alexandrinische Philosophie (Philo) recht vollständig erhellt. Man könnte auch etwas allgemeiner von einer jüdisch geprägten »religiösen Philosophie der Kaiserzeit« sprechen.[7] Daß die Qumrantexte hebräisch sind, Philo und das JohEv aber griechisch, ist ein zu vernachlässigendes Problem. Denn trotz ihrer sprachlich »konservativen« Gestalt sind die Qumrantexte keine isolierte Insel im Meerbusen des hellenisierten Judentums.

Wenn F. C. Baur noch für das JohEv angenommen hatte, »Gesetz und Evangelium treten hier in ihrer ganzen Weite auseinander, und wie hier in dem Gegensatz zum Evangelium auch schon die Aufhebung des Gesetzes liegt, so wird überhaupt das Gesetz ... nur als ein particuläres, nationales und ebendeswegen vergängliches bezeichnet«[8], so gilt diese Auslegung von Joh 1,17 heute keineswegs mehr unbestritten. Abgesehen davon, daß hier von Gesetz und Evangelium so wenig die Rede ist wie auch sonst im NT, geht es hier um das Gegenüber von Mose und Christus, von Gesetz und Gnade, das nicht als

[7] Vgl. K. BERGER/C. COLPE: Religionsgeschichtliches Textbuch zum Neuen Testament, Göttingen 1987, 167 (im folgenden zit.: BERGER/COLPE: Textbuch).

[8] F. C. BAUR, Vorlesungen über neutestamentliche Theologie, a. a. O., 390.

Antithese, sondern als Typologie mit Überbietung verstanden werden kann: Die Heilszeit (Stichwort: Gnade) löst die Zeit ab, in der es um Bewährung der Treue zum Gesetz ging. Die Rechtfertigungslehre ist jedenfalls nicht Thema dieser Aussage.

Die aus dialektischer Notwendigkeit geborene These F. C. Baurs, das JohEv habe alle anderen Evangelien zur Voraussetzung, beherrscht auch heute noch einen guten Teil der Forschung. Und selbst bei R. Schnackenburg, der das JohEv als von den Synoptikern literarisch unabhängig beurteilt, gilt, das JohEv sei »die reifste Frucht der Evangelienproduktion und die vollkommene Verkörperung dessen, was ›Evangelium‹ seinem inneren Gehalt nach sein will«, nämlich eher Heilsbotschaft als historischer Bericht.[9]

Was ferner F. C. Baurs These betrifft, im JohEv gehe es um eine Idee, die konsequent durchgeführt worden sei, so stehen dem, wie man jetzt nach der redaktionsgeschichtlichen Phase in der Erforschung der Evangelien weiß, die Synoptiker in nichts nach. Auch sie vertreten jeweils ein ganz bestimmtes Konzept. Im Unterschied dazu hatte F. C. Baur noch pauschal von den »Lehrbegriffen der synoptischen Evangelien« gesprochen. Hier hat man erheblich differenziert, und dadurch ist der Abstand zum JohEv geringer geworden.

»Hohe Christologie«

Adolf Jülicher[10] sah das JohEv als ein Produkt der dritten christlichen Generation, »bald nach 100 entstanden«. Nicht ganz sei die wirkliche Geschichte getilgt. Die von Johannes mitgeteilten Wunder wirkten wie »künstliche Potenzirung bekannter synoptischer Erzählungen; und da es für einen Jünger kein Motiv gegeben haben kann, diese glänzendsten Beweise von Jesu Wunderkraft geheim zu halten, fragt man vergebens, warum blos keiner der Syn. von ihnen etwas erfahren hat. Die einfachste Erklärung ist, daß diese Geschichten erst später gebildet worden sind von einer Theologie, für die es feststand, daß Gottes Sohn auf Erden Allmacht besaß und in jeder Richtung bethätigte, und die sich bald in engerem, bald freierem Anschluß an

[9] R. Schnackenburg: Das Johannesevangelium I (1965), 2.

[10] A. Jülicher: Einleitung in das Neue Testament, Freiburg und Leipzig 1894, 229–232.258f.

das Überlieferte die Beispiele für jenes allmächtige Handeln selbst schuf.«[11]

Abgesehen davon, daß das Wort »allmächtig« ohnehin nicht paßt, ist die Beurteilung des Abstandes der johanneischen Wundergeschichten von den synoptischen reine Geschmacksache. Im Vergleich der Totenerweckungsberichte kann gelten: Tot ist tot. Daß das JohEv wegen seiner »hohen« Christologie spät zu datieren sei, ist ein Argument, das schon im Blick auf Paulus und vorpaulinische Tradition als stumpf gelten kann.

Das Element »Steigerung der Wundermacht« läßt sich bereits im Verhältnis der synoptischen zu prophetischen Wunderberichten (Elia; Elisa) beobachten und ist insoweit kein typisches Merkmal des JohEv. Bei der Speisungsgeschichte hat Joh 6,1–15 wie Mk 6,38.44 das Verhältnis 1:1000.

Anspielungen?

Nicht ganz selten findet sich in der Forschung die Neigung, das JohEv als eine einzige Sammlung von Anspielungen entweder auf das Alte Testament oder auf die synoptischen Evangelien (oder auf beides) zu lesen. Dies gilt dann als Beweis dafür, daß das JohEv nicht nur »spät« datiert werden müsse, sondern überdies ein höchst artifizielles, ja surrealistisches Konglomerat von offenen oder verdeckten Anspielungen sei, die der Leser – bewaffnet mit elektronischer Konkordanz – erst richtig goutieren kann, wenn er Zug um Zug die geheimen Vernetzungen aufdeckt. Wahrhaft ein detektivisches Spielchen, das dem so mit Bildung ausgestatteten Leser immer wieder aufs neue seine Spürnase bestätigt. Nur eine Variante ist es, wenn man Anspielungen auf ganze Perikopenordnungen oder Lektionare (die angeblich damals schon bestanden) im Text wiederfinden will.

Nun gilt generell, daß Anspielungsjäger die mit Abstand am schwersten zu widerlegenden Exegeten sind. Denn wer kann im Einzelfall wirklich beweisen, daß der Evangelist nicht an bestimmte Stellen gedacht haben sollte? Vor allem derjenige, der mit dem »gewöhnlichen« Wortlaut des JohEv nicht viel anfangen kann, wird in seiner Verzweiflung immer dankbar sein, wenn er wenigstens in verzwickten

[11] A. Jülicher: A. a. O., 330f.

Anspielungen Tiefsinn erkennen kann. Insbesondere um die Gliederung (den »Aufbau«) frühchristlicher Schriften zu enttarnen, hat man stets allerhand versteckte Symmetrien, Harmonien und andere Regelmäßigkeiten entdecken wollen. Gemeinsam ist allen diesen Versuchen die vertrackte Absicht, den »Schlüssel« zum JohEv irgendwo ganz, ganz tief verborgen und weit weg vom Nächstliegenden zu vermuten.
Ich möchte versuchen, mein spontanes Unwohlsein gegen Anspielungsmanie sachlich zu begründen:

1. Die Suche nach Anspielungen auf Schritt und Tritt macht eine Reihe von sehr schwerwiegenden Voraussetzungen, die Stück um Stück erst zu beweisen wären:
a) Vorausgesetzt wird: Der Evangelist hat die synoptischen Evangelien und die Septuaginta mehr oder weniger auswendig gekonnt.
b) Damit wird ein Biblizismus vorausgesetzt, der vor allem neuzeitlich ist und dem Perfektionismus moderner Frommer entspricht. Man bedenke: Im antiken Judentum wird »die Schrift« erst zitiert und ausgelegt bei Philo von Alexandrien (ca. 20 v. Chr. bis ca. 60 n. Chr.), in einigen (!) Schriften von Qumran (den Pescharim) und im Neuen Testament. Vorher ist noch nicht einmal das Zitieren geläufig.
c) Die beabsichtigte Bezugnahme auf Geschriebenes («Literarisches«) wird zur einzigen Dimension geistiger Beziehungen. Alles andere wie
– geprägte Sprache,
– freie Teilhabe an gemeinsamer mündlicher Tradition,
– »wiederholte Rede« (Wanderlogien, Sprichwörter, Floskeln)
wird gar nicht erst diskutiert. Das ist problematisch. Denn diese anderen Wege der Erklärung sind weniger aufwendig und weniger von Zusatzhypothesen belastet (vgl. oben a–b).
Es ist klar: Der Wissenschaftler wittert überall wissenschaftliches Gebaren, nämlich Bezugnahme auf Geschriebenes.
d) Vorausgesetzt wird, der Evangelist habe bei seinen Adressaten die Kenntnis eben der von ihm zur Textproduktion verwendeten Spielregeln und überdies auch eine Lust an der Enttarnung seiner Versteckspiele annehmen können.
e) Vorausgesetzt wird ferner, die bedrängten Christen des 1. Jh. n. Chr. hätten Zeit, Muße und Verständnis für das Aufdecken solcher Mystifikationen gehabt. Diese Voraussetzungen zum Mitspielen sind im 1. Jh.

für die Adressaten des JohEv nach allem, was wir wissen, keineswegs gegeben.

f) Anspielungen wozu? Daß sich Autor und Adressaten nur gegenseitig bestätigten, wieviel sie von der griechischen Bibel und den Synoptikern wüßten, ist zweifellos nicht ausreichend, um die Funktion von Anspielungen zu erklären.

Glücklicherweise besitzen wir im JohEv in 1,1 einen allseits anerkannten Beleg für eine Anspielung des Evangelisten. Dadurch kann die Diskussion auch positiv vorangetrieben werden, indem sich Kriterien für die Hypothesenbildung nennen lassen. Joh 1,1 *Im Anfang war das Wort* spielt bekanntlich an den Anfang der Bibel an: *Im Anfang schuf Gott …*
Eine Anspielung kann aus folgenden Gründen angenommen werden:

– Der Funktion nach handelt es sich in beiden Fällen um den Buchbeginn und *zugleich* um die Schöpfungsgeschichte. Deren Neu-Interpretation wird so angekündigt. Das Recht des Schöpfers auf den Kosmos ist der theologische Angelpunkt des Prologs.

– Die Kapitel 1–6 der Genesis gehören zu den bestbekannten biblischen Stücken (und das gilt bis heute), wie man an der gnostischen Literatur leicht zeigen kann. Die Leserinnen und Leser konnten daher »mitspielen«.

Daraus sind folgende methodische Regeln für das Feststellen von »Anspielungen« abzuleiten:

1. Der Text, auf den angespielt wird, muß nachweislich zur Zeit und in der Umwelt der Entstehung der Schrift allgemein bekannt gewesen sein. Nur so ist sichergestellt, daß die Adressaten die Anspielung verstehen konnten.

2. Die Funktion der Anspielung muß klar erkennbar und theologisch wichtig sein. Das heißt: Es muß sich um eine wirkliche Neuinterpretation eines damals wichtigen Topos (nicht nur einer beliebigen Erzählung oder theologischer Allgemeinplätze) handeln.

3. Durch 1. und 2. soll sichergestellt werden, daß es sich nicht um beliebige Verschlüsselungen handelt.

§ 3
Zur Literarkritik:
Ist das Johannes-Evangelium ein einheitliches Werk?

Wir gehen im folgenden davon aus, daß das JohEv so, wie es vorliegt, als einheitliches Werk verfaßt worden ist und verstanden werden kann und muß. Auch Joh 21 gehört zu diesem Werk dazu. Der Grund für die bis heute an diesem Evangelium extensiv geübte Literarkritik zum Zweck der *Erstellung eines verständlichen Textes* – nicht etwa nur zur Quellenscheidung – liegt wohl in den extrem hohen Schwierigkeitsgraden, die der Text bietet. Es handelt sich dabei meines Erachtens um ein hermeneutisches Problem (»Fremdheit eines Textes«), nicht um eines der zufälligen Stückelung des Evangeliums in seiner wirren Entstehung, also nicht um ein »genealogisches« Problem.

Johannes 21 – ein Nachtragskapitel?

Der Musterfall ist Joh 21. Auch von den Autoren, die mit einem im großen und ganzen einheitlichen Evangelium rechnen, wird der Schluß häufig als sekundär angesehen. Nicht ganz unerheblich für dieses Urteil ist auch die Primatstellung des Petrus, die außer in Mt 16,18 auch hier begründet zu sein scheint und daher dem Charakter des übrigen JohEv, das keine Gemeindestrukturen kennt, denkbar fern zu stehen scheint.

1. Zwei Schlüsse des JohEv?
Das scheinbar schlagendste Argument ist zugleich das schwächste. In Joh 20,31 soll der ursprüngliche Schluß des Evangeliums stehen: *Dies aber ist aufgeschrieben, damit ihr glaubt ...* Alles weitere ab 21,1 sei hinzugefügt, inklusive des neuen Schlusses in 21,24f: *Dies ist der Jünger, der bezeugt ... und der geschrieben hat, und wir wissen ... Es gibt auch noch vieles andere, das Jesus getan hat ...* Das Argument ist deshalb schwach, weil vorausgesetzt ist, der Redaktor habe den Schluß in 20,31 übersehen oder aus Versehen stehen lassen. Es wäre ja nun doch sehr leicht gewesen, einen derartig störenden und unterbrechenden Vers am Ende eines ganzen Schriftstücks zu beseitigen, abzutrennen oder wegzuschneiden. Sowie man annimmt, er habe 20,31 bewußt ste-

hen lassen, findet man sich in der Lage, zugeben zu müssen, ein derartiger Schluß habe funktional sinnvoll sein können. In der Tat sagen die beiden Schlüsse durchaus Verschiedenes und können nicht nur in einer Redaktion, sondern auch in einem kohärenten Text zusammen vorkommen:

20,30 schließt die Beweisaufnahme der Zeugnissammlung ab. In 20,31 wird deren Ziel angegeben: Sie soll Glauben wecken. Stichworte sind: »Zeichen« und »glauben«, also die aus Joh 2,23 geläufige Verknüpfung, die im JohEv immer wieder in Variationen wiederholt wird. In Joh 21,24f fehlen beide Worte. Diese Aussage ist auf etwas ganz anderes gerichtet, nämlich auf den bezeugenden Jünger und die sein Zeugnis bestätigende Gruppe der »wir«. Damit wird der unterschiedliche Skopos klar erkennbar: In Kap. 21 geht es um Personalangaben aus der christlichen Gemeinde.

Die in beiden Schlüssen parallele Aussage »vieles andere, was Jesus tat« (in unterschiedlicher Verbindung mit »schreiben« und »Buch«; 20,30; 21,25) hat ebenfalls jeweils unterschiedliche Funktion: Nach 20,30 hat Jesus dies »vor seinen Jüngern« getan, und es geht *um dieses eine Buch und seinen Zweck*, in 21,25 ist dagegen die Vielzahl der *möglichen* Bücher im Blick, von der Augenzeugenschaft der Jünger ist hier gerade nicht mehr die Rede.

Wir halten fest: Die beiden Schlüsse beißen sich nicht. Sie haben eine je eigene Funktion und und ihr je eigenes Schwergewicht, auch wenn sie gemeinsam auf das »viele andere« verweisen, das Jesus noch getan hat.

2. Personalfragen

Wir haben bereits bemerkt: Der Schluß in Joh 21,24 zielt auf den Zeugen und dessen Bestätigung durch die Gruppe der »wir«. Diese Bemerkung weist auf die formgeschichtliche Rolle des ganzen Kapitels. Das Kapitel muß nicht deshalb sekundär sein, weil hier christologische durch ekklesiologische Fragen abgelöst werden. Um Ekklesiologie ging es schon seit Joh 13.

Eine solche formgeschichtliche Bestimmung ergibt jedenfalls, daß Joh 21 kein Nachtragskapitel sein *muß*, vielmehr sehr wohl zum Evangelium im Sinne eines Gesamtentwurfs gehört haben *kann.* Mehr ist von diesem methodischen Schritt nicht zu erwarten, sonst wäre die Methode überfordert. Formgeschichtlich aber kann man zeigen: *Joh 21 ist*

ein Beleg für die Gattung des »Abschiednehmens des Lehrers, bei dem Zeugen als Nachfolger eingesetzt werden«. Folgende Analogien und Indizien gibt es für eine solche Gattung:
a) *Zeugenberichte* und Notizen über Zeugen am Schluß eines Dokuments: Bei Urkunden werden am Schluß die Zeugen unter dem Stichwort »Zeugen« aufgeführt. In Lk 24,48a ernennt Jesus am Ende des Evangeliums die Jünger zu Zeugen, und zwar ganz pauschal zu »meinen Zeugen«, und am Schluß der BaruchApk(äth) heißt es gar: »Wenn ich, Baruch, euch alles erzählte, was ich sah und hörte, würden all die Bücher es nicht fassen. Der Geist Gottes diktierte es Absalom und Abimelech, den Priestern Jerusalems.« Hier bezeichnet sich Baruch selbst als Zeugen, er gibt, wie Joh 21,25, die Begrenztheit seines Zeugnisses zu und nennt Schreiberfiguren, die den Text durch den Geist empfingen, ähnlich wie im JohEv der Paraklet die Jünger »an alles erinnert«. Baruch nimmt hier die Rolle des Lieblingsjüngers im JohEv ein. Verfasser sind indes zwei andere. Zum Vergleich mit dem JohEv ist dieser Text daher außerordentlich aufschlußreich. In seinem Licht kann Joh 21 als Dokument am Schluß des Evangeliums gelten, das die Zeugen ausweisen soll.
b) *Benennung der Traditionsträger vor der endgültigen Entrückung.* Sowohl in der Henochliteratur (Hen[äth] 81,5ff; Hen[slav] 38,2ff) als auch in Berichten über Jesu Abschied von den Jüngern (Mt 28,16–20; Act 1,8; Lk 24,45ff) benennt der maßgebliche »Lehrer« nach seiner ersten und vorläufigen »Entrückung« in die himmlische Welt und vor seinem endgültigen Unsichtbarwerden diejenigen Menschen, die seine Lehre weitergeben sollen. Bei Henoch sind es die Kinder und Enkel, bei Jesus die zwölf Jünger, deren Anzahl gut zu den in der Antike üblichen zwölf Zeugen paßt.
In Joh 21 wird Simon Petrus zum Nachfolger im Sinne der Leitungsfunktionen bestimmt. Zusammen mit dem Lieblingsjünger sind es also zwei Zeugen, die für die Folgezeit wichtig werden.
Damit haben wir einen Spezialfall des unter b) Genannten:
c) *Die Bestimmung von je zwei »Nachfolgern« vor dem Abschied des Lehrers.* Sowohl nach Josephus (antiquit. 4,323–326) als auch nach 1 Q 22 (»Worte des Mose«) macht Mose Eleazar und Josua in einer Szene »auf dem Berg« zu seinen Nachfolgern mit dem Auftrag: »Sagt alle Worte des Gesetzes, bis sie zu Ende sind, auf.« Nach Josephus wird Mose dann durch eine Wolke entrückt. – Ähnliches gilt im frühen

Christentum für die Apostel Paulus und Thomas. Bei Paulus sind es Titus und Lukas, bei Thomas sind es Sifor und Vasan, denen der Apostel nach seinem Martyrium erscheint und die er beauftragt. Paulus erscheint in der Mitte seiner Jünger und beauftragt sie, der Gemeinde »das Siegel des Herrn« (Taufe, heiliger Geist) zu vermitteln, Thomas macht den einen seiner Jünger zum Presbyter, den anderen zum Diakon.[12]

Die in b) und c) Genannten werden jeweils in der berichteten Szene als Nachfolge-Autoritäten legitimiert. Alle Szenen, die in a) bis c) genannt waren, sind Abschluß-Szenarien oder finden sich am Ende einer Schrift. Teilweise sind sie visionär oder haben visionäre Elemente (wie die Entrückung des Mose durch die Wolke bei Josephus).

Joh 21 ist, folgt man diesem Ansatz, nicht quellenkritisch zu erklären, sondern, wie gesagt, formgeschichtlich. Joh 21 ist von daher nicht Fortsetzung des Evangeliums, sondern spielt auf einer anderen »Verhandlungs«-Ebene. Denn hier geht es nicht mehr um Jesu Taten im allgemeinen, sondern um die Etablierung der Autoritäten im Schülerkreis in der Zeit der Abwesenheit des Meisters. Daß das JohEv diesen Punkt so ausführlich bedenkt, viel umfangreicher als die Evangelien nach Matthäus und Lukas, dürfte eigentlich nicht überraschen. Denn schon in den Abschiedsreden hat der Evangelist die Zeit nach Jesus bedacht. Insofern liegt das theologische Interesse, das aus Joh 21 spricht, ganz auf der gleichen Ebene wie die umfangreichen Abschiedsreden des Evangeliums.

Daß Joh 21 nicht direkt an sie anschließt, sondern daß zwischen den Abschiedsreden und der Einsetzung der Nachfolger/Zeugen Jesu Erhöhung und Auferstehung liegen, hat im Blick auf die religionsgeschichtlichen Analogien einen guten und erkennbaren Sinn: Nach der Erhöhung und (Wieder-)Ausstattung mit himmlischer Herrlichkeit besitzt Jesus jedes erdenkliche Maß an Autorität und Legitimation. Insofern ist Henochs Himmelsreise vor seiner endgültigen Hinwegnahme durchaus dem Hinaufgehen Jesu zum Himmel nach seinem Tod, aber vor dem endgültigen Unsichtbarwerden, zu vergleichen.

Im Kapitel über den Lieblingsjünger wird deutlich, inwiefern es sich in

[12] Vgl. die Einzelnachweise für alle hier genannten Quellentexte in: K. BERGER: Einführung in die Formgeschichte, UTB 1444, Tübingen 1987, 95–102 (Beispiel XII: Joh 21, das sog. Nachtragskapitel des JohEv).

Joh 21 um zwei unterschiedliche Autoritäten handelt, deren eine aber doch die andere stützt, denn es müssen ja mindestens zwei Zeugen sein.

Alte Tradition bei Johannes: Wir konnten sehen, daß Abschiedsreden und Joh 21 einander zugeordnet sind. Sie gehören insgesamt zum Komplex der Abschiedshandlungen. Auch Erhöhung, Auferstehung und die Ostervisionen sind ganz in dieses Oberthema eingebettet. Schlicht anhand der Kapitel ausgezählt heißt das: Zwölf Kapitel handeln von Jesu Wirken vor seinem Ende, neun Kapitel sind »Abschiedshandlungen«. Das JohEv ist damit auf einzigartige Weise zu einer Hilfe in der Zeit von Jesu Abwesenheit geworden. Diese ist ein einzigartig drängendes Problem. Das kann nur auf eine Zeit weisen, in der dieses Problem virulent war, das heißt auf eine relativ frühe Zeit. Von daher gesehen, müßte das JohEv überhaupt das früheste sein.[13] Jedenfalls müßte es in einer Zeit geschrieben sein, in der die Frage der Unersetzlichkeit Jesu bzw. des Ersatzes für Jesus ganz gravierend die Menschen bewegt hat. Beide Aspekte bedingen im übrigen einander.

3. Thematische Bezüge

Jesus liebt seine Jünger als seine Freunde und setzt sein Leben für sie ein. Der Hirt liebt seine Schafe und setzt sein Leben für sie ein (Joh 10,11–15). Insofern hängen Hirtenrede und Bestellung des Petrus in Kap. 21 zusammen.

Umstellungen bei Kapitel 3 – 7?

Die ältere Literarkritik hat mit Umstellungen im JohEv nicht gespart. Selbst so besonnene Forscher wie R. Schnackenburg haben sich zu einigen Umstellungen entschlossen, die im folgenden kurz diskutiert werden müssen.

[13] Diese Aussage bleibt hier im Potentialis, weil auch in diesem Fall nicht zu klären ist, wieweit andere Evangelisten, selbst wenn ihre Situation vergleichbar war, über die sprachlichen Mittel verfügten, diese Situation im Zusammenhang mit dem Leben Jesu angemessen und überzeugend darzustellen und zu erörtern.

1. Geänderte Abfolge in Joh 3

Vorgeschlagen wird diese Abfolge: Joh 3,12 + 3,31–36 + 3,13.

Begründung: Der Themenwechsel zwischen 3,12 und 3,13 ist sehr abrupt (V. 12 handelt vom Glauben der Angeredeten, V. 13 plötzlich vom Menschensohn und vom Hinaufgehen zum Himmel). – V. 31–36 passen gut direkt auf V. 12: Die Stichworte »Himmel« – »Erde« finden sich in V. 12 und in V. 31. Das Thema Glauben aus V. 12 wird in V. 36 fortgeführt. Überhaupt scheint V. 31–36 im Munde des Täufers unglaubwürdig. Warum soll er eine so lange stark christliche Rede halten?

Gegenargumente: Die Verse 12 und 13 sind durch die Stichworte »Himmlisches/Himmel« miteinander verknüpft. Sachlich: Derjenige, der das Himmlische sagt (V. 12), ist auch derjenige, der vom Himmel herabgestiegen (das heißt von Gott gesandt) ist (V. 13). *Die Botschaft (V. 12) wird in der Eigenart und Sendung des Boten (V.13) begründet. Beides ist exklusiv.* – Die Verse 3,31–36 sind ernstzunehmen als Rede und ausführliches Zeugnis des Täufers. Weder sind sie Rede und Kommentar des Evangelisten noch Rede Jesu nach 3,12. Denn hier findet sich kein Verb in der ersten Person, das »sein Zeugnis« (V. 33) kann Jesus nicht von sich selbst gemeint haben, noch viel weniger spricht Jesus über sich als den Sohn Gottes in der dritten Person (V. 36). Schließlich wäre der Wechsel von »Sohn Gottes« in V. 36 zu »Menschensohn« in V. 13 unmotiviert. – Vielmehr sind 3,13 und 3,14 durch die Entsprechung »aufsteigen« – »erhöht werden« verknüpft.

Der Abschnitt 3,27–36 ist demnach einheitlich zu beurteilen: Es handelt sich um eine indikativisch fundierte (V. 27–35) konditionale Mahnrede (V. 36) (wie Mt 10,34–36.37–42), sie enthält im Zentrum eine Synkrisis ich/er (V. 28b–30), in V. 27 eine generelle Regel (Sentenz) als Überschrift, in V. 31–35 ein Zeugnis für Jesus und in V. 36ab einen doppelteiligen Schluß, wie er für derartige Mahnreden nicht untypisch ist. V. 34 bezieht sich auf V. 27 (innere Kohärenz).[14]

[14] Vgl. zum Ganzen K. BERGER: Formgeschichte des Neuen Testaments, Heidelberg 1984, § 41, S. 260 (im folgenden zit.: BERGER: Formgeschichte).

2. Geänderte Abfolge in Kapitel 4–7
Vorgeschlagen wird die Abfolge: 4,43–54 + 6 (wegen 6,1 und 6,17) + 7,1–14 + 5 + 7,15–24.
Begründung: Ließe man die Texte bestehen, wie sie sind, so wäre ein häufiger und unmotivierter Ortswechsel zwischen Galiläa und Jerusalem die Folge. Ferner: 7,15–24 nimmt das Thema »Gelähmter« aus Kapitel 5 wieder auf. Daher gehören diese beiden Abschnitte unbedingt zusammen. Ferner: Joh 7,1 gibt im Anschluß an Kapitel 6 keinen guten Sinn. *Er wollte nicht in Judäa umherziehen* setzt voraus, daß er vielmehr von Judäa weggeht, also zum beschriebenen Augenblick in Judäa ist. Wäre Jesus zu diesem Zeitpunkt in Galiläa, so wäre 7,1 unsinnig. Dort in Galiläa ist er aber nach Kapitel 6. – Joh 6,1 schließt gut an 4,54 an, denn nach Kap. 4 ist Jesus bereits in Galiläa, nicht dagegen an Kapitel 5, wonach Jesus in Jerusalem weilt; denn unter anderem fehlt die Darstellung oder Erwähnung einer Reise. Ist 7,1 nicht eher Anspielung auf 5,18? Schließlich: Das Fest nach 5,1 paßt besser nach 6,4. – Ferner: 6,1 sei von Galiläa aus gedacht; »hinüber« bedeute: vom Westufer an das Ostufer. Dem korrespondiere 6,17: Jesus fahre zurück nach Kapernaum.

In der neuen Abfolge gälte daher:
4,43–54 Jesus heilt in Kana in Galiläa
6,1 Jesus begibt sich an die andere Seite des Sees Tiberias, vom Westufer an das Ostufer
6,17 Jesus fährt vom Ostufer des Sees zum Westufer (nach Kapernaum)
7,1–14 Jesus geht von Galiläa nach Judäa (7,1a) und bleibt in Judäa (Jerusalem; 7,1b)
5 Jesus ist zum Fest der Juden in Jerusalem
7,15–24 Jesus in Jerusalem
Somit ergäbe sich, daß Jesus zu Anfang in Galiläa, dann aber in Jerusalem tätig wäre.

Gegenargumente: Themen wieder aufzunehmen ist im JohEv nicht unüblich, vgl. 1,12f mit 3,3.5.8; ferner 3,13 mit 3,31–36. Daher kann auch durchaus das Thema des Gelähmten von 5,10 in 7,15–24 wieder aufgenommen werden. Die Wiederaufnahme dient einem didaktischen Ziel: Das schon einmal Behandelte wird kurz wieder aufgegriffen, damit es sich dem Leser einprägen kann. – Joh 6,1 setzt nicht notwendig voraus, daß Jesus diese Fahrt von Galiläa aus macht. Auch aus

Jerusalemer Perspektive (Kapitel 5) gesehen oder von Jerusalem aus ist das möglich und kann man sagen: *Er zog nach jenseits des Sees …* (6,1); um so sagen zu können, muß Jesus nicht in Galiläa sein. Denn das Ufer, zu dem Jesus sich hinbegibt, liegt auch von Jerusalem aus gesehen an der anderen Seite. Nach Kapitel 6 ist Jesus noch nicht in Galiläa *umhergezogen*, das tut er nach 7,1 nun ausdrücklich.

Fazit: Die jetzige Reihenfolge der Kapitel kann bestehen bleiben. Enge Beziehungen zwischen Joh 5 und Joh 7, die es gibt und die keineswegs geleugnet werden, dienen der Kohärenz und der Weiterführung des Lesers.

3. Literarkritik in Joh 5,21–30

Für Joh 5,28f rechnet man seit langer Zeit mit einem literarkritischen Bruch. Die Verse 5,28f über die künftige Auferstehung seien Einfügung eines »kirchlichen Redaktors«, dem das JohEv auch sonst die futurische Eschatologie verdanke. Argumente: 5,30 läßt sich mühelos mit 5,27 verbinden, da beide Verse vom gegenwärtigen Wirken Jesu handeln. Die Verse 5,28f sind im sprachlichen Material deutlich 5,25 nachgebildet und nur scheinbar originell. Ferner: »Wundert euch nicht« in 5,28 ist ein Bruch. Vor allem: Eine doppelte Auferstehung ist sachlich sinnlos, weil überflüssig. Hier wolle daher nur ein kirchlicher Redaktor apokalyptisch-frühkatholische Rechtgläubigkeit eintragen. Ursprünglich ging es um die für den Grundbestand des JohEv typische »präsentische Eschatologie«.

Dagegen gibt es zwei Einwände. Zum einen: In 5,28f liegt keine schematische Nachbildung vor. Der Evangelist unterscheidet auch terminologisch mit Sorgfalt zwischen den beiden Szenen der Auferstehung: Neben den »Toten« jetzt stehen »die in den Gräbern« dann, neben der Aussage »sie werden leben« bzw. »Leben« jetzt steht für die Zukunft die »Auferstehung, die Leben bedeutet« bzw. die »Auferstehung, die Verurteilung bedeutet«. Der Evangelist unterscheidet mithin das »Leben« jetzt von der »Auferstehung« dann. Und im Unterschied zur Situation jetzt, in der es auf Hören und Glauben ankommt, geht es in der künftigen Situation um das, was die Menschen getan haben. Und jetzt hat man die Chance, »nicht ins Gericht zu kommen«, die später so nicht mehr besteht.

Zum anderen: Die Verknüpfung von gegenwärtiger Bekehrung und zukünftiger Auferstehung unter dem Aspekt der Gabe des Lebens für

Tote gibt es auch sonst im frühen Christentum, zum Beispiel in Röm 6,5–11. Bei der Bekehrung bzw. Taufe wird den Christen »Leben« geschenkt (6,10–11), in der Zukunft »Auferstehung« (6,5). Paulus verwendet hier sogar dieselben Begriffe wie Joh 5 und ordnet sie genauso zu. Da Paulus im Unterschied zum JohEv von Taufe und Mitgekreuzigtwerden spricht, scheidet eine Abhängigkeit des JohEv von Paulus aus. Es geht um alte gemeinsame Auffassungen über das Christwerden, und an den Schwellen und Grenzen häufen sich bekanntlich Gemeinsamkeiten.

Fazit: Eine literarkritische Scheidung ist in Joh 5 unnötig und unbegründet. Wird sie vollzogen, so entspringt das aus meiner Sicht schwer begründbaren theologisch-inhaltlichen Postulaten. Im Zweifelsfall hat ohnehin grundsätzlich der bestehende Text ein Vorrecht gegenüber jeder literarkritischen Operation.

Konsequenzen: Die aufgezeigten Fallbeispiele sollten exemplarisch zeigen, daß Literarkritik und Einteilung in Schichten nicht das geeignete Instrument sind, das JohEv zu verstehen. – Wer das JohEv als literarisch einheitlich ansieht, muß auch keine kirchliche Redaktion oder »mehrere Hände« annehmen, die daran gewirkt hätten. Es entfällt so auch die für die Vertreter der Hypothese einer kirchlichen Redaktion fast stereotype Annahme, die Öffnung der Seite Jesu am Kreuz, der Blut und Wasser entströmten, beziehe sich auf das Abendmahl oder gar auf Taufe und Abendmahl. Abgesehen von der Frage, wo da das Abendmahlsbrot bleibt, geht es beim Abendmahl auch nicht um das Blut allein, sondern wenn, dann immer um den Bund. Die Szene am Kreuz dokumentiert, daß Jesus wirklich tot war, und dann ist auch seine Auferstehung *echt und leibhaftig*, und so haben die Jünger den Auferstandenen auch erkannt.

§ 4
Was heißt Frühdatierung?

Frühdatierung und Authentizität

Eine Frühdatierung des JohEv ist sehr wohl zu unterscheiden von der möglichen Herkunft der Worte und Werke Jesu aus der vorösterlichen Überlieferung (Authentizität). Für viele liegt genau hier das Problem. Denn man hat sich daran gewöhnt, bei Berichten der synoptischen Tradition eine mögliche Herkunft von Jesus zu diskutieren, nicht dagegen bei solchen des JohEv. Die Frage ist: Wie könnte es je denkbar sein, daß so unterschiedliches Gut wie das johanneische und das synoptische möglicherweise gleich alt, gleich ursprünglich wäre? Man könnte argumentieren: Angesichts der großen Unterschiede kann nur eines von beiden »alt« sein. Und dann für das synoptische Gut zu votieren ist besonders deshalb verlockend, weil man jedenfalls lange meinte, hier bestimmte Kriterien für die Herausarbeitung ältesten Gutes ermittelt zu haben.

Wenn man diese Kriterien jedoch für äußerst schwach hält und wenn man zudem darauf verweist, daß es auch in der synoptischen Überlieferung seit alters als »johanneisches Gut« bezeichnete Stücke gibt – zum Beispiel dort, wo absolut gebrauchtes »der Sohn« »dem Vater« gegenübersteht –, wird die Beweislage schon schwieriger.

Aber selbst wenn man bei der üblichen Praxis synoptischer Auslegung bleibt, halte ich es für problematisch, eine Alternative zwischen synoptischer und johanneischer Jesusüberlieferung aufzubauen. Denn das je implizierte Verständnis von Traditionalität und Authentizität liegt bei beiden Schriften(gruppen) auf ganz verschiedenen Ebenen.

Während nämlich das johanneische Jesusgut an längeren Passagen, an Dialogen und vor allem längeren Monologen Jesu orientiert ist, spielen in der synoptischen Tradition viel stärker Einzelüberlieferungen eine Rolle, auch wenn wohl sicher nicht nur eine zusammenhanglose Summe von Einzelworten tradiert worden ist. Die ältere Auffassung, kurze Logien seien der Grundbestand dieser Überlieferung, ist längst brüchig geworden. Warum zum Beispiel müssen Chrien/Apoftegmen immer auf ein isoliertes Einzellogion zurückgeführt werden? Kann nicht sehr wohl die ganze Szene überliefert worden sein? – Trotzdem läßt die Art der Verarbeitung des synoptischen Materials durch die

Evangelisten erkennen, daß zumindest das Sammeln zu bestimmten Stichworten ein Prinzip der Überlieferung war, die sie empfingen, und darüber hinaus eine wesentliche Anleitung zur Komposition (zum Beispiel Mt 19,12 im Zusammenhang mit der Rede von Ehe und Sexualität).

Das ist im JohEv anders. Kaum je lassen sich hier voneinander unabhängige und homogene Einzelstücke isolieren. Nicht »Sammlungen« und Bildungen von »Nestern«[15] liegen voraus, sondern eine intensiv verarbeitete Theologie. Kurz gesagt:

Erstens müssen und dürfen wir damit rechnen, daß Jesus durchaus auch im Sinne der »johanneischen« synoptischen Worte gesprochen haben kann.

Zweitens erstreben die Synoptiker Authentizität im Rückgriff auf Tradition, das JohEv dagegen durch die Auffassung vom treuen Gesandten Jesus und vom treu bewahrenden Parakleten. Was die Synoptiker quasi-historisch erreichen möchten, bewerkstelligt das JohEv durch die Auffassung von Jesus und vom Parakleten, also christologisch und pneumatologisch. Angesichts dieser Lage ist es schlechterdings nicht auszumachen, welche Konzeption »älter« ist. Bei den Synoptikern sprechen wir von »quasi«-historisch, weil Traditionalität und Alter bestimmter Überlieferungen noch längst nicht garantieren, daß sie »echt« im Sinne des vorösterlichen Ursprungs sind.

Drittens wird erkennbar, daß die in der Forschung scheinbar festgeschriebenen Auffassungen über die Art der Vermittlung von Jesusüberlieferungen in Wahrheit alles andere als gesichert sind und zu wanken beginnen, wenn man nur daran tippt. In diesem Sinne sollte gerade bezüglich der eingefleischten Hypothesen gelten, daß im Grunde nichts als ausgemachte Sache anzusehen ist.

So gilt: Es ist ja durchaus möglich, daß die Synoptiker mit ihrer Methode, Jesusüberlieferungen zusammenzustellen, viel altes Gut eingefangen haben, obwohl sich das in keinem Fall hinreichend beweisen läßt (wie auch das Gegenteil, die Unechtheit, nicht). Aber das besagt schlechterdings gar nichts über das absolute oder das traditionsgeschichtliche Alter johanneischer Überlieferungen.

Denn was das absolute Alter betrifft, so zeigt die neutestamentliche

[15] Vgl. dazu BERGER: Formgeschichte, 135–141 (zu den Haustafeln).

Briefliteratur ja ebenfalls in der Frühzeit einen sehr freien, ja geradezu erschütternd »unbefangenen« Umgang mit Jesusüberlieferungen. Und was das traditionsgeschichtliche Alter betrifft, so stoßen wir im JohEv oft nach einer sehr dünnen Schicht Gartenerde auf das Felsgestein von Überlieferungen, die sehr alt sein müssen.

Beispiel: Johannes 9,35ff und Q (Logienquelle; Lukas 12,10par)

Es geht in beiden Überlieferungen (1.) um ein Bekenntnis, und zwar (2.) zum Menschensohn. Denn es handelt sich um Worte, mit denen Menschen ihm gegenüber Stellung beziehen. In beiden Fällen wird (3.) die Nicht-Anerkennung als Sünde bezeichnet, entweder ausdrücklich oder bezüglich der Vergebbarkeit. In beiden Fällen wird anhand dessen (4.) über die größte, das heißt unvergebbare Sünde nachgedacht. Im JohEv ist es die eigentliche und größte, weil mit Verstockung bestrafte Sünde, Jesus nicht als den Menschensohn zu bekennen (9,41). In der Logienquelle gibt es eine noch größere Sünde als dieses, nämlich zu leugnen, daß Jesus vom heiligen Geist erfüllt sei (Mk 3,29).

Diese vier sonst nirgends in dieser Kombination gegebenen Elemente legen den Schluß nahe, daß es sich um eine gemeinsame Tradition handelt.

Dabei wird die rätselhafte Formulierung in der Logienquelle wohl sicher erst verständlich auf einem traditionsgeschichtlichen Hintergrund, wie ihn das JohEv bietet. Man kann daher schon jetzt sagen: *Joh 9 bietet ein Stadium der Diskussion über die Sünde gegen den Menschensohn, das von der Überlieferung der Logienquelle vorausgesetzt und interpretiert wird. Der umgekehrte Vorgang ist nicht vorstellbar.*

Begründung:

a) Die Fassung der Logienquelle setzt voraus, daß es Menschen gibt, die Worte gegen den Menschensohn (das heißt Verweigerung des Bekenntnisses) für die schwerste und unvergebbare Sünde halten. Diese Auffassung ist in Joh 9 gegeben.

b) Im JohEv werden die Worte des Menschensohnes zwar als geistgewirkt bezeichnet, ja als Übereignung des heiligen Geistes (Joh 6,63), aber mit der Annahme dieses Geistes werden die Sünden vergeben (Joh 20,22f). Im Unterschied zur Logienquelle wird daher zwischen Menschensohn und heiligem Geist in diesen christologischen Texten im JohEv nicht getrennt, vielmehr verleiht der Menschensohn selbstverständlich den Geist.

Da die hier genannten Geist-Stellen des JohEv weit von Joh 9 entfernt liegen, besteht auch kein unmittelbarer argumentativer Zusammenhang. Es ist daher nicht vorstellbar, daß das JohEv hier die Logienquelle aufgreift.

c) Nach dem JohEv wird Jesus nicht mit Beelzebul in Verbindung gebracht. Es gibt daher nicht die Sünde »wider den heiligen Geist«, die als unvergebbar bezeichnet würde. Es trifft zwar zu, daß in Joh 8 Jesus als besessen bezeichnet wird, doch dieses wird nicht im entferntesten so eingestuft wie in der synoptischen Tradition. Es ist von daher so gut wie ausgeschlossen, daß Joh 9 die oben angegebene Tradition aus der Logienquelle diskutiert.

d) Es soll nicht behauptet werden, daß nun umgekehrt die Logienquelle das JohEv verarbeitet habe. Aber der Vergleich zu Mk 3,28f ist doch recht aufschlußreich. Denn hier ist nur von der Sünde gegen den heiligen Geist die Rede, nicht aber vom Menschensohn und der Sünde gegen ihn. Die markinische Überlieferung wird der allgemein im Neuen Testament verbreiteten Auffassung gerecht, die Sünde gegen den heiligen Geist sei unvergebbar. Nur in der Logienquelle und im JohEv wird im Zusammenhang damit der Menschensohn diskutiert.

e) Andererseits ist die Aussage in Joh 9 über die unvergebbare Sünde gegen den Menschensohn sehr gut aus dem Kontext des Evangeliums verständlich. Denn das, was hier vom Menschensohn gilt, faßt die Forschung unter dem Begriff *krisis* zusammen. In der Begegnung mit dem Menschensohn entscheidet sich das definitive Gericht (Joh 9,39). Er hat genau die Rolle letztgültiger, präsentischer Offenbarung Gottes, die anderswo im Neuen Testament der heilige Geist einnimmt. Die Sünde gegen den Menschensohn nach dem JohEv entspricht daher strukturell der Sünde gegen den heiligen Geist sonst. Er ist nach dem ganzen JohEv die unüberbietbare Präsenz Gottes, angesichts seiner fällt hier und jetzt die letzte und endgültige Gerichtsentscheidung. Wir konstatieren daher eine wichtige Entsprechung zwischen Menschensohn (JohEv) und Geist (Logienquelle, Paulus, Act usw.).

Wir fragen weiter: Wie ist diese Entsprechung zu bewerten? Hat das JohEv hier die frühe Geistchristologie absorbiert? Das ist doch angesichts seiner eigenen Auffassung vom Geist und vom Parakleten nicht vorstellbar. Das JohEv steht hier auf eigenen Füßen. Hat umgekehrt die übrige Überlieferung die Gedanken des JohEv »entzerrt« und zwischen Christologie und Pneumatologie aufgeteilt, so daß die »eigentliche« Entscheidung nur und erst gegenüber dem Geist fiel? Auch das vorzustellen ist problematisch. Denn warum sollte man so »dissoziiert« haben?

So wird es dabei bleiben müssen, daß es sich (ähnlich wie bei dem Apostelbegriff des Paulus und der Christologie des Johannes, vgl. § 37) um strukturell verwandte Ansätze handelt, die unterschiedlich entfaltet wurden:

a) in Richtung Geist (Markus, Paulus etc.). Wer gegen den heiligen Geist sündigt, erhält keine Vergebung. Das ließ sich bezüglich der Vollmacht Jesu auch christologisch auswerten;

b) in Richtung Menschensohn (JohEv). Wer den Menschensohn ablehnt, hat »die Sünde« getan.

c) Aber die Logienquelle hätte von beidem gewußt und beide Auslegungen zueinander ins Verhältnis gebracht. Sie hätte aber der Sünde wider den Geist den Vorrang vor der Sünde wider den Menschensohn eingeräumt.

Kann man noch weiter kommen? Ist der Ansatz des JohEv im Munde Jesu denkbar? Doch wohl sehr gut. Daß in Jesus Gottes anstößige Präsenz selbst den Menschen begegnet, finden wir auch in sperrigen Überlieferungen der synoptischen Tradition.

Aber wie kommt es dann zur Auffassung von der unvergebbaren Sünde gegen den Geist? Stoßen wir hier auf eine archaische funktionale »Konkurrenz« zwischen Christologie und Pneumatologie? Wo gilt vom Geist, was sonst auch von Jesus gelten konnte?

Am wahrscheinlichsten ist diese Antwort: Nach Ostern ist der Geist Erbe und Träger der Funktionen Jesu. Träfe das zu, dann wäre das JohEv in diesem Punkt in zweierlei Hinsicht altertümlich: 1. Die Rolle des Geistes wäre in der Rolle Jesu vorgebildet. 2. Nach dem JohEv übernimmt der Paraklet weitgehend Jesu Rolle. So deutlich ist das nur hier im Neuen Testament; bei Lukas gehen die Funktionen Jesu und des Geistes schon weiter auseinander.

Fazit: In der Frage der Sünde gegen den Menschensohn weist das JohEv in jeder Hinsicht einen gegenüber der Logienquelle relativ älteren Stand der Diskussion aus, ohne daß an eine direkte literarische

Quellenbeziehung zu denken wäre. Vielmehr stoßen wir hier auf archaische strukturelle Entsprechungen in der Auffassung über Jesus und den heiligen Geist, die sich vom JohEv aus am besten erklären lassen.

Ökumenische Komplementarität

Das Verhältnis zwischen dem JohEv und den Synoptikern läßt sich als ökumenische Komplementarität beschreiben. Das heißt: Die Synoptiker einerseits und das JohEv andererseits sind zwar grundverschieden. Aber jeder enthält und besitzt auch spezifische Elemente des jeweils anderen. Die Synoptiker weisen typisch johanneische Elemente auf, das JohEv seinerseits typisch synoptische. – Das wäre, modern und im Bild gesprochen, wie wenn in einer lutherischen Kirche auch ein Madonnenbild und in der katholischen Nachbarkirche auch ein Konterfei Luthers hinge. – Abgesehen von diesen komplementären Elementen besitzen alle vier Evangelien Gemeinsamkeiten aus gemeinsamer zugrundeliegender Tradition, die hier nicht näher zu besprechen sind.[16]

Die Synoptiker bieten zum Beispiel folgende johanneischen Elemente[17]:
– das absolut gebrauchte »der Sohn«;
– die Rede vom Sohn und vom Vater;
– die Rede Jesu als »Weisheit« in Mt 11,25–30;
– Mk 14,21 spricht vom »Hingehen« des Menschensohnes. Johannes spricht oft vom Hingehen Jesu (zum Beispiel 7,33; 14,4).

Das JohEv bietet zum Beispiel folgende synoptischen Elemente:
– die Erzählung von der Heilung des Sohnes des Hauptmanns von Kapernaum (Joh 4,47–54);
– zwei Worte über das »Reich Gottes« in Joh 3,3.5;
– in Joh 1,51 einen Satz über den Menschensohn, wie er eher den Synoptikern entspricht (vgl. § 19).

[16] Vgl. dazu: K. BERGER: Theologiegeschichte des Urchristentums, 2. A., Tübingen / Basel 1995, §§ 461–487 (im folgenden zit.: BERGER: Theologiegeschichte).
[17] Vgl. ibid., § 515.

Komplementär sind beide Überlieferungen überdies in folgenden Elementen:
– Nach den Synoptikern spricht Jesus vor allem über Gottes Reich und nur selten über sich selbst. Im JohEv ist es gerade umgekehrt.
– Die Synoptiker sind in wesentlichen Teilen Produkte aus der Praxis von Wandermissionaren – das JohEv dagegen ist soziologisch bei denen zu verorten, die den seßhaften Gegenpol zu ersteren bildeten, bei ortsfesten Jüngergruppen. Von daher erklärt sich unter anderem der sehr viel stärker jüdische Charakter des JohEv.
– Das JohEv ist durchgehend dualistisch und drängt zur lebenswichtigen Entscheidung jetzt (punktuell). Es kennt keine Naherwartung. Die Synoptiker betonen die Naherwartung und bieten nur selten dualistische Ansätze (Lk 16,8–13).
– Während die Synoptiker auf die Autorität des Petrus bauen, stützt sich das JohEv auf den Lieblingsjünger (= Andreas; s. § 13), der in Mk 1,16–20 zwar unter den vier Erstberufenen ist, aber doch keinen Beinamen erhält und die relativ geringste Rolle spielt (er fehlt später überall im engeren Kreis der Jünger außer in Mk 13,3). Dagegen hat Petrus in Joh 1–20 keine tragende Rolle.
– Das JohEv bietet zwar keinen Abendmahlsbericht mit Deuteworten über Brot und Wein, aber in Joh 6 werden die Grundlagen dazu erkennbar, weshalb Jesus sich überhaupt mit Brot vergleichen konnte.
– Das JohEv bietet zwar keine Gleichnisse, aber dafür wie Zwillingsgeschwister metaphorische Ich-Worte Jesu. So betonen die Synoptiker die Herrschaft Gottes, das JohEv die Christologie. Andererseits sind auch die Synoptiker nicht ohne christologische Aussagen, und auch das JohEv kennt die Rede vom Reich und kommt in Joh 15 (Weinstock) nahe an Gleichnisse heran.
– Das JohEv kennt keinen Verklärungsbericht, aber es bezeichnet die Wunder als Sichtbarwerden der Herrlichkeit Jesu, die ihm vor der Zeit zu eigen war und in die er mit der Erhöhung wieder eingetreten ist.
– Während nach dem MkEv Jesus seine Wundertaten, soweit es geht, geheimzuhalten versucht (Messias- bzw. Wunder-Geheimnis), fällt Jesus nach dem JohEv seinem Sich-Offenbaren zum Opfer (Joh 11,1–44.53).
– Beide reden über den Menschensohn (Jesus nennt sich in der dritten Person so), doch bei den Synoptikern geht es um den Kontrast von Niedrigkeit und Hoheit, im JohEv um Vom-Himmel-Kommen und Zum-Himmel-Gehen.

– Die Synoptiker deuten ein Repräsentationsverhältnis Weisheit – Jesus an (Lk 11,49; 7,35; Mt 11,19.28–30), im JohEv wird Jesus als Träger des Logos mit der Größe identifiziert, die sonst oft als Weisheit bezeichnet wird.
– Die Zwölf spielen im JohEv nur eine marginale Rolle, bei den Synoptikern können sie dagegen Ausdruck der kollektiven Dimension der Messianität Jesu sein (Mt 19,28). Im JohEv kommt dieses Element besonders im Bild des Weinstocks in Kap. 15 zum Ausdruck; dieses Bild war in der Vergangenheit individuell für den Messias wie kollektiv für Israel verwendet worden. Seine Verwendung in Joh 15 bezeugt damit die ellipsoide Struktur des Messiasbegriffs.

Fazit: Im Verhältnis Synoptiker – JohEv wird oftmals Gemeinsames verschieden ausgelegt, und hinter augenscheinlichen Verschiedenheiten wird Gemeinsames sichtbar.

§ 5
Methodische Fragen

Klassische Kriterien für die Echtheit von Jesusworten

Eine Frühdatierung des JohEv macht dieses Evangelium im ganzen nicht »echter« (als die Synoptiker). Aber die Frage nach der Echtheit von Jesusworten ist neu zu diskutieren, weil ständig neue Kriterien genannt werden, die Hypothesen über Echtheit oder Unechtheit stützen sollen. Ich selbst hatte wiederholt angemahnt, die Frage wegen Unentscheidbarkeit vorerst auf sich beruhen zu lassen. Mit dieser »radikalen« Lösung ist die Zunft erkennbar unzufrieden, und so werden Rettungsversuche angeboten, um die jahrzehntelange Mühe des Sortierens und Unterscheidens im Grunde zu rehabilitieren, zumindest in der Hauptsache. Man kann sich denken, daß Fachwissenschaftler, die ihr Leben lang nichts anderes getan haben, als Echtheitsfragen zu diskutieren, hier nach jedem Strohhalm greifen werden. Zumindest bietet es sich an, zunächst einen Kompromiß anzustreben, für den man dann aber eben doch Kriterien nennen müßte. Aus meiner

Sicht sind diese Bemühungen – ich lasse mich gerne eines möglichen Besseren belehren – nicht erfolgversprechend.
Zunächst zur Begründung des Verzichts darauf, nach Echtheit oder Unechtheit überhaupt zu fragen: Kein Kriterium der bisherigen Diskussion hat sich – und sei es auch nur zum Zweck der Hypothesenbildung – als tragfähig erwiesen. Insbesondere lagen der älteren Fragestellung häufig Zirkelschlüsse zugrunde. Die mutmaßlichen Kriterien sind kurz zu nennen und zu besprechen.

1. *Gemeindebildungen* aufgrund verschobener Interessenlage. Gemeint war, Jesus habe sich zum Beispiel mit Fragen von Kindern und Ehescheidung (Stoff von Mk 10,1–16) nicht beschäftigt, da dieses bei Wanderradikalen kein Problem gewesen sei.
Dagegen: Wer sagt eigentlich, daß Jesus monothematisch nur die Rede vom Reich Gottes auf höchster theologischer Ebene im Blick gehabt habe und nicht auch die Konsequenzen daraus für das alltägliche Leben?

2. *Parusieverzögerung*. Gemeint war: Worte, die mit einer längeren Dauer dieses Äons rechnen, passen nicht in den Rahmen der Naherwartung, die für Jesus typisch ist. Beispiel: Im Gleichnis von den zehn Jungfrauen wird mit einem Ausbleiben des Bräutigams gerechnet (Mt 25,5). Oder: Da das JohEv nicht von Naherwartung spreche, sei es erkennbar ein Produkt der Parusieverzögerung.
Dagegen: Parusieverzögerung und Naherwartung sind zwei Seiten derselben Medaille. Die gründlichen Arbeiten von K. Erlemann[18] haben nicht nur dieses erbracht, sondern auch gezeigt, daß Naherwartung im frühen Christentum nicht den Charakter eines eigenständigen Dogmas hat, sondern funktional zu betrachten ist.

3. *Differenz zum Judentum*. Gemeint war: Nur das ist sicher echt, was keine Parallele im Judentum hat. Dieses sog. Differenzkriterium hat

[18] K. Erlemann: Naherwartung und Parusieverzögerung im Neuen Testament (TANZ 17), Tübingen 1995. – Ders.: Endzeiterwartungen im frühen Christentum (UTB 1937), Tübingen 1996.

eine bedeutende Geschichte gehabt.[19] Was es für den Konsens der Forschung bedeutet, formuliert, wie öfter, beispielhaft J. Gnilka.[20]
Dagegen: Der Ertrag der religionsgeschichtlichen Erforschung des Neuen Testaments ist: Alles und jedes hat eine Analogie im Judentum und in der hellenistischen Umwelt, und alles und jedes hat auch seinen eigenen Charakter. Weil es hier nur um ein Mehr oder Weniger und nicht um ein Entweder – Oder geht, ist das Kriterium unbrauchbar. Für viele spielten dabei massive theologisch-systematische Grundentscheidungen wie der Gegensatz von Gesetz und Evangelium eine bedauerlich große Rolle.

4. *Seltene Bezeugung.* Gemeint war: Wenn zum Beispiel ein Wort so selten bezeugt ist wie Mt 19,12 (Eunuchen-Wort), dann mag es wohl aus einer Sonderüberlieferung kommen, entspricht aber keinem Grundzug der Verkündigung Jesu.
Dagegen: Häufige Rezeption kann immer auch aus späteren Interessen erklärt werden, seltene Rezeption aus späteren Hindernissen.

5. Stimmigkeit der Jesusüberlieferung in sich selbst *(Widerspruchsprinzip).* Gemeint war: Man müsse von Grundlinien der Verkündigung Jesu ausgehen, in die etwas einzuordnen sei.
Dagegen: Die Gefahr von Zirkelschlüssen ist hier evident. Man kann

[19] Vgl. dazu: D. WINTER: Das Differenzkriterium in der Jesusforschung, Diss. Heidelberg 1995.

[20] »Wir haben es dann mit einer auf Jesus zurückzuführenden Tradition zu tun, wenn diese weder aus dem Judentum abgeleitet noch der Urchristenheit zugeschrieben werden kann ... Man sieht, daß es dabei auf absolute Originalität ankommt. Nur das, was wirklich neu war und sich vom Vorhandenen abhob, wird gelten gelassen. ... Das Kriterium ist ein hilfreiches, aber scharfes Schwert. Man kann sicher sein, daß man bei seiner strikten Anwendung viel Jesusgut von ihm abschneiden würde. Wäre Jesus immer originell gewesen, gliche er einem Chinamissionar, der sich weigert, chinesisch zu sprechen. Als Ausgangspunkt aber verdient es unsere Beachtung, gleichsam als Ansatz für einen zu knüpfenden Faden« (Jesus von Nazareth. Botschaft und Geschichte, Freiburg 1990, 29f). – Das Problem scheint mir zu sein, wie man methodisch verantwortlich von Neuheit und Originalität reden kann. Bei genauerem Hinsehen ist nämlich alles neu und zugleich irgendwie traditionell. Was besagen schon für *diese* Frage (ich meine nicht: für Verständnisfragen) religionsgeschichtliche Parallelen aus der Umwelt? Wie wenig ist aufgeschrieben worden, wie wenig davon erhalten, wie zufällig und willkürlich sind unsere Deutungen!

das gut daran verfolgen, wie trotz nur einmaliger Bezeugung das Gleichnis vom verlorenen Sohn zum Evangelium schlechthin erklärt wird, die Gerichtsaussagen Jesu dagegen für unecht erklärt werden.[21] Anstelle solcher Zirkelschlüsse ist meines Erachtens das Modell eines offenen Mosaiks das vorerst methodisch angemessenste.

6. Ereignisse, die nicht im Rahmen der *Naturgesetze* erklärbar seien, hält man für unhistorisch.[22]

Konsequenzen aus der Ablehnung der Echtheitsfragen

Die Konsequenz aus dem hier vorgetragenen Ansatz besteht nicht darin, alles für echt zu halten. Sie besteht auch nicht darin, »die historische Frage« überhaupt auszuschalten. Diese Frage wird nicht ausgeblendet, sondern auf mehreren Ebenen beantwortet. So kann man den Versuch unternehmen, die Aktualität bestimmter Traditionen in verschiedenen Phasen der Geschichte des Urchristentums zu bestimmen.[23]

Gewiß: Man darf sich darüber Gedanken machen, ob vielleicht nicht alle Worte Jesu, die die Evangelien bieten, echt in dem Sinne sind, daß Jesus sie so und nicht anders einmal gesagt hat. Zumindest die apokryphen Evangelien lassen da Zweifel aufkommen.

Allerdings sind die meisten apokryphen Evangelien von vornherein als Gespräche Jesu mit seinen Jüngern nach der Auferstehung auf dem Ölberg formuliert. Nur wenige Evangelien sind offenbar in der Art der vier vorhandenen verfaßt worden, dazu gehören P. Egerton und P. Oxy 864. – Diese Beschränkung läßt aufmerken. So bleiben außer diesen beiden Sprüchesammlungen wie ThomasEv, PhilippusEv und die Agrapha als Stoffe, deren Echtheit hier problematisch ist.

Ich sehe es kommen, daß man am Ende doch die schlichte historische

[21] Trotz grober Zuspitzung symptomatisch für viele: G. LÜDEMANN: Ketzer. Die andere Seite des frühen Christentums, Stuttgart 1995, 214–216 »Was Jesus wollte und tat«.

[22] Vgl. dazu meine Beiträge: Darf man an Wunder glauben? Stuttgart 1996, und: Ist mit dem Tod alles aus? Stuttgart 1997.

[23] Dazu BERGER: Theologiegeschichte, 13f.

Abfassungszeit[24] als einziges mögliches Kriterium wird gelten lassen können. Von da aus gesehen ergibt sich vielleicht für die Beurteilung apokrypher Materialien eine Chance: Historisch interessant für die Frage nach Jesus sind sie, sofern sich von Fall zu Fall Brücken zu den Jesusüberlieferungen des 1. Jh. erkennen und beweisen lassen. Im ThomasEv zum Beispiel ist das sehr oft der Fall.

Neu diskutierte »Kriterien«

1. Das Kriterium der *Plausibilität* hatte ich selbst als das einzige verbleibende zuerst zur Sprache gebracht.[25] Gemeint war: Wenn bei Bestreitung der Echtheit der Gesamtverlauf der Geschichte des Urchristentums unverständlich wird, sollte eine solche Bestreitung unterbleiben. Es ist aber ganz klar: Zu negativem Ende, das heißt *zur Bestreitung einer fraglichen Echtheit, ist dieses Kriterium nicht verwendbar.*
Begründung: Man kann wohl feststellen, ob eine gegebene Überlieferung in das (meist traditionelle) Bild von der Geschichte des Urchristentums, das sich die Forschung gemacht hat, paßt. Aber wenn die Überlieferung da nicht hineinpaßt, was dann? Es ist doch wohl nicht möglich, sie für unecht zu erklären, wenn sie sich unserem Bild nicht einfügen will.

2. Neuerdings wird nun dieses Kriterium von D. Winter und G. Theißen aufgegriffen und erweitert. Es lautet: *historische Kontextplausibilität.* Gemeint ist: »Was aus dem damaligen Judentum nicht ›abgeleitet‹ werden kann, ist wahrscheinlich nicht historisch. Anders ausgedrückt: Jesus kann nur das gesagt und getan haben, was ein jüdischer Charismatiker im 1. Jh. hätte sagen und tun können.« Auch Kritik am Judentum müsse kontextuell nachvollziehbar sein.[26]

[24] Zu denken ist dabei nicht an die im Augenblick noch nicht erweisbaren genauen Datierungen der Einzelschriften, sondern an den Großraum des 1. Jh. Alles, was in dieser Zeit entstanden ist, muß prinzipiell für die Frage nach Jesus ausgewertet werden. In diese Richtung lief offenbar auch das Urteil der Kirche, die den Kanon des Neuen Testaments zusammenstellte.

[25] Vgl. z. B. in: H. SCHMIDINGER (Hg.): Jesus von Nazareth. Salzburger Hochschulwochen 1994, Graz 1995, 193–195.

[26] G. THEISSEN/A. MERZ: Der historische Jesus, 1. A. 1996, 119.

Dagegen: Dieses Kriterium scheitert bei jeder denkbaren Anwendung.
Begründungen:
a) Das »damalige Judentum« ist in so vielfältiger Hinsicht offen gegenüber seiner Umwelt und in sich so inhomogen, daß es als historisches Ausschlußkriterium nicht verwendbar ist. Jedenfalls im Blick auf frühchristliche Überlieferungen gilt: Alles, was in der »Weisheit« der hellenistischen Antike und in den Völkern rings um das Volk der Juden möglich war, konnte auch von Israel rezipiert werden. Ich kann nicht ein Wort wie Mk 7,15 deshalb für unjesuanisch erklären, weil die nächste Analogie bei Plato liegt. Seit Jahrhunderten wurde Plato von Juden rezipiert. Selbst wenn Jesus den Gedanken also von Plato hätte (was nicht auszuschließen ist), was spricht denn dagegen, daß er so geredet haben kann? Und wenn Lk 16,19–31 seine nächste Entsprechung im ägyptischen Setne-Roman hat[27], warum soll Jesus diese Geschichte nicht auch und im Rahmen seiner Botschaft leicht modifiziert erzählt haben?
b) Die Eingrenzung auf »jüdische Charismatiker« ist unverständlich. Unbestritten hat Jesus Züge jüdischer Charismatiker, jedoch ist er gewiß nicht nur das gewesen. Schriftgelehrte und Philosophen zum Beispiel sind gleichfalls zum Vergleich heranzuziehen.
c) Wieso soll »kontextuelle Nachvollziehbarkeit« denn nur für Jesus und die Frage nach der Echtheit seiner Worte gelten, nicht aber für die frühe Gemeinde? Hier liegt meines Erachtens ein unheilbarer Bruch in der Argumentation vor.
d) Das Postulat der »kontextuellen Nachvollziehbarkeit« bezieht sich vermutlich auf steilere dogmatische Aussagen wie die von der Gottheit Jesu etc. – Darf man wirklich frühchristliche Überlieferungen in jüdische und unjüdische aufteilen? Es gibt keine unjüdischen; im Zweifelsfall wird stets etwas jüdisch durch jüdische oder judenchristliche Rezeption. Und zugleich ist jede Aussage auch christlich, das heißt, sie ist immer auch »neu«, »originell« und im Rahmen des Judentums irgendwie ohne Vergleichbares. Immer gilt beides. Manchmal kommt es darauf an, wie weit man den Vergleich strapaziert, das Vergleichbare oder das Abweichende betont.

[27] BERGER/COLPE: Textbuch, Nr. 237, S. 141f.

3. *Kontextuelle Individualität* meint nach G. Theißen und A. Merz: Unterscheidbarkeit in einem gemeinsamen Kontext. Jesus werde »im Judentum profiliert. Seine Individualität ist ... kontextgebundene Besonderheit.«[28] Laut Beispiel soll sich Jesus etwa (am Ende doch offenbar wohltuend) vom Reich-Gottes-Verständnis einer bestimmten jüdischen Schrift unterscheiden. Gehen wir einmal davon aus, daß diese Beobachtungen richtig sind. Was folgt daraus für die Echtheit der Jesus-Überlieferung in diesem Punkt? Doch wohl gar nichts, und zwar aus folgenden Gründen:

a) Es gibt andere Schriften des zeitgenössischen Judentums, deren Reich-Gottes-Verständnis sehr wohl mit dem Jesu übereinstimmt oder ihm nahekommt.

b) Bei allen Fragen hinsichtlich des Judentums gilt, daß Jesu Jünger aus »demselben Holz geschnitzt« waren wie ihr Meister. Warum muß denn eine Profilierung – wenn es denn eine ist – immer von Jesus ausgehen, warum nicht von den Jüngern? Hier liegt bei Theißen/Merz möglicherweise ein implizites Schema zugrunde, nach welchem Jesus das Genie, die Jünger die Epigonen waren. Diese Annahme und Ähnliches wären nicht zu begründen.

Wenn man also sagt: »Je kontextueller, desto echter«, bezogen auf das palästinische Judentum der Zeit Jesu bzw. des 1. Jh. n. Chr., so finde ich darin folgende Schwierigkeiten: Das palästinische Judentum ist nicht abzuriegeln vom Rest der (jüdischen) Welt. Auch und gerade die »palästinischen« Texte von Qumran zeigen ein hohes Maß von Hellenisierung. Das Denkmodell »mehr oder weniger (palästinisch)-jüdisch« ist fragwürdig. Alles Jesuanische ist sowohl jüdisch als auch ganz neu. – Unsere Kenntnis des Judentums (zum Beispiel in Palästina) ist sehr begrenzt. Man darf nur vorsichtig fragen: Was für Quellen hätten wir überhaupt, gäbe es die Funde von Qumran nicht? Der Hinweis auf die Sammlung von Strack-Billerbeck mag zur Genüge zeigen, wie sehr wir vom jeweiligen Quellenbestand abhängig sind, der sich im Fall der Qumrantexte ganz zufällig erweitert hat. Und auch bezüglich dieser Texte ist man uneins: Geht es nur um Schriften einer Sekte, die alles andere als repräsentativ sind? Die Mehrheit der deutschen Forscher denkt wohl noch immer an eine Sekte.

[28] G. THEISSEN/A. MERZ: A. a. O., 119.

4. Das zusätzliche neue Kriterium der *Wirkungsplausibilität* soll meinen: Einmal: »Was in von einander unabhängigen Quellen mehrfach bezeugt ist, kann eine Wirkung des historischen Jesus sein.«[29] So gesagt ist das vorsichtig und richtig. Aber daraus einen »Querschnittsbeweis« zu machen geht wieder über das Beweisbare hinaus. Ein Wort, eine Tat, ein Motiv muß keineswegs deswegen »historisch« sein, weil viele es bezeugen. Es kann sich doch um eine frühe Überlieferung handeln, die für viele attraktiv war. D. Zeller (mündlicher Hinweis, 13. 6. 1997) macht darauf aufmerksam, daß die liberale Forschung die Totenerweckungen Jesu trotz Mehrfachbezeugung aus anderen Gründen ablehnt. Auch hier gilt: Ein Ausschlußkriterium ist hier ebensowenig zu gewinnen wie ein Beweis. Es bleibt bei dem »kann«, das aber eben generell gilt und eine Hypothesenbildung nicht erleichtert.
Zum anderen: *Wirkungsplausible Tendenzwidrigkeit* soll meinen: Mehrfachbezeugtes läßt sich »besonders dann als Auswirkung des historischen Jesus in den Quellen plausibel machen«, wenn es sich »nicht aus bekannten Tendenzen des Urchristentums erklären« läßt oder »sogar ausgesprochen tendenzspröde« sei.[30] Als Beispiele werden genannt: »die Taufe Jesu durch Johannes, sein Konflikt mit der Familie, der Teufelsbundvorwurf, Verrat und Flucht der Jünger, die Kreuzigung«. Dagegen:
a) Die angeführten Beispiele sind, wenn nicht unglücklich, so doch zumindest leicht in ihrer Argumentationskraft in Frage zu stellen. Denn entweder handelt es sich um Dinge, die historisch einfach feststanden – wie will man über Jesu Martyrium berichten, ohne die Kreuzigung zu erwähnen? – oder aber die nur für uns ein »Problem« sind, nicht aber für die frühen Christen. Oft hat die Exegese aufgrund von Prämissen des 19. Jh. angebliche Rivalitäten und Probleme an die Texte herangetragen, die ihnen selbst fremd sind.[31] Beispiel: Mk 9,1 mit der Ansage des Reiches Gottes zu Lebzeiten gilt für fast alle modernen Exe-

[29] A. a. O., 118.

[30] A. a. O., 118.

[31] Beispiel *Taufe Jesu durch Johannes:* Im JohEv fehlt diese Erzählung. Daraus hat man geschlossen, Joh unterdrücke sie absichtlich, um die unangenehme Tatsache der Taufe Jesu durch Joh »auszubügeln«. Eine recht naive Vorstellung über die kriminellen Methoden des Evangelisten Johannes. Könnte es nicht umgekehrt so sein, daß bei den Synoptikern die Tradition von der Taufe Jesu erzählt wird, um so die christliche Wassertaufe zu begründen, was besonders bei Matthäus erkennbar ist? –

geten als Ausweis des Irrtums Jesu. Hätte nach dieser Deutung der Stelle dieser Text nicht auch schon für Markus ein Problem sein müssen? Offenbar war er es nicht; erst aufgrund der Exegese des 19. Jh. wurde diese Stelle problematisiert. Sollte man daher nicht zuerst fragen, ob zum Beispiel unser Verständnis von Reich Gottes der Textstelle angemessen ist?
Selbst wenn es anders wäre, gilt:
b) Daß eine Überlieferung für bestimmte Menschen (es sind doch immer nur bestimmte!) »unangenehm« ist, besagt nichts über ihr Alter. Beispiel: Daß Jesus mit Salome ein Bett besteigt (ThomasEv 61) und Maria Magdalena häufig auf den Mund küßt (Evangelium der Maria), mußte für asketische Christen möglicherweise anstößig sein (oder auch nicht), jedenfalls aber geht in keinem Fall aus diesen Überlieferungen hervor, daß die Sache wohl »echt« war. Und wie ist es mit der Tradition über Judas? Sind die Exegeten im Recht, die sagen, das Ganze sei eine Erfindung, um die »Juden« (Judas als *der* Jude) zu belasten und die Römer zu entlasten – oder ist seine Figur als Abschreckung für spätere Jünger und Kontrast zu Jesus geradezu willkommen – oder ist der ganze Kranz von Erzählungen der Versuch, mit einer äußerst unangenehmen Tatsache fertig zu werden? Ich halte alle drei Lösungen für möglich und sehe für die Entscheidung »echt«, weil »potentiell unangenehm«, keine wirkliche Chance.

5. *Wirkung:* Daß etwas wahrscheinlich »echt« sei, wenn es als »Wirkung Jesu« erklärbar sei, liegt als Argument einigen der oben genannten Kriterien zugrunde. Auch diese Auskunft reicht nicht für ein Kriterium. Wirkung Jesu sind außer allen vier Evangelien auch alle übrigen

Beispiel *Konflikt mit der Familie:* Hier geht es erkennbar um einen Topos. Der Prophet ist nicht nur in der Vaterstadt, sondern besonders in der eigenen Familie untragbar. – Beispiel *Teufelsbundvorwurf:* Dieser Vorwurf belastet weitaus mehr die Gegenseite als Jesus! Im übrigen war es sachlich naheliegend, wenn nicht geradezu notwendig, die Alternative aufzustellen, nach der Jesus entweder durch den heiligen Geist oder durch Beelzebul die Geister austrieb. – Beispiel *Verrat und Flucht der Jünger, besonders des Judas:* Die breite Schilderung der Evangelisten läßt erkennen: Hier geht es um abschreckende Beispiele. Literarisch gesehen war das gut zu gebrauchen (vgl. die Patriarchen nach den TestPatr). Es stützt die einzigartige Rolle Jesu und warnt die Gemeinde. Warum also unterdrücken? Es gibt exegetische Meinungen, nach denen man Judas, hätte es ihn nicht gegeben, geradezu hätte erfinden müssen.

Phänomene des Christentums. In der Geschichte pflegt es so zu sein, daß nichts monokausal Wirkung von etwas anderem ist. Darin liegt stets das Problem.

6. *Rückläufige Prozesse nach Ostern:* Hat man nicht seit alters in der Exegese auch mit nachösterlichen Phänomenen wie der Rejudaisierung und Re-Apokalyptisierung gerechnet, und wie steht es damit? Hier werden nun die Gefahren aus Zirkelschlüssen und die methodischen Schwierigkeiten noch größer.

Beispiel: Einem Kollegen »gefiel« in einem Disput Mt 5,14–16 nicht, und zwar wegen der missionarischen Wirkung der »Werke«. Unter Protest meinerseits erklärte er den Text für das Resultat nachösterlicher Rejudaisierung. Der Protest hatte folgende Gründe: 1. Eine klar erkennbare konfessionelle Position war der Hintergrund für dieses Urteil über Echtheit. 2. Das Urteil machte die unbewiesene Voraussetzung, Jesus habe sich vom Judentum entfernt, und zwar merkwürdigerweise gerade in diesem Punkt, der für den reformatorischen Disput über Paulus wichtig geworden wäre. Welcher historische Anlaß für Jesus bestanden hätte, wurde nicht erkennbar. 3. Auf die erste Hypothese wird eine zweite gestapelt: Trotz aller ihrer Erfahrungen mit den Juden hätten die Jünger nach Ostern sich wieder in die Arme des Judentums fallen lassen. Auch hier wird kein möglicher Grund erkennbar. 4. Der Hintergrund für die Hypothese der Rejudaisierung scheint vielmehr ausschließlich zu sein: Wenn der große Meister, der alles Bisherige in den Schatten gestellt hat, nicht mehr da ist, fallen seine Schüler in die alten Gewohnheiten und »Sünden« zurück. Frage: Ist »das Judentum« hier so einzuordnen? Ist noch immer »das Judentum« der große Widerpart Jesu?
Noch schwieriger steht es mit der Re-Apokalyptisierung. Setzt doch diese These voraus, daß Jesus frei war von »apokalyptischen Spekulationen«. Vorausgesetzt ist ein negatives Bild von Apokalyptik, von dem Jesus auf jeden Fall freizuhalten sei. Dieses Bild (Berechnung, Festlegung Gottes) ist schon in sich religionsgeschichtlich Nonsens. Erst recht ist die rein apologetische Behauptung, Jesus müsse frei davon gewesen sein, völlig willkürlich.

Religionsgeschichtliche Zugänge

Man kann nun fragen: Wenn alles in den vier Evangelien (und anderen alten Texten wie dem ThomasEv) Überlieferte »echt« sein könnte, zerfällt dann nicht jeder wissenschaftliche Zugriff auf Worte und Wirken Jesu? Benötigt man nicht doch, um argumentieren und verstehen zu können, bestimmte Haupt- und Grundlinien, damit nicht Beliebiges zum Zentrum erklärt werden kann? Die Forschungsgeschichte zeigt, daß es durchaus möglich ist, sich den Gesamtbestand der Jesusüberlieferung sehr eng konfessionell-dogmatisch zurechtzulegen. Antwort:

a) Der beste Schutz gegen eine monologische und ideologisierende Deutung der Worte Jesu ist eine religionsgeschichtliche Auslegung. Die Bibel kann nur verstanden werden als fremder, abständiger Text. Angesichts unserer begrenzten Kenntnisse taugen religionsgeschichtliche Parallelen aber nicht als Ausschlußkriterium.

Beispiel: Vom »Fleisch« des Messias sprechen weder die bisher bekannten alttestamentlichen und jüdischen Quellen noch die hellenistische Umwelt. Also müssen wir sorgsam rekonstruieren, was dieser wichtige Ausdruck hat bedeuten können.

b) Das erhaltene Material läßt – rein statistisch betrachtet(!) – bestimmte Haupt-Trassen erkennen, zu denen auch die Verkündigung des Reiches Gottes gehört. Aber Existenz dieser Hauptströme oder mangelnde Möglichkeit, ein Wort diesen zuzuordnen, besagt nichts über die Echtheit. Auch hier erlaubt unsere begrenzte Kenntnis nicht die Verwendung als Ausschluß-Kriterium.

Beispiel: Mk 9,50. Man kann dieses Wort kaum – auch nach langen Mühen – einer Hauptlinie zuordnen. Trotzdem können wir nicht über die »Echtheit« oder »Unechtheit« befinden.

Exegese und Hermeneutik

Meines Erachtens steht hinter dem Bestreben, echte und unechte Jesusworte zu scheiden, ein pseudo-religiöses Sicherheitsbedürfnis. Die Kirche hat es zur Zeit der Kanonbildung wagen können, vier Evangelien anzubieten. Man hat zweifellos gewußt, daß es vier recht unterschiedliche Evangelien waren. Aber offenbar konnte man sich die historische Unsicherheit, die dieses Mosaik mit sich brachte, leisten, weil es klar war: Das, was gelten soll, wählt die Kirche in ihrer jeweiligen Verkündigung aus dem Kanon aus. Nur eine starke kirchliche Autorität konnte sich den Kanon der vier Evangelien leisten. Diese hermeneutische Vorentscheidung hielt das Mittelalter hindurch und überstand auch die Reformationszeit. Sie wurde erst mit der Aufklärung brüchig. Denn als die Autorität »der Kirche« systematisch angreifbar wurde und zerfiel, mußte man anderswo »festen Halt« finden. Man suchte ihn in historischen Argumenten. Die Suche nach der »echten Jesusüberlieferung« war die Suche nach der verbindlichen Norm, die man nun nicht mehr im Gegenüber der Kirche zur Schrift fand, sondern innerhalb der Schrift selbst zu finden meinte. Hermeneutisch gesehen handelte es sich – aus der Sicht der Untersucher – bei der Frage nach den echten Jesusworten um ein höchst bedeutsames Unternehmen. Daher meint man auch heute, darauf bestehen zu müssen, und zwar nicht nur aus historischer Neugier, sondern auf der Suche nach dem Kanon der Interpretation.

Historische Forschung ist in meinen Augen mit dieser Fragestellung prinzipiell überfordert. Das kirchliche Modell war aus meiner Sicht nicht total unbrauchbar. Es ließ sich wenigstens von der richtigen Einsicht leiten, daß die Schriften des Urchristentums im Schoße christlicher Gemeinden und für diese entstanden. Daher besteht jedenfalls ein bleibender (kritischer) Bezug dieser Schriften zu jeder späteren kirchlichen Gemeinschaft. Und man darf fragen: Wer sonst sollte sie in ihrer Gesamtheit auslegen als die Gruppe, für die sie einst geschrieben worden sind? Dabei hätte die Exegese einen bleibenden Auftrag: die Schrift vor jeder ideologischen Vereinnahmung zu schützen.

Historischer Jesus und nachösterlicher Christus

Die klassischen Argumente gegen die Echtheit der meisten Reden des JohEv werden aus dem allgemeineren Urteil über das Verhältnis zwischen historischem Jesus und nachösterlichem Christus gewonnen.

Diese ältere liberale Konzeption besagt: Jesus hat vom Reich Gottes (und eventuell vom Menschensohn als einem anderen) gesprochen, nicht aber über sich selbst. Mit dem Glauben an Jesus seien zugleich »das Christentum« und die Kirche entstanden. – So ist der Ostergraben die wichtigste Scheidemöglichkeit zwischen echten und unechten Jesusworten. Das Kriterium heißt: Christologie.

Alle christologische Einsicht, insbesondere titulare Formulierungen, seien erst nachösterlich. Diese simple Theorie, die auf ein paar höchst anfechtbaren Prämissen beruht, findet noch immer gläubige Anhänger. Immer wieder spricht man auch für die synoptischen Evangelien von rückprojizierten Ostererfahrungen. Dazu rechnet man eigenartigerweise bei den Synoptikern bereits alle Sohn-Gottes-Aussagen.[32] Für das JohEv beruft man sich auf die Textstellen, die sagen, Jesu Jünger hätten bestimmte Sätze erst nach Ostern verstanden.[33] Keine dieser Stellen besagt allerdings, daß die christologische Einsicht überhaupt erst nach Ostern gekommen sei. Undifferenziert werden Aussagen über Präexistenz als Hoheitschristologie eingestuft.

Erstaunlicherweise ist bisher noch nicht versucht worden, diese alte liberale These exegetisch zu verifizieren.

Unsere Frage heißt daher: Lassen die Texte des Neuen Testaments etwas von der zentralen Wende im Glauben der Jünger durchscheinen? Hat sich irgendwo die Erinnerung daran erhalten, daß man eben erst nach Ostern und aufgrund von Ostern zu der entscheidenden Einsicht gelangt ist?

Antwort: Nein. Es gibt keinen einzigen neutestamentlichen Text, aus dem hervorgeht, daß die entscheidende christologische Erkenntnis den Jüngern erst nach Ostern zuteil geworden wäre. Die Grundprämisse liberaler Exegese in der Frage der Christologie hält daher dem Textbefund des Neuen Testaments nicht stand. Sie ist anders, und zwar philosophisch entstanden und zu deuten. Es ist höchste Zeit, sie kritisch zu diskutieren.

Für W. Wrede war das Gebot Jesu, erst nach der Auferstehung des Menschensohnes von seiner christologischen Autorität zu erzählen, das klassische Argument für seine These, der Glaube an diese christologische Würde Jesu sei eben erst zu Ostern entstanden. Diese Aussage enthält der Text in Mk 9 nun freilich keineswegs. Er besagt vielmehr das Gegenteil: Die christologische Erkenntnis sei vorösterlich.

[32] Vgl. THEISSEN/MERZ, a. a. O., 104: »Nachösterlicher Glaube wird in das vorösterliche Leben eingetragen, wenn Jesus schon in ihm als ›Sohn Gottes‹ proklamiert wird und als allmächtig und allgegenwärtig gilt.« Man darf fragen, woher die Verfasser das nun so genau wissen wollen. Im übrigen ist das mit der Allmacht eine Fehlinterpretation von Mt 11,27 (der Ton liegt nicht auf »alles«, sondern auf »von meinem Vater übergeben«; es geht um eine Legitimations-, nicht um eine Allmachtsaussage), und die »Allgegenwart« ist eine Eintragung dogmatischer Kategorien aus späteren Katechismen dort, wo es um den jüdisch-alttestamentlichen »Namen« geht.

[33] Vgl. THEISSEN/MERZ, a. a. O., 51: »Jesus spricht und handelt als der sich seiner Präexistenz bewußte Offenbarer (Joh 8,58), als der er aber – dessen ist sich der Verfasser bewußt – erst nach Ostern und unter Wirken des Geistes erkannt … werden kann« (vgl. 2,22; 7,39; 12,16; 13,7).

Ostern markiert hier nur den Zeitpunkt, von dem ab verkündigt wurde, den terminus a quo der Verkündigung, nicht aber des Glaubens.

1. Die Verklärung Jesu – nachösterlich?
Im Gefolge der These W. Wredes wurden dann zahlreiche Versuche unternommen, die Verklärung zu einer nachösterlichen Erfahrung zu machen. Diese Unterfangen können als gescheitert gelten. Das ganze Szenario findet sich in keiner Ostervision. Die Offenheit des Frühjudentums für visionäre und mystische Erfahrungen wurde nicht erst durch die Osterbotschaft begründet; diese gehört vielmehr in jene hinein.

2. Die Worte über das Sich-Erinnern im JohEv
Berufen hat man sich immer auf die Stellen des JohEv, nach denen sich die Jünger nach der Erhöhung Jesu an Worte Jesu erinnert und sie dann erst verstanden hätten. Doch kein Text sagt etwas über die christologische Erkenntnis erst ab Ostern.
Zu diesen Texten gehört zum Beispiel Joh 2,22 *(Als er nun auferweckt worden war aus den Toten, erinnerten sich seine Jünger, daß er dieses gesagt hatte, und sie glaubten der Schrift und dem Wort, das Jesus gesagt hatte).* Es handelt sich um das Wort über den Tempel und dessen Aufrichtung binnen dreier Tage. Dieses Wort konnte man nach Ostern, wie die Jünger meinten, verstehen und auf Jesu Auferstehung deuten. Mit keinem Wort ist angedeutet, daß die Jünger Jesu Würde überhaupt erst nach Ostern verstanden.
Jesus selbst sagt nach Joh 8,28 den Jüngern: *Wenn ich erhöht sein werde, dann werdet ihr erkennen, daß ich es bin.* Leider wird hier nicht Ostern, sondern die Kreuzigung zum entscheidenden Zeitpunkt erklärt. – Nach Joh 12,16 erkannten die Jünger Jesu, *nachdem er verherrlicht worden war,* daß Sach 9,9 sich auf Jesus bezog. Hier geht es um dieselbe nachösterliche Schrifterkenntnis, die Lukas erwähnt (s. u.). – In Joh 14,26 heißt es nur, daß der Paraklet nach Ostern an alles erinnern wird; eben dieses Erinnern wird in Joh 12,16 und in Joh 2,22 beschrieben.
Nach Joh 20,9 heißt es von Petrus und dem Lieblingsjünger am Grab, daß sie sahen und glaubten, *denn noch nicht kannten sie die Schriftstelle, daß er aus Toten auferstehen muß.* Hier reichen auch die

Osterereignisse noch nicht, um die vollständige Schrifterkenntnis zu vermitteln.
Die österliche Schrifterkenntnis und das Verstehen in Joh 2,22 folgen übrigens demselben Prinzip: Ein in sich selbst eindeutiger Wortsinn wird durch die nachösterliche Erkenntnis »allegorisch« umgedeutet, und zwar auf Tod und Auferstehung Jesu hin. Interessant ist, daß nach dem JohEv sowohl *Schriftstellen* (vgl. Joh 12,16; 20,9) als auch *Worte Jesu* (Joh 2,22) in gleicher Weise neu gelesen werden können. Das ist logisch im Sinne der johanneischen Theorie vom Wort Gottes.
Resultat für die johanneischen Texte: Kein Text sagt etwas über die christologische Erkenntnis erst ab Ostern. Was die Jünger dagegen erkennen, ist die Schriftgemäßheit der Auferweckung.

3. Österliche Schrifterklärung nach Lukas
Zweimal belehrt nach dem LkEv der Auferstandene Jünger über die Schrift, und zwar über Leiden und Herrlichkeit des Christus (Lk 24,26–27.45–46). Dieses, nicht daß Jesus der Christus sei, ist Inhalt der Schrifterkenntnis. Sie wird durch Visionen des Auferstandenen vermittelt, nicht durch die Osterereignisse selbst.
Wenn Lukas dabei den Auferstandenen als Lehrer der Schrift auftreten läßt, so folgt er einem verbreiteten Topos, wonach der Urheber einer Schrift visionär und postmortal erscheint und über seine schriftliche Hinterlassenschaft aufklärt. Bei Philo von Alexandrien ist dieses Mose.[34]

4. Überwindung der Gegner
Nicht die Jünger, wohl aber Außenstehende werden durch die Auferweckung Jesu und die sie bezeugenden Erscheinungen überwältigt und überzeugt, aus ihrer Unkenntnis befreit. Das betrifft einmal die frühen Judenpredigten nach Act 2–5. Hier ist auch von der Unkenntnis die Rede, die die Juden veranlaßte, Jesus zur Kreuzigung auszuliefern. Vor allem aber Paulus erlangt durch die nachösterliche Offenbarung des Sohnes Gottes das Glaubenswissen über die Identität Jesu. Die Berufungsvision macht ihm deutlich: Jesus ist Sohn Gottes (Gal 1,16). – Es scheint, daß die liberale Theologie wieder einmal von Paulus ausgegan-

[34] Material bei K. BERGER: Die Auferstehung des Propheten ... (STUNT 13), Göttingen 1976, 575f A. 427.

gen ist und ihn als den Maßstab für alles gewertet hat. Nur im Blick auf die Judenpredigten der Act und auf die Bekehrung des Paulus kann gelten, daß die christologische Erkenntnis erst durch Ostern möglich wurde. Aber hier handelt es sich nicht um Jünger, sondern um Gegner, die unter besonderen und nicht zu verallgemeinernden Bedingungen im Rahmen ihrer Biographie erst nach Ostern zu der Erkenntnis Jesu gelangt sind.

Auswertung in Thesenform

1. Kein frühchristlicher Text bezeugt, daß die Jünger Jesu ihre christologische Erkenntnis (»Wer Jesus war«) erst den Osterereignissen verdanken.
2. Unbestritten ist, daß die Jünger und andere Christen nach Ostern neue Erkenntnisse gewonnen haben. Dazu gehört insbesondere die pneumatische Schriftauslegung, aber auch das pneumatische Verständnis von Worten Jesu. Beides läuft auf dasselbe hinaus: Der Wortsinn wird transzendiert.
Unbestritten gibt es auch weitere nachösterliche neue Erkenntnisse, nur beziehen sich diese nicht auf die christologische Frage. Die Tatsache, daß es keinerlei Erinnerung daran gibt, daß Ostern etwa die christologische Erkenntnis begründet habe, läßt mißtrauisch gegenüber der Grundthese der liberalen Theologie werden. Sie entstammt offensichtlich keiner exegetischen Einsicht, sondern hermeneutischen Überlegungen.
3. Die These der liberalen Theologie wird dadurch noch fragwürdiger, daß man die Osterereignisse selbst zu einem rein transzendentalen Geschehnis (Gott wirkt den Glauben in den Jüngern) herabstufte. Man hielt dies für die Bedingung dafür, daß der Osterglaube reiner Glaube ohne historischen Anhalt sei.
4. Wenn die Texte keine Spuren hinterlassen haben, bedeutet das nicht, daß es nicht so gewesen sein könnte. Dennoch wäre es gut, wenn für eine so weitreichende These wie die der liberalen Schule auch nur die Spur eines Anhaltspunktes gegeben wäre. Solange das nicht der Fall ist, müssen andere, schriftgemäßere Modelle den Vorrang haben.
5. Vielleicht ist ein Modell tauglicher, das davon ausgeht, zu Ostern sei der Glaube der Jünger, der am Karfreitag Schiffbruch erlitten

habe, erneut aufgelebt – so wie eine fallengelassene Masche wieder aufgenommen wird. Damit ist Ostern für den Fortgang des Christentums unerläßlich, aber doch eben nicht in jeder Hinsicht etwas ganz Neues.

TEIL II
EINLEITUNGSFRAGEN

§ 6
Der Verfasser des Johannes-Evangeliums

Im folgenden wird eine Hypothese vertreten, die mehrere Teile hat: Der Verfasser des JohEv sei der Herkunft nach Alexandriner, er habe Kontakt mit dem Christentum in Palästina, vielleicht in Damaskus[35], gewonnen, dort auch mit dem frühen Paulus, und habe dann vielleicht auch Berührung mit Ephesus gehabt. Die Nähe zu Ephesus wird vielleicht deutlich in der Diskussion mit dem Taufverständnis täuferischer Gruppen. Hier finden wir im JohEv ein Element, das sonst gut in Ephesus belegt ist (Act 19,3–6), vgl. § 18.

Es wird daher vorausgesetzt, daß der Evangelist gewandert ist, von Alexandrien über Palästina nach Kleinasien. Möglicherweise ist er am Ende seines Lebens nach Alexandrien zurückgekehrt, denn in Ägypten ist sein Evangelium bekanntlich sehr früh bezeugt (P^{52} und P. Egerton 2). Jedenfalls haben ägyptische Christen, denen es im übrigen an Kontakten zu Ephesus nicht mangelte[36], sein Evangelium nicht ohne Grund gerne aufgenommen.

Eine Hypothese gewinnt mit dem Maß, in dem ihr Urheber zu Selbstkritik und Anerkennung der Grenzen der Hypothese in der Lage ist. Ich möchte daher bekennen, daß ich mir durchaus der Gefahr bewußt bin, »zuviel zu wissen«, nämlich Dinge, die man nicht oder nicht so genau wissen kann. Dennoch ist es notwendig, Hypothesen zu bilden, weil Wissenschaft sonst steril wird.

[35] Ist es z. B. Damaszener Tradition, wenn nach Joh 15,20–25 die Verfolgung der Christen christologisch gedeutet wird (»mich« und »euch«, vgl. 15,27) wie sonst so intensiv nur noch Act 9,4 par (»Warum verfolgst du mich?«)? – Vgl. dazu BERGER: Theologiegeschichte, § 141.

[36] Vgl. G. HÖLBL: Zeugnisse ägyptischer Religionsvorstellungen für Ephesus, EPRO 73, Leiden 1978.

Alexandriner der Herkunft nach

Neben Jerusalem und Antiochien war Alexandrien eine der drei großen Städte im östlichen Mittelmeerraum, in der zahlreiche Juden wohnten. Wichtige Indizien sprechen dafür, daß der Evangelist des vierten Evangeliums in Alexandrien zu Hause war.[37] Das bedeutet nicht, daß er zeitlebens dort gewohnt hat, wohl aber, daß er seine geistige Prägung dort empfing, bevor er Christ wurde.

1. Urbaner Charakter
Das JohEv zeigt im Unterschied zu den Synoptikern kein Interesse an bäuerlichen Gegebenheiten oder am ländlichen Leben. Zum Beispiel fehlen in der Metaphernsprache alle einschlägigen Kenntnisse, wenn man davon absieht, daß der Hirte die Schafe mit Namen kennt (Joh 10,3). Das JohEv ist daher wenigstens grundsätzlich »städtisch« orientiert. Alle späteren Auseinandersetzungen mit Juden (vgl. Act; Ignatius von Antiochien) sind auf Städte konzentriert.

2. Selbstvorstellung mit »Ich bin …«
Kennzeichnend für das JohEv sind Sätze, die man Selbstvorstellungen des Boten mit Hilfe von metaphorischen Ich-Aussagen nennen könnte. Diese Sätze nach dem Schema »Ich bin der Weinstock« besitzen ihre einzigen zeitgenössischen Analogien im griechischsprachigen Ägypten, und zwar nach heidnischen wie nach jüdischen Quellen. Eine Herleitung der Form »Ich bin + Metapher« aus dem Sprachgebrauch des AT oder der LXX ist nicht möglich.[38] (Vgl. unten § 27.)

Belege: Testament Abrahams A 16 (der Engel): »Ich bin der bittere Kelch des Todes«; Sir 24,18 (Lesart; die Weisheit sagt von sich:) »Ich bin die Mutter der guten Liebe.« Alle jüdischen Belege finden sich im Munde einer Mittlerfigur.

[37] Anders zuweilen in der Forschung: Alexandrien sei der Entstehungsort des JohEv, die Tradition sei von dort aus nach Kleinasien gewandert (vgl. dazu: J. N. SANDERS: The Fourth Gospel in the Early Church, Cambridge 1943, 85f, und H. C. SNAPE: The Fourth Gospel, Ephesus and Alexandria, in: HarvTheolRev 47 [1954], 1–14). Dagegen schon R. SCHNACKENBURG: Johannes-Evangelium I (1965), 133 mit Recht: Das vom JohEv gesammelte Traditionsgut weise auf Palästina.

[38] Vgl. dazu: H. THYEN, in: JAC 35 (1992), 19–46.

In ägyptischen Texten heißt es zum Beispiel im Munde von Gottheiten: »Ich bin die Magd der Welt«, »Ich bin die Treue« (von Isis), »Ich bin der Stier des Ostgebirges« (vom Sonnengott).[39]

3. Logos-Vorstellung

Zum Logos-Begriff des JohEv finden sich die einzigen wirklich ernst zu nehmenden Analogien in der zeitgenössischen jüdisch-hellenistischen Philosophie Alexandriens.[40] Gemeint sind die Schriften Philos von Alexandrien (ca. 20 v. Chr. bis ca. 60 n. Chr.), bei dem der Logos Gottes eine Rolle innehat, die mit der des Logos im JohEv nicht nur dem Namen nach verwandt ist.

Diese Feststellung gilt auch dann, wenn man folgendes weiß:

a) Zu Joh 1,1–14 gibt es Analogien in der Weisheitsliteratur. Die personifizierte Weisheit wird bisweilen, wenn auch extrem selten, als Schöpfungsmittlerin genannt.

In der Logienquelle und bei Paulus wird Jesus nahe an die Weisheit Gottes herangebracht, das JohEv wählt jedoch einen anderen Ausdruck. Eine ähnliche Konstellation des JohEv gegenüber der Logienquelle, Paulus und anderen ergab sich bereits öfter (Sünde gegen den Geist/gegen den Menschensohn). Das JohEv steht hier in einem anderen, aber parallelen Zweig der Entwicklung. Der Evangelist wählt sehr gezielt »Logos«, statt wie andere frühchristliche Theologen von »Weisheit« zu reden. (Es ist die Frage, ob er in dieser Hinsicht von den anderen wußte).

b) Das aramäische *memra* bezeichnet auch das Wort, mit dem Gott die Welt erschuf. Wenn man annehmen darf, daß frühe Targume auch in Ägypten entstanden sind, wäre eine Bezugnahme auf *memra* durch Hinweis auf den Logos Philos gar nicht einmal ausgeschlossen.

c) Die nächsten Analogien zu Joh 1 finden sich in den christologischen Enkomien neutestamentlicher Briefe, besonders in Hebr 1,1–3; Kol

[39] Vgl. dazu BERGER: Formgeschichte, § 12, S. 39.

[40] Vgl. dazu bereits F. C. BAUR: Vorlesungen über neutestamentliche Theologie, Hg. F. F. BAUR, Leipzig 1864, 353: »Es ist bekannt, welche Bedeutung die Logosidee schon in der alexandrinischen Religionsphilosophie hatte. Es wäre gegen alle geschichtliche Analogie, wenn man annehmen wollte, der Evangelist sei ohne alle Beziehung zu den Zeitvorstellungen, der damals so weit verbreiteten Logosidee, auf seine Lehre vom Logos gekommen. Diese Verwandtschaft seiner Idee mit der alexandrinischen Religionsphilosophie kann man ohne Bedenken zugeben …«

1,15–20; 1 Kor 8,5f. Aber in keinem dieser Texte fällt das Wort »Logos«. Es blieb dem JohEv vorbehalten, durch die Verwendung dieses Wortes hier auch terminologisch die Brücke zum alexandrinischen Judentum zu schlagen.
Konkret ist das so vorstellbar, daß der Evangelist bei der Berührung mit der frühchristlichen Tradition über Jesus als Schöpfungsmittler sein alexandrinisches Vorwissen einfließen ließ und dieser frühchristlichen Tradition als Interpretation überstülpte oder beimischte.

4. Auffassung vom Kosmos

Das JohEv gebraucht einen differenzierten Kosmos-Begriff, der sich zeitgenössisch in ähnlicher Differenzierung nur im hellenistischen Judentum Ägyptens findet. Nur dort ist der »Kosmos« zugleich Schöpfung Gottes wie auch das, was gerechte Menschen zu meiden haben, da es voll Verführung ist. Der Kosmos-Begriff des JohEv wird auch von Hebr geteilt (vgl. Hebr 11,38 *Ihrer war die Welt nicht wert*). Vgl. zu Hebr/JohEv auch unter 5.

5. Johanneischer Dualismus

Dualismus ist im Judentum kein Produkt palästinischen Denkens. Wer Jesus in diesem Lichte auffaßte und begriff, war gegenüber der »Schrift« und ihrer Auslegung im Lande ein Fremder.
Zwar kennen wir in apokalyptischen Schriften, die nach der Zerstörung Jerusalems (70 n. Chr.) entstanden (4 Esra und BarApk[syr]), einen Dualismus zwischen diesem und dem kommenden Äon, aber ein Dualismus nach dem Schema oben/unten, wie er im JohEv und in Hebr vorliegt, weist zumindest unter anderem nach Alexandrien.
Seit jeher hat man dort die geistige Heimat des Verfassers des Hebr angenommen.
Daß es einen Dualismus auch in der Logienquelle und in manchen Texten aus Qumran gibt, wird später besonders zu beachten sein. *Jedenfalls ist die Frage nach dem Mutterboden des johanneischen Dualismus die für das Problem des Ursprungs dieses Evangeliums wichtigste.*
Nun verbietet sich bei derart komplexen Problemen jede monokausale Herleitung. Am günstigsten ist es immer, mit sich gegenseitig verstärkenden Faktoren zu rechnen. Bei der gegenwärtigen Forschungslage rückt stärker das Phänomen der frühen jüdischen Mystik in den Vordergrund, die uns aufgrund der Texte aus Höhle 4 von Qumran besser

bekannt wird. Diese »Mystik« ist, um es kurz zu sagen, eine Thron-Gottes-Mystik. Hier ist mithin der Oben/unten-Dualismus gegeben, und zwar wohl aufgrund priesterlich orientierter Trägerkreise in Palästina. Könnte es nicht sein, daß im JohEv (und ähnlich im Hebr; vgl. § 40) eine alte[41] Analogie zwischen Platonismus im weitesten Sinne und Orientierung am himmlischen Urheiligtum wiederentdeckt und neu belebt wird? Jüdische Mystik in alexandrinischer Sprache – das wäre der Befund im JohEv und im weiteren Sinne Resultat dessen, daß sich zwei alte Bekannte getroffen hätten, »Platonismus« und priesterliches jüdisches Denken.

6. Beziehungen zum Corpus Hermeticum

Angesichts der bedeutenden Nähe des JohEv zum zeitgenössischen Judentum ist die Annahme eines »gnostischen Hintergrunds« oder die Einordnung des JohEv unter »gnostisierende« Schriften ein Mißverständnis. Weder eine entfaltete mythologische Gnosis (Ende 2. bis 3. Jh. n. Chr.) noch eine Proto-Gnosis ist hier meines Erachtens anzunehmen. Wenig beachtet ist in diesem Zusammenhang das Phänomen der hermetischen Philosophie, die im Corpus Hermeticum ihren Niederschlag gefunden hat.[42] Die hermetische Philosophie ist nicht als »gnostisch« zu bezeichnen, sie ist vielmehr ein Dokument der »religiösen Philosophie der Kaiserzeit« und kommt schon der Sprache nach dem JohEv sehr nahe. Die Übereinstimmungen sind so weitgehend, daß man für spätere Traktate sogar mit repaganisiertem Christentum rechnen konnte.[43]

7. Verspottung des Carabas

Die Verspottungsszene in der Passion Jesu nach Johannes besitzt ihre einzige antike Analogie in einer Szene aus dem Feld antiken Antiju-

[41] Gemeint ist die gemein-vorderorientalische Entsprechung zwischen himmlischem Urbild und irdischem Abbild, die einerseits für Plato wichtig geworden sein könnte, andererseits im Bereich des Alten Testaments und des Judentums in priesterlichen Kreisen immer lebendig war, vgl. die Brücke zwischen Ex 25,40 und Hebr 8,5ff.

[42] Vgl. die glänzende Neuübersetzung von C. COLPE und J. HOLZHAUSEN: Das Corpus Hermeticum Deutsch, Stuttgart I. II 1997.

[43] W. C. GRESE: Corpus Hermeticum XIII and Early Christian Literature, Leiden 1979.

daismus, die uns Philo für Alexandrien überliefert. Diese Analogie ist deshalb bedeutsam, weil der Kontext der Schrift Philos genau jene antijüdische Haltung referiert, die Pilatus im JohEv auszeichnet (vgl. unten 8.).

In der Schrift In Flaccum 36–39 wird von einem Geisteskranken namens Carabas berichtet, der Tage und Nächte unbekleidet auf den Straßen zubrachte und Objekt des Spotts war. »Sie nahmen den unglücklichen Menschen mit ins Gymnasium und stellten ihn auf einen erhöhten Platz, wo er allen sichtbar war; sie stülpten ihm ein Blütenbüschel von Papyrus als Krone auf den Kopf und umhüllten seinen Körper mit einer Matte als Mantel; anstatt eines Szepters gibt ihm einer ein kurzes Stück einheimischen Papyrus, das er am Wegrand gesehen und abgerissen hatte. Und als er nun wie bei Bühnenpossen die Zeichen der Herrschaft trug und zum König geschmückt worden war, stellten sich junge Leute mit Stöcken auf den Schultern wie Lanzenträger rechts und links als Leibwache auf. Dann traten andere vor ihn hin, teils als wollten sie ihm huldigen, teils wie um einen Prozeß zu führen, teils als suchten sie in öffentlichen Angelegenheiten seinen Rat. Dann brach die ringsum stehende Menge in ein unsinniges Geschrei aus: ›Marin‹, riefen sie – so wird angeblich bei den Syrern der Herrscher genannt; denn sie wußten, daß Agrippa ein Syrer war und über einen großen Teil Syriens herrschte …« Es handelt sich um eine Verhöhnung des jüdischen Königs Agrippa.

Nun berichten auch die übrigen Evangelien von einer entsprechenden Szene. Das besagt zwar nichts über den möglicherweise alexandrinischen Ursprung des Interesses des Evangelisten an dieser Szene, läßt aber doch die Frage nach dem traditionsgeschichtlichen Verhältnis entstehen. Man darf fragen:

Ist der johanneische Passionsbericht vielleicht doch – mit seinen vielen historisch glaubwürdigeren Zügen – sehr alt und möglicherweise der älteste im Rahmen der kanonischen Evangelien? (Vgl. dazu unten § 33.)

Kam das Interesse an seiner Formulierung daher, daß man in Alexandrien bei Juden und Nichtjuden in der Gattung Martyrium bewandert war?

Vorläufig wird man hier innehalten müssen. Thesen lassen sich aus diesen Fragen nicht schmieden.

8. Analogien zu In Flaccum

Philos Schrift »Gegen Flaccus« zeigt in mehreren Punkten alexandrini-

sches Situationskolorit, das sich im JohEv auf anderer Ebene für Jerusalem wiederholt. Abgesehen von vielen Einzelheiten gewinnt man bei der Lektüre dieser Schrift Philos den Eindruck, daß im JohEv die alexandrinische Situation *mutatis mutandis* nach Jerusalem übertragen worden sei. Das heißt: Der Evangelist schildert die Ereignisse durch die Brille des alexandrinischen Juden.
Folgende Größen entsprechen einander:

Philo, In Flaccum	*JohEv*
Flaccus (römischer Statthalter)	Pilatus (römischer Statthalter)
Alexandrinischer Pöbel (heidnisch)	Jerusalemer Pöbel (jüdisch)
Juden	Jesus und Christen zur Zeit des JohEv

Zu den Einzelheiten:
a) Auch in dieser Schrift Philos wird über »die Juden« wie über andere gesprochen. In § 46 werden jüdische Sitten und Gebräuche erklärt, als schreibe ein externer Beobachter. Gleichzeitig spricht der Verfasser im »Wir«-Stil (zum Beispiel § 53).
b) Das Kalkül, das Kaifas in Joh 11 nahelegt, einen Juden (Jesus) zu opfern, damit die anderen gerettet würden, findet sich auch in dieser Schrift. § 23: »Den größten Gefallen wirst du ihr (sc. der Stadt Alexandria) tun, wenn du die Juden preisgibst und opferst.«
c) Die Juden werden als verfolgte und gegeißelte (§ 75.77.78.80) Minderheit dargestellt (zum Beispiel § 54: Fremde, Ausländer, Gericht ohne Prozeß, Enteignung). Ihnen entsprechen im JohEv die Judenchristen. Man vergleiche besonders § 44: Flaccus erfüllte die ganze Welt mit Feindschaft gegen ein Volk.
d) Für die Alexandriner ist Grund äußerster Feindseligkeit, daß »ein Jude König geworden war« (Agrippa; § 29).
e) Das Motiv »Freund des Kaisers« ist auch für Philos Schrift wichtig (Agrippa wird so genannt in § 40). Juden stehen als »Feinde des Kaisers« da nach § 101.
f) Die Rolle des alexandrinischen Pöbels in Philos Schrift (zum Beispiel § 41f) nehmen im JohEv die Juden ein. Ohne Gerichtsverfahren werden Juden gesteinigt und niedergeknüppelt (§ 66). Ausdrücklich wird auch die Kreuzesstrafe erwähnt (§ 72). Juden sind in Schmach, Erniedrigung und Haft (§ 117f).
g) Wegen ihrer edlen Herkunft lehnen Juden das Bettlerschicksal als unfreies Sklavenlos ab (§ 64), vgl. Joh 8,38.

h) Flaccus ist teilweise in der Rolle des Pilatus: Er handelt dem (juden-)feindlichen Pöbel zu Gefallen (vgl. § 172).
i) Abnahme vom Kreuz bei bevorstehenden Feiertagen, Erlaubnis eines würdigen Begräbnisses (§ 83), vgl. Joh 19,31.
Fazit: Die Lektüre von Philos Schrift »Gegen Flaccus« lehrt, das Geschick Jesu nach dem JohEv zu verstehen als Exempel des antiken Antijudaismus, vollzogen durch Römer. Jesus (und nach den Abschiedsreden auch die spätere Gemeinde) wird genau so gemein und ungerecht verfolgt, wie Juden sonst in Alexandrien durch Pöbel und Obrigkeit verfolgt wurden. Es ist speziell diese Konstellation, die sich hier wiederholt.

9. Beziehungen zu Apollos
Unter den frühchristlichen Theologen gibt es zumindest einen, der als Alexandriner ausdrücklich bekannt ist, nämlich Apollos. Zu ihm ergeben sich hier eine ganze Reihe von Verbindungslinien. Möglicherweise steht er dem Evangelisten nahe. Es ist ja auch nicht gesagt, daß Apollos nur ein Einzelkämpfer gewesen ist.
a) Nach Joh 1,17 stehen Mose und Jesus in einem typologischen Verhältnis. Mose steht für die Zeit vor der messianischen Heilszeit. Ähnlich stehen Mose und Jesus auch in 2 Kor 3 einander gegenüber (sowie in Hebr 3). Im Kontext von 2 Kor 3 aber geht es direkt um Apollos. Die Schriftauslegung, die 2 Kor 3 hier übt und die Hebr im ganzen zeigt, hat man des öfteren mit der des Apollos in Verbindung gebracht. Act 18,25ff berichtet über seine Kunst der Schriftauslegung. In 2 Kor 3 möchte Paulus zeigen, daß er die typologische Auslegung genauso gut beherrscht wie Apollos.
b) Nach Act 18,25 hat der spätere Apollos die Johannestaufe (Wasser) mit der Geisttaufe verknüpft. Solches legt auch das JohEv als Resultat vor: Joh 3,5.
c) Eine Reihe späterer Traditionen weisen für das JohEv nach Ephesus. Eben dort war einer der wichtigsten Wirkungsorte des Apollos.
Fazit: Hebr, die Schriftauslegung des Apollos, 2 Kor 3 und damit die Typologie Mose – Christus entstehen in einem alexandrinisch geprägten Milieu. Der Evangelist des JohEv steht diesen Alexandrinern sehr nahe. Denn ich halte es für möglich, daß es einen Kreis alexandrinischer Christen gab, die untereinander in Verbindung standen und zu denen Apollos ebenso wie der Evangelist des JohEv gehörten.

10. Das Bleiben ist Merkmal Gottes
Das JohEv sieht ein sehr wichtiges Kriterium für den göttlichen Ursprung Jesu und seiner Botschaft darin, daß Jesus selbst seiner Sendung treu bleibt (bis zum Tod) und daß er entsprechend die Jünger zum Bleiben auffordert. – Diese Gleichsetzung von Gott und dem, was bleibt, vertritt ähnlich deutlich sonst vor allem Hebr, dessen alexandrinische Prägung schon länger angenommen wird. In der Tat ist die Einschätzung des Göttlichen als des Bleibenden ein besonderes Merkmal des alexandrinischen Platonismus, wie ihn Philo vertritt.

11. Diaspora-Situation
Einige Züge des JohEv weisen darauf hin, daß sich der Evangelist die Probleme der jüdischen Diaspora besonders zu Herzen genommen hatte. Das gilt von der »Versammlung der zerstreuten Kinder Gottes« nach Joh 11,52. Hier liegt, wie auch immer die Stelle zu deuten ist, jedenfalls das Bild der jüdischen Diaspora zugrunde.

Christ in Damaskus

In Damaskus gab es eine frühe, nicht von den Jüngern in Jerusalem aus gegründete Gemeinde. Das wird durch Act 9,14 bezeugt. Der Verfasser der Act, der sonst immer alles nur Mögliche tut, um die Verbindungen mit Jerusalem darzustellen, meldet für die ersten Christen in Damaskus nichts Derartiges. Das frühe Christentum in Damaskus kommt als Plattform in Frage, von der her sich die großen Ähnlichkeiten zwischen Paulus und dem JohEv erklären.
Dafür sind folgende Gründe zu nennen:
a) Damaskus ist als erste Wirkungsstätte des Paulus sicher bezeugt. Er wird wohl ein Gemeinde-Apostel der Gemeinde dort gewesen sein.
b) Das Fasten vor der Taufe (Act 9,9.19) wird auch später gerade für Damaskus bezeugt.
c) Die Christen leben noch ganz im Verband des Judentums (Act 9,2), eine kirchliche Organisation gibt es noch nicht. Paulus betreibt dort Judenmission (Act 9,22), auch Ananias wird als guter Jude geschildert (Act 9,12). – Nach dem JohEv haben die Christen das Judentum erst in allerjüngster Zeit verlassen müssen. Das Gesetz ist kein Problem.
d) Die Taufe ist in Damaskus wichtig. Sie besteht aus Wasserritus und

Handauflegung zum Geistempfang (Act 9,17.18). – So ist es auch nach Joh 3,5. Die Taufe ist für das JohEv als der entscheidende Schritt unabdingbar. Entsprechend ist sie es nach Act für Paulus.
e) Die Selbstbezeichnung der Gemeinde heißt »der Weg« (Act 9,2, vgl. für Ephesus 19,9.23). – Nach dem JohEv nimmt Christus diese Selbstbezeichnung auf, um die Gemeinde zu integrieren.
f) In Damaskus werden Christen besonders verfolgt (Act 9,23; 2 Kor 11,32f) – so klagt auch die Gemeinde des JohEv (Joh 9,22b; 15,20; 16,2).
g) Der Titel »Sohn Gottes« ist für Damaskus besonders wichtig (Act 9,20; außer in Act 13 nur hier in Act), so auch für das JohEv.
h) Die Eigenart der in Act 9 geschilderten Bekehrung des Paulus als Erleuchtung und die visionäre Beauftragung des Ananias haben ihre Entsprechung in der Bedeutung der Lichtmetaphorik im JohEv, auch für Christus selbst.
i) Die Blindenheilung an Paulus in Act 9 erinnert an die Verknüpfung von Bekenntnis und Blindenheilung in Joh 9. In Joh 9,22 wie in Act 9,22 lautet das Bekenntnis auf den »Christus«.

Nun mögen einzelne dieser Züge auch sonst im frühen Christentum verbreitet sein; in Kombination sind sie jedoch als Entsprechung zwischen Paulus und Johannes und dem Bericht der Act über die Eingliederung des Paulus in die Gemeinde nicht leicht zu überbieten. Das betrifft besonders die Taufe des Paulus, von der Paulus selbst nie berichtet, die aber genau der Wertschätzung des JohEv entspricht. Daß der Name »der Weg« als Selbstbezeichnung der Christen in Ephesus wieder begegnet, könnte ein Hinweis auf den Weg der johanneischen Traditionen selbst sein (vgl. dazu unten).
Auch die Beziehungen des JohEv zu Ignatius von Antiochien lassen sich erklären, wenn man ein zeitweilig gemeinsames theologisches Milieu annimmt, aus dem beide schöpfen.[44]
Ferner: In Joh 18,10 zeigt das Evangelium wohl sicher nabatäisches Lokalkolorit. Nur das JohEv kennt den Namen des Sklaven des Hohenpriesters, dem Petrus das Ohr abgehauen hat: Malchus. Dieser Name ist als Eigenname öfter bei Josephus belegt, und außer in Antiquitates 1,240 (Kleodemus Malchus) sind immer Nichtjuden, näher-

[44] Vgl. BERGER: Theologiegeschichte, § 547.550.

hin nabatäische Araber die Träger dieses Namens. Auch Inschriften weisen auf Palmyra (OGIS 640,3), Hauran und Syrien. Da aber Damaskus die nabatäische Metropole war und der Evangelist ein städtischer Mensch, ist mit dem Namen Malchus ein weiteres Indiz in einer Kette von Hinweisen gewonnen, die ich bereits früher genannt hatte.

§ 7
Die Adressaten des Johannes-Evangeliums

Zur historischen Situation

Christen[45] werden wegen ihres Bekenntnisses zu Jesus aus den Synago-

[45] Neuere Lit zum johanneischen Christentum:, R. E. BROWN: Ringen um die Gemeinde. Der Weg der Kirche nach den johanneischen Schriften, Salzburg 1982. – K. M. BULL: Gemeinde zwischen Integration und Abgrenzung. Ein Beitrag zur Frage nach dem Ort der joh Gemeinde(n) in der Geschichte des Urchristentums (BET 24), Frankfurt/Main 1992. – J. D. G. DUNN: Let John Be John. A Gospel for Its Time, in: P. STUHLMACHER (Hg.): Das Evangelium und die Evangelien. Vorträge vom Tübinger Symposium 1983 (WUNT 28), Tübingen 1983, 309–339. – J. FREY: Heiden – Griechen – Gotteskinder. Zu Gestalt und Funktion der Rede von den Heiden im 4. Evangelium, in: R. FELDMEIER / U. HECKEL (Hg.): Die Heiden. Juden, Christen und das Problem der Fremden (WUNT 70), Tübingen 1994. – H.-J. KLAUCK: Gemeinde ohne Amt? Erfahrungen mit der Kirche in den johanneischen Schriften, in: BZ 29 (1985), 193–220. – J. L. MARTYN: History and Theology in the Fourth Gospel, Nashville ²1979. – J. L. MARTYN: Glimpses into the History of the Johannine Community. From Its Origin Through the Period of Its Life in Which the Fourth Gospel was Composed, in: M. DE JONGE (Hg.): L'Evangile de Jean. Source, redaction, theologie (BEThL 44), Leuven 1977, 149–175. – J. MCHUGH: »In Him was Life«: John's Gospel and the Parting of the Ways, in: J. D. G. DUNN (Hg.): Jews and Christians. The Parting of the Ways A. D. 70 to 135 (WUNT 66), Tübingen 1992, 123–158. – W. A. MEEKS: »Am I a Jew?« Johannine Christianity and Judaism, in: J. NEUSNER (Hg.): Christianity, Judaism and other Greco-Roman Cults (FS M. SMITH I) (SJLA 12), 1975, 163–186. – J. H. NEYREY: Ideology of Revolt. John's Christology in Social-Science Perspective, Philadelphia 1988. – B. OLSSON: The History of the Johannine Movement, in: L. HARTMAN / B. OLSSON (Hg.): Aspects on the Johannine Literature (CB NT 18), Uppsala 1987, 27–43. – J. PAINTER: The Quest for the Messiah. The History, Literature and Theology of the Johannine Community, Edinburgh 1991. – W. REBELL: Gemeinde als Gegenwelt. Zur soziologischen und didaktischen Funktion des Johannesevangeliums (BET 20), Frank-

gen entfernt.[46] Dies ist weniger ein juristisch abgesichertes und dem Bann vergleichbares oder ein primär liturgisch fundiertes Verfahren, sondern eine Art Abwehr und Notwehr – offensichtlich aus politischen Gründen. Diese Gründe laufen wohl auf einen Opportunismus gegenüber den Römern hinaus. Der Evangelist hält dieses den jüdischen Kontrahenten vor. Dieser Opportunismus hatte seine ernstzunehmenden Gründe.

Vor allem macht der Evangelist den jüdischen Kontrahenten deutlich, daß die Einwände theologischer Art (Stichwort Ditheismus) nur vorgeschützt und nicht ehrlich gemeint sind. Ein Studium zeitgenössischer Mose-Theologie läßt denn auch erkennen, daß es sehr wohl möglich war, zum Beispiel Mose als »Gott« (nicht: »den Gott«) zu bezeichnen (vgl. unten § 26).

furt/Main 1987. – G. L. RENNER: The Life World of the Johannine Community: An Investigation of the Social Dynamics which resulted in the composition of the Fourth Gospel, Michigan 1982. – D. RENSBERGER: The Politics of John: The Trial of Jesus in the Fourth Gospel, in: JBL 103 (1984), 395–411. – D. RENSBERGER: Johannine Faith and Liberating Community, Philadelphia 1988. – J. RINKE: Kerygma und Autopsie. Der christologische Disput als Spiegel johanneischer Gemeindegeschichte (HBS 12), Freiburg / Basel / Wien / Barcelona / Rom / New York 1997. – S. J. TANZER: Salvation is for the Jews: Secret Christian Jews in the Gospel of John, in: B. A. PEARSON (Hg.): The Future of Early Christianity (FS H. KÖSTER), Minneapolis 1991, 285–300. – K. WENGST: Bedrängte Gemeinde und verherrlichter Christus: Ein Versuch über das Johannesevangelium, München [3]1992. – W. WIEFEL: Die Scheidung von Gemeinde und Welt im Johannesevangelium auf dem Hintergrund der Trennung von Kirche und Synagoge, in: ThZ 35 (1979), 213–227.

[46] Christen werden »hinausgeworfen« (Joh 9,43) – und es ist bezeichnend, daß Jesus nach 6,37 dazu die Alternative formuliert: *Wer zu mir kommt, den werfe ich nicht hinaus* (beidemale dasselbe griechische Verb *ekballein*). Das zeigt, wie hart der Hinauswurf die Christen trifft. Nach Joh 8,59 und 10,32 ist dem Verfasser und den Adressaten das Phänomen der Lynchjustiz nicht unbekannt. Nach Joh 16,2 gilt der rätselhafte Satz: *Jeder, der euch tötet, wird meinen, Gott einen Dienst zu leisten;* die ältere Übersetzung »Gott ein Opfer darzubringen« scheitert am jüdischen Verbot der Menschenopfer. Synesios von Kyrene bezeugt, wenn auch spät (um 400 n. Chr.): Tötung Ungläubiger wird von den Juden als Gottesdienst gewertet (Briefe 4 p. 160A Terzaghi/Pettau).

Zur Praxis des Synagogenausschlusses vgl. auch Josephus, Jüd. Krieg 7,407ff.437ff und dazu W. STEGEMANN: Zwischen Synagoge und Obrigkeit, 1991, 148–156. – Grundlegend: J. MAIER: Jüdische Auseinandersetzungen mit dem Christentum in der Antike (EdF 177), Darmstadt 1982.

Der Evangelist legt das Schwergewicht auf die Christologie, nicht nur weil das Bekenntnis der Befreiung von politischen Assoziationen im Sinne der Gegner bedurfte. Der Hauptgrund ist die integrative Wirkung, die sich der Evangelist offenbar von der alleinigen Betonung Jesu Christi verspricht. Auch seine auf uns (!) bisweilen monoton und teilweise inhaltsarm wirkende Sprache, in ihrer Offenheit modernen Denkschriften ähnlich, verfolgt ein integratives Ziel: Möglichst viele sollen sich darin wiedererkennen.

Die Adressaten im einzelnen

Der Evangelist versteht seine Tätigkeit als Erstellen einer Art Sammlungsbewegung aus unterschiedlichen kleineren Gruppen, die er auf den einen Nenner des JohEv zu bringen versucht.
Man kann fragen, ob dieses Bemühen vielleicht ähnlich auch sonst im frühen Christentum stattfand. Dazu könnte man einerseits auf die möglicherweise gleichzeitig entstandene ApkJoh hinweisen, in der sich ein Prophet Johannes bemüht, sieben unterschiedliche Kirchenkreise (»Gemeinden«), darunter auch solche paulinischer Prägung (Ephesus), unter dem gemeinsamen Nenner des apokalyptisch begründeten Widerstands gegen Rom in einer neuen Bußpredigt zu einen. Aber es handelt sich um Heidenchristen. Zu verweisen wäre auch auf das MtEv, das offensichtlich sehr unterschiedliche Gruppen (Judenchristen und Heidenchristen) unter Aufnahme aller ihrer Traditionen im Hinblick auf den einen und einzigen Lehrer Jesus zu einen versucht. Auch hier besteht sicher ein integratives Bedürfnis, gebunden an die Form des Evangeliums. Schließlich kann man auch fragen, was die Situation, in der sich der Evangelist befindet, mit dem Verfassen eines *Evangeliums* zu tun hat und ob diese Situation nicht sehr intensiv an der Wahl der Gattung mitgewirkt hat.
Hier wird die These vertreten: *Die Erzählung des Lebens Jesu bringt Jesus mit den unterschiedlichen Gruppen der Adressaten in Kontakt. Sein Weg durch Palästina ist auch ein Weg zu den Gruppen, die er zusammenbinden möchte.*
Durch die Größen *narratio* (Erzählung) und *iter* (der im Sinne des Evangelisten faktisch genommene Weg) lassen sich verschiedene Positionen erkennen, ja geradezu »besichtigen«, die der Verfasser unter dem einen Bekenntnis sammeln möchte, daß Jesus der vom Vater ge-

sandte Sohn, Messias und Menschensohn ist. So wird das Evangelium hier ein förmliches Abschreiten der Positionen von Gegnern und Sympathisanten. Daß dieser Weg zum Martyrium Jesu führt und daß Jesus mehr als einmal das Leiden der verfolgten Christen anspricht, macht deutlich: Dieser Weg ist keine Lustpartie, sondern wird in Not unternommen.

So versteht man den Evangelisten wohl nur, wenn man sich das vor Augen hält, was wir uns in Zeiten der Sicherheit am wenigsten vorstellen können: eine verfolgte Gruppe von Christen in der Minderheit, die noch keinen eigenen Namen und noch keine kirchliche Identität gefunden haben. Dieser Mangel an gemeinsamem Namen, an Hierarchie, an jeder Organisation, die diesen Namen verdient, offenbar auch an regelmäßigen Zusammenkünften, ist zugleich die Chance für den Evangelisten. Denn noch ist nichts fertig, noch müssen Gruppen, die hinzutreten, nichts von anderen her schlucken.

Die kleineren Gruppen, die sich meines Erachtens als Adressaten des JohEv ausmachen lassen, sind:

a) Täuferjünger,

b) christliche Pharisäer,

c) christliche Samaritaner,

d) Judenchristen, die sich an der Autorität des Petrus orientieren (»Petriner«),

e) Judenchristen, die den Trägern der Kindheitsgeschichten nach Lukas und Matthäus nahestehen und eine stark nationaljüdische Messianologie haben (»Messianisten«),

f) eine palästinische Gruppe, die sich am Glaubenszeugnis der großen christlichen Frauen der Frühzeit orientiert (Maria und Martha; Maria Magdalena) (»Palästiner«).

Von den genannten Gruppen ist die letztgenannte nur hypothetisch erschlossen; es kann sein, daß sie mit der unter e) genannten Gruppe der Messianisten zusammenfiel. Doch ohne Zweifel gab es Menschen, die wesentlich an diesen Frauengestalten orientiert waren, ob sie nun eine abgrenzbare Gruppe bildeten oder nicht.

In der Darstellung verfährt der Verfasser oft ähnlich:

Täuferjünger: Joh 1,40: Andreas und Petrus sind schon bei Jesus;

christliche Pharisäer: Joh 3,1–21: Nikodemus ist schon in einer Spezialkatechese von Jesus belehrt worden;

christliche Samaritaner: Joh 4,7–42: Die erste Samaritanerin ist schon von Jesus gewonnen worden;
Petriner: Joh 6,69: Petrus hat schon ein Bekenntnis abgelegt;
Messianisten: Joh 7,40f: Einige haben schon ein Bekenntnis abgelegt;
Palästiner: Joh 11,27: Martha hat schon ein Bekenntnis abgelegt; Maria von Magdala hat als erste den Herrn gesehen: Joh 20,18.
Resultat: Der Evangelist kann jeweils einen oder mehrere Prototypen – meist namentlich – benennen, die Repräsentanten der angesprochenen Gruppe sind und oft auch exemplarisch deren Bekenntnis äußern. Das JohEv bietet überraschend viele derartige Bekenntnisse verschiedenster Prägung – ein Hinweis auf die hinter der monotonen Einheitsfassade verborgene Vielfalt bei den Adressaten. Sehen wir uns diese im folgenden etwas näher an:

1. Täuferjünger
Der Abschnitt über Johannes den Täufer (§ 18) wird zeigen: Der Evangelist unternimmt eine Gratwanderung zwischen Herabsetzung des Täufers und seiner Indienstnahme für Jesus. Er rezipiert Nachrichten über den Täufer sehr selektiv und »tendenziös«. Der Evangelist wirbt um Täuferjünger mit dem Hinweis, der Täufer selbst habe sich als Freund des Bräutigams und angesichts des Messias wie den Mond gegenüber der Sonne eingeschätzt.
Das entsprechende christliche Bekenntnis lautet: Jesus ist der Messias (Joh 1,41).

2. Christliche Pharisäer
Nikodemus, einer der Pharisäer, hat ein christliches Bekenntnis: Jesus ist für ihn mit »Rabbi« anzureden (ähnlich wie für Maria Magdalena in 20,16), ist also »Lehrer«, und Gott »ist mit ihm«, da er Wunder tut. – Aufgrund der schroffen Forderung nach neuer Geburt, die Jesus an Nikodemus richtet (Joh 3,3.5), hielt man ihn lange für einen bloßen Sympathisanten und meinte, das JohEv strebe nach Klarheit in diesem Umfeld der Gemeinden. Das ist indes nur die halbe Wahrheit. Nur für den, der sich strikt auf den theologischen Standpunkt des JohEv stellt, ist Nikodemus lediglich ein halber Christ. Vom Standpunkt anderer christlicher Gruppen aus beurteilt, ist er dagegen ein ernstzunehmender Vertreter eines frühen Judenchristentums. Denn Nikodemus orientiert sich an Lehre und Wundertaten, und er

bekennt Jesu göttliche Legitimation. Ein Christentum dieser Art finden wir in den ersten sieben Kapiteln des MkEv und besonders in Act 2,22; 10,38 (Mit-Sein). Insbesondere das Petrus-Bekenntnis in Joh 6,69 sagt sachlich gar nicht viel anderes (vgl. unten zu »Petriner«). Im Rahmen der weiten Verwendung von »Sohn Gottes« im Judentum wäre sogar dieser Titel im Munde des Nikodemus denkbar. Er orientiert sich an der »besonderen Lehre mit Vollmacht«, die in Mk 1,22 bestaunt wird. Daß Gott mit ihm (Jesus) ist, das ist nichts Geringes, wenn man auf Mt 28,20 hinweisen darf. In Mk 3,20–30 wird gerade angesichts von Jesu Wundertaten über diese Legitimation Jesu gestritten. Kommt seine Vollmacht von Gott oder vom Teufel?

Nikodemus steht daher vor uns als Vertreter christlich gewordener Pharisäer, wie sie Act 15,5 ausdrücklich erwähnt. Ihm fehlt nur noch etwas, damit er Christ im Sinne des JohEv werden und in den Kreis seiner Adressaten eingegliedert werden kann, nämlich die Geisttaufe (Joh 3,5: aus Wasser und Geist). – Mit diesem Mangel steht nun Nikodemus nicht allein da. Auch Act 19,1–7 kennt den Fall von Christen, die (zwar eine Taufe nach der Art des Johannes empfingen, aber) noch nicht den Geist empfangen hatten und bei denen das im Sinne lukanischer Kirchenzugehörigkeit nachgeholt werden muß. Die Lage des Nikodemus und der Gruppe, die er repräsentiert, dürfte grundsätzlich ähnlich einzustufen sein wie die der Gruppe in Ephesus, von der Act 19 berichtet.

Nimmt man Joh 3,3 (»von oben«); 3,5 (»Geist«) und 3,12 (»Himmlisches«) zusammen, so ergibt sich das, was den Christen nach der Art des Nikodemus aus der Sicht des JohEv fehlt: daß der Christ »substantiell« einbezogen ist in den himmlisch-pneumatischen Bereich, also in die vertikale Dimension. Als Kind Gottes (vgl. Joh 1,13 und die Rede von der Geburt in 3,3.5) ist der Christ bereits durch Gottes Geist »verwandelt«, so könnte man es auch formulieren. Die Position des Evangelisten (Gottes Kind durch Geist) ist dabei durchaus altertümlich und von Paulus bis Markus belegt.

Daß der Evangelist Nikodemus (neben Josef von Arimatheia) in die Passionsgeschichte einfügt (19,39), verstärkt nicht nur das unabhängige Zeugnis für den Tod Jesu und entspricht nicht nur der Tendenz gerade des JohEv, allen wichtigen Figuren einen Platz in den Passions- und Ostergeschichten zu geben, sondern zeigt auch, wie wichtig Nikodemus und die von ihm repräsentierte Gruppe der christlichen Pharisäer für den Evangelisten sind.

3. Christliche Samaritaner

J. Zangenberg[47] hat unlängst zeigen können: Joh 3,22–30 will Täufergruppen in Samarien integrieren. Joh 4 dient einem ähnlichen Zweck, bezogen auf eine in Sychar lebende Gruppe. Der Evangelist ist kein Samaritaner, aber er kennt die jüdischen Vorurteile gegen Samaritaner und auch Stücke der samaritanischen Eschatologie. Er sieht die Samaritaner als »Nachfahren des alttestamentlichen Erbes« wie die Juden. In Joh 4,37–38 nimmt der Evangelist auf vorausgehende Mission in Samarien bezug, deren Früchte er ernten will. Die Tendenz des Evangelisten: Jenseits der bloßen Übernahme samaritanischer Positionen und unter Vermeidung jüdisch-antisamaritanischer Polemik versucht er, samaritanischen Christen den Weg in die johanneische Gemeinschaft zu öffnen. Offenbar hat der Evangelist aber mit Widerständen seiner Judenchristen gegen die volle Anerkennung samaritanischer Christen zu kämpfen. – Gerade diese Einordnung erfolgt unter dem Eindruck, daß der Evangelist nicht im fernen Ephesus schreibt, sondern »tief … in der Region« Palästinas verwurzelt sein muß.

So kann man feststellen, daß der Evangelist auf jüdische Animositäten gegen Samaritaner (Joh 8,48) eingeht, aber doch auch die samaritanische Erwartung eines Propheten berücksichtigt (Joh 4,19). Gegenüber der Fixierung auf die Alternative Garizim (samaritanisch) oder Jerusalem (jüdisch) als Kultort versucht er, Jesus Christus als »Ort« der wahren Anbetung Gottes zu erklären (4,23f). Die oft beobachtete theologische Topographie des Evangelisten (beginnend mit 1,38f: *Wo wohnst du?*) hat hier einen ihrer strategischen Anknüpfungspunkte. Um die Judenchristen zu beruhigen, hält er wahrheitsgemäß fest: *Das Heil kommt von den Juden* (4,22).

Das Bekenntnis, zu dem samaritanische Christen in der Lage sind oder sein sollen, wird in Kap. 4 des JohEv stufenweise entwickelt: Am Anfang steht die Frage in 4,12: *Bist du etwa größer als unser Vater Jakob?* Es

[47] J. Zangenberg: Frühes Christentum in Samarien. Topographische und traditionsgeschichtliche Studien zu den Samarientexten im Johannesevangelium, Diss. Heidelberg 1995.

folgt in 4,19 *Du bist ein Prophet*, in 4,25 wird schon über den Messias gesprochen, aber wie über einen anderen, in 4,29 fragt die Samaritanerin bereits: *Ist er etwa der Christus?*, in 4,42 schließlich bekennen die Samaritaner nunmehr universalistisch: *Dieser ist wirklich der Erlöser der Welt.* Diese Steigerung entspricht einer didaktischen Hinführung der Leser des Evangeliums. Ähnlich wie bei anderen judenchristlichen Gruppen, um deren Integration der Evangelist sich bemüht, steht auch hier eine Frau am Anfang.

4. Petriner

Im Vergleich zu den Synoptikern, besonders zu Mt 16,14–18, fällt auf, daß Petrus ein Bekenntnis formuliert, welches nicht »auf der vollen Höhe des Evangeliums« steht und im Verhältnis zum sonstigen Sprachgebrauch des Evangeliums, der frühchristlichen Gemeinden allgemein, aber auch für uns heute recht seltsam klingt: *Du bist der Heilige Gottes* (Joh 6,69). Jesus wird darin als charismatischer Wundertäter gezeichnet, wie in § 20 gezeigt wird. Ähnlich wie das Bekenntnis des Nikodemus (Joh 3,2) entspricht es dem frühmarkinischen Niveau, wie aus Mk 1,24 (par Lk 4,34) hervorgeht, dem einzigen sonstigen Beleg im gesamten Urchristentum. Entsprechend der didaktischen Konzeption des Evangelisten, die Leser in Stufen höherzuführen, ist hier in der Tat nicht der höchste Gipfel christologischer Einsicht erreicht. Das ist erst im Bekenntnis der Martha der Fall, nach manchem in dem des Thomas.

Andererseits wird Petrus vom Auferstandenen mit dem Hirtenamt beauftragt (Joh 21). Wie verhält sich beides zueinander? Gerade diese Spannung erlaubt meines Erachtens eine Einsicht in die kirchenpolitischen Entstehungsverhältnisse des JohEv. In den ersten zwölf Kapiteln des JohEv hat Petrus eine durchaus bescheidene Rolle. Das fällt besonders im Vergleich zu den Synoptikern auf. So ist sein Bekenntnis auch nicht das wichtigste. Es erdrückt die anderen nicht. Diese Zurückhaltung ist vielleicht die Voraussetzung dafür, daß der Evangelist nach Joh 21 den anderen dann doch die Hirtenfunktion des Petrus zumuten kann. Man erinnert sich an die Taktik des Evangelisten in Joh 4, wo die Rücksichtnahme gegenüber Samaritanern und Juden sehr weit geht.

Wie auch immer die Hirten-Rolle des Petrus praktisch wahrgenommen wurde, in der Gegenwart des Evangelisten scheint sie ohnehin

vergangen zu sein, da Petrus den Märtyrertod gestorben ist. Aber wozu dann der ganze Aufwand in Joh 21? Alles Erinnerung?
In der synoptischen Tradition ist das einfacher: Petrus ist der Garant des rechten Bekenntnisses, auf ihm ruht wesentlich das Zeugnis der Evangelien. Seine Autorität ist nach Mk 8 eine der Lehre, nach Mt 16,16–18 bezieht sie sich auch auf die Gemeindegrenzen, aber in Mt 18 ist deutlich, daß die Gemeinde im ganzen diese Rolle erbt. Wer aber erbt nach Joh 21? Vielleicht ist diese Frage für das JohEv gerade noch ungeklärt, da der Tod des Petrus noch nicht lange her ist. Steht das JohEv in diesem Vakuum? Ist es, wie viele neutestamentliche Schriften, entstanden in dem Autoritätsvakuum, das der (Märtyrer-)Tod der ersten Generation hinterließ?

5. Messianisten
Vor allem in den Kapiteln 7 und 12, wohl aber auch an einigen anderen Stellen, setzt sich der Evangelist mit Positionen judenchristlicher Messianologie auseinander, die sich vor allem in den Kindheitsgeschichten nach Lukas und Matthäus finden und die Justin als jüdisch referiert.[48] Diese Positionen, die das JohEv nicht teilt, umfassen:
a) der Messias stammt aus Bethlehem (Joh 7,40–44);
b) der Messias ist kein Wundertäter (Joh 7,31);
c) er müßte zunächst unbekannt sein (Joh 7,27 – Justin, Dialog mit dem Juden Tryphon 8,4; 110,1);
d) er bleibt in Ewigkeit (und stirbt nicht; Joh 12,31–34 – Justin, Dialog 32,1);
e) er wird ein Mensch sein (Joh 10,32–36; 6,42b – Justin, Dialog 48; 49,1);
f) (der wiedergekommene) Elia ist sein Vorläufer (Joh 1,20–22 – Justin, Dialog 8,3; 49,1).
Der Evangelist hat andere Traditionen: Jesus kommt aus Nazareth (zu a), er wirkt viele Wunder (zu b), die Juden kennen Jesu Herkunft (zu c), er muß erhöht werden, das heißt sterben (zu d), er ist Gott (zu e), der Täufer – vor ihm gesandt – ist nicht Elia (zu f). Der Evangelist versucht einen Ausgleich mit den ihm fremden Positionen, oft auf »höherer Ebene«: Der Messias kommt vom Himmel her (a), seine Zeichen sind Zeugnisse, die Gott wirkt (b), die Juden verkennen ihn tatsächlich

[48] Vgl. dazu BERGER: Theologiegeschichte, 716f.

(c), er hat ewiges Leben (d), er ist sterblicher Mensch (e), der Täufer zeugt für ihn (f).
Viele Elemente werden bei Matthäus und Lukas bejaht: Jesus kommt aus Bethlehem (a), Mt 11,2 spricht zum Ausgleich von den Werken des Christus (b), zwischen Kindheit und Taufe durch Johannes ist Jesus unbekannt (anderer Aufriß als Markus!) (c), seines Reiches wird kein Ende sein (Lk 1,33) (d), Elia ist sein Vorläufer (Mt 17,12f; Lk 1,17) (f).
Der Evangelist nimmt hier nicht auf die Synoptiker Bezug, sondern er diskutiert Traditionen einer bestimmten judenchristlichen Gruppe. Er zeigt, daß Wahres an ihnen daran ist, indem er sie auf jeweils höherer Ebene bejaht. Das Vorgehen entspricht exakt dem Ausgleichen zwischen Juden und Samaritanern in Joh 4,20–24. Die unter irdischen Gesichtspunkten nicht heilbare Alternative gleicht der Evangelist durch ein höheres Drittes aus. So auch hier: In Wahrheit kommt Jesus weder aus Nazareth noch aus Bethlehem, sondern von Gott. Und in Wahrheit ist er weder auf Erden teils unbekannt (Joh 1,33a) noch teils bekannt (Joh 7,27), sondern unbekannt für alle, die nicht an ihn glauben. Und seine Wunder sind nicht seine eigenen Taten, sondern Gottes Wirken durch ihn.
Zu dieser Tradition gehören wohl auch die Figur des Nathanael und das Menschensohnwort in Joh 1,5, das deutlich anderen Charakter hat als die übrigen Worte über den Menschensohn im JohEv. Nathanael wird in Joh 1,47 ausdrücklich »wahrer Israelit« (mit dem Ehrentitel der Juden) genannt, und 1,51 ist eine Art Einladung für Menschen, die sich mit ihm identifizieren und ihre Tradition schon an dieser Stelle wiedererkennen sollen (vgl. § 19).

6. Palästiner

Die höchste Steigerung der Wundertaten Jesu nach dem JohEv ist die Auferweckung des Lazarus. Hier fällt auch das umfassendste Bekenntnis zu Jesus, und zwar aus dem Munde der Martha: *Ich glaube, daß du Christus bist, der Sohn Gottes, der in die Welt kommt* (11,27). Anders als bei den Synoptikern ist nicht das Bekenntnis des Petrus, sondern das der Martha das maßgebliche.
Die beiden Frauen Martha und Maria sind in judenchristlichen Kreisen nicht unbekannt (vgl. Lk 10,38–42; Joh 11,1–45; 12,2–8). Und wie so oft in der Antike zwei unterschiedliche Frauen zwei differie-

rende Wege repräsentieren, so stellt Maria die persönlich-menschliche Augenzeugenschaft gegenüber Jesus, Martha aber das in der Gemeinde Aktuelle dar (Diakonie, Bekenntnis). Maria sitzt zu Füßen Jesu, um das Einmalige zu hören, sie weint und klagt bei ihm, sie salbt ihn. Martha steht in größerer Distanz und »tut das, was die Kirche tut«. Der Evangelist kann darauf anspielen, daß Maria bei seinen Lesern bekannt ist; in 11,2 kann er auf den Bericht von der Salbung anspielen, bevor er ihn dann in 12,2–8 ausführt. Er knüpft an Bekanntes an, um Ergänzendes zu berichten.

Eine weitere Frau ist für das JohEv wichtig: Maria Magdalena als Erstzeugin des Auferstandenen. Vor dem Zwölferkreis sieht nur sie nach dem JohEv den Herrn lebendig. Vor Ostern wird sie im JohEv nur in 19,25 als unter dem Kreuz stehend erwähnt. Der Evangelist kennt sie also nur von der Passions- und Ostertradition her. Es gibt meines Erachtens gute Gründe für die Annahme, die Rolle der Frauen in der Osterüberlieferung im Unterschied zu 1 Kor 15,1–11 auf palästinische Tradition zurückzuführen.[49]

Ich möchte die hier genannten Frauengestalten (analog zur Samaritanerin in Joh 4) als Repräsentantinnen eines judenchristlich-palästinischen Christentums auffassen, denn sie sind eng mit dem Komplex der Passions- und Osterüberlieferungen verknüpft: Maria Magdalena mit der Passion und Auferstehung Jesu, Maria und Martha mit der Salbung Jesu vor seinem Tod und mit dem Tod und der Auferwekkung des Lazarus, in diesem Zusammenhang mit dem Auferstehungs-Bekenntnis der Gemeinde (Joh 11,24–27). Da insbesondere die Gestalt der Maria, der Schwester Marthas, mit persönlichen Erinnerungen an Jesus verknüpft zu sein scheint, nehme ich diese drei Frauen als Stützpfeiler wichtiger palästinischer Lokaltraditionen. Der Evangelist verknüpft Maria und Martha mit der Lazarustradition (was, wie Lukas zeigt, zumindest nicht selbstverständlich war) und sichert so den thematischen Einbau in die Passsionsüberlieferung. Es spricht einiges dafür, daß diese Verbindung mit Lazarus schon vorgegeben war.

Der Evangelist kann so palästinische Gruppen integrieren, für die diese drei Frauen (und noch nicht ausschließlich männliche Figuren wie in 1 Kor 15,1–11) wichtig waren. Auch später bleiben die im JohEv auf

[49] Vgl. dazu BERGER: Theologiegeschichte, 688f (palästinische Lokaltradition).

diesem Wege integrierten Gruppen und ihre Konstellation als die Erinnerung an eine Rivalität zwischen diesen Frauengestalten und den männlichen Kirchenführern wach.[50] Nur in Joh 20,18 kann Maria Magdalena (ähnlich wie Paulus in 1 Kor 9,1) sagen: *Ich habe den Herrn gesehen.* Bei Paulus ist daraus eine exklusiv männliche Legitimationsformel geworden. Für den Evangelisten nach Johannes reicht noch eine einzige Zeugin der Erstvision, schon in Mt 28,8–10 müssen es deren zwei sein. Und überall sonst werden Männer sehr schnell sehr viel wichtiger.

Ältere Traditionen im JohEv: Der Evangelist versucht durch sein Evangelium unterschiedliche Gruppen zu integrieren, von denen wir sonst nur noch rudimentäre Kenntnis besitzen und die nur im JohEv wirklich noch *als zu integrierende* erkennbar werden. Nirgends sonst erfahren wir so viel über noch bestehende Täuferjünger und über christlich gewordene Samaritaner. In keinem anderen Evangelium tritt das Bekenntnis des Petrus so zurück, auch wenn sein Hirtenamt dann als organisatorische Klammer begriffen werden muß. Nur im JohEv wird das umfassendste Bekenntnis von einer Frau abgelegt, und nur hier hat eine einzelne Frau die Erstvision des auferstandenen Jesus (in Mt 28,8–10 sind es zwei Frauen). Und während Lukas und Matthäus schon entfaltete Kindheitsberichte über Jesu Geburt in Bethlehem bieten, zeigt das JohEv, daß man zuvor darüber noch streiten konnte.

Das heißt: Der Zustand, in dem der Evangelist die von ihm durch sein Evangelium zu integrierenden Gruppen vorfindet und beschreibt, entspricht einem Frühstadium und schließt eine späte Entstehung des Evangeliums aus. Noch gibt es Täuferjünger, noch gehören samaritanische Christen nicht zum »Kirchenverband«, noch ist Petrus nicht »der« alleinige Träger der Jesus-Traditionen und vor allem des frühen Bekenntnisses geworden. Noch stehen ihm Frauen aus palästinischer Tradition zur Seite, deren Bedeutung für den Glauben die seine zumindest nicht allein gelten ließ.

Mit der Gruppe der christlichen Pharisäer gibt uns der Evangelist Einblicke in eine christliche Formation, die wir sonst nur aus Andeutungen kennen. Noch immer sind Pharisäer die Hauptgesprächspartner,

[50] Vgl. dazu z. B. ThomasEv 114 und das »Evangelium der Maria« sowie die Pistis Sophia (passim).

und es besteht – wie an Nikodemus ersichtlich – Hoffnung, gerade aus ihrer Gruppe Christen zu gewinnen.

§ 8
Die Gegner: Nichtchristliche Pharisäer

Insbesondere K. Wengst hat aus der tragenden Rolle der Pharisäer unter den jüdischen Opponenten Jesu auf eine behördliche Funktion dieser Gruppe geschlossen und sogar geographische Konsequenzen daraus ziehen wollen. Dagegen ist einzuwenden, daß Pharisäer nach dem JohEv nie eine wirklich behördliche Rolle spielen (die in dieser Hinsicht diskutablen Texte können auch anders erklärt werden) und daß ihre wichtige Rolle gerade mit Anfangserfahrungen des Christentums zusammenhängt. Denn es geht meines Erachtens nicht darum, ob das JohEv einen zutreffenden Abriß über das Kräftefeld im damaligen Judentum geben kann, vielmehr sind die Pharisäer die absolut wichtigsten Kontrahenten des Christentums für den Verfasser des JohEv und seine Gruppe. *Aus seiner Sicht und von der Basis seiner Erfahrungen her* repräsentieren sie das feindliche Judentum. Daß der Verfasser dem auch theologisch Rechnung trägt, dafür spricht die Rolle der Reinheit zum Beispiel in Joh 15,3, aber auch an anderen Stellen.

Die Pharisäer haben im JohEv vielmehr folgende Funktion:

a) Sie spielen die Rolle einer Art Glaubensbehörde, ähnlich dem, wie man sich früher diesseits der Alpen das Heilige Offizium vorstellte.

Sie interessieren sich für Glaubensinhalte und registrieren Glaubensbewegungen (Joh 4,1: Jesus hat mehr Jünger als Johannes; 7,32: Die Pharisäer hören von der Diskussion über Jesu Messianität; 7,48). Sie ärgern sich darüber, daß Jesus Glauben findet (11,48; 12,19). Sie konstatieren, welches Zeugnis ausreicht (8,13), und sagen über Jesus: *Er ist nicht von Gott, denn er hält den Sabbat nicht* (9,16). Sie lassen sich alles melden, was Jesus getan hat, sind eine Art Meldezentrale (9,15; 11,46). Sie scheinen eine feste Dogmatik zu haben (Joh 1,25: Taufen dürfen nur der Messias, Elia oder ein Prophet) und bezeichnen es als »Irrlehre«, wenn man Jesus anhängt (Joh 7,47). In 8,13–19 kann Jesus ihnen beweisen, daß er ihren strengen Anforderungen nach gültigem Zeugnis entsprechen kann. Aber damit sind sie doch als die maßgebliche Autorität der Gegenseite im Blick und sozusagen anerkannt.

b) Sie sorgen, wiederum ähnlich der oben in a) genannten Institution, für eine Art innersynagogaler Disziplin, die freilich wohl noch nicht umfassend geregelt ist. Wahrscheinlich handelt es sich eher um Maßnahmen mit dem Charakter der Anstiftung. So sind sie nach 12,42 für den Ausschluß aus der Synagoge direkt zuständig.

Allerdings geben verschiedene Disziplinarregeln aus den Qumranhöhlen Anlaß zu der Vermutung, daß in kleineren Gruppen die Ausschlußverfahren stärker geregelt waren.

c) Die Pharisäer stiften an zu halblegalen Gefangennahmen (7,32; 11,57; 18,3).

Entscheidend ist sicher die unter a) genannte Funktion. Wollte man sie historisch beschreiben, so müßte man die Überschrift wählen »Auf dem Wege zur pharisäischen Orthodoxie«. Praktisch lief die Rolle der Pharisäer auf eine Art Glaubens- und Kirchenzucht hinaus. Diese Angaben sind dem JohEv zu entnehmen. Eine allgemeine politische Rolle ist keineswegs zu erkennen.

Innerhalb des Evangeliums sind die Pharisäer das Herz des Gegners und eine Art Gegeninstanz zum Evangelisten. Spiegelbildlich formulieren sie das Anti-Bekenntnis: *Er ist nicht von Gott* (9,16). Ihnen wird vorgetragen, was auch der Evangelist im Evangelium berichtet, das heißt, sie sind die informierten Ohrenzeugen der Gegenseite und werden so zu Zeugen auf der Feindesseite. Sie konstatieren aber auch, daß viele an Jesus glauben, und werden dadurch unwillentlich zu Zeugen der wachsenden Jesusbewegung.

Die Tatsache, daß sie in den Abschiedsreden nicht vorkommen, aber gehäuft in den Kapiteln 7–12, in denen sich der Konflikt steigert, zeigt, daß sie die von außen kommende Bedrohung schlechthin auch wohl in der Gegenwart des Evangelisten sind.

Die Erfahrungen am Anfang des Christentums sind: Jesus bewegt sich im Umfeld des Pharisäismus und findet hier seine Gegner. Die Feindschaft ist gerade wegen der engen Verwandtschaft besonders intensiv. Die Gründe für diese Feindschaft werden aus dem JohEv nicht klar erkennbar; offensichtlich ist der Schmerz auf der Seite der Ausgeschlossenen zu groß. Da die Pharisäer für das Ausgeschlossenwerden der

Christen verantwortlich gemacht werden, ist erklärlich, daß aus der Perspektive des JohEv ihre Macht hoch eingeschätzt wird und sie in die Nähe der jüdischen Autoritäten gerückt werden.

Alte Tradition des JohEv: Johannes schildert ein frühpharisäisches Judentum, in dem Lehrautorität auch zugleich Autorität unter Juden (wenn auch eben keine staatsrechtlich abgesicherte) bedeutet. Das trifft sicher für die beiden letzten Drittel des 1. Jh. zu und ist aus der Perspektive des JohEv »alt« und realistisch.

KRITERIEN FÜR DIE DATIERUNG DES JOHANNES-EVANGELIUMS

§ 9
Antijudaismus

Die Äußerungen des JohEv gegenüber Juden werden oft als Indiz für dessen Spätdatierung verwendet.

Das historische Argument

Man sagt: Der Streit zwischen Juden und Christen sei hier schon so weit entbrannt, wie es in der relativ friedlichen Anfangszeit nicht möglich gewesen wäre. Die Äußerungen insbesondere in Joh 8 trügen Merkmale einer Spätzeit (V. 44: *Kinder des Teufels*), weil sie nur als letzte Stufe einer Steigerung vorstellbar seien. Christliche Geschichte stellt man sich häufig vor als graduelles Ansteigen bis zu einer Höchstfüllung hin. Früher berief man sich zur Illustration dieser These oft auf die Bitte des Achtzehnergebets gegen die Minim und die Nazarener.

Hier ist zunächst etwas zum Antijudaismus des JohEv zu sagen. Für viele Zeitgenossen ist er in so hohem Maße anstößig, daß man dazu auffordert, es müsse endlich einmal Sachkritik geübt werden. – Nun halte ich schon theologische Sachkritik überhaupt und im allgemeinen, ausgeübt gegenüber biblischen Schriften, für eine hermeneutische Unmöglichkeit. Und im besonderen beruhen die »tief betroffenen« Bedenken gegenüber dem JohEv auf einer Exegese, die kaum den Regeln einer kontextbezogenen Auslegung folgt, sondern eher dem sprichwörtlichen Steinbruchverfahren ähnelt. Denn es gilt:

a) Was im JohEv im Disput zwischen Jesus (Judenchristen) einerseits und nicht-christlichen Juden andererseits geäußert wird, darf doch nicht eo ipso nach zweitausend Jahren blutigen Vorgehens gegen Juden im Munde von Heidenchristen als ewig und heute gültiges Wort

Gottes zitiert werden. Vielmehr gilt: Die Schrift ist nicht einfach Privateigentum der Heidenchristen, mit dem sie nach Belieben verfahren könnten.[51]

b) Die Auseinandersetzungen zwischen Jesus (Judenchristen) und Juden im JohEv liegen in ihrer Schärfe im Rahmen des zwischen jüdischen Propheten und jüdischem Volk Üblichen. Abgesehen von dem, was sich alttestamentliche Propheten an Vorwürfen und Beschimpfungen »leisteten«, sollte man auch Johannes den Täufer mit seinem Vorwurf der »Schlangenbrut« nicht vergessen.

c) Der Vorwurf der Teufelskindschaft in Joh 8 ist nur dann unbegreiflich und sieht wie ein Ausbruch von Haß und Willkür aus, wenn man ihn ohne Kontext versteht und diesen Vers wie aus einem Steinbruch herausbricht.

Zu Joh 8,37–47 ist hier exegetisch zu sagen: Das Thema dieses Stückes sind nicht »die Juden an sich«, sondern ist der Mord an Jesus. Durch die Gottessohnschaft Jesu ist für dieses Thema die Kategorie der Kindschaft vorgegeben. Kindschaft wird, so ist die Grundvoraussetzung der Argumentation, an ähnlichem Handeln erkennbar. Die Kinder handeln ähnlich wie der Vater, ihr Handeln macht ihre wahre Herkunft offenbar. Unter dieser Voraussetzung kann sich Jesus Gottes Sohn nennen, denn er vermittelt ewiges Leben und Freiheit von der Sünde. Wer dagegen einen Mord begeht, der ist unzweifelhaft weder Gottes noch Abrahams Kind, denn die pflegten nicht zu morden. Die Mörder Jesu sind also, eben weil sie gemordet haben, Kinder des Teufels, denn dieser mordet, seitdem man überhaupt von ihm weiß (zum Beispiel, indem er Kain inspiriert hat – V. 44). In Joh 8 geht es daher weder um Rassismus noch um Antijudaismus; wer das sagt, verkehrt einfach die Fronten, schiebt das Unrecht auf die Seite des Op-

[51] Daher halte ich es auch für unsinnig, daß sich deutsche Heidenchristen nach 2000 Jahren für den Antijudaismus von Joh 8 meinen entschuldigen zu müssen oder daß sie aus Betroffenheit den Text schlicht gar nicht behandeln. – Eben daraus wird die Notwendigkeit, die Bibel wissenschaftlich zu behandeln, besonders deutlich: Nur so kann es gelingen, antijüdische Aussagen der Bibel einer direkten Anwendung (sei es als Hetze, sei es als Betroffensein) zu entziehen. Denn es gibt Gottes Wort in der Bibel, das uns Heidenchristen nicht gehört, sondern das Judenchristen gehört. Das bedeutet, besonders in diesen Fällen Gottes Wort nicht als Besitz zu betrachten, sondern in Demut zu hören, der eigenen Position eingedenk. Die historisch-kritische Methode lenkt den Blick auf Menschen, die anders sind als wir.

fers. Es geht schlicht darum, daß Mord an unschuldigen Menschen etwas mit dem Teufel zu tun hat. Das gilt für den Mord an Jesus wie für den Mord an unschuldigen Juden in der späteren Geschichte. An der Einstufung eines jeden Mörders als Teufelskind ist daher im Sinne des JohEv unbedingt festzuhalten. Gewiß würde man heute auch schuldige Mörder nicht so bezeichnen; im Judentum des 1. Jh. wird diese Aussage aber ganz anders verstanden als heute. Wo man heute an den Personkern denkt, meint Joh 8 nur Menschen unter dem Aspekt, Täter einer bestimmten Tat gewesen zu sein. Während man damals vom Teufel sprach, sagt man heute »unheilvolle Verstrickung«. Ist das so viel anders?

d) Eine christliche Exegese, die sich von Betroffenheit statt von sachlicher Auslegung leiten läßt, die nicht dem Text gerecht zu werden versucht, die dem Text nicht läßt, was des Textes ist, halte ich für exegetisch und hermeneutisch nicht vertretbar. Sich von diversen ideologischen oder religiösen Interessen leiten zu lassen ist aus meiner Sicht nicht weniger verhängnisvoll, als sich von wechselnden Betroffenheiten den Weg verstellen zu lassen. Freilich hat man immer versucht, das eine wie das andere gedanklich zu legitimieren.[52]

Antijudaismus und Christologie

Das zweite Argument in dieser Hinsicht verknüpft Antijudaismus und Christologie. Mit einer »späten« und »hohen« Christologie sei unausweichlich auch eine negative Beurteilung des Judentums verknüpft, wie sie aus dem JohEv, nicht aber beispielsweise aus dem viel früheren MkEv erkennbar sei.

Dieses Argument ist insofern theologisch interessant, als es den heute üblichen Ansatz für die gesamte Jesusfrage bei den Synoptikern einfach nur widerspiegelt. Denn die Implikationen dieses Urteils über das JohEv sind deutlich: Die Synoptiker, vorab Markus, Q und Lukas, repräsentierten eine sanfte Christologie. Die meisten Sprüche sind ohne einen »Absolutheitsanspruch« für Jesus denkbar, großenteils überhaupt ohne eine ausformulierte Christologie. An vielen Stellen, besonders in den Gleichnissen, aber auch in Seligpreisungen und

[52] Vgl. zur Begründung ausführlich: K. BERGER: Hermeneutik des Neuen Testaments, Gütersloh 1988 (im folgenden zit.: BERGER: Hermeneutik).

Spruchgut, ist sie oft schlicht nicht vorhanden. Angesichts solcher Traditionen wird das »Gespräch mit dem Judentum« dann als leichter vorgestellt.

Problematisch ist aus dieser Sicht immer eine ausformulierte Christologie, weil hier eine Ablösbarkeit der Wortüberlieferung von der Gestalt Jesu nicht mehr als denkbar erscheint. Das empfindet man als unangenehm und als potentiell oder tendenziell antijüdisch. Und kein Zweifel kann sein: Der Vorwurf des Antijudaismus ist in diesem Fall nur ein auf eine gute Adresse verschobenes eigenes Unwohlsein der traditionellen liberalen Exegeten. Mit »Antijudaismus« ist abgestempelt, was man selbst gerne los wäre: die Konfrontation mit dem Anspruch Jesu bzw. für Jesus, der Heiland zu sein. Diesem Phänomen widmen wir die folgenden Überlegungen.

Konfrontation

Das JohEv teilt mit Paulus, dem Epheser-, Kolosser- und dem Hebräerbrief, aber eigentlich mit der gesamten Briefliteratur des Neuen Testaments den Ansatz, daß es keinen anderen Weg zum Heil gibt als den durch die Person Jesu Christi vermittelten. Hier gilt das *solus Christus.* Im JohEv wird der Versuch unternommen, diesen Anspruch auch narrativ und biographisch zu erhellen und abzusichern. Bei Paulus sind die Heilsgüter Sündenvergebung und Geist exklusiv an Jesus Christus gebunden, im JohEv ist es der Zugang zu Gott überhaupt. Unausweichlich sagt Jesus: Niemand kommt zum Vater denn durch mich.

Diese schroffe Absolutheit mag man als »spät« beurteilen. Aber sie ist doch nur die narrative und biographische Darstellung desselben Anspruchs, der in der Briefliteratur schon des längeren erhoben wird. Sie ist nur die Kehrseite der dogmatischen Absolutheit Jesu Christi nach Paulus. Und »spät« ist das alles nur für den, der so tut, als seien *an* Paulus und den übrigen Briefen *vorbei* die Sprüche der synoptischen Überlieferung der einzige authentische Zugang zum ursprünglichen Christentum, gar zum vorösterlichen Jesus.

Man kann indes wohl zeigen, daß es auch im Überlieferungsgut der Synoptiker viele Elemente gibt, die das übliche Bild vom harmlosen Jesus der frühen synoptischen Tradition widerlegen. Vielmehr ist davor zu warnen, mit Hilfe von Literarkritik und Formgeschichte ein

Wunschbild des undogmatischen vor- oder frühnachösterlichen Jesus zurechtzulegen. Vielleicht kann in dieser Hinsicht ein neuer Blick auf das JohEv einige Korrekturen leisten.

Alte Johannes-Tradition: Die Auseinandersetzung mit den nicht-christlichen Juden im JohEv ist meines Erachtens nicht als »Endstadium« und »spät« zu erweisen. Sie hat auch mit dem Achtzehnergebet rein gar nichts zu tun.[53] Es geht vielmehr gerade um ein Anfangsstadium, in dem die Trennung von der Synagoge gerade von dieser selbst vollzogen wird – daher der Ausdruck gr. *aposynagogos.* Der sonst um diese Zeit nicht belegte Ausdruck ist wohl im Sinne von Lk 6,22 *(wenn die Menschen euch hassen und aussondern und schmähen und euren Namen verächtlich machen)* zu verstehen.
Das »Aussondern« aus dem sozialen und religiösen Verband des Judentums ist ein zur Zeit der Entstehung der Logienquelle üblicher Umgang mit Judenchristen. Der Verfasser des JohEv teilt mit dem Verfasser von Q außer dem schroffen Dualismus auch diese Erfahrungen von seiten der nichtchristlichen Juden – und manches andere.[54]
Es gibt gute Gründe für die Annahme, der Rat des Kaifas nach Joh 11,50 habe im Prinzip auch für das Vorgehen gegen Christen in den vierziger Jahren Bedeutung haben können. Jedenfalls wäre die Verfolgung unter Herodes Agrippa noch immer vom Rat des Kaifas her zu verstehen. Die Härte der Auseinandersetzung und daß die Judenchristen des JohEv noch immer keine Identität als Gruppe gefunden hatten, daß vielmehr das ganze JohEv auch als ein einziges Bemühen um Integration der kurz zuvor heimatlos Gewordenen verstanden werden kann, alles das weist in eine relativ frühe Entstehungszeit. Nur in diesen Jahren konnte die Trennung vom Judentum als so gravierend empfunden werden, wie es im JohEv geschieht.

[53] Vgl. B. WANDER: Trennungsprozesse zwischen Judentum und Christentum im 1. Jh. n. Chr., 2. A. 1997.
[54] Vgl. dazu BERGER: Theologiegeschichte, § 515.

§ 10
Die Zerstörung Jerusalems und des Tempels

Die Zerstörung von Tempel und Stadt im Jahre 70 n. Chr. war ein Ereignis von größter Tragweite, das über viele Jahrhunderte hin umfassende Spuren in jüdischen und christlichen Quellen hinterlassen hat.[55] Es bedarf deshalb einer besonderen Interpretation, wenn Tempel und Stadt im JohEv immer wieder erwähnt werden, ohne daß auf ihre Zerstörung auch nur angespielt würde. Dieser Tatbestand ist die Basis für eines der Argumente für eine Entstehung des JohEv vor dem Jahre 70 n. Chr. – Dagegen findet man in den Evangelien nach Matthäus (in Mt 22,7; 23,36–38) und Lukas (in Lk 21,20–24) gute Argumente für eine Bildung von *vaticinia ex eventu* und für eine Abfassung der Evangelien nach 70 n. Chr. Immerhin ist auch im MkEv eine Zerstörung des Tempels wenigstens von Jesus geweissagt (Mk 13,1), während die Fassung des Wortes über die eigenhändige Zerstörung des Tempels durch Jesus selbst in Mk 14,58 schon vom Evangelisten selbst als unechtes Jesuswort gebrandmarkt wird.

Wenn man sieht, wie in den Evangelien nach Mt und Lk die Tempelzerstörung argumentativ eingesetzt wird, kann man kaum annehmen, der Verfasser des JohEv hätte sich die Gelegenheit entgehen lassen, dies gegenüber seinen jüdischen Kontrahenten für sich auszunutzen. Solches geschieht aber nicht, und die beiden Texte, die von der Forschung oft zum angeblichen Erweis dessen genannt werden, daß der Evangelist doch von Jerusalems und des Tempels Zerstörung gewußt habe, besagen aus meiner Sicht eher das Gegenteil.

Man könnte einwenden: Ein *argumentum e silentio* wiegt nicht viel. Warum sollte der Verfasser die Zerstörung Jerusalems erwähnen, wo er doch die Zeit Jesu beschreiben will? Dagegen: 1. In allen vergleichbaren Zeugnissen (Evangelien) wird die Zerstörung von Stadt und Tempel mehrfach erwähnt, und zwar in Vaticinien oder – vermutlich – in *vaticinia ex eventu.* Jedenfalls aber müßte durchaus erklärt werden, warum der vierte Evangelist als einziger dieses Thema bzw. diese Daten übergeht. 2. Der Evangelist erwähnt, wie gesagt, überaus häufig Stadt und Tempel. Es wäre äußerst merkwürdig,

[55] Vgl. dazu auch H. M. DÖPP: Die Zerstörung Jerusalems, Diss. Heidelberg 1995.

wenn er sich mit der Zerstörung des Tempels nicht auseinandersetzte, da jüdische und christliche Dokumente auch außerhalb der Evangelien in großer Zahl diese behandeln und bedenken. 3. Als Strafe für Mörder hätte die Tempelzerstörung gut gepaßt. 4. Auch ein christlicher Ersatz für die Rolle des verlorengegangenen Tempels kommt nicht in den Blick. Es wäre ja denkbar gewesen, an der Stelle des zerstörten Tempels nun eine mehr als vollgültige Ersatzlösung anzubieten. Statt dessen wird in Joh 4,20–23 um den Ort der wahren Anbetung gestritten. Nach 4,20 sagen die Juden (Präsens!): *In Jerusalem ist der Ort* (sc. der Tempel), *wo man anbeten muß*. Nach 4,23 muß dagegen Jesus als der »Ort« der wahren Anbetung erst noch erstritten werden; jedenfalls wird er mit dem Auftreten Jesu angeboten. Bei Verlust des Tempels bis zur Abfassungszeit des JohEv wäre ein Überlieferungsinteresse an dieser Stelle nicht erkennbar. Aus 4,23 geht aber hervor, daß es sich um einen aktuellen Streit handeln muß. Das Wort »Ort« (gr.: *topos*) wird vorzugsweise für den Tempel gebraucht[56]; hier war der Ort der Anbetung, nicht in der Stadt allgemein.

Johannes 2,19f

Zerstört diesen Tempel, und binnen dreier Tage will ich ihn wieder aufrichten (2,19b) – *Sechsundvierzig Jahre lang wurde dieser Tempel gebaut, und du willst ihn in drei Tagen wieder aufrichten?* (2,20)
Dieser Dialog zwischen Jesus und dem jüdischen Publikum steht im JohEv im Anschluß an die Zeichenforderung der Juden nach Jesu Tempelreinigung. Das Zeichen, das Jesu »eigenmächtiges« Tun legitimieren könnte, soll nach der Auskunft Jesu darin bestehen, daß er im Fall einer Tempelzerstörung diesen eben in Windeseile wieder aufbauen kann. Der Evangelist kommentiert das rätselhafte Wort in 2,21f damit, die Jünger hätten nachösterlich dieses Wort auf Jesu Auferstehung bezogen.

Zumeist nimmt man an, das Wort 2,19b sei schon unter dem Einfluß der späteren johanneischen Deutung in der 2. Person Plural formuliert worden, weil eben die Juden Jesus getötet hätten (»Zerstört diesen

[56] Vgl. auch Mt 24,15; Act 6,13; 21,28b und 2 Makk 5,17–20; 10,7; 3 Makk 1,9ab; Josephus, Antiquitates 16,165; »Heiliger Ort«: Jes 60,13; 2 Makk 1,29; 2,18; 8,17.

Tempel«). Im übrigen vermutet man eine johanneische Verarbeitung der synoptischen Vorlage von Mk 14,58.
Ferner verweist man auf Act 6,14 (»Jesus wird diesen Ort zerstören«) und ThomasEv 71 (»Ich werde dieses Haus zerstören, und niemand wird es wieder aufbauen«). An diesen beiden Stellen wird die Überlieferung – im Unterschied zu Mk 14,58 – jedenfalls als echtes Jesuswort zitiert, und damit ergibt sich eine wichtige Gemeinsamkeit zum JohEv. Es gibt auch sicher einen gemeinsamen Grundbestand für alle Versionen, den man ermitteln kann und dessen Elemente jedenfalls am Anfang der Tradition standen.[57]
Aber man sollte doch, bevor man Joh 2,19f schnell als Umbiegung der synoptischen Variante ansieht, nach dem möglichen eigenen Sinn dieses Wortes fragen, und zwar auch unabhängig von der in Joh 2,22 berichteten nachösterlichen Deutung.
Nimmt man Joh 2,19 ganz ernst, so werden darin die Juden selbst aufgefordert, den Tempel zu zerstören. Kein Feind, kein Römer und auch nicht Gottes Strafe ist im Blick. Es geht einfach nur um die Zerstörung, die Voraussetzung für das wunderbare Wiederaufbauen ist, auf dem ganz der Ton liegt. Die Aufforderung »Zerstört den Tempel …« ist daher rhetorisch und, wenn man so will, spielerisch gemeint. So wie wenn jemand sagen würde: »Schaff mir die Zugspitze her, dann will ich sie zu purem Gold verzaubern« oder »Ruf mir alle Staatschefs zusammen, ich will ihnen schon zeigen, wie die Welt saniert wird.« Es geht um eine Handlungsfolge, die auf zwei verschiedene Partner verteilt ist (»ihr« – »ich«). Der Vollzug der ersten Handlung, zu der aufgefordert wird, ist bereits recht unwahrscheinlich. Die zweite, auf der ersten aufbauende Handlung ist nicht weniger wahrscheinlich, aber sie wird fest als möglich behauptet. – Der Sinn dieser rhetorischen Figur ist nun nicht, die Möglichkeit zu bestreiten, daß die Angeredeten dazu in der Lage sein könnten, der ersten Aufforderung nachzukommen. Nein, der Sinn und das Schwergewicht liegt ganz auf dem letzten Glied: Ich kann dies und das tun. Die beiden Glieder der Figur sind sachlich nicht gleichberechtigt. Der Sinn ist nicht: So wie ihr den Tempel nie zerstören werdet, werde ich ihn nie aufbauen. Vielmehr ist die Bedeutung: Tut etwas, schafft etwas im Sinne einer Voraussetzung, dann will ich euch etwas zeigen.

[57] Vgl. BERGER: Theologiegeschichte, § 471.

Resultat: In Joh 2,19 geht es nicht um die Tempelzerstörung im Jahre 70, sondern ausschließlich um Jesu Vollmacht, den Tempel in kurzer Frist (wieder) zu erbauen. Diese Vollmacht kann nur als wunderbar bezeichnet werden. Man kann diese Aussage aber auf dem religionsgeschichtlichen Hintergrund des Frühjudentums gut verständlich machen. Vom Messias erwartete man ohnehin eine Wiederaufrichtung des Tempels. Die rasant kurze Zeit könnte er als endzeitlicher Sohn Davids einhalten, wenn und weil er wie Salomo, der historische Sohn Davids, die Vollmacht über mächtige Geister besitzt, die die Säulen schnell und weit tragen können. Mit Hilfe mächtiger Geister sind auch drei Tage kein Problem. – Wäre dieses die Bedeutung des zugrundeliegenden Wortes, dann wäre seine Funktion im Kontext der Tempelreinigung gewesen:

1. Jesus ist der Messias und damit ohnehin Bauherr des Tempels.
2. Wer Vollmacht über die dienstbaren Geister hat, der hat sie auch als Hausherr im Tempel.
3. Vielleicht – oder eher noch wahrscheinlicher – könnte daran gedacht sein, daß Jesus noch mehr kann als Salomo, nämlich den Tempel durch sein bloßes Wort wieder auferbauen. Diese letzte Deutung wäre dem JohEv sachlich besonders angemessen, da ja Engel und andere dienstbare Geister hier nicht besonders wichtig sind, um so wichtiger aber Jesu Schöpfungswort. Das wäre dann auch insoweit ein Herstellen «nicht von Menschenhänden« (Mk 14,58).

Träfe die unter 3. genannte Deutung zu, dann läge in Joh 2,19 die positive Hälfte zu Mk 14,58 vor. Das Wort wäre dann in der Fassung Mk 14,58 aus zwei Traditionen zusammengewachsen: der einen, negativen, die in Act 6,14; ThomasEv 71 bewahrt ist, und der anderen, positiven, die Joh 2,19 meint. Und als solche Kombination wäre Mk 14,58 tatsächlich unecht, weil Jesus eben entweder drohend und negativ über den Tempel spricht (wie ja auch unbestritten echt in Mk 13,1) und zum anderen über seine Vollmacht, den Tempel durch seine Wundermacht wiederaufrichten zu können, sollte er einmal oder überhaupt zerstört sein.

Alter der Johannes-Tradition: Aus unseren Überlegungen ergibt sich, daß in Joh 2,19 vormarkinisches Gut erhalten ist.

Die *nachösterliche* Deutung durch die Jünger, die Joh 2,22 erwähnt, faßt Jesu Wort in 2,19 als Vaticinium auf und läßt es mit Ostern in Erfüllung gehen. Denn nur wenn Jesus seine Ankündigung wirklich wahr macht, ist im Sinne der Anfrage von 2,18 auch das notwendige Zeichen der Legitimation gegeben. Der Evangelist hat ein direktes Interesse daran, hier die Argumentation ganz »wasserdicht« zu machen. Die Gleichung Tempel – Leib ist in der hellenistischen und jüdisch-hellenistischen Umwelt geläufig, in der Nachbarschaft zum JohEv gibt es sie auch bei Paulus (1 Kor 6,19; vgl. 3,16). Wohl noch wichtiger ist das Motiv der grundlegenden Wende nach drei Tagen. Mt 12,40 (Jona drei Tage und drei Nächte, verglichen mit dem »Menschensohn«) – auch hier im Zusammenhang der Diskussion um »Zeichen« – zeigt, daß ein grundlegendes und nicht auf das JohEv beschränktes Interesse bestand, Jesu Ablehnung von (himmlischen!) Legitimationszeichen einzuschränken und die Auferstehung als Zeichen zu bekräftigen. Die Verfasser des MtEv und des JohEv haben hier an einer gemeinsamen erkennbar nachösterlichen[58] Tendenz Anteil.

Nun könnte man fragen: War nicht die »nachösterliche« Deutung von Joh 2,19 erst in dem Augenblick nötig, da der Tempel zerstört war und Jesus diesen eben nicht wiederaufrichten konnte? Mußte man nicht erst in diesem Augenblick auf die Auferstehungs-Deutung verfallen? –Eine solche Umbiegung war nicht nötig. Denn welchen Anlaß sollte Jesus gehabt haben, Gottes Strafe an Israel (so wurde die Zerstörung weithin gedeutet) rückgängig zu machen, zumal aus der Perspektive des JohEv? Außerdem haben die Juden den Tempel nicht selbst zerstört – wenn man Joh 2,19 schon historisch liest.

Johannes 11,48

Wenn wir ihn so gewähren lassen, werden alle an ihn glauben, und die Römer werden kommen und uns die Stätte und das Volk wegnehmen.
»Stätte« kann Tempel wie Stadt bedeuten, wahrscheinlich beides zusammen.
Der Satz beschreibt die Befürchtungen der Hohenpriester und Pharisäer angesichts der Wunderzeichen, die Jesus wirkt. Damit das Befürchtete nicht geschieht, gibt Kaifas nach 11,50 den Rat: *Es ist besser,*

[58] Ein nachösterliches Interesse in diesem Sinn zu konstatieren bedeutet nicht, die vorösterliche Herkunft von Stoffen zu bestreiten. Es ist wichtig und auch historisch notwendig, für die Rezeption oder Produktion nach Ostern auch immer nachösterliche Interessen zu benennen.

wenn ein Mensch statt des Volkes stirbt, als daß das ganze Volk zugrunde geht.

Aus folgenden Gründen ist diese Stelle meines Erachtens nicht erst eine Antwort auf die Zerstörung Jerusalems:

1. Für jeden, der nicht politisch blind und ahnungslos war, bestand die politische Bedrohung durch die Römer in allen Jahrzehnten des 1. Jh. n. Chr.

2. Das »Bauernopfer«, das nach Joh 11,50 Kaifas den Römern zu präsentieren empfiehlt, ist sehr wahrscheinlich völlig zutreffend für die jüdischen Autoritäten der Grund gewesen, Jesus von Nazareth den Römern überhaupt auszuliefern. Gleichzeitig dürfte auch in den Jahrzehnten nach Ostern, besonders unter Herodes Agrippa, hier der Grund gelegen haben, gegen christliche Gruppen vorzugehen. Der Satz behielt daher seine Aktualität auch zur Zeit der frühen Gemeinden und zur Zeit der Abfassung des JohEv.

Beschrieben wird daher ein in der ganzen Zeit seit Jesu Auftreten mögliches Kalkül. Es besteht kein Grund, erst nach 70 so zu reden.

3. Die in Joh 11,48 beschriebene Befürchtung hat sich so gerade nicht erfüllt. Weder hat man Jesus gewähren lassen noch haben »alle« an ihn geglaubt. – Worin sollte nach 70 die aktuelle Bedeutung eines Satzes bestehen, der so erkennbar falsch war?

4. Wenn man es verstand, den Römern Jesus als Messiasprätendenten aufzuschwatzen bzw. wahrscheinlich zu machen, war der Satz innerhalb der Passionsgeschichte logisch, und in diesem Sinne ist er auch historisch gut möglich.

Man kann natürlich versuchen, hinter diesem Wortsinn von Joh 11,48 eine besonders raffinierte Verschlüsselung einer Position aus der Zeit nach 70 n. Chr. zu entdecken, etwa in dem Sinn: Die Römer sind gekommen, und schuld daran waren die Christen; obwohl die jüdische Führung alles getan hat, Jesus zu verhindern, müssen nun doch alle Juden wegen der Christen leiden. – Aber das steht hier nicht; die jüdischen Autoritäten sprechen hier nicht über die Bestrafung der (späteren) Jünger, sondern über das Wunderwirken Jesu.

Oder man könnte sagen: Das Befürchtete ist gekommen, auch ohne Glauben an Jesus. Die Juden (ihre Führung) haben die falsche Ursache bekämpft, der Ausgang der Geschichte gibt ihnen nicht recht. Aber: Wenn es schon der Evangelist sein soll, der hier redet, und nicht Kaifas – könnte er hier dieses dem Wortsinn von 11,48 entgegengesetzte

Resultat nicht wenigstens kommentierend vermerken, wie es seine Art sonst auch ist? – Ich weigere mich schlicht, das Gegenteil des Gesagten als Sinn eines Textes anzunehmen, wenn das Gesagte selbst historisch möglich und plausibel war.

§ 11
Der Tod des Petrus und des Lieblingsjüngers

Der *terminus post quem* der Abfassung des JohEv ist meines Erachtens damit gegeben, daß in Kapitel 21, welches ich als zum Evangelium genuin zugehörig betrachte, vom Tod sowohl des Petrus wie auch des Lieblingsjüngers berichtet wird. Ist beider Tod vorausgesetzt, so kann das Evangelium erst nachher verfaßt worden sein. In Joh 21 ist zudem vorausgesetzt, daß es über den Tod beider Jünger theologische Auseinandersetzungen gab, die an die Glaubwürdigkeit von Jesu Verheißungen rührten.

Der Tod des Petrus

Das Amen-Wort Jesu an Petrus nach Joh 21,18 lautet: *Amen, Amen, ich sage dir, als du jung warst, hast du dich selbst gegürtet und bist dort hingegangen, wo du hingehen wolltest. Wenn du aber alt bist, wirst du deine Hände ausstrecken, ein anderer wird dich gürten und dich bringen, wohin du nicht willst.* Der Evangelist kommentiert: *Mit diesen Worten gab Jesus an, mit welchem Tod Petrus Gott verherrlichen werde. Und indem er das sagte, sprach er: Folge mir.*

Die Einzelheiten des Textes dieser Weissagung sind schwer zu verstehen. Auf die Stelle nimmt 2 Petr 1,14 bereits Bezug *(Daß ich meinen Leib ablege, steht bald bevor, wie mir Jesus Christus offenbarte).* Das Jesuswort lebt vom Gegensatz freiwillig – unfreiwillig.

Das Ausstrecken der Hände könnte Gebetsgestus sein, und zwar speziell zur Abwehr des Todes.[59] Ein Teil der späteren Petrusüberlieferung

[59] Vgl. Testament des Mose (äth), Übers. W. Leslau, p. 109: »Strecke aus deine beiden Hände und bete zu Gott, er möge die Bitterkeit des Todes vorübergehen lassen.«

versteht die Stelle so.[60] Andererseits hat man das Ausbreiten der Hände mit der Kreuzigung zusammengebracht und aus der Stelle gefolgert, Petrus sei gekreuzigt worden.[61] Daß übrigens auch Andreas gekreuzigt worden sein soll, entspricht der Parallelität zwischen Petrus und dem Lieblingsjünger, die in den folgenden Versen entworfen wird.
Aber das Ausbreiten der Hände kann auch schlicht der Gestus der Gefangenen sein, die ihre Waffen- und Hilflosigkeit, kurz ihre Kapitulation (»Hände hoch!«) so zum Ausdruck bringen. (Der Gebetsgestus ist insofern auch nichts anderes.) So geht es vielleicht um Gefangennahme, Verlust der Freiheit und Abtransport. Besonders Act 21,11 legt diese Deutung nahe (Gürten als Binden bei der Gefangennahme).

Oder besagt die direkt folgende Aufforderung »Folge mir nach!« eben den Verlust der Freiheit, so daß Petrus jetzt Sklave eines Herrn wird, der ihn gürtet und dorthin führt, wohin nicht er, sondern sein Herr will? Inbegriffen wäre der unfreiwillige Tod. – Gegen diese Lösungsmöglichkeit spricht, daß Jesus die Apostel nicht irgendwohin zu »bringen« pflegt.

Die wahrscheinlichste Lösung scheint mir diese zu sein: Petrus wird ein Sklaventod verheißen. Und das ist die Kreuzigung.[62] Das Wort an ihn schildert nichts anderes als die Aufgabe der Freiheit. Der Sklave breitet die Hände aus, um Demut gegenüber seinem Herrn zu bezeu-

Memar Marqah 4,4 (Mose breitete seine Hände aus vor seinem Herrn). – Allgemein vom Gebet: Sib 4,166 (Breitet die Hände aus zum Gebet und erbittet Verzeihung); 3,559.591; 1 Clem 29,1. – Schon Homer, Ilias 3,318; Odyssee 13,355.

[60] Vgl. Periodoi Petru (slav), Übers. Franko, ZNW 3 (1902), 315ff. 323f: »Der Apostel Christi aber hob seine Hände zum Himmel empor und rief mit weinender Stimme und sprach: Herr Jesus Christus, Sohn des lebendigen Gottes, verlaß mich nicht, sondern erbarme dich meiner, der du dich freiwillig kreuzigen ließest für das Heil der ganzen Welt ...« (Christus erscheint:) »Hast du schon alles vollendet, Apostel? Denkst du noch, Petrus, an die Worte, die ich dir gesagt habe: als du noch jung warst ... Siehe, es ist schon alles vollendet, was ich zu dir vordem gesprochen habe.« – Ferner: Martyrium Petri et Pauli K. 27 (Bonnet I, 142,10): »Petrus aber streckte seine Hände aus zum Gebet.«

[61] Zur Verbindung von Ausbreiten der Hände (Arme) und Kreuzigung vgl. J. WETTSTEIN, z. St., mit Bezug auf Epiktet diss 3,26 und Artemidor 1,78. Das Gürten wird man dann mit Tertullian als Anbinden ans Kreuz deuten müssen.

[62] Vgl. M. HENGEL: Crucifixion, London 1977, 51–63.

gen (so entspricht auch der jüdische Gebetsgestus der Selbsteinschätzung als Sklaven vor Gott), der Sklave wird gegürtet nicht aus freiem Antrieb (vgl. Lk 12,35.37; 17,8), er kann nicht bestimmen, wohin er geht. Mit diesem Bild wird nicht nur der Tod des Petrus angedeutet, sondern auch sein Leben bis dahin. Denn er ist ab jetzt Sklave Jesu, daher: »Folge mir.« Entsprechend heißt Petrus auch Sklave in 2 Petr 1,1.

Dem Evangelisten ist mithin eine Tradition bekannt, nach der Apostel auch Sklaven heißen (vgl. Joh 13,16).

Daß Petrus durch seinen Tod Jesus *verherrlichen* wird, entspricht Joh 17,1b; vgl. 12,26.33. – Petrus verherrlicht Gott, damit er von Gott verherrlicht wird – vgl. BarApk (griech) 17 (94,22) »Verherrlicht Gott, damit er euch verherrliche« und Mart Polyk 14,3; 19,2.

Fazit: Petrus verliert seine Freiheit und muß gewaltsam sterben. So wird er sich zu seinem Herrn bekennen und ihn dadurch verherrlichen. Für Petrus gehört das zu seiner Nachfolge.

Der Tod des Lieblingsjüngers

Nach Joh 21,22 sagt Jesus zu Petrus über den Lieblingsjünger: *Wenn ich will, daß er bleibt, bis ich komme, was geht es dich an?* Dieser Satz ist zunächst in seiner ersten Hälfte zu klären. Was heißt: »Ich will, daß er bleibt, bis ich komme«? Der Satz erinnert an Mk 9,1, obwohl es sich dort um das Kommen des Reiches in Macht und nicht um die Wiederkunft Jesu handelt. Interessanterweise gibt es ein Agraphon, das Jesus Entsprechendes nicht zum Lieblingsjünger, sondern zu Petrus sagen läßt: »Denn der Herr Christus hat (zu Petrus) gesagt: Wahrlich, dein Auge wird in Ewigkeit nicht geschlossen werden für das Licht der Welt.«[63] Entsprechende Parallelen weist die zwischentestamentliche Literatur auf in Verheißungen Gottes an Autoritätsträger wie Baruch und Esra, aber auch an Abimelech.

In BarApk(syr) 76,2 sagt der Engel zu Baruch: »Du wirst allerdings von dieser Erde fortgehen, aber nicht zum Tode, sondern um aufbewahrt zu werden für

[63] Vita Schnudi, ed. E. Amelineau, Text arab p. 313, dt. bei J. ISELIN: Eine bisher unbekannte Version des ersten Teils der Apostellehre, TU 13, 26. – Nach Iselin ist das Wort einem alten PetrusEv entnommen. Das Wort gehört jedenfalls in die Gruppe von Amen-Worten über Jünger-Schicksale.

das Ende der Zeiten.« Nach ibid., 48,30 sagt Gott zu Baruch: »Du wirst sicherlich hinweggenommen werden, wie ich dir vorher gesagt habe.« – Ähnlich 4 Esra 6,26: »Das (sc. das Ende) werden erleben die Menschen, die entrückt sind, die den Tod nicht geschmeckt haben seit ihrer Geburt.« 14,9: »Du wirst entrückt werden von den Menschen ..., bis die Zeiten beendet werden.« – Zu Abimelech vgl. Jeremia-Apokryphon nach ROC 5 (1910), 212, wo Jeremia zu Abimelech sagt: »Du wirst nicht sterben, sondern leben, bis der Zorn des Herrn sich beruhigt hat. Die Erde wird dich schützen, die Luft dich nähren.«
Die Alte Kirche wendet diese Tradition konsequent auf den mit dem Lieblingsjünger identifizierten Evangelisten Johannes an. Nach Andreas Salo (Apokalypse 169) ist Johannes nicht in den Himmel aufgenommen, sondern lebt, wie auch Henoch und Elia, in seinem Fleisch auf der Erde, verborgen wie eine Perle im Misthaufen, um für unsere Sünden zu bitten und den Zorn Jesu abzuwenden. Viele haben ihn gesehen, es aber verschwiegen, da sie mit Unglauben rechneten. In den ActPetri (äth) (Budge Contendings 2,524) heißt es: »Johannes, der Geliebte, wird den Tod nicht kosten außer zu der Zeit, wenn der Herr wiederkommt, die Welt zu richten, denn der Herr mein Gott hat mir (Petrus) dies kundgetan und gesagt: ›Kein Mensch wird den Leib des Johannes in der Erde begraben können, denn er ist der Verwalter der Geheimnisse Gottes.‹« Das Ps.-JohEv (arab) läßt Jesus zu Johannes sagen: »Johannes ..., du wirst den Tod nicht kosten bis zu meinem zweiten Kommen, und dann wirst du in das Himmelreich eingehen, das euch bereitet ist.« Nach DanielDieg (griech) 14,1 werden drei Männer zur Überführung des Antichrist erscheinen, zwei aus den Wolken (sc. Henoch und Elia) und einer von der Erde (sc. Johannes). Hergeleitet wird das zweite Kommen des Johannes auch aus Apk 10,11 (»Du mußt ein zweites Mal prophezeien«). – Nach Antichrist (slav) p. 84 heißt es, nachdem der Herr in Jerusalem Platz genommen hat: »Dann wird ein Engel ins Horn stoßen, daß bei Abraham Johannes ist«, das heißt, daß er in Abrahams Schoß und also gestorben ist.[64]

Zweifellos sind diejenigen, die entrückt werden oder am Leben bleiben, als Autoritätsträger besonders ausgezeichnet; im Judentum sind es vor allem Schreiberfiguren. Das ist bedeutsam für die Rolle des Lieblingsjüngers nach dem JohEv.[65] – Wichtig scheint auch dies: Das Blei-

[64] Weiteres Material bei K. BERGER: Die Auferstehung des Propheten ..., Göttingen 1976, 339f (im folgenden zit.: BERGER: Auferstehung).

[65] Vgl. dazu: M. THEOBALD: Der Jünger, den Jesus liebte. Beobachtungen zum narrativen Konzept der johanneischen Redaktion, in: FS M. HENGEL 1997, Bd III, 219–255,250: Das Herrenwort über den Lieblingsjünger sei jedenfalls dazu benutzt

ben bis zur Parusie ist im Prinzip so etwas wie eine »Entsprechung zweiter Klasse« zur Präexistenz. Wie in der Präexistenz die Zeit nach vorne hin aufgehoben ist, gilt Entsprechendes in der Bewahrung bis zur Parusie (als »Post-Existenz«). Und das gebührt selbstverständlich keinem anderen als dem Lieblingsjünger. Auch aus diesem Grunde gehört Joh 21 zum Evangelium!
Das JohEv dagegen wehrt das »Gerücht« ab, dem Lieblingsjünger sei Befreiung vom Tod (bis zur Wiederkunft Jesu) verheißen worden. Das heißt, daß der Lieblingsjünger nicht sterben werde, war ein Mißverständnis. Das setzt wohl voraus, daß der Lieblingsjünger gestorben und das Mißverständnis offenkundig und peinlich ist. Daher kann der Evangelist jetzt sagen: Jesus hat sich nicht geirrt, sondern ihr habt ihn mißverstanden. – Die ganze Diskussion ist wiederum ein Beweis dafür, daß der Lieblingsjünger eine historische Figur gewesen ist.

Resultat: Das JohEv setzt den Tod des Petrus wie des Lieblingsjüngers voraus. Das Martyrium des Petrus setzt man um 64–67 n. Chr. an.[66] Da das JohEv andererseits die Zerstörung Jerusalems nicht voraussetzt, dürfte es zwischen 67 und 70 n. Chr. entstanden sein.

§ 12
Gemeindliche Binnenstruktur

Rechnete man mit dem Konsens der Forschung für das JohEv mit einer Entstehungszeit um 100 n. Chr., so ergäbe sich, was die Struktur der Adressaten betrifft, eine im Verhältnis zu anderen Schriften des Neuen Testaments geradezu groteske Situation: Während bereits die ältesten Paulusbriefe regelrecht hierarchische Strukturen in der Gemeinde erkennen lassen (1 Kor 12,28) und die synoptischen Evange-

worden, um dessen bleibende Autorität zu begründen. Ob freilich das Bleiben dieses Jüngers in der Existenz des Buches JohEv erfüllt wird, ist fraglich und wohl angesichts der religionsgeschichtlichen Analogien nicht wahrscheinlich. Es ist zu modern gedacht.

[66] H. TÜCHLE: Kirchengeschichte I, 16. A. 1958, 57.

lien mit Rangstreitigkeiten unter den Jüngern zu kämpfen haben (Mk 9,34f; 10,35–45), ja das MtEv schon gegen christlichen Klerikalismus angehen muß (Mt 23,8–12), wären allein die Adressaten des JohEv noch ohne jede erkennbare Binnenstruktur ausgekommen, und das noch dazu angeblich in Ephesus, wo schon zur Zeit der Pastoralbriefe unterschiedliche kirchliche Funktionen bekannt waren.

Nirgends nimmt das JohEv auf innergemeindliche Strukturen Bezug, nirgends wird eine Vollmacht (vergleichbar Mt 18,18) delegiert. Der Lieblingsjünger war erkennbar eine einmalige Gestalt, und Petrus war gerade gestorben. Seine Hirtenrolle war offensichtlich wiederum mehr nach außen als nach innen gerichtet. In der Hirtenrede in Joh 10 läßt Jesus mit keinem Wort durchblicken, seine Funktion sei auch auf andere delegierbar.

Statt dessen erscheinen die Adressaten des JohEv als verfolgte Gruppe (oder Gruppen), und das einzige Instrument der Koordination ist die Aufforderung zur Liebe. Der Mangel an christlichen Lehrern oder Propheten ist so offenkundig, daß er einer der gewichtigsten Gründe gegen eine Spätdatierung ist. Wenn der Paraklet an Worte Jesu erinnert (Joh 14,26), dann könnte das in der Praxis einer Gemeinde so ausgesehen haben wie in 1 Kor 14,26, wo jemand dann eine »Lehre« oder eine »Offenbarung« hat.

Ältere Tradition im JohEv: Daß eine kirchliche Binnenstruktur noch nicht ausgebildet ist, liegt sicher nicht nur an der Verfolgungssituation oder an mangelndem Kontakt mit anderen Christen, sondern hängt mit der Frühzeit der Entstehung des JohEv zusammen.

§ 13
Die Identität des Lieblingsjüngers

In der neueren Forschung[67] zeichnet sich ein breiter Konsens in die Richtung ab, den »Jünger, den Jesus liebte« als eine historische, nicht als eine nur symbolische Figur aufzufassen. Der Hauptgrund ist Joh 19,25–27. Offenbar gab es Nachrichten über die weitere Biographie der Mutter Jesu, und diese hätte man wohl kaum mit einer nur symbolisch gemeinten Figur verbinden können.

Im folgenden soll die These vertreten werden, der nach dem JohEv zuerst berufene Jünger Andreas werde im »Abschiedsteil« des JohEv »der Jünger, den Jesus liebte« genannt. Diese These stützt sich auf den Befund im JohEv, auf gattungsgeschichtliche Erwägungen und auf einige sehr alte Zeugnisse der Alten Kirche. Bedeutung könnte diese These dadurch gewinnen, daß so schlaglichtartig das besondere Gefüge der Jüngerautoritäten im Rahmen der gesamten Evangelientradition erhellt wird. Das heißt, es geht nicht nur um eine weitere Hypothese zur Identität des Lieblingsjüngers, vielmehr könnte so die Position der johanneischen Tradition im ganzen einsichtiger werden.

Grundsätzlich zielte meines Erachtens bereits H. Thyen in die angepeilte Richtung mit seiner Bemerkung: »Im Sinne des Verfassers dürfte dieser (sc. der Lieblingsjünger) der absichtsvoll anonym bleibende Jünger sein, der aufgrund des Täuferzeugnisses zuerst zu Jesus kam (1,35ff). Damit erscheint er schon hier ebenso vor und neben Petrus wie ...«[68] Einer dieser beiden Jünger ist nicht anonym, sondern heißt Andreas. Er gilt fortan in der griechischen Kirche als der Erstberufene (gr.: *protokletos*), und darin unterscheidet sich das JohEv von den Synoptikern.

Und zu Joh 21 bemerkt H. Thyen: »21,20ff setzt den Tod des Lieb-

[67] Neuere Lit.: R. BAUCKHAM: The Beloved Disciple as Ideal Author, in: JSNT 49 (1993), 21–44. – J. KÜGLER: Der Jünger, den Jesus liebte. Literarische, theologische und historische Untersuchungen zu einer Schlüsselgestalt johanneischer Theologie und Geschichte. Mit einem Exkurs über die Brotrede in Joh 6 (SBB 16), Stuttgart 1988. – K. QUAST: Peter and the Beloved Disciple. Figures for a Community in Crisis (JSNT. S 32), Sheffield 1989.

[68] Vgl. H. THYEN, Art.: Johannesevangelium, in: TRE 17 (1988), 211.

lingsjüngers voraus. Darum mußte diese fiktive Figur des Evangelisten auf der Ebene der Gemeindegeschichte eine reale Entsprechung haben. ... starb er als Märtyrer, wie das ihn mit Petrus zusammenschließende und dadurch martyrologisch geprägte ›nachfolgen‹ (gr.: *akoluthein*) (21,20f) nahelegte.«[69] Einigermaßen fest steht jedenfalls: Unter den in Joh 21,2 genannten sieben Jüngern muß einer der Lieblingsjünger sein, da dieser im folgenden gleich auftritt. Und ebenso wahrscheinlich ist, daß der Lieblingsjünger, der für den Evangelisten Augenzeuge ist, möglichst von Anfang an dabei gewesen sein muß.

Die Argumente für eine Identität des Andreas mit dem Lieblingsjünger im Abschiedsteil des JohEv sind des weiteren folgende:

1. Andreas hat wie der Lieblingsjünger jeweils als erster die entscheidende *christologische Erkenntnis,* und zwar vor Simon Petrus. Nach 1,41 sagt er zu seinem Bruder Petrus: *Wir haben den Messias entdeckt,* in Joh 20,4f sieht er zuerst das leere Grab und darin die Grabtücher liegen. Nach Joh 21,7 erkennt er zuerst, daß der am Ufer Stehende Jesus ist, und sagt zu Petrus: *Es ist der Herr!* – Dort, wo der Lieblingsjünger sonst mit Petrus zusammen ist, kann er ihn entlasten (13,21–26: Die Tat des Petrus wird nicht als der angekündigte Verrat gewertet; 18,15–18: Petrus hat Jesus nicht ans Messer geliefert, sondern war nur feige gegenüber Randfiguren).

Von einer Konkurrenz des Lieblingsjüngers mit Petrus kann – entgegen der verbreiteten Meinung der Forschung – überhaupt nicht die Rede sein. Im Sinne der Theologie des Evangelisten stützt das Zeugnis des Lieblingsjüngers vielmehr das des Petrus. Unabhängig von ihm und vor ihm ist er Zeuge dafür, daß es immer »mit rechten Dingen zugegangen ist«, wenn von Berufung, Vision oder Einsetzung des Petrus die Rede ist. Und daß Jesus eben genau zwischen dem Versagen des Judas und dem des Petrus zu unterscheiden wußte.

Für unsere These ist hier wichtig: In 1,21f nimmt Andreas genau die Rolle gegenüber Petrus ein, die sonst immer der Lieblingsjünger wahrnimmt.

2. Zwischen dem ersten und dem letzten Kapitel seines Evangeliums läßt der Verfasser eine Entsprechung entstehen: Nach Joh 1,35–39 läßt

[69] Ibid., 211f.

der Evangelist zwei namenlose Jünger am Anfang des Evangeliums stehen, entsprechend sind es in Joh 21,2 in der Liste zwei namenlose Jünger, die den Schluß der Liste bilden. In Joh 1 wird einer der beiden zunächst Namenlosen dann als Andreas identifiziert (1,40), in Joh 21 wird einer der beiden Namenlosen dann als Lieblingsjünger enttarnt (21,7). In Joh 1 gibt Andreas den entscheidenden Hinweis: Er ist der Messias, in Joh 21,7 sagt der Lieblingsjünger: *Es ist der Herr.* Die Erzählungen folgen im Aufbau derselben Struktur. Wieder entspricht Andreas dem Lieblingsjünger.
Zwei Fragen entstehen hier: Warum verschweigt der Evangelist zunächst die Identität beider, um dann die des einen zu lüften? Und: Wer ist der andere der beiden? – Es sei bemerkt, daß sich dasselbe Problem auch für Lukas 24,13–35 stellt: Die beiden Emmausjünger sind anfangs namenlos, erst im Laufe der Erzählung wird der eine, nur er, identifiziert (24,18: Kleopas). Zur Lösung des Problems gleich unten (S. 105).

3. Nach Joh 12,22 muß sich Philippus an Andreas wenden, um in einer besonders heiklen Angelegenheit, nämlich in der Frage der »Griechen«, zu Jesus »vorgelassen« zu werden. Das heißt: An der letzten Station in Jesu öffentlichem Wirken, bevor der Abschiedsteil des Evangeliums einsetzt, ist Andreas derjenige, der den direkten Kontakt zu Jesus hat und ihn für andere herstellen kann. In 12,21f wird daher ein regelrechter Instanzenweg vorgestellt: Griechen – Philippus – Andreas – Jesus. Philippus für sich hat nicht ausreichend »Geltung« und braucht Andreas, der den »heißen Draht« zum Herrn hat, in dieser Angelegenheit.
Genau diese Rolle spielt aber auch der Lieblingsjünger im Abschiedsteil des Evangeliums. Er ruht an der Seite Jesu und hat daher schon physisch die größte Nähe zu ihm. Wenn Petrus wissen will, wen der Herr mit der Verratsansage meint, muß er sich an den Lieblingsjünger wenden, er fragt nicht direkt (13,23f). Es ist kaum vorstellbar, daß zwischen zwei unmittelbar aufeinanderfolgenden Kapiteln (nämlich zwischen 12,21f und 13,23f) ein anderer in diese intime Nähe zu Jesus aufsteigen konnte. Auch hier wird wieder klar erkennbar, daß die Funktion des Andreas genau von der des Lieblingsjüngers fortgesetzt wird.
Überdies bleibt festzuhalten: Wie in Joh 1, so eröffnet auch in Joh

12,21f Andreas den Zugang zu Jesus und tut damit eben das, was nach Joh 13 der Lieblingsjünger tut. Wer zu Jesus gelangt oder gelangen will, gelangt durch ihn dorthin. Er ist der entscheidende Vermittler. Dabei ist er mehr als ein Wegweiser.

4. Als der Erstberufene ist im Rahmen jüdischer und frühchristlicher Theologie Andreas der allererste Anwärter auf das Prädikat »den der Herr liebte«.
Für das Judentum gilt dies von Abraham, dem ersten, den Gott aus den Heiden berief. Er ist der von Gott Geliebte, Gottes Freund. In der synoptischen Tradition wird dies zuallererst von Jesus in seinem Verhältnis zu Gott gesagt. Jesus ist deshalb der »geliebte« Sohn, weil er unter all den Kindern, die Gott haben und sich berufen will, der erste ist.
Von daher erschließt sich auch, warum erst in den Abschiedsreden Andreas zum Träger dieses Titels wird: Jetzt geht es ja darum, daß Jesus das, was ihm selbst zuteil geworden ist, weitergibt. Er war im Schoß des Vaters (Joh 1,18) – nun ist der Lieblingsjünger in seinem Schoß (13,23). Er war der vom Vater Geliebte – nun gibt er diese Liebe an die Jünger weiter. – Diese Struktur gehört zu den Grundlagen der Theologie des JohEv und muß hier nicht weiter entfaltet werden.
Wir halten fest: Als der Erstberufene ist Andreas der »geliebte Jünger«. Er wird erst im Abschiedsteil des JohEv so genannt, weil Jesus erst hier systematisch das an die Jünger weitergibt, was er selbst empfangen hat: Liebe.

5. Wie kommt es (abgesehen von 4.), daß derselbe Jünger erst Andreas, dann aber »Lieblingsjünger« genannt wird? Gibt es dafür erzähltechnische Analogien? Antwort: »Lieblingsjünger« ist eine Art »funktionaler Name«.
Andere erstberufene Jünger erhalten nach den synoptischen Evangelien »funktionale Namen«, so Simon, der dann Simon Petrus heißt und dessen funktionaler Name zum Eigennamen wird (Kephas/Petrus war sonst kein antiker Eigenname). Die beiden Zebedaiden werden von Jesus »Donnersöhne« genannt (Mk 3,17), wenn sich diese Bezeichnung dann auch nicht durchsetzt. Nach den Acta Philippi heißt auch Philippus so, wie überhaupt Zebedaiden-Traditionen

gerne auf Philippus übertragen werden.[70] Die Bezeichnung »der Jünger, den Jesus liebte« ist mit diesen Funktionsnamen vergleichbar. Das legt sich schon aus folgendem Grund nahe: Von den nach Mk 1,16–20 von Jesus zuerst berufenen vier Jüngern ist Andreas der einzige, der dann im MkEv keinen besonderen Funktionsnamen erhält. Auch sonst wird Andreas gegenüber den drei anderen öfter spürbar benachteiligt. Die johanneische Tradition holt das auf ihre Weise nach. Ausdruck dessen ist auch die Exklusivbezeichnung »Lieblingsjünger«. Vor allem aber gibt es Analogien wieder in den Erzählungen über Jesus selbst: Er wird mit dem rätselhaften apokalyptischen Funktionsnamen »Menschensohn« belegt – nicht von Anfang an, aber zur Benennung jeweils bestimmter theologischer Sachverhalte. In der ApkJoh ist ab Kapitel 5 die Metapher »das Lamm« für Jesus gebräuchlich.

Gegenüber den genannten Analogien besteht die Besonderheit des JohEv darin, daß die Bezeichnung »Lieblingsjünger« nun für Andreas exklusiv verwendet wird und er mit seinem angestammten Namen nicht mehr vorkommt. Die theologischen Gründe wurden oben unter 4. dargestellt.

Man kann beobachten, daß in narrativen Texten Personen derartige Funktionsnamen jeweils nicht von Anfang an tragen, sondern zunächst unter dem gewöhnlichen (»bürgerlichen«) Namen eingeführt werden. Das gilt für Jesus, den Menschensohn (im MkEv zuerst in 2,10; im JohEv zuerst in 1,51) ebenso wie für Simon, den Petrus (im MkEv zuerst in 3,16; im JohEv gleich ab 1,42).In der Apk wird Jesus das Lamm erst ab 5,6 genannt. – So heißt Andreas erst ab Joh 13,23 Lieblingsjünger, weil erst hier anläßlich des ersten und einzigen Mahls, das Jesus mit seinen Jüngern nach dem JohEv hält, der Vorzugsplatz für den Lieblingsjünger sichtbar zutage tritt. – Vielleicht

[70] Vgl. Acta Philippi (ed. M. Bonnet) 22(17) p. 11; 131 p. 61. Das Feuer aus Lk 9,54 wird aktuell in K. 127 p. 56. – Der gesamte Zusammenhang Lk 9,52–56 und der besondere Name der Zebedaiden wurden in den apokryphen Apostelakten auf Philippus übertragen. Zur Sache vgl. bereits Th. v. ZAHN: Forschungen zur Geschichte des neutest. Kanons VI, 1900, 27f. – Der Grund für diese Ablösung lag wohl darin, daß in der joh Tradition Philippus nach Petrus und Andreas die Rolle einnimmt, die in der synoptischen Überlieferung die Zebedaiden nach Petrus ausfüllen. Immer geht es um die »Zweitwichtigsten«.

kann man sagen: Je früher in einem narrativen Text der Funktionsname eingesetzt wird, um so bedeutender ist die Person für den Adressatenkreis.

Daß der Funktionsname überhaupt eine literarische Bedeutung hat, gilt auch für narrative Texte in unserer Kultur, etwa wenn in einem Bericht nach Abklärung des zeitlichen und geographischen Rahmens immer vom »Bundeskanzler« die Rede ist. Der Funktionsname bezeichnet damals wie heute die Wichtigkeit einer Person für den Adressatenkreis; bereits für den »Lehrer der Gerechtigkeit« in einigen Qumrantexten gilt dieses; dank deren fragmentarischen Charakters hat man dessen »bürgerlichen« Namen nicht erfahren können.

Das heißt: Die Identität des Lieblingsjüngers hat zu tun mit der Kohärenz des ganzen Evangeliums. Diese wurde in der Forschung bisher in der Regel bestritten, das heißt: Wenn das JohEv ohnehin nur eine Sammlung von (mehr oder weniger durcheinandergeratenen) Fragmenten und »Schichten« war, konnte auch ab Joh 13,23 ein neuer unvermittelter Bruch eintreten. Eine Erklärung aus dem ganzen Text mußte nicht gegeben werden. – Wenn man dagegen die Einheitlichkeit des JohEv annimmt, ist davon auszugehen, daß die Leser entweder von vornherein um die Identität des Lieblingsjüngers wußten oder diese doch aufgrund ihrer Lektüre des Evangeliums herstellten. In diesem letzteren Sinne habe ich nach Argumenten bzw. Indizien aus einer Lektüre des JohEv gesucht.

6. Von den Zeugnissen der Alten Kirche hat besonders der Kanon Muratori eine Erinnerung an die angenommene Rolle des Andreas bewahren können. Es wird berichtet, wie das Evangelium nach Johannes überhaupt entstanden sei: Johannes habe gesagt: Fastet mit mir ab heute gemeinsam drei Tage lang. Und dann wollen wir einander berichten, was jedem geoffenbart worden ist *(Conieiunate mihi hodie triduo, et quid cuique fuerit revelatum alterutrum nobis enarremus).* Die erste Offenbarung, die überhaupt zustande kommt, wird dem Andreas zuteil: In derselben Nacht wurde aus den Aposteln dem Andreas geoffenbart, daß Johannes alles in seinem Namen aufschreiben solle, alle übrigen dieses aber bestätigen sollten *(eadem nocte revelatum Andreae ex apostolis, ut recognoscentibus cunctis Iohannes suo nomine cuncta discriberet).* Der Text schildert, wie es gekommen ist, daß trotz der herausragenden Rolle des Andreas das Evangelium unter dem Namen des

Johannes überliefert ist. Kein Zweifel wird daran gelassen, daß hinter Johannes als ältere Autorität die des Andreas steht. Erst durch die Offenbarung des Andreas wird Johannes im Namen aller mit dem Aufschreiben beauftragt. Johannes wird als eine Art Sekretär oder Protokollführer eingesetzt.

Liest man den Bericht als selbständiges Zeugnis, so ergibt sich: Es handelt sich um einen jener Offenbarungs-Konvente, wie sie auch in Act 13,1–3 (Propheten und Lehrer; Gebet, Fasten, Geistoffenbarung) und 1 Tim 5,22 (Älteste; eine Prophetie bestimmt den Amtsträger, ihm werden die Hände aufgelegt) belegt sind. Daß diese Praxis hier noch gut greifbar wird, kennzeichnet den Bericht des Kanon Muratori als sehr alt. Zudem ist eben nicht an historische Recherche im Sinne von Lk 1,1–4 gedacht, sondern das, was der johanneische Paraklet nach Joh 14,26 verheißt, nämlich an alles erinnern zu wollen, das wird in diesem hier geschilderten Offenbarungs-Konvent sehr anschaulich.

Dann aber ist beachtenswert, daß die Erinnerung an die primäre Rolle des Andreas gut bewahrt ist. Liest man Joh 21,24 in diesem Licht, so wird deutlich, daß die Autorität des Johannes nur eine abgeleitete ist. Fast müßte man das »der geschrieben hat« aus Joh 21,24 übersetzen mit »der hat schreiben lassen«, was im Rahmen antiker Diktiertechnik im Bereich des Möglichen liegt. Jedenfalls hat der Canon Muratori die Erinnerung daran bewahrt, daß bezüglich der Autorität, die hinter dem vierten Evangelium steht, ein Wechsel von Andreas zu Johannes stattgefunden hat.

Daß umgekehrt von den Zebedaiden im JohEv nur in 21,2 die Rede ist, sollte vorsichtig machen gegenüber Versuchen, den Zebedaiden Johannes für die älteste Zeit als Autor mit Beschlag zu belegen.

Einen analogen Vorgang schildert die BaruchApk(äth) (Übers. W. Leslau, 76): »Wenn ich, Baruch, euch alles erzählte, was ich sah und hörte, würden all die Bücher es nicht fassen. Der Geist Gottes diktierte es Absalom und Abimelech, den Priestern Jerusalems.« Folgende Übereinstimmungen bestehen mit dem JohEv:

– Der Verfasser äußert sich wie Joh 21,25.

– Der heilige Geist ist der wahre Urheber der Schrift; vgl. Joh 14,26.

– Absalom und Abimelech sind die zwei Schüler des Verfassers, so wie Jesus nach den Abschiedsreden und vor allem nach Joh 21 zwei Schüler hat, die in besonderer Weise für das Gesehene verantwortlich sind.

– Unterschied: Nach Joh 21,24 ist einer der beiden Schüler auch der Verfasser. Hinzu kommt das Zeugnis der Gemeinde.
– Im Verhältnis zur Notiz im Canon Muratori ist Baruch hier in der Rolle des Andreas. Johannes ist in der Rolle des Schreibers, dem das Niedergeschriebene vom heiligen Geist diktiert wird. – Im Verhältnis zum JohEv ist Baruch in BaruchApk(äth) in der Rolle Jesu; er ist der Offenbarer.
Fazit: Es geht um vergleichbare, aber auch unterscheidbare Fälle pneumatisch vermittelter Autorschaft.

7. Entsprechend hat noch Clemens von Alexandrien die Erinnerung bewahrt, Andreas habe Johannes und Jakobus, also die Zebedaiden, getauft.[71] Angesichts der Art, in der die Synoptiker die Zebedaiden gegenüber Andreas aufwerten (zum Beispiel Lk 5,1–11), ist das eine ganz erstaunliche Feststellung. Die Taufe durch Petrus soll die Rolle des Petrus sichern (vgl. dazu unten). Auch hier spiegelt sich die Erinnerung, daß Andreas von zentraler Bedeutung für die frühe Gemeinde war.
Ähnliches ist nun aus all den Texten zu berichten, nach denen Andreas unter den zu allererst genannten Jüngern steht. So wird er im Evangelium der Maria (Magdalena) noch vor Petrus genannt, im PetrusEv direkt neben Petrus und Levi[72] und öfter unter den ersten Jüngern überhaupt[73]. Das ist häufig gerade in sehr alten Texten der Fall, während die

[71] Clemens v. A., Hypotyposen V (GCS 17,3 Stählin 196): Johannes und Jakobus wurden von Andreas getauft, dieser von Petrus, dieser allein von Jesus. – Für das JohEv müßte die Linie etwas anders aussehen: Andreas – Petrus – Philippus etc., die Zebedaiden kommen nur höchst selten vor (Joh 21,2). – Vgl. weitere Nachrichten über Andreas und Johannes in den Acta Andreae, ed. J.-M. Prieur (CorpChrist ser apocr 5,6, 1989, 81–86, 88f). Nach der Vita des Andreas c. 20 bei Gregor v. Tours (CorpChrist 6,615) erscheinen Petrus und Johannes dem Andreas und weissagen ihm das Martyrium.

[72] PetrEv 14[60]: »Ich aber, Simon Petrus, und mein Bruder Andreas, nahmen unsere Netze und gingen ans Meer. Bei uns war Levi, der Sohn des Alphäus« (Osterbericht; vgl. W. SCHNEEMELCHER: Apokryphen I, 188). Hier wird vielleicht eine unabhängige Variante zu Joh 21 geboten. Ob so eine Christophanie am Meer vorbereitet wurde, ist leider nicht erkennbar.

[73] In der Pistis Sophia 136 (Schmidt 232) sind die wichtigsten Jünger: Thomas, Andreas, Jakobus, Simon und Philippus (vgl. SCHNEEMELCHER I, 296). Oft wird die Folge Thomas, Andreas genannt. Im Bartholomäus-Evangelium ist die Dreiergruppe Petrus, Andreas, Johannes beherrschend (2,2.14; vgl. dazu in der dt. Über-

späteren Akten des Andreas davon nur selten etwas erkennen lassen. Immerhin finden sich zum Teil besonders intensive Beziehungen zum JohEv.[74] Nach der »Epistula Apostolorum« 11[22] ist Thomas neben Petrus und Andreas derjenige, dem die Auferstehung Jesu besonders demonstriert wird. Darin spiegelt sich möglicherweise die Konstellation Andreas – Petrus – Thomas aus Joh 20. Im Einfluß der johanneischen Tradition gibt es oft eine Vorordnung des Thomas, auf den dann aber bald Andreas zu folgen pflegt.[75]
Daß Andreas an Ansehen verlor, hängt sicher auch damit zusammen, daß unter seinem Namen manichäische und gnostische Akten kursierten.

8. Eusebius berichtet, daß *Papias* sich zuallererst nach den Herrenworten erkundigt, die Andreas bewahrt habe: »Kam einer, der den Älteren gefolgt war, dann erkundigte ich mich nach den Lehren der Älteren und fragte: Was sagte Andreas, was Petrus, was Philippus, was Thomas oder Jakobus, was Johannes oder Matthäus oder irgendein anderer von den Jüngern des Herrn … Denn ich war der Ansicht, daß aus Büchern geschöpfte Berichte für mich nicht denselben Wert haben können wie das lebendige und beständige mündliche Zeugnis.«[76]
Interessant ist, daß neben Andreas vor allem auch Philippus und Tho-

setzung von SCHNEEMELCHER I, 429.430). Die Vorordnung des Andreas vor Johannes entspricht dem Kanon Muratori.

[74] Nach SCHNEEMELCHER II, 65 (Ps.-Titus-Brief) kam »Andreas zu einer Hochzeit, um die Herrlichkeit Gottes zu zeigen« – vgl. dazu Joh 2,11. – »Geheimnis der Gnade, Licht des Wortes« (Andreasakten 18 nach SCHNEEMELCHER II, 122); »Geheimnis der Gnade, Glanz der Ruhe, Licht des Logos«, »… das Ziel ist, bis zum Logos zu gelangen« (ibid., 134f); »Sie aber erkannten mich nicht. Sie dachten von mir, daß ich ein toter Mensch sei … Und ich gab ihm die Vollmacht, in das Erbe seiner Vaterschaft einzugehen« (Brief des Petrus an Philippus, ibid. I, 281); »du (Petrus) bist der Hirte aller«, »ewiges Leben erben« (Acta Petri et Andreae 4f, ed. M. Bonnet 119f); »glauben an den, der mich gesandt hat« (Martyrium Andreae I, ed. M. Bonnet 10 p. 52), »nicht erkannt von der Welt« (ibid., 5 p. 48).

[75] Vgl. TestDomini(äth) 188 (Guerrier): Johannes, Thomas, Petrus, Andreas. – J. E. QUIBELL: Excavations at Saqqara III, Kairo 1909: Thomas, Andreas, Petrus, Matthäus.

[76] Eusebius, h. e. 3,39,4; Hinweis bei Th. v. ZAHN: Forschungen zur Geschichte des neutest. Kanons VI, Leipzig 1900, 221.

mas erwähnt werden, Autoritäten, die eng mit dem JohEv verknüpft sind. Es wird sich in den folgenden Überlegungen immer wieder ergeben, daß die Jünger Andreas, Philippus und Thomas für das johanneische Christentum besonders wichtig waren, vor allem die beiden Erstgenannten.

9. Warum aber bleibt der Lieblingsjünger auch in dem wichtigen Kap. 21 des JohEv anonym? – Das JohEv ist ein *Insider*-Evangelium. So wie nur der Insider die Metaphern verstehen kann und aufgrund der Wunder Jesu zum Glauben kommt, so weiß auch nur der Insider um die Identität des Lieblingsjüngers. Aber wer das Evangelium genau liest, weiß, wer gemeint ist. Und er begreift auch, daß der Lieblingsjünger nur der erste unter vielen ist. Denn alle werden – eben durch das Evangelium nach Johannes – auf seinen Kenntnisstand gehoben.
Der Evangelist hat freilich sein *Insider*-Spiel bezüglich der Identität des Lieblingsjüngers ziemlich weit und recht erfolgreich betrieben. Daher konnte sie im Laufe der Kirchengeschichte ohne Schwierigkeiten unterschiedlich besetzt werden.

10. Dadurch, daß der Erstberufene und Intim-Zeuge Andreas Täuferschüler war, wird erklärbar, warum die Überlieferungen zu Johannes dem Täufer im JohEv einen besonderen Stellenwert haben. In seiner Person stellt Andreas einen besonderen Brückenkopf zur täuferischen Tradition dar.

Selbstverständlich muß man erwägen, ob nicht der andere der beiden zunächst namenlosen Jünger nach Joh 1,37–40 der »Lieblingsjünger« sein könnte, also nicht Andreas, sondern sein namenlos bleibender »Kollege«. Dagegen spricht, wie oben ausgeführt, daß Andreas im JohEv bis zu Kapitel 12 inklusive genau die Funktion hat, die im Abschiedsteil der Lieblingsjünger wahrnimmt.
Daß der andere Jünger namenlos bleibt (wie auch der andere der beiden Emmausjünger in Lk 24), kann verschiedene Ursachen haben. Einmal sind »zwei Jünger« eine theologisch feste Größe, sowohl nach dem Prinzip der zwei Zeugen als auch nach dem szenischen Schema, daß immer zwei »Boten« bzw. Repräsentanten vor dem jeweiligen Herrn einhergehen; das gilt für Epiphanien und Theophanien glei-

chermaßen und ist auch frühchristliche Missionspraxis. – Man kann auch erwägen, ob nicht der Name des anderen in diesem Falle die überragende Autorität des Andreas gefährdet hätte.

§ 14
Der engere Jüngerkreis

Entsprechung zum Messiasgeheimnis

Es besteht eine Analogie zwischen den bevorrechtigten Trägern des *Messiasgeheimnisses* im MkEv (Petrus, Johannes, Jakobus) und der *Rolle des Lieblingsjüngers* im JohEv. Dabei wird im JohEv eben der Jünger besonders herausgestellt, der in den synoptischen Evangelien am seltensten von den vier zuerst Berufenen genannt wird. Daran wird Grundsätzliches im Verhältnis zwischen synoptischer und johanneischer Tradition erkennbar, das sich auf anderen Ebenen bestätigt.

Die drei synoptischen Jünger sind wie der Lieblingsjünger engste Vertraute Jesu. Sie sind dabei, wenn es um Jesu Geheimnis geht (er kann Tote erwecken, wird als Sohn Gottes verklärt), und so nimmt der Lieblingsjünger Jesu Identität (Messias, Herr) und Auferstehung (Joh 20) sowie die rätselhafte Bedeutung seiner Worte (Joh 13,21–26) wahr. Es geht jeweils um exklusive christologische Erkenntnisse, die die namentlich eingegrenzten Träger, die oft einen besonderen Funktionsnamen tragen, allen anderen Jüngern zeitlich voraus haben. Die synoptische Dreiergruppe wie der Lieblingsjünger sind darin Traditionsgaranten für die spätere Gemeinde, denn sie sind Augenzeugen »erster Klasse«. Sie haben in dieser Funktion eine einmalige Bedeutung für das jeweils schriftlich verfaßte Evangelium. Denn nach dem MkEv wird eben de facto erst durch das Evangelium das publiziert, was die Jünger vorher nur exklusiv wahrgenommen haben und was sie nach Mk 9,9 bis nach Ostern verschweigen mußten. Das Evangelium nach Markus ist die Enthüllung aller dieser Geheimnisse. Ganz ähnlich verhält es sich mit dem JohEv: Nach Joh 21,24 ist der Lieblingsjünger der Verfasser des Evangeliums, der all dieses bezeugt.

Man kann daher sagen: Im JohEv gibt es einen Lieblingsjünger (Andreas), nach dem MkEv de facto drei. Sie sind die bevorzugten Zeugen gegenüber den Zwölfen als Gremium – gerade so, wie es der Lieblingsjünger im JohEv ist. Von besonderer Brisanz ist nun, daß diese Konstellation nicht nur nebeneinander besteht, sondern überlieferungsgeschichtlich verzahnt ist. Denn Andreas gehört den drei synoptischen Lieblingsjüngern auch »am Rande« als vierter an.

Das Problem wird dadurch differenzierter, daß nach dem JohEv Simon Petrus auch nicht gerade unwichtig ist – aber er ist eben nicht der Lieblingsjünger. Das Hauptproblem gegenüber der synoptischen Variante des Themas Lieblingsjünger sind im JohEv die beiden Zebedaiden. Sie gehören in den Synoptikern zum festen Bestand (vgl. auch Mk 10,35–45). Im JohEv finden wir sie nur in Joh 21,2, wenn auch ohne Eigennamen, als »Söhne des Zebedäus«.

Angesichts dieser Quellenlage halte ich folgende Entwicklung für hypothetisch denkbar: Die Konstellation Lieblingsjünger und Petrus nach dem JohEv könnte die ursprünglichste sein. Die Zebedaiden sind als Autoritätsträger bekannt, aber nur am Rande. – Demgegenüber entwirft nun der Evangelist Markus ein ganz anderes Bild: Petrus und die beiden Zebedaiden sind diejenigen, die de facto die Rolle des Lieblingsjüngers nun zu dritt wahrnehmen. Andreas, der vordem ausgezeichnete, wird nun ganz unwichtig. Unter dieser Sichtweise wäre der Befund im JohEv der ältere, auf den das MkEv kritisch mit einer Rehabilitierung oder Emanzipation (oder wie immer man es nennen mag) des Petrus und der Zebedaiden schon zu Lebzeiten Jesu reagierte. Wir beobachteten bereits: Petrus spielt im Corpus des JohEv keine überragende Rolle, mit den Zebedaiden (die freilich auch in Joh 21 farblos bleiben) avanciert er erst in Joh 21. Der Verfasser des MkEv kehrt diesen Befund einfach rigoros um.

Ich formuliere diese Sicht der Dinge als bloße Hypothese. Die Konsequenz wäre: Das JohEv wäre das älteste Evangelium, das MkEv reagierte bereits darauf.

Man darf fragen, ob nicht auch das Umgekehrte vorstellbar wäre: Daß Andreas, eine vorher wenig wichtige Figur, vom vierten Evangelisten »entdeckt« und hochstilisiert worden wäre. Man könnte für das Verfahren auf spätere Evangelien verweisen, die gleichfalls wenig profilierte Figuren wie Thomas und Bartholomäus herausgreifen und als Träger besonderer Überlieferungen, die anderen eben unbekannt waren, herausstellen. Immerhin wäre auch bei dieser Lösung sichergestellt, daß der Lieblingsjünger Andreas hieß. – Im übrigen aber spricht folgendes gegen diese Lösung:

– Die Bevorzugung des Lieblingsjüngers (Andreas) richtet sich nicht gegen Simon Petrus. Die ältere Hypothese von einer Konkurrenz zwischen beiden Jüngern nach dem JohEv halte ich für unbeweisbar (und für ein Versatzstück aus der Anti-Petrus-Exegese konfessioneller Herkunft).

– Im Unterschied zu den erwähnten späteren Evangelien (Thomas, Bartholomäus) ist der Lieblingsjünger nach dem JohEv keineswegs der alleinige oder auch nur der maßgebliche Offenbarungsempfänger. Der Vergleich mit den späteren Evangelien hinkt daher sehr.

– Das eigentliche Problem bei der hypothetisch angenommenen Entwicklung zwischen dem JohEv und dem MkEv sind die Zebedaiden. Es fällt auf, daß ihre Rolle auch bei Lukas nicht besonders wichtig ist (Lk 5,10 im Unterschied zu Mk 1,16–20; fehlende Rezeption von Mk 10,35–45 bei Lukas, statt dessen Lk 9,54–56).

Fazit: Es könnte einiges für die Hypothese sprechen, daß die Entwicklung in der Geltung der Autoritäten im Bereich der vier Evangelien vom JohEv in Richtung MkEv verlief und nicht umgekehrt.

Religionsgeschichtliche Aspekte des Themas Lieblingsjünger

Jede gezielte Suche nach religionsgeschichtlichem Vergleichsmaterial führt zwangsläufig zu einer bestimmten Deutung der Gestalt des Lieblingsjüngers im JohEv oder beeinflußt sie jedenfalls erheblich. Alles überhaupt benennbare Material weist in eine bestimmte Richtung, nämlich dahin, daß es sich um bestimmte Modelle *jüdischen Traditionsdenkens* handelt. Es geht um Empfangen und Weitergeben religiös zentraler Überlieferung durch entsprechende Mittlergestalten. Wer das in Betracht zieht, setzt damit den Prozeß der Evangelienbildung in eine Analogie, die aus systematischen Gründen lange suspekt zu sein schien. Sehr lange hat man gemeint, in den Evangelien liege prinzipiell anderes als in jüdischer Traditionsbildung vor. Das hier zu nennende Material zeigt jedoch Revisionsbedarf für diese These an.

»Im Schoß« jemandes zu liegen, das bedeutet auch nach anderen frühchristlichen Schriften: Lehre und Gebote empfangen haben; vgl. 2 Clem 4,5: »Wer mit Jesus in seinem Schoß versammelt ist, aber doch nicht seine Gebote hält, wird hinausgeworfen.« – Insbesondere im Jubiläenbuch (2. Jh. v. Chr.) ist das Ruhen im Schoß ein realsymbolisches Bild für Empfang und Weitergabe der religiösen Tradition Israels. Regelmäßig liegen die Enkel im Schoß des Großvaters, ja sie teilen mit ihm nächtens das Bett, und durch diese physische

Nähe wird die Übergabe und integre Weitergabe der Tradition begründet. Das gilt regelmäßig für die Situation des Abschieds bzw. Lebensendes.[77]
In denselben Zusammenhängen ist auch von der besonderen Liebe des Vaters zu seinem Sohn die Rede. So heißt es nach Jub 10,4 von Noah, er habe seine Schriften (das heißt die Summe der religiösen Tradition) an Sem gegeben, »denn er liebte ihn am meisten von allen seinen Söhnen«. Familiäre Zeichen von Liebe und Zuwendung werden auch sonst zum Symbol der Weitergabe des Amtes. Daher umarmt (gr.: *aspazomai*) Mose nach Josephus Antiquitates 4,323–326 seine beiden Nachfolger Eleazar und Josua, vgl. ähnlich BartholEv 4,71 (Apostel küssen Bartholomäus nach Ende seiner Offenbarung); Adambuch(äth), ed. Dillmann, p. 79 (Adam küßt Seth und belehrt ihn über Satans Identität). – Nicht zufällig wird daher der Lieblingsjünger auch derjenige, der Jesu Sohnespflichten gegenüber seiner Mutter übernehmen muß (Testament Jesu in Joh 19,26f). Er ist eben in jeder Hinsicht der »Erbe« Jesu.
Im griechischen (jüdisch-hellenistischen) »Testament des Hiob« findet sich eine besondere Reflexion über die Person dessen, der jedenfalls die Hymnen der Töchter Hiobs aufschreibt, und zugleich über die Wahrheit seines Zeugnisses. Anders als im kanonischen Hiob-Buch gibt es hier nämlich einen Bruder Hiobs namens Nereus. Dieser »setzt sich nahe bei Hiob auf mein Bett« (51,3), er hört »Wunderbares« (die pneumatischen Lieder von Hiobs Töchtern) und schreibt es alles auf »in Anwesenheit des Herrn und meiner, des Nereus, des Bruders Hiobs, und des heiligen Geistes« (51,2). Ähnlich wie es auch sonst immer Tendenz des JohEv ist, werden hier drei Zeugen genannt. – Nereus leitet dann auch nach Kap. 53 die Bestattung Hiobs.
Wir halten fest: Im Frühjudentum ist das Ruhen im Schoß Realsymbol für das Verhältnis von Urheber und Empfänger relevanter Überlieferung. Die familiäre »Liebe« garantiert die Integrität der übermittelten Tradition. Statt von Großvater und Enkel kann auch vom Bruder die Rede sein. In jedem Falle wird die familiäre Weitergabe stark betont.
Im hellenistischen Bereich gibt es in Philosophenschulen – die man immer wieder als soziologische Analogie zum JohEv nennt – den »Liebling(sschüler)« des Meisters, der ihm dann als Schulhaupt folgt, so der *eromenos Polemonos* (geliebte P.), der Schüler und Liebling des Krates war.[78]

[77] Vgl. dazu besonders E. RAU: Kosmologie, Eschatologie und die Lehrautorität Henochs, Diss. Hamburg 1974.

[78] Diogenes Laertius, vit philos 4,19.21f.29.32. Hinweis bei M. THEOBALD: Der Jünger, den Jesus liebte. Beobachtungen zum narrativen Konzept der johanneischen Redaktion, in: FS M. HENGEL III, 219–255.

Die Dreiergruppe aus Bethsaida

Wäre es nur Andreas, den das JohEv besonders herausstellt, könnte man fast annehmen, der Verfasser habe die Synoptiker doch gekannt und sei nach dem Prinzip der Lücke vorgegangen, wie wir das öfter bei nach-kanonischer Literatur beobachten: Da, wo in den älteren (kanonischen) Evangelien eine Lücke klaffte, zum Beispiel zwischen Kindheit und Taufe Jesu oder beim näheren Inhalt der Belehrungen auf dem Ölberg nach Act 1,3, füllte man sie durch apokryphe Überlieferungen. Andreas, der – trotz seiner Zugehörigkeit zu den vier Erstberufenen – von den Synoptikern oft rätselhaft Vernachlässigte, wäre nunmehr dank späterer Nachhilfe auf seine Kosten gekommen. Das JohEv wäre, wie oben bereis erwogen, in dieser Hinsicht dann ein Vorläufer der apokryphen Evangelien. Doch der Evangelist verfährt hier durchaus nicht schematisch, und er stellt eben nicht nur Andreas, sondern zunächst eine Dreiergruppe aus Bethsaida heraus: Andreas, Petrus und Philippus.

Während Philippus[79] in den synoptischen Evangelien nicht besonders hervortritt, wird er im JohEv außerordentlich oft genannt, und zwar fast immer im Zusammenhang mit Andreas (Kap. 1; 6; 12), nur einmal zusammen mit Thomas (Kap. 14). Was wir für die Zweier-Verbindung Petrus und Lieblingsjünger bzw. Andreas beobachtet hatten, daß sich nämlich diese beiden Zeugen je gegenseitig stützen, das gilt analog auch für Andreas und Philippus bzw. Thomas und Philippus. – Nach dem Prinzip der zwei bzw. drei Zeugen sind auch hier immer zumindest zwei Jünger genannt, so daß je zwei Zeugen mit ihrem Namen für die jeweilige Botschaft einstehen. Auch in der synoptischen Tradition kommt in den Zwölferlisten Andreas direkt vor Philippus zu stehen (Mk 3,18; Act 1,13).

Der Zusammenhang, in dem Philippus vorkommt, ist stets besonders wichtig: In Joh 1 wird er durch die Nennung neben Andreas und Petrus geadelt, in Joh 6 leitet er mit Andreas die große Offenbarungstat

[79] Es muß offen bleiben, ob Philippus hier der Jünger aus der Zwölfergruppe ist, den auch die Synoptiker kennen (Mk 3,18; Mt 10,3; Lk 6,14), oder vielleicht der Hellenist Philippus der Act. Auffällig ist schon die weitgehende Abstinenz des JohEv von den Zwölf und der Verzicht darauf, überhaupt eine Zwölferliste zu präsentieren. Aber die Frage muß hier nicht gelöst werden.

und -rede über Jesus als das wahre Brot ein, in Joh 12 geht es um die Frage der Heiden, in Joh 14 um das Verhältnis zwischen Jesus und dem Vater.

Und während Andreas, der Lieblingsjünger, und Petrus zur Zeit der Abfassung des Evangeliums schon tot sind, gilt dieses von Philippus offenbar nicht. Da er aber andererseits als Jünger der ersten Stunde gilt, gehört er zweifellos zu jener Gruppe, die im Wir-Stil unter anderem in Joh 21,24 bestätigen, daß es mit dem Zeugnis des Lieblingsjüngers seine Richtigkeit hat. Das heißt: Philippus ist eine maßgebliche Größe im aktuellen Trägerkreis des JohEv zur Zeit seiner Abfassung. Fast alle Texte, in denen Philippus überhaupt genannt wird, zeigen ihn in respektvollem Abstand zu Andreas, der ihm deutlich übergeordnet und fast so etwas wie ein Lehrmeister ist. Besonders deutlich wird diese Rolle des Philippus gegenüber Andreas in Joh 12. – So kann die Identität des Lieblingsjüngers mit Andreas auch die Rolle des Philippus gut erklären, ja überhaupt erst verständlich machen:

Der Lieblingsjünger ist der Initiator der schriftlichen Überlieferung des JohEv. Philippus ist der unmittelbar nach ihm Berufene und ihm durch gemeinsame Herkunft aus Bethsaida verbunden. Da Philippus in drei von vier wichtigen Texten deutlich dem Andreas nachgeordnet ist, liegt der Schluß nahe, daß er in historischer Hinsicht für die Empfänger des JohEv der nächstwichtige Garant der Überlieferung ist. Das heißt: Philippus gewinnt seine historische Bedeutung für die Adressaten des JohEv durch seine unmittelbare Nähe zum Lieblingsjünger.

Auch spätere Texte bestätigen die Bedeutung des Philippus für durch das JohEv geprägte Tradition, sie dokumentieren aber auch seine Nähe zu Andreas und Petrus.[80] Auch die Verbindung Petrus – Philippus hat man ganz im Sinne des JohEv betont.[81]

Die sog. Epistula Apostolorum und die sog. Pistis Sophia sind offenbar – jede Schrift auf ihre Art – besonders getreue Repräsentanten des jo-

[80] Zur Beziehung Johannes, Andreas, Philippus: A. EHRHARDT: The Gospels and the Muratorian Fragment, in: DERS:, The Framework of the N. T. Stories, Manchester 1964, 21–25. Dazu auch: Th. v. ZAHN, Forschungen zur Geschichte des neutest. Kanons VI, 1900, 220f.

[81] S. dazu den »Brief des Petrus an Philippus« unter den Texten aus Nag Hammadi (NHC VIII 2).

hanneischen Christentums im 2. Jahrhundert. Denn hier spielen just die Namen noch immer eine große Rolle, die auch für das JohEv als damals noch aktuelle Repräsentanten wichtig sind. So nennt die Epistula Apostolorum in dieser Reihenfolge die wichtigsten Zeugen: Johannes, Thomas, Petrus, Andreas, Jakobus, Philippus[82], und in der Pistis Sophia werden genannt: Philippus, Thomas, Matthias. Sie sollen »alle Reden schreiben, die ich (sc. Jesus) sagen und tun werde und alle Dinge, die ihr sehen werdet«.[83] Von Philippus heißt es direkt zuvor: »Und als Jesus diese Worte zu sagen beendet hatte, stürzte Philippus vor, stellte sich hin und legte das Buch, welches in seiner Hand, nieder, – denn er ist der Schreiber aller Reden, die Jesus sprach und alles dessen, was er tat, – es trat nun Philippus vor und sprach: Mein Herr, bin ich es denn allein, dem du aufgetragen hast, für die Welt Sorge zu tragen und alle Reden, die wir sagen und tun werden, niederzuschreiben?« (Kap. 42, ed. Schmidt 44).
Die Evangelien des Philippus und Thomas erfreuten sich in späteren gnostischen Kreisen besonderer Beliebtheit. Und zwischen beiden Texten und dem JohEv gibt es wichtige Querverbindungen.

Thomas

Komplexer scheint die Rolle des Thomas zu sein. Er wird oft im Zusammenhang mit Andreas genannt und gehört damit zu den herausragenden Repräsentanten des johanneischen Traditionskreises.[84] Besonders die Epistula Apostolorum hat lebendige Erinnerung an die bestimmenden Größen dieser Tradition bewahrt.[85] Hier wird auch die Erinnerung an Nathanael lebendig gehalten. – Man hat neuerdings erwogen, ob Thomas nicht der »Lieblingsjünger« sein könnte. Zutreffend ist, daß Thomas für die Adressaten des JohEv eine wichtige

[82] EpAp c. 2[13] Duensing 5.

[83] Pistis Sophia c. 42–43 Schmidt 44f.

[84] Vgl. dazu in der Epistula Apostolorum 2[13] die Liste »Johannes, Thomas, Petrus, Andreas«, oder »Petrus, Andreas, Thomas, Johannes«, in der Pistis Sophia die Liste »Philippus, Thomas, Matthäus« (Kap. 42) und »Thomas, Andreas ...« (Kap. 136 Schmidt 232). – Wie schon erwähnt, erscheint in der Epistula Apostolorum Thomas neben Petrus und Andreas als einer, dem die leibhaftige Auferstehung Jesu demonstriert werden muß (Kap. 11[22]).

[85] Vgl. die vorangehende Fußnote.

Autorität ist. Doch »seine Geschichte« nach Joh 20,24–29 unterscheidet sich im Duktus erheblich von dem, was wir sonst über den Lieblingsjünger wissen. Der Lieblingsjünger hat intime Kenntnis Jesu, er muß sie nicht erzwingen. Er ist Zeuge des leeren Grabes, und das reicht zum Glauben (Joh 20,8). Die sonst für den Lieblingsjünger typische Verbindung mit Petrus fehlt in Joh 20,24–29. Positiv gesagt: An der Gestalt des Thomas ist die Augenzeugenschaft für die Gemeinde wichtig, an der des Lieblingsjüngers daneben besonders auch die Ohrenzeugenschaft.

Nathanael

Nathanael hat im Unterschied zu den erstberufenen Jüngern zu Jesus ein Verhältnis abgestufter Nähe. Berufen wird er von Philippus, hat aber Kontakte zu Jesus, in Joh 21,2 wird er miterwähnt. Seine Kennzeichnung in Joh 1,47f und sein Bekenntnis in 1,49 (»König Israels«) lassen ihn deutlich als Vertreter einer sehr streng judenchristlichen Gruppe erscheinen, die das JohEv auf jeden Fall zu integrieren trachtet. Diese Integration war offenbar nicht leicht. Die Zeugnisse judenchristlicher Messiaserwartung aus Joh 7; 8 und 12 sind offensichtlich auf diese Gruppe bezogen. Schon in Joh 1 wird das Bekenntnis dieser Gruppe kritisiert und – wenn nicht im Sinne, so doch in Richtung der johanneischen Menschensohnchristologie – überboten. Das geschieht mit Hilfe von Joh 1,51. Das Wort stammt offenbar aus dem Fundus dieser Überlieferung selbst und wird hier angeführt, um dieser Gruppe mit ihren eigenen Traditionen den Weg in das johanneische Christentum zu bahnen.

Auswertung für das JohEv

Für den Trägerkreis des JohEv ist Philippus ein noch lebender Garant der Überlieferungen über Jesus. Er kann deren Richtigkeit aus Augenzeugenschaft bestätigen und ist mit Petrus und dem Lieblingsjünger durch Herkunft aus derselben Stadt verbunden.

Nathanael ist eine judenchristliche Autoritätsfigur besonderer Prägung. Er ist Philippus nachgeordnet, und das JohEv versucht, ihn und seine Gruppe zu integrieren. – Zur Sprechergruppe der »Wir« in Joh 21,24 gehören wohl jedenfalls Philippus und Nathanael.

Das Verhältnis zur synoptischen Tradition als Spiegel von Historie

Die Grundvoraussetzung für die folgende Argumentation ist: Namen von Jüngern im Rahmen der Tradition der Evangelien haben immer etwas mit Zeugen (im weitesten Sinne des Wortes) bzw. Autoritäten auch der nachösterlichen Christen zu tun. So ist es meines Erachtens nicht zufällig, daß im ThomasEv die entscheidende christologische Erkenntnis aus dem Munde des Thomas (und gerade nicht des Petrus) kommt[86], im MkEv dagegen aus dem Munde des Petrus.

Spezialität des JohEv ist nun, daß Jesus über einzelne Jünger besondere Worte formuliert, so über Judas (wiederholt), Nathanael (Joh 1,48.50), Petrus (1,42; 21,15ff), Thomas (Joh 20,29) und den Lieblingsjünger (Joh 21,22). Bei den Synoptikern ist das sehr viel seltener der Fall. Im ThomasEv gilt es für Thomas, den Herrenbruder Jakobus und Salome.

In diesem allgemeineren Rahmen gilt für alle vier Evangelien, daß nicht der Zwölferkreis das im ganzen dominante Gremium ist, sondern eine Gruppe von Jüngern, die zahlenmäßig kleiner ist, zu der aber immer Petrus gehört. Die Synoptiker bevorzugen dann, wie schon bemerkt, Petrus und die beiden Zebedaiden, während Andreas exklusiver Offenbarung nur in Mk 13 gewürdigt wird. Typisch ist diese Bevorzugung auch in Lk 5,1–11.

Im JohEv sind nun die Zebedaiden ganz an den Rand gerückt, gemeinsam mit Petrus treten sie als Dreiergruppe nirgends in Erscheinung. Statt dessen steht die Beziehung Petrus – Andreas im Mittelpunkt, und gewissermaßen beider Erbe ist Philippus.

Spinnt man diesen Gedanken weiter, dann läßt sich sagen: Philippus kann dem Verfasser des JohEv nicht fernstehen, vielleicht ist er mit ihm identisch. Dann schlösse sich der Kreis: Philippus könnte der Alexandriner sein, der sich in Sprache und Motiven des Evangeliums äußert. Wir sahen: Andreas und Philippus spielten in der Tradition Kleinasiens eine große Rolle[87], wo das JohEv früh Geltung hatte.

[86] ThomasEv 13: »(Petrus:) Du gleichst einem gerechten Engel – (Thomas:) Meister, mein Mund wird es gar nicht ertragen, zu sagen, wer du bist.«

[87] Philippus: Hierapolis; Andreas: Pontus und Bithynien; vgl. Th. ZAHN, Apostel, 158–175 und 220ff.

Wichtig ist nun, daß beide Traditionsbereiche, der synoptische und der johanneische, auch was die Namen der Autoritäten betrifft, voneinander in gewisser Ehrerbietung Notiz nehmen. Andreas wird von den Synoptikern eben durchaus gekannt und unter den Erstberufenen genannt, wenn auch – sieht man von Mk 13 ab – ohne besondere Konsequenzen. Das Gleiche gilt umgekehrt für die Zebedaiden in der johanneischen Tradition. Sie werden immerhin wenigstens genannt. Auch Thomas und Philippus werden ja in den Synoptikern genannt, wenn auch nicht mehr; nur Nathanael fehlt. Einig sind sich beide Traditionen in der unbezweifelten Vorrangstellung des Petrus, die im JohEv durch den Lieblingsjünger verstärkt wird. Diese Beobachtung gilt auch für die Frauen: Maria Magdalena ist gemeinsame Zeugin, Martha wird wenigstens bei Lukas genannt.

Dieser Befund in der Nennung von Autoritäten entspricht nun auffällig dem traditionsgeschichtlichen Befund. Denn in derselben Weise, in der die Autoritäten gegenseitig geachtet werden, sind auch Traditionsstoffe so verarbeitet, daß zumindest keine völligen gegenseitigen Fehlanzeigen entstehen.

Das ist ein kirchen- und theologiegeschichtlich sehr bemerkenswertes Phänomen. Denn hier geht es, auch wenn der Ausdruck anachronistisch sein mag, um ein besonderes ökumenisches Modell: Die Traditionen und Autoritäten des jeweils anderen kommen im eigenen Bereich vor, wenn auch zum Teil nur am Rande oder als »besprochene« und vielleicht in Überbietung aufgehobene. Aber es herrscht nicht Abschottung.

In welcher Hinsicht ist das Johannes-Evangelium hier besonders »alt«?

Das JohEv hat aus der Geschichte der Jünger Jesu jedenfalls eigenständige Überlieferungen bewahrt, die in Gestalt des Augenzeugen Philippus auch zur Zeit seiner Entstehung dem Trägerkreis glaubwürdig vermittelt werden. Die besondere Beziehung Jesu zum Lieblingsjünger wird durch die synoptischen Evangelien zumindest nicht widerlegt. Daß nicht Petrus (wie in Mk 1,16), sondern Andreas der Erstberufene und »Geliebte« ist, stützt zwar die Autorität des Petrus, hält aber doch intensiv am alten Prinzip der Paarigkeit von Jüngern fest. Jeder Versuch, allein auf Petrus zu setzen, wäre von hier aus – mit guten, für Petrus hilfreichen Konsequenzen – unmöglich. Insofern kann ich mir Joh 21 nicht als nach Mt 16,18f entstanden vorstellen. Denn, um es noch schärfer zu sagen, für das JohEv sind Erwählung und intime Nähe zum Herrn und Leitungsfunktion für die Gemeinde zwei verschiedene Dinge. Inwiefern sollte dieser Text eine Reaktion auf Mt 16,18f sein können? Nein, das JohEv weiß um die Dinge in differenzierterer Weise.

Lokaltraditionen über Bethsaida

Über Bethsaida, zwei Kilometer nördlich der Mündung des Jordan in den See Genezareth gelegen, gibt es im Neuen Testament und in den zwei außerkanonischen Belegen drei unterschiedliche Traditionen:
a) Im Umkreis von Bethsaida und in dieser Ortschaft werden eine Reihe von Wundertaten gewirkt: Jesus wandelt auf dem Weg dorthin auf dem Meer, nachdem er sich hier auf einen Berg zum Beten zurückgezogen hatte (nur Mk 6,45), er heilt hier einen Blinden (nur Mk 8,22–26). Nach Lk 9,10 (nur Lk) zieht er sich wiederum nach Bethsaida zurück und wirkt hier in der Nähe die Speisung. Nach einem Zeugnis aus dem NazarenerEv wirkt Jesus hier 53 Wunder.[88] Diese Zahl ist im Blick auf die rätselhaften 153 Fische in Joh 21,11 bemerkenswert.
Eingedrungen ist die Wundertradition auch in die handschriftliche Überlieferung zu Joh 5,2: Nach der sehr alten Bezeugung in P 66.75 hat Jesus die Heilung nicht in Bethesda, sondern in Bethsaida gewirkt.
b) Während nach den genannten Berichten die Reaktionen auf Jesu Wunder durchaus im üblichen Maße erfolgen, wirft Jesus nach dem in Q überlieferten Wort Mt 11,20f; Lk 10,13 den Städten Bethsaida, Chorazim und Kapernaum Unglauben trotz der Menge der Wunderzeichen vor.
Diese Tradition wird in der lateinisch erhaltenen Apokalypse 5 Esra

[88] Vgl. dazu SCHNEEMELCHER I, 136 mit Berufung auf B. BISCHOFF und eine von ihm edierte Handschrift (in: Sacris Erudiri 6 [1954], 189–281. 262). Es läßt sich auch sonst beobachten, daß die Zahl 100 die absolute Fülle bezeichnet (Philo von Alexandrien, *passim*, mit Bezug auch auf pythagoreische Zahlenspekulationen). Sind also 153 Fische = 53+100?

1,11 aufgegriffen. Der Richter sagt: »Habe ich nicht um euretwillen die Stadt Bethsaida zerstört und im Osten zwei Städte, Tyrus und Sidon, verbrannt?« Das Wort nimmt offenbar Bezug auf eine historische Zerstörung dieser drei Ortschaften und wertet sie im Sinne von Mt 11,20fpar als Zeichen des Gerichts. Auch in dem Q-Wort werden ja Tyrus und Sidon genannt.

c) Nach Joh 1,44; 12,21 stammen Petrus, Andreas und Philippus aus Bethsaida, von Philippus wird das in 12,21 wiederholt. Immerhin hätte der Täufer, dessen Schüler Andreas zunächst war, oder auch Jesus unweit dieser Ortschaft im Jordan taufen können.[89] – Von Wundern Jesu oder gar einer Ablehnung dieser Wunder ist freilich in dieser Tradition bei Johannes nicht die Rede. Wunder waren aber das klassische Symptom, welches erlaubte, Jesus vom Täufer zu unterscheiden. Waren, so darf man fragen, die mit diesen Ortschaften verbundenen Wundertaten Zeichen für den anderen Weg, den Jesus beschritt? Zeigt nicht die Härte der Gerichtspredigt nach Q, daß er im Resultat dann doch zu ähnlichen Mitteln wie der Täufer greifen mußte?

Das JohEv bestätigt mit diesen Angaben unabhängig von den Synoptikern eine Verbindung der Jesusbewegung mit dieser Ortschaft. Vorstellbar ist, daß Jesus hier gewirkt und zwar auf seine Wunder nicht das Echo der breiten Masse erfahren hat, wohl aber drei wichtige Jünger gewinnen konnte. Zwar besagt die Herkunft der Jünger aus Bethsaida noch nicht, daß Jesus sie dort gewonnen hat, aber schließlich spielt die Berufungstradition Mk 1,16–20 am See Genezareth. Geht es um eine Anfangsphase in Jesu Wirken?

Gewiß schließen sich das Gewinnen von Jüngern und die Ablehnung durch die breite Masse nicht gegenseitig aus – aber die Verteilung dieser Nachrichten auf Q einerseits und das JohEv andererseits sowie das Fehlen jeder auf Bethsaida bezogenen Wunderüberlieferung im JohEv gibt doch zu denken. Diese Unterschiede bestätigen, was sich auch sonst beobachten läßt: Das JohEv und die Synoptiker stützen sich auf Traditionen, die ihre jeweilige Gestalt sehr unterschiedlicher Perspektive und sehr unterschiedlichen Filtern verdanken.

Fazit: Die Lokaltraditionen über Bethsaida signalisieren den Übergang

[89] Zur Annahme unterschiedlicher Taufstellen für Johannes den Täufer vgl. jetzt: J. ZANGENBERG: Frühes Christentum in Samarien, Diss. Heidelberg 1995.

von der Täuferbewegung zur Jesusbewegung, sei es durch Übernahme von Jüngern, sei es durch die neue Verknüpfung der Gerichtsbotschaft mit dem Hinweis auf charismatische Wundertaten.

§ 15
Simon Petrus

Das JohEv hat eine Reihe altertümlicher Züge über Petrus bewahrt, die jedenfalls nicht durch Rückbildung der Aussagen anderer Evangelien zu erklären sind.

Verhältnis zum Lieblingsjünger

Petrus ist nicht der Erstberufene, er muß den Hinweis auf den Messias erst von seinem Bruder Andreas empfangen, womit – so unsere These – dessen Rolle als Lieblingsjünger vorgezeichnet wird. Dabei gehen wir nicht von einer Konkurrenz zwischen Petrus und dem Lieblingsjünger aus, sondern von einer Absicherung der Rolle des Petrus durch den Lieblingsjünger als Zeugen – nach dem Prinzip der zwei Zeugen.
Ältere Tradition im JohEv: Petrus ist nicht der Erstberufene.

Berufung und neuer Name

Bei der Berufung erhält Petrus seinen Namen Kephas/Petrus, der aber im Unterschied zu Mt 16,16–18 nicht erklärt wird, insbesondere nicht in Richtung einer ekklesiologischen Funktion. Das Bild, das später im JohEv die ekklesiologische Rolle des Petrus beschreiben wird, ist auch nicht Fels bzw. Grundstein, sondern Hirt und Herde (Kap. 21). Das JohEv entwickelt mithin zum Beinamen des Petrus kein »Verhältnis«. Es steht hier der alttestamentlichen Metaphorik wesentlich näher als der »modernistischen« Bau-Metaphorik, die aus Qumrantexten, Paulus, Eph und ApkJoh belegt ist.
Ältere Tradition im JohEv: Der Beiname des Petrus wird noch nicht ekklesiologisch gedeutet.

Altes Bekenntnis in Johannes 6

Auffällig ist, daß Petrus im öffentlichen Auftreten Jesu nur an einer Stelle eine aktive Rolle spielt: bei der Formulierung des Bekenntnisses in 6,69. Im übrigen wird Petrus erst in den Kapiteln 13; 18; 20 und 21 wichtig, also im Abschlußteil des Evangeliums.

Das Bekenntnis wird feierlich eingeleitet: *Wir glauben und wissen: Du bist der Heilige Gottes.* Der Ausdruck »der Heilige Gottes« findet sich im JohEv nur hier. Seine Vorgeschichte weist in den Bereich des vom Geist Gottes erfüllten Charismatikers und Wundertäters, und es besteht offensichtlich ein Zusammenhang mit dem Titel *Nazoraios.*[90] Die Beziehung zum heiligen Geist[91] ist wichtig, denn sie verbindet mit dem Kontext in Joh 6: Jesu Worte sind Geist, der Leben spendet (Joh 6,63). Jesus als Geistträger ist der Heilige Gottes.

Ältere Tradition im JohEv: Der Titel Nazoraios wird schon von den anderen Evangelisten nicht mehr verstanden. Nur im JohEv finden wir den Titel in der Kreuzesinschrift. Das Petrus-Bekenntnis in Joh 6 weist darauf: Der Evangelist hat diese Zusammenhänge noch verstanden. Das Petrus-Bekenntnis kann aus diesem Grund als altertümlich bezeichnet werden. Für den Evangelisten selbst ist es nicht die aktuellste Form des Bekenntnisses zu Jesus, denn in Joh 11 überbietet Martha mit ihrem Bekenntnis das des Petrus offensichtlich (s. oben § 7).

Petrus und Satan?

Der Titel »Heiliger Gottes« findet sich außer in Joh 6,69 sonst nur noch in Mk 1,24, und zwar im Munde eines »unreinen Geistes« (Dämonen). Auch hier ist der Zusammenhang dieses Titels mit der Geist-

[90] Vgl. dazu: K. BERGER: Jesus als Nasoräer/Nasiräer, in: NovTest 38 (1996), 323–335.

[91] Vgl. über Simson: Ri 13,4–7.25 (»Geist des Herrn«) nach LXX in V. 7 »Heiliger Gottes«; zitiert in Lk 1,15 (»Wein und Rauschgetränk wird er nicht trinken, er wird vom heiligen Geist erfüllt sein vom Schoße seiner Mutter an«). Bei Philo, Über Simson, wird Simson ausdrücklich als Geistträger beschrieben, und es wird diskutiert, welche Gaben des Geistes er hatte und welche ihm fehlten. – In Ps.-Clem, Virg 2,9 wird Simson als Nasiräer beschrieben: «Der Geist des Herrn war mit ihm.«

begabung Jesu offenbar. Nach Mk 1,10 ruht der Geist Gottes auf Jesus; nach dem MkEv ist Jesus deswegen Gottes Sohn. Dem heiligen Geist, den Jesus nach 1,10 empfangen hat, ist der unreine Geist nach Mk 1,23 strikt entgegengesetzt. Zugleich aber erkennt der unreine Geist sozusagen seinesgleichen, indem er mit dem Titel »Heiliger Gottes« Jesus als Träger von Gottes Geist anerkennt. Der unreine Geist kann als Geist Wesen seiner Art beurteilen und erkennen, auch wenn er nun »zittern« muß (Jak 2,19b), denn in Jesus als Träger von Gottes Geist hat er zugleich seinen Herrn erkannt. Die Konsequenzen werden dann in Mk 1,25 gezogen.
Der Zusammenhang von »Heiliger Gottes« und »unreiner Geist/-Dämon« ist offenbar auch Joh 6 nicht ganz ungeläufig. Denn scheinbar völlig unvermittelt sagt Jesus in Joh 6,70: ... *einer von euch ist ein Teufel.* Das heißt: Man kann sehr wohl das rechte Bekenntnis haben und trotzdem ein Teufel sein. Diese Einsicht ist im frühen Christentum verbreitet, aber auch umstritten. Der schon erwähnte Jakobusbrief teilt diese Meinung: Dämonen glauben, aber sie zittern. Denn ihr Glaube ist »in Ordnung«, aber wegen ihrer Wirksamkeit müssen sie immer wieder die Macht Gottes fürchten, die sie vertreibt. – Vor allem teilt diese Position Mk 8,29–33. Petrus hat das Bekenntnis formuliert, wird aber direkt danach als Satan getadelt, weil er das Leiden des Menschensohnes nicht akzeptieren will.
Wir haben daher folgende Übereinstimmungen:

Joh 6,69f	Petrus sagt das Bekenntnis	einer der Jünger ist der Teufel
Mk 8,29–33	Petrus sagt das Bekenntnis	Petrus ist der Teufel
Jak 2,19b	die Dämonen glauben das »Richtige«	sie wirken Unheil und müssen »zittern«.

Nicht geteilt wird die hier sichtbare Aufspaltung zwischen rechtem Glauben einerseits und teuflischem Verhalten andererseits zum Beispiel von Paulus. Nach 1 Kor 12,3 kann das rechte Glauben nur mit dem Erfülltsein durch den heiligen Geist gegeben sein. Ähnlich ist auch die Tendenz von 1 Joh. Bekenntnis und Liebe sind als Einheit gesehen.

Das aufgezeigte Schema zeugt von einer tiefen Unsicherheit und Verunsicherung. Sie betrifft übrigens auch Jesus selbst: Nach Mk 3,22 steht er im Verdacht des Bundes mit Beelzebub, nach Joh 8,48 soll er einen Dämon haben. – Vor allem aber ist Petrus nach dem JohEv nachhaltig dem Verdacht ausgesetzt, der Teufel zu »sein«, bzw. von ihm inspiriert zu sein.[92] Anders als bei Markus sagt Jesus nicht direkt zu Petrus, er sei der Teufel, die Wendung »einer von euch« schließt diesen aber mit ein. Das Wirken des Teufels, das Jesus in Joh 6,70 meint, steht auch später zur Diskussion. Nach Joh 13,21f geht es nämlich um die Frage, wer Jesus »übergeben« werde, und auch hier ist nicht klar, ob Jesus Simon Petrus meint. Erst die Anfrage und das Zeugnis des Lieblingsjüngers entlasten diesen: Jesus meint nicht ihn, sondern den, dessen Bissen er eintunkt. Dann fährt der Teufel in Judas (13,27).

Nach dem JohEv stellt sich daher das Bild des Jüngerabfalls anders dar als für Markus: Der Verdacht, vom Teufel inspiriert zu sein, gilt auch und besonders für Petrus. Denn Jesus als Heiligen Gottes zu bezeichnen wäre auch einem Dämon möglich. Abgesehen davon war das Verhalten des Petrus als so negativ bekannt, daß man fragen konnte: Hatte Jesus mit seinen Andeutungen über den »Übergeber« nicht ihn gemeint? Erst sozusagen in letzter Minute wird er von diesem Verdacht befreit. Der Evangelist widmet dieser Frage reichlich Raum, weil offenbar eine Bezeichnung des Petrus als Teufel durch Jesus selbst der ganzen »Kirche« Schaden zugefügt hätte. Anders gesagt: Im JohEv gabelt sich der Verdacht erst spät, die Spannung bleibt zwischen 6,70 und 13,10f bis hin zu 13,27f bestehen. Am Schluß wird deutlich: Petrus ist nicht der Teufel bzw. nicht von ihm inspiriert.

Ältere Tradition im JohEv: Parallel zu Markus, aber sichtlich unabhängig von ihm wird das Thema Petrus – Teufel (Satan) im JohEv durchgespielt und damit die Frage nach dem Verhältnis von rechtem Glauben und rechtem Handeln (bzw. rechter Einstellung zum Leiden). Daß im JohEv dieses Thema mit dem Thema Geist verknüpft ist (Joh 6,63 zu 6,69), zeigt, daß dem Evangelisten der Zusammenhang von Dämonologie und Pneumatologie hier noch geläufig ist. Im MkEv fehlt dieser Aspekt an dieser Stelle (Mk 8,29–33). Umgekehrt wird im JohEv eine Ablehnung des Leidens Jesu durch Petrus nicht erkennbar.

[92] Zur Funktion dieser Gegen-Inspiration s. u. unter § 16, S. 134.

Petrus bei der Fußwaschung

Joh 13,1–17 ist Zeuge einer auch in Mk 10,35–45 und in Lk 22,23–30 erkennbaren Tradition über ein (oder: das) letzte(s) Mahl Jesu. Dazu gehören die folgenden Elemente:

Mk 10,35–45	*Lk 22,24–30*	*Joh 13,1–17*
–	letztes Mahl	letztes Mahl
Sklave *(dulos)* V. 44	–	Sklave *(dulos)*
Dienen *(diakonein)*	Dienen *(diakonein)*	Füßewaschen
Jesus Vorbild (V. 45)	Jesu Vorbild (V. 27)	Jesus Vorbild (V. 15)
groß sein *(megas)*	groß sein *(meizon)*	groß sein *(meizon)*
2+10 Jünger	12 Apostel (V. 14)	Apostel (V. 16)
Sitzen auf zwölf Thronen abgelehnt (V. 37–40)	Sitzen auf Thronen zugesagt (V. 30)	Verheißung: Selig, wenn ihr das tut (V. 17)
Leben als Lösegeld	–	–
Martyrium der Zebedaiden	–	–

Die gemeinsame Tradition mündlicher Art, die hinter diesen Texten greifbar wird, ist: »Jesu Handeln gegenüber seinen Jüngern ist Vorbild, es ist (wie) Dienen beim Mahl, hierbei spielen die Synonyma Dienen/Sklavesein eine Rolle, Jesu Handeln steht in Beziehung und in Kontrast zum Großsein unter den Jüngern. Dieses Motiv gehört zeitlich in die Endphase des Lebens Jesu. Für ein entsprechendes Handeln ist Lohn versprochen.«[93]

Haftpunkt der Tradition ist das letzte Mahl Jesu. Im MkEv wurde umgestellt, da Markus einen Bericht über das letzte Mahl Jesu mit Deuteworten zu Brot und Wein hatte. In der Lk-Rezeption nach Lk 22,30 sind die Zwölf offensichtlich als Vorbilder gedacht, und die Perspektive ist eschatologischer Lohn. Für das MkEv dagegen sind die Jünger zu tadeln, und es geht nicht um den eschatologischen Lohn, sondern um gegenwärtiges Großsein.

Das Füßewaschen, das Jesus nach Joh 13 an den Jüngern vollzieht, ist typischer und sichtbarer Ausdruck des »Dienens« *(diakonein).*

[93] Vgl. BERGER: Formgeschichte, 230f.

1. Das erste Mißverständnis des Petrus

In Joh 13 versteht Simon Petrus den notwendigen Zusammenhang zwischen Dienen und Heil nicht und muß darüber belehrt werden. Anders als bei Markus wird nicht das Verhalten der Jünger getadelt, in Joh 13 geht es nur um das Unverständnis gegenüber dem Tun Jesu. Es geht aber deutlich um dieselbe Sache, da in Mk 10 und in Lk 22 der Zwölferkreis Adressat ist. Überdies soll Jesu Tun ja nach seinem Willen nachgeahmt werden (Joh 13,14f), wie es auch nach Mk 10,45 geschehen soll.

In Joh 13 wird Petrus als Spitze der Zwölf erwähnt; als Sprecher der Zwölf erscheint er nur in Joh 6,67–71. (Die Zwölf spielen im JohEv eine vergleichsweise geringe Rolle.) – In Joh 13 steht Petrus daher allein für alle Jünger Jesu.

2. Das zweite Mißverständnis des Petrus

Petrus versteht ferner nicht, daß nur die Füße und nicht der ganze Leib gewaschen werden müssen, das heißt: Er begreift den Charakter des Fußwaschens als Zeichenhandlung nicht. Denn in der Zeichenhandlung wird ein sichtbarer Teil des Körpers als Zeichen für das ganze Heil des ganzen Menschen erreicht. Es kommt gerade nicht darauf an, daß der ganze sichtbare Körper im Mittelpunkt steht, denn damit könnte der Symbolcharakter verdeckt werden, der sich doch eben auf das unsichtbare Heil bezieht und nicht auf die Totalität des Sichtbaren. Der Evangelist läßt Jesus an dieser Stelle, wenn man es so nennen will, mit wenigen Zügen eine Theologie des Symbols entwerfen, die ähnlich auch für seine Wunder gilt. Denn auch hier wird ein Teil des Körpers geheilt, auf daß man daran die Befreiung des ganzen Menschen wahrnehme.

Zum Vergleich mit dieser Passage werden wir daher auf synoptische Texte gewiesen, nach denen die Jünger die Funktion von Jesu Wundern nicht verstehen: Mk 8,14–21. Auch hier ist das Problem: Die Jünger verstehen nicht, daß die Wunder Jesu realer Teil eines umfassenden Ganzen sind.

Ältere Tradition im JohEv:

a) Jesu Handeln beim Mahl bringt zeichenhaft und programmatisch das Ganze seines Wirkens zum Ausdruck. Darin besteht die funktionale Übereinstimmung mit den Berichten über die Deuteworte zu Brot und Wein. Es geht um zwei Alternativen, die nicht aufeinander

reduzierbar sind. Sie stehen gleichursprünglich nebeneinander und sind bestenfalls durch Addition (Lk 22) auszugleichen.
b) Es wird klar erkennbar, daß es sich nicht um eine Deutung speziell des Todes Jesu handelt, die auf kommende Ereignisse vorausblickte, sondern um einen Rückblick, der alles betrifft, was Jesus als Mensch darstellt. Denn die Jünger sollen Jesu Tun nachahmen, was sie bezüglich seines Todes nicht könnten und sollten.
c) Während die Evangelien nach Markus, Lukas und Matthäus unter dem Einfluß der Berichte über die Deuteworte beim letzten Mahl gestaltet sind, hat Johannes hier eine alternative Fassung des letzten Mahles bewahrt, die sich auch in anderen Evangelien, an andere Stellen gedrängt, erhalten hat, und zwar bei Lukas in Verbindung mit dem Bericht mit Deuteworten (Lk 22,24–27), bei Markus in 10,35–45 (par Mt 20,20–28).
d) Petrus ist in Joh 13,6–17 allein Jesu Diskussionspartner, in den anderen Versionen sind es die Zwölf. Die Version im JohEv könnte *vielleicht* insofern älter sein, als sie nur typische Mißverständnisse über das Handeln Jesu zum Thema macht (erstes Mißverständnis: Jesu Dienen in Niedrigkeit überhaupt, zweites Mißverständnis: Funktion seiner Wunder), noch nicht aber Rivalitäten und Machtstreitigkeiten unter Jüngern erörtert, wie das in den Versionen Mk 10,35–45 und Lk 22,24–27 geschieht. Zumindest wird man sagen können: Die Version im JohEv erklärt sich nicht als Reduktion der anderen synoptischen Berichte, sondern nur als Parallele dazu.

Petrus als Gewalttäter

Nach Joh 18,10f schlägt Petrus dem Sklaven des Hohenpriesters namens Malchos mit dem Schwert das rechte Ohr ab. – Die übrigen Evangelien erwähnen den Namen des Petrus hier nicht. Nach Mk 14,47 war es einer der Dabeistehenden, nach Mt 26,51 einer »derer, die mit Jesus waren«, nach Lk 22,49f ist es einer derer, die um Jesus sind, der den Herrn fragt und zuschlägt; der Herr heilt dann sogleich das Ohr (Lk 22,51). Für Lukas geht es um den ersten Anwendungsfall für die Schwerter nach Lk 22,35–38. – Wichtiger als diese Differenzen sind die Kommentare zu dem Vorfall. Nach Markus bleibt er unkommentiert. Nach Matthäus fordert Jesus Petrus auf, das Schwert in die Scheide zu stecken, damit er nicht durch das Schwert umkomme. Es

folgt das Wort von den zwölf Legionen Engeln. Bei Lukas sagt Jesus: »Das ist genug!« und heilt die Wunde. Bei Johannes folgt die Aufforderung, das Schwert in die Scheide zu stecken (wie bei Matthäus) und die Frage: *Der Becher, den mir der Vater gegeben, soll ich ihn nicht trinken?*
Das Unverständnis gegenüber Jesu Leiden, das Petrus in Mk 8,32 zeigt, äußert sich hier aggressiv. Ein solches Unverständnis kennt der vierte Evangelist nur hier.
Ältere Tradition im JohEv: Es ist nicht gut vorstellbar, daß Johannes gegen die ältere Tradition hier den Namen des Gemeindeleiters Petrus eingefügt hätte. Diese Stelle belastet Petrus wie keine andere, auch unabhängig davon, daß das JohEv eine Ethik des Gewaltverzichts nicht kennt. Das Umgekehrte ist viel wahrscheinlicher: daß die jüngere Überlieferung den Namen des Petrus hier getilgt und die christliche Gemeinde damit von einer großen Peinlichkeit befreit hat.
Plausibel ist auch dieser Weg: Aus der Überlieferung war ein Petrus belastendes Nein zur Passion Jesu bekannt. In Mk 8 wird es direkt mit dem Bekenntnis und mit dem Satan-Vorwurf verknüpft. In Mk 8 hat Petrus als Satan die Funktion, Jesus zu versuchen. So überkreuzen sich in Mk 8 zwei Traditionslinien: Erstens die Tradition »rechtes Bekenntnis und dämonischer Charakter« und zweitens die Versuchung des Gottessohnes durch den Satan. Die Zurückweisung des Leidens durch Petrus hat durchaus den Charakter einer Versuchung für Jesus. Im JohEv wird beides separat berichtet: Die erste Konzeption in Joh 6,67–71, die zweite (ohne Satan) in Joh 18,10f. Hinweis darauf ist die Rede vom Becher, die wir in der synoptischen Tradition in dem Versuchungsbericht Mk 14 (ebenfalls ohne Satan) kennen. Johannes scheint darin ursprünglicher zu sein, daß beide Traditionen noch je für sich erkennbar sind.

Die Verleugnung des Petrus

Nach dem JohEv ist Petrus auch bei der Verleugnung nicht allein, sondern ein namenloser »anderer Jünger, bekannt dem Hohenpriester« ist dabei (18,15). Oft hat man vermutet, daß es sich hier um den Lieblingsjünger handelt, und daraus weitreichende Konsequenzen für seine Identität gezogen. Notwendig ist die Annahme des Lieblingsjüngers hier nicht. Im Sinne des Evangelisten genügt es, überhaupt einen zweiten Zeugen benannt zu haben, der hier das Eintreffen der Weissagung Jesu (Joh 13,38) für den Leser konstatiert; dem Evangelisten geht es wesentlich um diese Erfüllung, denn auf das Krähen des Hahnes reagiert Petrus nicht. Grundsätzlich wird das Tun des Petrus noch als »nachfolgen« eingeleitet (18,15).

Der Kontrast zwischen Jesus und Petrus wird deutlich gezeichnet. Während Jesus sagt: *»Ich bin es* (gr.: *ego eimi*), sagt Petrus zweimal wörtlich: *Ich bin es nicht* (gr.: *ouk eimi*), und zwar in 18,17.25. Diese Übereinstimmung fehlt in den anderen Evangelien. Das JohEv zeigt Jesus als standhaften Märtyrer, Petrus dagegen als schwachen Menschen.

Ältere Tradition im JohEv: Petrus wird auch im Wortlaut als Anti-Typus zu Jesus gezeichnet.

Petrus am leeren Grab

Die mit Lk 24,12 gemeinsame Tradition wurde oben bereits erörtert. Es wurde gezeigt, daß sie nicht auf eine Kopie der Frauen-Berichte am leeren Grab zurückführbar ist. Das Interesse an der Erzählung ist auch die Widerlegung der Diebstahls-Legende (zusammengelegte Tücher).

Die Beauftragung des Petrus in Johannes 21

Die Zugehörigkeit von Joh 21 zum JohEv sollte oben in § 3 erwiesen werden. Nirgendwo sonst wird allein Petrus in einer Erscheinung beauftragt. In den Evangelien nach Matthäus und Lukas werden die elf Jünger gemeinsam gesandt oder zu Zeugen bestimmt, auch Joh 20 hat daran Anteil.

Es ist immer schon aufgefallen, daß für die kurzen Angaben »Er ist dem Kephas erschienen« (1 Kor 15,5) bzw. »Er ist dem Simon erschienen« (Lk 24,34), die man für unbezweifelbar alt hielt, ein ausgeführter Bericht fehlte. Es kann nun gut sein, daß dieser Bericht in Joh 21 vorliegt oder diesem Kapitel zugrundeliegt. Denn der Text ist im wesentlichen eine Beauftragung des Petrus.

Die vorangehende, durch das Zeugnis des Lieblingsjüngers unterstützte Erkenntnis, daß es sich um Jesus, »den Herrn« handelt, hat den Charakter einer »Identifikationsphase«, in der es darum geht, die Identität des Erscheinenden zweifelsfrei festzustellen und gegen Zweifel abzusichern.[94] Auch die auf die Einsetzung Petri folgende Erörterung über das Lebensende des Petrus soll wiederum auf dem Hintergrund der Aussagen über den Lieblingsjünger und im Kontrast zu ihm die Aussagen über Petrus bekräftigen[95]: Selbst wenn für einen anderen das Gegenteil bestimmt ist, so besteht doch für Petrus ein individueller Ratschluß.

[94] Vgl. dazu BERGER: Auferstehung, 154–170.586

[95] Vgl. ibid., 587 A. 460. Die Ansicht, daß der Lieblingsjünger eine nur literarische Figur sei, vertrete ich jetzt nicht mehr.

TEIL III
DIE THEOLOGISCHEN THEMEN

§ 16
»Wort Gottes« und »Wort Jesu«

Authentizität

Der Evangelist hat eine besondere Auffassung von der Authentizität der Worte Jesu. Weil Jesus selbst »das Wort« ist, sind alle seine Worte und Taten nichts anderes als Selbstauslegung des eigensten Wortes des Schöpfers selbst. Dieses Schöpferwort ist im Sinne des Evangelisten nur ein einziges, und es hat nur einen Inhalt: »Es soll Leben sein!«

Authentizität besteht daher in dem Sinne, daß alles, was der Evangelist als Worte Jesu überliefert, in menschlicher Sprache formulierte Worte des Schöpfers sind. Authentisch sind diese Worte hinsichtlich ihres Ursprungs von Gott her.

Jede andere Vorstellung von Authentizität im Sinne moderner Fragen nach der historischen Echtheit ist in diesem Sinne vom Evangelisten fernzuhalten. Es ist nicht seine Frage.

Historisch gesehen konnte diese Frage wohl entstehen angesichts der charismatischen Machtworte Jesu, zum Beispiel bei Wundertaten. Es ist historisch plausibel, hier den Ansatzpunkt dafür zu suchen, in Jesus sei Gottes Schöpfungswort selbst wirksam. Der Unterschied zum Evangelisten Lukas wird an dieser Stelle greifbar. Während Lukas, wie er im Prolog zu seinem Evangelium andeutet, sorgsam recherchiert (Lk 1,1–4) und sich wie ein moderner Historiker zu verhalten scheint, ist für den Evangelisten nach Johannes nicht die historische Echtheit, sondern die Echtheit des Urhebers entscheidend. Weil es Jesu Worte sind, die er berichtet, ist es Gottes Wort.

Auch Johannes kennt freilich ein Kriterium: All das ist echt, was wirklich nur Selbstauslegung dieses Wortes als Wort Gottes ist. Ein inhaltliches Kriterium also, kein historisch-kritisches. Wer Gottes Wort in sich trägt, der kann nur von Gott und von sich reden. Das ist das Kriterium. Wenn und insofern als Jesus immer wieder nur dieses sagt, daß er – mit allen Konsequenzen – Gottes Schöpfer-Logos ist, dann ist das, was er sagt, ganz selbstverständlich authentisch. Jesus hält mithin »Vorträge« über den in ihm präsenten Schöpfungs-Logos Gottes selbst. Und bei alledem geht es nur um eines: daß man es bei Jesus mit Gott zu tun hat.

Der Ursprung des Wortes Gottes im Widerstand

Wie gelangt der Evangelist in den Besitz der Selbstauslegung des Wortes? Der Paraklet, sagt er, der Zeuge und Beistand, lehrt die Jünger alles und erinnert an alles (Joh 14,26) – ein Topos der Offenbarungsliteratur.[96] Aber er tut dieses in einer besonderen Situation, nämlich angesichts der gegenüberstehenden »Welt«, die die Christen verfolgt und in der sie nun Zeugnis ablegen müssen. Die Christen stehen der Welt nicht zu theoretischen Diskussionen gegenüber, sondern in der Situation der Bedrängnis, die der Evangelist als ein einziges Prozeßgeschehen schildert.

Das gesamte Evangelium ist ein solches Prozeß-Zeugnis[97], und daher nimmt der Evangelist vor allem Bezug auf die breite Tradition, in der der verbale Widerstand vor Gericht auf den Geist Gottes zurückgeführt und als inspirierte Rede verstanden wird.[98] Nach den älteren Textbelegen ist es die Weisheit des physisch Unterlegenen, die ihn doch gegenüber den übermächtigen Feinden, Tyrannen oder Gerichtsherren triumphieren läßt. Mit der Weisheit widersteht man seinen Feinden, sie macht unwiderstehlich. Später ist es dann Gott selbst, der lehrt, was man in dieser Situation zu sagen hat, vor allem aber ist es sein heiliger Geist, der Kraft und Worte verleiht. Alle vier Evangelien beschreiben so den Widerstand christlicher Zeugen vor Gericht, und auch der erhöhte Herr wird als der verstanden, der so die nötigen Worte eingibt.

Beachtenswert ist in dieser Tradition die starke Rolle der Weisheit, die Synonymie von Weisheit und Geist und ihre Bedeutung für die

[96] Vgl. die antiken Parallelen bei BERGER/COLPE: Textbuch, 181 (Nr. 319) .

[97] Vgl. dazu jetzt auch: U. B. MÜLLER: Zur Eigentümlichkeit des Johannesevangeliums. Das Problem des Todes Jesu, in: ZNW 88 (1997), 24–55.

[98] Vgl. K. BERGER, Art. Geist III, in: TRE 12 (1984), 178–196, bes. 182.

Entwicklung der christlichen Auffassung vom Märtyrer. *Indem das JohEv seine gesamte Überlieferung der Worte Jesu als Eingebung des Geistes angesichts der Welt begreift, vertritt es diese Konzeption radikal und umfassend.* Alle Worte Jesu werden zum Zeugnis vor der Welt, der heilige Geist als ihr Helfer und als Zeuge dieser Worte gab sie ein und verbürgte sie. So ist das ganze JohEv ein einziges Zeugnis von Gottes Recht im Angesicht der Welt. Daher beginnt es auch mit der grundlegenden Darstellung des Rechtsanspruchs Gottes und seines Logos gegenüber der Welt: Sie ist als sein Geschöpf sein Eigentum (Joh 1,1–11). Die Jünger stehen daher in ihrer Situation vor der Welt nicht allein, vielmehr ereignet sich Offenbarung von Gott seitens der Welt gerade in diesem Evangelium. Die Worte des JohEv sind damit – nach eigenem Selbstverständnis – Offenbarung Gottes selbst.

Mit anderen Worten: Das JohEv wächst geradezu heraus aus der Situation der Verfolgung. Genau in dem Sinn, in dem Jesus nach Lk 21,15 für die Situation der Verteidigung sagt: *Ich werde euch Rede und Weisheit eingeben, der alle eure Widersacher mit Worten nicht werden widerstehen können …*, sind die Worte des JohEv »von Jesus«, sind sie authentisch als vom Parakleten erinnerte. Es fällt uns heute sicher schwer, Evangelien und Verfolgungssituation zusammenzudenken. Angesichts der Gemeindesituation des JohEv kann man sagen: Das JohEv ist Zeugnis in der Verfolgung, hat hier seinen Sitz im Leben. Es ist authentisches Jesuswort (im Sinne von Lk 21,15), von Jesus selbst zum Zeugnis eingegeben. Wie könnte da jemand darauf kommen, an reines Menschenwort zu denken?

Das Evangelium ist selbst schon Auslegung

Kein Mensch hat je Gott gesehen. Aber der göttliche Sohn, der im Schoß des Vaters gelegen hat, er hat ihn mit Worten ausgelegt (Joh 1,18). Dieser Vers ist die Überschrift des ganzen Evangeliums. Der Sohn ist der einzige, der vom Vater weiß. Sein Tun wird als Auslegung (gr. *exhegeisthai* ist durchaus exegetischer Fachterminus) Gottes selbst verstanden. Das JohEv versteht sich als »Traktat über Gott«. – Alle Worte Jesu sind daher Auslegung des einen Wortes, mit dem Gott sich gegenüber der Welt »ausspricht«. Jesus redet nur über sich, weil er als Person alles ist, was wir von Gott *direkt* wissen.

Präsenz Gottes in Gottes Wort

Viele der oft steil erscheinenden Hoheitsaussagen des johanneischen Jesus erscheinen im Lichte entsprechender anderer, unverdächtiger frühchristlicher Texte als durchaus begreiflich. Ein Musterbeispiel ist Didache 4,1: »Wenn zu dir jemand das Wort Gottes redet, sollst du ihn ehren wie den Herrn selbst. Denn dort, von woher Name und Macht des Herrn im Wort zu uns gelangen (gr.: *kyriotes laleitai*), ist der Herr.« Nimmt man diese Stelle ernst, dann ist Gott in Jesus gegenwärtig. Wenn er sagt: »Wer mich ehrt, ehrt den Vater, wer mich sieht, sieht Gott«, dann sind das nur Ausprägungen desselben theologisch gefärbten Gesandten-Begriffs.

Hier wie auch sonst entpuppen sich daher »hohe« christologische Aussagen des JohEv als gar nicht ungewöhnlich im frühen Judenchristentum.

Eigenständiger Ursprung der Gattung Evangelium

In der älteren Forschung konnte man es sich nicht vorstellen, daß die »einzigartige« Gattung Evangelium gleich zweimal hätte erfunden werden können, bei Markus und bei Johannes. Durch neuere Untersuchungen zur antiken Biographie[99] ist freilich diese Einmaligkeit als Phantom entlarvt worden. Die Evangelien gehören insgesamt in die sehr weitläufige und nicht streng reglementierte Geschichte der Gattung »biographische Darstellungen«. Schon von daher entfällt die Notwendigkeit, alles auf das MkEv zu gründen.

Das JohEv ist in mehrfacher Hinsicht eigenständig:

a) Es will verstanden werden als Apologie vor Gericht.

b) Es begreift sich als Explikation des Schöpfungs-Logos Gottes selbst.

c) Wenn Gottes Wort nicht eine abstrakte Luftblase ist, sondern eine Person, dann kann man über die Gestalt von Gottes Wort nur in der Weise reden, wie man von einer Person spricht, damit wirklich sie selbst dabei hervortritt: in einer Biographie.

[99] Vgl. dazu D. FRICKENSCHMIDT: Evangelium als Biographie (TANZ), Tübingen 1997.

»Im Anfang war …«

Auf die dargestellte Weise hängen Logos-Theologie und Form des Evangeliums aufs innigste zusammen.

Von hier aus gewinnt auch die Stilisierung des JohEv als Schrift nach Gen 1 in 1,1 *(Im Anfang war …)* ihren Sinn; sie umfaßt die Elemente »im Anfang«, »wurde« (gr.: *egeneto*) und »Licht – Finsternis«. Denn bisher war die Schrift, die wir Altes Testament nennen, Wort Gottes, ausgerichtet durch Mose und die Propheten. Nun ist das Wort Gottes neu und direkt zugänglich. Das alte ist damit nicht verblaßt. Das in Joh 1,1 angekündigte Thema wird in 1,17 bedacht: Es handelt sich um das Verhältnis von Gesetz und Gnade.

Man tut gut daran, für diese »Opposition« nicht den modern-theologischen Gegensatz von Gesetz und Evangelium als Verständnishilfe heranzuziehen. »Gesetz«, das ist das durch Mose und die Propheten vermittelte Wort Gottes, »Gnade«, das ist das in Jesus präsente und den Menschen ganz nahe Wort Gottes. Der Ausdruck Gnade ist hier zu verstehen wie der zweite Teil des Gebetsrufs in Did 10,6 »Es komme die Gnade, und es vergehe diese Welt.« Gnade ist hier die erwartete neue Zeit. So ist im JohEv »Gnade« die im Sinne der Bundesformel erwartete Zeit, in der Gott bei den Menschen, mit ihnen zusammen wohnen wird.

Unterschiede zu den Synoptikern

Gegenüber den Synoptikern bedeutet das ein grundsätzlich anderes Verständnis von Jesu Worten.

a) Es orientiert sich nicht an der Sammlung und Zuschreibung von überlieferten Einzelworten, sondern es bringt »lebendige Worte Jesu«. Diese Worte Jesu sind im strengen Sinne des Wortes apologetische Selbstvorstellungen des Gesandten Jesus. Denn sie sind Entfaltungen des Wortes, das Jesus selbst ist

b) Glücklicherweise setzt sich in der neueren Forschung die Meinung durch, den Prolog als integralen Bestandteil des JohEv anzusehen, ja als Maßstab der Auslegung. – Es ist aber nun nicht zufällig, daß der Prolog (und nicht nur dieser) des JohEv große Ähnlichkeiten mit den Prologen zu den Briefen an die Kolosser und an die Hebräer aufweist (Kol 1,15–20; Hebr 1,1–3). Jesu Herkunft von Gott, seine »Herabkunft aus dem Himmel« wird hier mehrfach mit sehr ähnlichen Strichen gezeichnet. Im Unterschied zu den Stammbäumen nach Matthäus und Lukas ist dies eine Herkunft *sui generis*, der im JohEv eben auch der Schluß entspricht. Das Kommen von Gott entspricht dem Weggehen zu Gott. Das JohEv legt damit einen eigenständigen Gesamtentwurf vor, der bis in die Einzelheiten hinein seiner Theologie entspricht.

Was will also der Evangelist? Er will Gottes Wort schreiben und beschreiben, er legt sein Zeugnis schriftlich nieder, weil er es als Teil eines umfassenden Prozeßverfahrens zwischen Gott und Welt betrachtet, er beschreibt den Weg eines Boten von Gott her und zu Gott zurück.

Der Logos und die Gegensätze in der Welt

Ähnlich wie im Kol (vgl. dazu § 40) bleibt die Tatsache, daß Jesus mit dem Schöpfungsmittler »identisch« ist, nicht Gegenstand bloßen Lobpreisens, sondern hat aktuelle Konsequenzen in der Gegenwart des jeweiligen Autors. Es geht dabei um die Relativierung innerweltlicher Grenzen. Für den Kol ist alles unter Christus, das Haupt, gestellt, und daher werden trennende Gegensätze zwischen Mensch und Engel, zwischen Juden und Heiden usw. hinfällig (Kol 1,15–18; 3,11). Im JohEv betrifft dieses zum Beispiel den Gegensatz zwischen Juden und Samaritanern, aber auch – aus der Sicht des Evangelisten – irgendwann den Gegensatz zwischen Juden und Heiden (Joh 10,16?). Der Satz *Jeder, der glaubt …* (Joh 3,15)[100] als einzige Bedingung des Heils, die Sünde, die nur noch darin besteht, daß Jesus Christus abgelehnt wird, alles das bedeutet in der Konsequenz eine völlige Einebnung aller anderen Grenzen, Dimensionen und Vergangenheiten. Insofern geht es angesichts des Schöpfungs-Logos um eine radikale Nivellierung alles anderen in der Schöpfung.

Ein Vergleich mit Phil 2,9–11 lohnt auch hier. Was nach Phil 2 allein

[100] Die Wendung »jeder, der glaubt« findet sich ganz ähnlich nur noch bei Paulus (z. B. Röm 10,11; vgl. 1,16; 3,22; 4,11; 10,4). Das JohEv hat mithin ganz ähnliche universale Kraft in sich, wie Paulus sie zeigt, es hält sie nur gewissermaßen gezügelt und unter Kontrolle. Diese Kraft dient zunächst der Einigung der unterschiedlichen Gruppen, die das JohEv im Blick hat (vgl. § 7).

durch die Erhöhung über alle begründet wurde (die universale Anerkennung Jesu als des Kyrios), ist im JohEv und den vergleichbaren Texten mit Präexistenz-Aussagen[101] weit tiefer in der Struktur der Schöpfung selbst begründet.

Wortverkündigung als sakramentales Geschehen

Wie schon Gottes Wort bei den Propheten nicht leer zurückkommt, so ist auch das Wort Gottes, das in Jesus Mensch geworden ist, nicht folgenlos. Einmal ist es das Wunder wirkende Wort. Spätestens bei der Erweckung des Lazarus wird deutlich: So kann nur Gott als Schöpfer handeln.

Zum anderen macht Jesus durch sein Wort die Jünger rein (Joh 15,3; vgl. 13,10). Damit hat hier das Wort einen Effekt, den sonst oft die Taufe hat. – Die Wortverkündigung versteht der Evangelist offensichtlich ganz ähnlich wie Paulus als epiphanes Geschehen, in dem wesentlich der Geist vermittelt wird.[102] Die Worte Jesu hören bedeutet direkt das ewige Leben empfangen können. Zu Ostern gibt Jesus den Jüngern den Schöpfergeist weiter, mit dem sie Sünden vergeben können.

Das Verhältnis von Logos und Person Jesu

Das Verhältnis zwischen Logos und Jesus ist das von »Inspiration« und »Identität«. Daß diese Deutung möglicherweise zutrifft, lehrt uns das JohEv selbst, denn es kennt die Verquickung von Inspirations- und Seinsaussage auch für den Fall der Gegeninspiration. Nach Joh 6,70 sagt Jesus: *Einer von euch ist* (griech: *estin*) *der Teufel.* Denselben Sachverhalt kann er in Joh 13,27 auch so ausdrücken: *Dann ging in ihn der Satan hinein.* Die Identitätsaussage kann daher auch als Aus-

[101] Alle Präexistenz-Aussagen dienen der Schöpfungsmittlerschaft. In Phil 2,6–11 ist von beidem nicht die Rede. Mir ist bewußt, daß das in der Forschung umstritten ist.

[102] Vgl. BERGER: Theologiegeschichte, § 309 (»Die Struktur des Gläubigwerdens nach Paulus«). – Hinzuweisen ist auch auf 1 Petr 4,6: Durch die Verkündigung des Evangeliums kommt offenbar Lebensgeist zu den Toten. Eine verwandte Auffassung ist die vom sakramentalen Charakter der Verkündigung (wie in dem Satz: *Per evangelia dicta deleantur nostra delicta*).

sage über das Hineingehen formuliert sein. In diesem Sinne ist Jesus Gott, weil er Gott in sich trägt, weil der Logos Gottes seine Inspiration ist.

Der Satz *Das Wort ist Fleisch geworden* (Joh 1,14) ist nicht im Sinne einer wunderhaften Mutation aufzufassen, sondern in dem Sinne, daß das Wort Gottes im Fleisch, das heißt in einem sterblichen Menschen, erschienen ist.[103]

Weil in Jesus der Logos sichtbar wurde (zu dessen Funktion bei der Schöpfung vgl. Weish Sal 9,1), weil er von ihm erfüllt wurde, gilt die Einheit von Schöpfung und Erlösung. Neu gegenüber der griechischen Lehre von Logos und Kosmos ist: Die Harmonie zwischen beiden war nur anfanghaft, sie ist nicht bleibend gewesen. Finsternis und Nicht-Aufnehmen traten zwischen beide. Doch da gibt es eine neue Dimension: Kindschaft im Kosmos.

Darin zeigt sich auch der Schritt, den das JohEv über 1 Joh hinaus tut. In 1 Joh gibt es (meines Erachtens: noch) keine Logos-Theologie. Mit Hilfe der Logos-Theologie greift das JohEv weit über die Grenzen einer engen Gemeinde (1 Joh) hinaus.

Der Paraklet im Schatten der Logos-Konzeption

Der johanneische Paraklet ist nur *worthaft* aufgefaßt und besitzt viele Funktionen noch nicht, die der Geist zum Beispiel bei Paulus hat. Weder ist er mit Ethik noch mit Auferstehung verbunden, weder mit Leib noch mit Kirche noch mit Charismen, weder mit Gebet noch mit Gotteskindschaft. Während bei Paulus zum Beispiel Liebe und Sanftmut zu den typischen Früchten des Geistes gehören, kommt die Liebe nach dem JohEv allein aus der Relation zwischen dem Vater und dem Sohn, die der Sohn weitergibt. Vor allem ist der Paraklet im Unterschied zum Geist bei Paulus nicht die Macht, die die Grenzen aufhebt. Alles ist im JohEv der Christozentrik ein- und untergeordnet.

Zwei Quellbereiche der johanneischen Auffassung vom Parakleten lassen sich ausmachen: der Widerstand vor dem Forum der feindlichen

[103] Vgl. K. BERGER: Zu: Das Wort ward Fleisch (Joh 1,14a), in: NovTest 15 (1973), 161–166.

weltlichen Autorität[104] und die Erinnerung an die Worte Jesu[105]. In der Verfolgungssituation der Gemeinde kehrt er die Verhältnisse um: Durch ihn wird »die Welt« zur Angeklagten. Weil er der Lehrer der Gemeinde und so der eigentliche Autor des JohEv ist, wird durch ihn das JohEv selbst zum lebendigen Bollwerk gegen das Verlassensein.
Das Autoritätsvakuum nach Jesu Weggang wird nicht durch eine gemeindliche Autorität überbrückt, sondern durch das JohEv selbst als Ausdruck des Parakleten. Auf Kosten etwaiger prominenter Träger ist der Geist hier selbst Gesandter Gottes.
Ältere Tradition im JohEv: Der johanneische Paraklet hat wenig gemeinsam mit anderen Auffassungen über den Geist im Neuen Testament, sieht man ab vom Geist vor Gericht nach älteren Zeugnissen aus Situationen der Verfolgung (Mk 13,11; Lk 21,14f; Mt 10,19b; Lk 12,11f). Archaisch und mit Paulus gemeinsam ist die Konzeption des doppelten Helfers für die Christen (vgl. § 37).

§ 17
Präexistenz

Probleme der Präexistenz-Vorstellung

Unter dem Titel »Das unhistorische johanneische Christusbild« kommen Theißen/Merz auch auf die Präexistenz Jesu zu sprechen, die sie (in einer »Aufgabe«) wie folgt charakterisieren: »Jesus ist im JohEv ein über die Erde wandelndes Gottwesen, der Schöpfer aller Dinge, der sich seiner Präexistenz sogar bewußt ist. Die Synoptiker dagegen kennen den Präexistenzgedanken nicht.«[106]
Damit ist wohl die weithin herrschende Meinung der Forschung wiedergegeben. Zur Erklärung wird dann von Theißen/Merz hinzugefügt: Die zu Ostern begründete Gottessohnschaft werde »zurückdatiert« als Präexistenz im JohEv und bei Paulus. »Der ›Erschienene‹ wird als gött-

[104] Vgl. dazu: K. BERGER: Art. Geist, in: TRE 12, 182 (5.1: Geist und Verfolgung).
[105] Vgl. dazu: Joh 14,26 und Jub 32,25 (BERGER: Auferstehung, 492 A. 212).
[106] THEISSEN/MERZ: Der historische Jesus, 101.

liches Wesen geschaut und immer umfassender als ›Gottheit‹ gedeutet.«[107]

Charakteristisch für den Stand der Forschung sind an diesen Auskünften folgende Punkte: 1. Sachlich-theologisch ist man gegenüber der »Präexistenz« recht hilflos. 2. Man kann sie (im Schema von F. Hahn) nur als extreme Zurückdatierung der Ostererfahrung deuten. Es sei gleich bemerkt, daß wohl an keiner Stelle sonst das Insistieren auf der Ostererfahrung als praktisch einziger glaubensrelevanter Wahrnehmung so durchsichtig und so konstruiert wirkt wie an dieser Stelle. 3. Kennzeichnend ist auch hier wieder die unkritische Anwendung des euhemeristischen Schemas, nach dem Jesus einfach immer umfassender als Gottheit gedeutet worden sei.

Die Probleme der Präexistenzvorstellung liegen meines Erachtens nicht in der Ostererfahrung und in der ausufernden Vergottung Jesu, sondern an folgenden Stellen:

a) Da die Präexistenz schon so früh bezeugt ist (1 Kor 8,6 als vorpaulinisches Zitat), muß gefragt werden, welche Beziehung es zum irdischen Auftreten Jesu geben kann. Das betrifft besonders die Verknüpfung von Präexistenz und Schöpfungsmittlerschaft.

b) Gewiß ist Präexistenz eine jüdische »Vorstellung«; doch damit ist nicht geklärt, ob und in welcher Art eine individuelle Gestalt wie Jesus Christus als präexistent gedacht werden konnte. Die jüdischen Texte sprechen so nur von Hypostasen (wie Weisheit und Logos), nicht aber von Einzelwesen. Auch Mose ist nicht präexistent, denn man muß doch offenbar unterscheiden zwischen vorzeitlicher Erwählung und dem Gedanken, daß Gott einen Mittler »ins Auge faßt« (AssMos 1,8), einerseits und vorzeitlicher Existenz andererseits. Ist die jüdische Kategorie, nach der jemand – vor seinem irdischen Auftreten – bei Gott aufbewahrt wurde, wirklich mit Präexistenz zu bezeichnen?

c) Man sollte sich behutsam, aber eindringlich klar darüber werden, daß gerade in diesem Fall der Abstand unseres Denkens von dem der frühjüdischen und neutestamentlichen Autoren kaum größer sein kann. Wir müssen fragen: Wie war es so früh (nach Ostern – erst dann?) möglich, Jesus so »hoch« einzustufen? Oder geht es gar nicht

[107] A. a. O., 116.

primär um eine Hoheitsaussage, sondern um eine Beschreibung der Funktion?
d) Die heikelste Frage: Wie ist das Verhältnis zwischen dem Präexistenten und Jesus als Mensch? Joh 1,14 gibt darauf eine für uns Heutige wenig klare Antwort: Das Wort sei »Fleisch« (schwacher Mensch) *geworden*. Ich habe bereits zu zeigen versucht, daß dieses »geworden« im Sinne der Epiphanie zu verstehen sein könnte.

Ansatzpunkt bei Jesus?

Im Blick auf das JohEv scheint mir die Frage vordringlich, ob es wirklich einen Ansatzpunkt im Wirken Jesu gab, der eine Präexistenz Jesu nahelegte. Sollte das möglich sein, so wäre man nicht genötigt, derartige Worte als unhistorische und vollständig konstruierte (ohnehin: nachösterliche) Dogmatik anzusehen. Wir versuchen eine Antwort in sieben Schritten:
1. Jesu Wundertaten werden als Erweis seiner Herrlichkeit bezeichnet (Joh 2,11; 11,4), und diese ist die Herrlichkeit des Präexistenten oder zumindest dieser verwandt, ein Stück von dieser (Joh 17,4). Die Wunder sind daher der Zugangsweg zu den Präexistenz-Aussagen.
2. Dieser Ansatz bestätigt sich darin, daß Jesus mit seinen Wundern sein Wort als das des Schöpfers erweist. Denn Totenerweckung zum Beispiel (Joh 11) oder Heilung von Menschen, die von Geburt an blind sind (Joh 9), ist ein Werk, das nur der Schöpfer selbst vollbringen kann.
3. Es ist daran zu erinnern, daß Jesu Wunder auch mit Aussagen über das Einssein mit dem Vater eng zusammenhängen. Auch bei den Präexistenz-Aussagen könnte es sich um eine besondere Art von Aussagen über dieses Einssein handeln. Sie beschreiben dessen Ursprung und sagen: Es ist so vollkommen, daß es ungestört schon immer war, nicht durch einen Schöpfungsakt unterbrochen. Zur Vollkommenheit gehört, daß etwas schon immer war.
4. Wenn in Jesu Wirken Gottes Schöpferwort erfahrbar wird, dann liegt die Schlußfolgerung in Reichweite, daß in Jesus dieselbe Macht greifbar wird, die eben auch die Welt ins Dasein gerufen hat. Diese Schöpfungsmacht ist für den Evangelisten deshalb der Logos und nicht eine Sophia, weil in Jesu Worten – nicht nur in den Machtworten der Wunder, sondern in allen Worten, mit denen er Leben zuspricht –

diese Leben schaffende Schöpfermacht zutage tritt. »Dein Wort ist Leben« – so könnte in dieser Hinsicht das Bekenntnis der johanneischen Gemeinde lauten.

5. Es wird nun nicht einfach gesagt, Jesus sei der Logos, sondern sehr differenziert: In ihm ist der Logos erschienen. Aber Jesus kann sagen: »Ich war im Anfang bei Gott«, weil es eben nicht seine persönlich-subjektiven, privaten Worte sind, die er als der Gesandte von sich gibt. Nicht der Gesandte ist (mit Haut und Haaren) der Logos, aber sein Wort ist das Schöpfungswort. Es ist wie Segen, Leben zusagend und direkt schaffend.

Präexistent ist Jesu Wort schlicht deshalb, weil jedes andere Wort nicht das Schöpfungswort wäre. Es geht um die strikte Einheit von Schöpfung und Erlösung.

6. Aber es geht noch um mehr: Diese Einheit von Schöpfung und Erlösung, dieses Wort ist seit Anbeginn nicht neutral, sondern Jesus »zugeordnet«. Im Sinne des Evangelisten ist es nicht zufällig, daß der Logos in Jesus erschienen ist. Anders gesagt:

Gott / wird repräsentiert / bei der Schöpfung / durch den Logos
Gott / wird repräsentiert / bei der Erlösung / durch den Logos in Jesus

Aber die Erlösungsbotschaft ist nicht von der Person Jesu abgelöst, sondern die Erlösung ist der im Wort sich äußernde Repräsentant Gottes selbst, der Besitz ergreift von Gottes Eigentum – allein schon, indem er in diesem Eigentum erscheint. So macht er das Eigentum jedem anderen bzw. dem Teufel streitig.

Jesus ist in gewisser Hinsicht Repräsentant des Logos, aber diese doppelte Repräsentanz Gottes ergibt keine Reibungsverluste, weil es sich nur um die Gegenwart Gottes handelt.

Nochmals: Weil in Jesus Gott der Welt begegnet, ist in ihm das Heil. Diese Begegnung wird in Jesu Wort und Tat erklärt und zugesprochen. Es gibt keine Botschaft außer diesem Zuspruch. Denn Gott selbst ist das Heil und das Leben. Daher kann sein Repräsentant auch nichts anderes tun, als Gottes Gegenwart in ihm zu erklären und den Adressaten in der Welt zuzusprechen.

Präexistenz ergibt sich daraus, daß Gottes absoluter Repräsentant, der Logos Gottes, schon immer nur einer war, weil Gott einer ist.

Alter der johanneischen Tradition: Daß Jesu Wunder bewirkendes Wort als Schöpfungswort erfahren wird, ist sicher vorsynoptische Auffassung.

Daß Jesus als reiner Ort der Gegenwart Gottes begriffen wird, sagen auch ältere Stücke der synoptischen Tradition (vgl. § 25). – Auch nach Röm 8,3 ist das pure Gesandtwerden (!) Jesu in die Welt, und zwar als die Sendung des Gerechten, die Überwindung der Sündenmacht und damit die Erlösung. Weil es sich um eine Aussage über die Sendung des Sohnes handelt, ist dieser Satz des Röm besonders gut für einen Vergleich mit dem JohEv geeignet.

7. Wer oder was ist also präexistent? Präexistent ist die Repräsentation Gottes in Jesus, anders gesagt: Jesus als persönliches, subjektives Individuum ist ganz untergegangen, verdrängt und abgedrängt, so daß Jesus, wenn er »ich« sagt, nurmehr davon spricht, daß und wie und warum Gott in ihm anwesend ist und durch ihn direkt die Welt und die Menschen berührt.

Weil Gott aber so radikal in ihm anwesend ist, ist Jesus der Sohn.

Obwohl Einssein vielen möglich sein wird, kann doch präexistent im geschilderten Sinne nur der Sohn sein. Um das Bild des einen Gottes und des einen Mittlers nicht in seiner missionarischen Klarheit zu gefährden, spricht Jesus im JohEv zu Lebzeiten nicht von »unserem Vater«, sondern von der Beziehung und Einheit Vater/Sohn.

Alter der johanneischen Tradition: Nichts geht grundsätzlich über eine konsequent gedachte Theologie des göttlichen Gesandten und der Gegenwart Gottes in seinem Gesandten hinaus.

Präexistenz und »Bleiben«

Der Ausdruck Präexistenz ist insofern irreführend, als es dabei lediglich um ein Sein »vor der Zeit« zu gehen scheint und damit um eine der linearen, geschaffenen Zeit vorausliegende Zeit. Das ist deshalb falsch, weil es um eine grundsätzlich andere Ebene geht, in gar keinem Sinne um ein »vor«. Präexistenz bezeichnet vielmehr ein Ur-Geschehen als ein Grund-Geschehen. Dieses Grundgeschehen benennt das JohEv mit dem Wort »Anfang« (gr.: *arche*), das seit den Vorsokratikern immer auch das Prinzip des Bestehenden meint. Präexistenz meint daher eine andere Ebene des Existierens, eben die Ebene Gottes. Diese steht – und das ist ein Teil des johanneischen Dualismus – in scharfem Kontrast zur Ebene der Welt und des Werdens.

Das Grundgeschehen ist das, was sich durchhält. Daher liegt der Ton bei den johanneischen (und anderen) Präexistenzaussagen nicht auf der Zeit »vorher«, sondern auf der göttlichen Kraft unvergänglichen Lebens. Davon spricht Jesus in Joh 8,58. Das genau ist das ewige Leben, nicht bedingt sein durch zufälligen Anfang in der Zeit und nicht begrenzt sein durch ein Ende in der Zeit.

Sicher geht es nicht um die alexandrinische Konzeption von Ewigkeit, die darin besteht, daß die Zeit in einen einzigen Augenblick zusammengedrängt wird, also im Sinne des »ewigen Augenblicks« (»Nu«). Angemessene Analogien finden sich vielmehr im Hebräischen, wo es die Wendung »von Ewigkeit her« gibt, was bedeutet: seit unvordenklicher Zeit. Der Augenblick als Aufhebung der Zeit kann im hebräischen Denken nicht belegt werden, wohl aber die unvordenkliche Zeit der Generationen vorher und die unabsehbare Folge der Generationen nachher. Ein gutes Beispiel für dieses Denken liefert Hebr 7,3, wo es von Melchisedek heißt, er kenne weder Anfang noch Ende seiner Tage und sei insofern dem Sohn Gottes ähnlich. – Es geht daher nach dem hebräischen Zeitverständnis um unangefochtene Dauerhaftigkeit.

Der beste Beweis dafür, daß im JohEv tatsächlich in diesem Sinne »hebräisch« gedacht wird, ist die Entsprechung zur Präexistenz in dem bekannten johanneischen »Bleiben« (gr.: *menein*). Diese für die Adressaten des JohEv unschätzbar wichtige Kategorie ist gewissermaßen deren Antwort und Entsprechung zu dem, was ihnen an dauerhaftem göttlichem Leben zuteil wird. Das Bleiben ist die auf Dauer bezogene (»durative«) Seite des Glaubens. Im Leben des Christen geschieht es einerseits, daß er zum Glauben kommt und sich zu Jesus bekennt, andererseits besteht die christliche Existenz in einer großen Treue zu Jesus. Sie wird »Bleiben« genannt und ist das genaue Spiegelbild zu »Präexistenz« und »ewigem Leben«.

Präexistenz bedeutet daher: Die Verbindung mit Gott ist so eng, daß sie keine Unterbrechung duldet. In Jesus ist eben nicht Gottes neues Wort ergangen, sondern Gottes »altes« Wort erschienen, »alt« in dem Sinne, daß es nicht hinzugekommen oder irgendwann ausgedacht ist, sondern grundsätzlich und immer dazugehört.

Auch die Diskussion im Corpus Iohanneum über das »neue« oder »alte« Gebot ist von daher zu beleuchten. Wenn bestritten wird, daß es sich um ein neues Gebot handelt, dann wird gesagt: es ist das grundsätzliche Gebot. Es gehört wesensgemäß zu Gott, es ist nicht kontingent und deshalb nicht zeitlich. »Neu« wird es in Joh 13,34 deshalb genannt, weil es erst jetzt so zutage tritt.

Nach Joh 21,23 könnte, wenn Jesus dies wollte, der Lieblingsjünger »bleiben«, und zwar bis zur Parusie – eine nach vorn gerichtete Variante der Präexistenz? (Vgl. § 11)

Präexistenz der Person?

Präexistente Einzelpersonen im Sinne von Individuen kennt das Judentum nicht. Freilich ist zu beachten, daß man auch im hellenistischen Judentum zwischen einer Hypostase namens »Weisheit« oder »Memra« und einer individuellen Person noch nicht genau unterscheiden kann. In der apokryphen Schrift »Gebet des Joseph« wird immerhin Jakob/Israel als Erzengel bezeichnet, der vor aller Schöpfung geschaffen wurde.[108] Gerade dieser Text zeigt aber auch, wie komplex hier das Verhältnis zwischen irdischer und himmlischer Identität gesehen wird. Das gilt analog auch für die Christologie. Die christologischen Entwürfe des 1. und 2. Jh. n. Chr. (und die Dogmengeschichte weit darüber hinaus) sind erfüllt von dem Ringen um einen angemessenen Personbegriff; zumeist scheitern moderne Exegeten einfach an den Grundvoraussetzungen: daß wir es hier nicht mit mehr oder weniger primitiven und unfähigen Entwürfen zu tun haben[109]. Gerade im JohEv ist diese Frage besonders brisant. Hier liegt nicht einfach »hohe und dogmengeschichtlich späte Reflexion« vor, sondern der Versuch, von den Voraussetzungen jüdischer Mystik her das christologische Geheimnis zu erfassen.
Zu erläutern ist dieser Zusammenhang an einer Reihe ähnlicher Texte aus dem Bereich des griechisch sprechenden Judentums und des frühen Christentums:

a) Der Erzvater Jakob »ist« ein Erzengel, geschaffen vor aller Kreatur.[110] Auch Philo von Alexandrien setzt in »De confusione linguarum« § 146 den Logos gleich mit Israel, dem Mann, »der Gott sieht«. Der Text ist wichtig, weil nur hier wie in Joh 1,1 in vergleichbaren Zusammenhängen der Logos genannt wird.

[108] Vgl. BERGER/COLPE: Textbuch, 148 (Nr. 248).
[109] So der Grundtenor in dem im übrigen weithin verdienstvollen Kommentar von N. BROX zum »Hirten des Hermas«, Göttingen 1991.
[110] Vgl. BERGER/COLPE: Textbuch, 148 (Nr. 248).

b) Johannes der Täufer »ist« Elia (oder könnte es sein).[111]
c) Himmlische Personen (Propheten oder Engel) werden verwandelt in menschenähnliche Gestalt.[112]
d) Gottes vorweltlicher heiliger Geist erwählt sich eine Fleischesnatur, die ihm gehorsam dient.[113]
e) Der »Engel auf Erden« ist eine geläufige »Vorstellung«[114] in diesen Zusammenhängen.
f) Hierher gehört auch eine mögliche Weise, die Menschensohn-Christologie zu verstehen. In Dan 7 ist der Menschensohn (wie auch sonst im Buch Dan) eine Engelfigur, die aussieht wie ein Mensch. Diese Engelfigur aus der »Bildhälfte« wird in der »Sachhälfte« von Dan 7 mit Israel (»Heilige des Höchsten«) gleichgesetzt. Wir haben daher etwas Ähnliches, wie wir es oben unter a) beobachten konnten.

Folgendes läßt sich zu diesen Texten beobachten: Sie alle diskutieren die theologische Identität eines Menschen, der mehr ist als nur der sichtbare Mensch und das Kind seiner Eltern. Eine mögliche Kategorie, um das Verhältnis der Seinsweisen zueinander zu bestimmen, ist die der »Erwählung«, eine andere die der Verwandlung; dabei kann es Verwandlung in beiden Richtungen geben, vom Irdischen zum Himmlischen und umgekehrt. Für das Irdische ist bedeutsam die menschliche »Gestalt« oder das »Fleisch«.
Häufiger ist dieser »Mensch« nicht als bloßes Individuum gedacht, sondern besitzt eine kollektive Dimension. Das ist beim Menschensohn ebenso der Fall wie bei Israel.
Und schon allein deshalb, weil es etwas Himmlisches ist, das sich mit Irdischem verbindet, muß – wegen der Rangpriorität des Himmlischen – das Himmlische »vorher« da sein. Auch der Prophet Elia, der schon einmal da war und nun als Johannes der Täufer erscheint, war

[111] Vgl. Mt 17,12–13.

[112] Philo v. Alexandrien, Über Abraham § 113 über Sara und ihr Lachen angesichts der Verheißung durch die drei Männer: »Sie bekam eine andere Vorstellung von den erschienenen Fremdlingen, eine würdigere, die von Propheten oder Engeln, die aus geistigem und seelenartigem Sein sich verwandelt hätten (gr.: *metabalonton*) in menschenähnliche Gestalt (gr.: *anthropomorfon idean*).«

[113] P Herm s 5,6,4b–8. – Die erwählte Fleischesnatur ist Jesus, sie dient dem Geist, befleckt ihn und sich nicht, arbeitet mit ihm zusammen und bewährt sich als »männlich«. Der vorweltliche heilige Geist wird in Jesus hineingelegt. – Analoges gilt aber auch von jeder anderen sich bewährenden Fleischesnatur.

[114] Vgl. dazu Material in BERGER: Auferstehung, 534 A. 307.

eben »vorher« schon da. Dieser Zusammenhang könnte etwas Wichtiges zum Verständnis der Präexistenz beitragen: Es handelt sich beim Wiedererscheinen von Propheten um eine »relative Präexistenz«, die aber mit der des Schöpfungsmittlers, der in Jesus erscheint, gut vergleichbar ist. In beiden Fällen geht es um die Kontinuität des Geschehens von Gott her; dieses Geschehen vollzieht sich mit Hilfe von identischen Mittlern in unterschiedlichen Gefäßen. Aber Gott gebraucht diese Mittlergröße immer wieder. Im Bilde: Er liebt es, mit altgedienten Handwerkszeugen umzugehen, die ihm gut in der Hand liegen.

Unbestritten ist beim Wiedererscheinen von Propheten, daß es sich jeweils um andere Menschen handelt, nur »etwas« ist identisch, das Lukas in Lk 1,17 deuten kann als »im Geist und in der Kraft« (Johannes der Täufer tritt auf im Geist und in der Kraft Elias).

Von daher kann man sagen: Die neutestamentliche Präexistenz-Vorstellung ist von jüdischen Grundlagen her zu begreifen. Sie besitzt eine direkte Analogie in der Auffassung von der wiederkehrenden Kraft eines Propheten, nur geht es hier um die wiederkehrende Kraft der Weltschöpfung. Im Frühjudentum kann die theologische Identität einer Gestalt gedacht werden als Beziehung zwischen einer himmlischen Größe (Engel, prophetischer Geist, Logos) zu einem konkreten Menschen, der Fleisch ist und eine menschliche Gestalt hat.

Die Entfernung zwischen den Präexistenz-Aussagen der neutestamentlichen Briefliteratur und den Evangelien ist demnach an dieser Stelle geringer, als es zunächst scheinen könnte.

Mit Präexistenz (Joh 8,58) und Postexistenz (Joh 21,23) wird nur Schlichtes gesagt: die nie unterbrochene Verbindung mit Gott.

Wenn das ThomasEv 12 sagen kann, wegen Jakobus (dem Gerechten, dem Herrenbruder) sei die Welt geschaffen worden (ähnlich viele Aussagen über Jakob/Israel), dann ist das ähnlich steil und so eine Aussage über seine Gerechtigkeit.

Auch die Konzeption der Sendung (man könnte sie eine »Fiktion« nennen, denn nirgends wird Jesus ausdrücklich losgeschickt!) soll nichts weiter besagen als die ununterbrochene, treue, unverfälschte Übergabe des Jesus Anvertrauten, ist also eine Legitimationsaussage.

Resultat: Präexistenz im JohEv bedeutet Grund-Geschehen. Ein Verweis auf andere präexistente Größen wie »die Weisheit« genügt nicht zur religionsgeschichtlichen Erklärung. Vielmehr ist der weitere Horizont zum Verständnis dieser Kategorie mit der jüdischen Auffassung himmlischer Identität bedeutender heilsgeschichtlicher Figuren gegeben. Theologische »Würde« kommt nach diesen Vorstellungen so zustande, daß eine vorgegebene himmlische Größe zu einem Menschen in Beziehung steht. Diese himmlische Größe kann öfter in Erscheinung treten. Bei Propheten-Aussagen wird so die Einheit der Heilsgeschichte begründet, im Falle der Präexistenz vor der Schöpfung die Einheit von Schöpfung und Erlösung.

§ 18
Johannes der Täufer

Fast alle der Nachrichten des JohEv über Johannes den Täufer[115] bietet dieses Evangelium exklusiv. Sie gelten auch in der Forschung weitgehend als alt und wertvoll. Diese Nachrichten, die sich nur in den Kapiteln 1–10, also in der ersten Hälfte des Evangeliums finden, werden hier neu zusammengestellt und bewertet.

Von Gott gesandt

Der Täufer ist von Gott gesandt (1,6; 3,28: an beiden Stellen und technisch nur hier gr. *apestalmenos*). Dasselbe gilt von Jesus.

Zeugnis

Der Täufer gibt Zeugnis von Jesus. Diese wiederholte Behauptung reiht den Täufer unter Mose und die Schrift ein und macht ihn wichtig für die prozessuale Situation des vierten Evangeliums. Diese Funktion ist freilich auch zugleich ein Sieb (Filter) für die Aufnahme von Aussagen über den Täufer.

[115] Neuere Lit.: M. STOWASSER: Johannes der Täufer im Vierten Evangelium. Eine Untersuchung zu seiner Bedeutung für die johanneische Gemeinde (ÖBS 12), Klosterneuburg 1992.

Licht

Der Täufer wurde von seinen Anhängern offensichtlich »das Licht« genannt. Der Evangelist gibt dieses in abgemilderter Form zu, bestreitet es aber doch im Vollsinn des Wortes, und zwar vom Prolog an. Der Anspruch selbst weist auf eine priesterlich-messianische Figur. Er wird im Evangelium dann exklusiv für Jesus reklamiert (8,12; 9,5).
Schon Joh 1,7f erklärt: *Er sollte Zeugnis geben über das Licht … er war nicht das Licht, er sollte nur Zeugnis geben über das Licht.* In Joh 5,35 gibt Jesus zu: *Er war die Fackel (Leuchte), die brennt und leuchtet. Ihr wolltet in seinem Licht für eine Stunde den Jubel der Heilsvollendung genießen.*

Die priesterliche Tradition wird deutlich aus dem judenchristlichen TestXII Levi 4,3, wo der Engel zu Levi sagt: »Als Licht der Erkenntnis wirst du in Jakob leuchten, und wie die Sonne wirst du allem Samen Israels sein.« Vgl. dann im eschatologischen Teil: ibid., 18,2–4: »Dann wird der Herr einen neuen Priester erwecken … Und sein Stern wird am Himmel aufgehen wie der eines Königs, leuchtend als Licht der Erkenntnis, wie durch die Sonne ein Tag erleuchtet wird … Er wird aufleuchten wie die Sonne auf der Erde, und alle Finsternis wird er unter dem Himmel wegnehmen … Die Himmel werden in seinen Tagen jauchzen und die Erde wird sich freuen … Die Himmel werden geöffnet werden, und aus dem Tempel der Herrlichkeit wird über ihn Heiligkeit kommen mit väterlicher Stimme …, und die Herrlichkeit des Höchsten wird über ihm gesprochen werden, und der Geist der Einsicht und der Heiligung wird auf ihm durch das (*oder:* im) Wasser ruhen.«
Diese Traditionen sind für die Gestalt des Johannes deshalb wichtig, weil er nach Lukas aus priesterlichem Geschlecht stammt und von Lukas im biographischen Vergleich (Synkrisis) als priesterlicher im Unterschied zu Jesus als königlichem Messias dargestellt wird.

In diesem Text, der meines Erachtens keine christlichen »Einflüsse« zeigt[116], werden einige Attribute des levitischen Messias entfaltet, die in judenchristlichen Texten des Neuen Testaments jeweils im Zusammen-

[116] Zum Ausdruck »der Geist … wird auf ihm ruhen im Wasser« vgl. Ez 36,25f (»reines Wasser … neuen Geist«) und 1 QS 4,21 (»Und er wird sprengen über sie den Geist der Wahrheit wie Reinigungswasser zur Reinigung von allen Greueln … in unsauberem Geist«).

hang mit dem Täufer nicht auf diesen, sondern auf Jesus übertragen werden. Dazu gehören:
– das Licht (der Erkenntnis) nach Lk 1,77; 2,32;
– die Sonne nach Lk 1,78;
– die Öffnung der Himmel nach Mk 1,10;
– die Stimme »wie von Abraham zu Isaak« ist die väterliche Stimme (vgl. Mk 1,11).

Die in TestXII Levi 18,2–4 geschilderte Szene betrifft nach diesem Text eben nicht den davidischen Messias und Sohn Gottes, sondern den priesterlichen Messias, daher ist hier auch vom himmlischen Heiligtum und von Heiligung die Rede.

Wenn Johannes in 3,30 sagt: *Jener muß wachsen, ich aber abnehmen,* so ist das weder moralisch-asketisch noch im Sinne der Demut gemeint. Auch antike Parallelen legen zumindest nahe, hier an das Verhältnis von Mondlicht und Sonnenlicht zu denken.[117] Denn daß etwas abnimmt, während das andere gleichzeitig zunimmt, wobei beide Größen von ungleicher (Leucht-)Kraft sind, das findet sich in der Natur nur bei Sonne und Mond. Die Analogien in TestXII Levi sprechen immer wieder vom Sonnenlicht, das der priesterliche Messias verbreitet und das er darstellt. Zugleich hat das Bild vom Wachsen und Abnehmen die Implikation, daß es sich um den »Tag« handelt, der mit der wahren Sonne kommt.

Was fehlt

Von Umkehrpredigt und Forderung nach Früchten der Buße, von Gerichtsdrohung und Feuer, von Prophetentracht und -nahrung, von Martyrium und Begräbnis des Täufers ist im JohEv mit keinem Wort die Rede. – Er kommt überhaupt nur als Autorität in den Blick, wobei nicht gesagt wird, worin seine Rolle als Heilsmittler besteht. Denn von Sündenvergebung und Gericht spricht das JohEv nicht. Offenbar war er zur Zeit der Abfassung des JohEv in erster Linie als Lehrautorität und Schulhaupt wichtig.

[117] Vgl. BAUER-ALAND: Wörterbuch, 6. A., 501: »Es ist dabei vielleicht speziell an die Abnahme des Lichts gedacht«; dazu Cassius Dio 45,17: »Das Licht der Sonne schien geringer zu werden (gr.: *elattousthai*) und zu verlöschen.«

Sich-taufen-Lassen als Anerkennung des Mittlers

Johannes tauft zwar, aber sein Taufen erscheint von seiten der Täuflinge als ein Akt der Anerkennung der Würde des Lehrers Johannes. Nach Joh 1,25 verwundert es die jüdischen Autoritäten, daß er tauft, obwohl er weder der Messias noch Elia noch ein Prophet sei. Offensichtlich gilt sich taufen zu lassen als Anerkennung irgendeines dieser Würdeprädikate.

Diese Sicht wird bestätigt durch die Taufe nach 1 Kor 1,12–17 und die Waschung nach Joh 13,8–13, die auch nichts weiter als eine besondere Art der von Jesus praktizierten Taufe ist. Wer sich so von Jesus waschen läßt, erkennt nämlich ihn als Herrn und Lehrer an. (Nach Joh 13,8b geht es darum, überhaupt Anteil zu haben an Jesus; er ist der Lehrer hier: 13,14.)

Jesus wird nicht getauft

Jesus wird von Johannes nicht getauft. Das JohEv erwähnt dies jedenfalls nicht. Seit alters gilt das in der kritischen Exegese als klassischer Erweis sekundärer apologetischer Verfälschung durch das JohEv. Das übliche Argument lautet: Den Evangelisten sei es peinlich gewesen, daß sich Jesus durch den Täufer habe taufen lassen. Der Disput Mt 3,14f sei der beste Beweis dafür.

Aber: Könnte es nicht in der Absicht der Synoptiker liegen, durch die Verknüpfung von Wassertaufe und Geistmitteilung im Falle Jesu ihre eigene Taufpraxis ätiologisch zu legitimieren? Weist darauf nicht Mt 3,15? Das JohEv verzichtet darauf, seine eigene Taufpraxis, die auch Wasser und Geist umfaßt, so zu legitimieren (Joh 3,5). Spricht das nicht eher für den johanneischen Bericht? – Vor allem: Wenn Sich-taufen-Lassen wie Beten (und In-die-Synagoge-Gehen) ein Akt der Verehrung Gottes war, warum wäre eine Taufe dann Jesu peinlich?

Zu beachten ist auch: Daß der Täufer Jesus bekannt macht, paßt dem Evangelisten nicht besonders in seine Linie. Denn nach ihm bestreitet der Täufer, Elia zu sein. Der aber macht den Messias bekannt (Justin, Dial 8,3; 49,1).

Was der Täufer nicht war

Dem Täufer wird bestritten, der Messias, Elia oder ein Prophet gewesen zu sein. – Dergleichen Fragen, wie sie in Joh 1,19–23 gestellt werden (Wer bist du [bin ich]? – Nennung von Alternativen), werden sonst für Jesus überliefert (Mk 8,27–29; vgl. 6,14–16; ThomasEv 12). Der Evangelist legte auf die Erörterung dieser Fragen großes Gewicht, daher die Anfangsposition im Evangelium. Mt 17,13 (Elia ist Johannes) ist der Aussage des Täufers hier entgegengesetzt. Aber an Mt 17 wird erkennbar, daß dergleichen Ansprüche für den Täufer diskutiert wurden. Aus dem unter 10. zu Erörternden geht hervor, daß Elia den Messias nach jüdischer Erwartung nicht nur bekannt machen muß (was der Täufer nach Joh 1,32–34 tut), sondern ihn auch salben muß. Das tut Johannes nach Joh 1 nicht, und deshalb ist er nicht Elia.

Selbstauffassung des Täufers

In einem Ich-bin-Wort (!) sagt der Täufer über sich selbst: *Ich bin die Stimme des Rufers in der Wüste, bereitet des Herrn Weg* (1,23).

Da auch die Synoptiker übereinstimmend vom Täufer so berichten (Mk 1,3; Mt 3,3; Lk 3,4) und da das Zitat im zeitgenössischen Judentum in den Qumran-Texten lebendig war, ist es sehr vertrauenerweckend.

Diese Selbstprädikation ist bemerkenswert, da sie in der Substanz der Logosprädikation ähnlich ist. Denn ob der Täufer sagt: »Ich bin die Stimme Gottes ...« oder Jesus dem Evangelisten nach »Ich bin das Wort Gottes ...«, das ist sehr ähnlich. Da müssen schon die Unterschiede in der Mittlerschaft bei der Schöpfung deutlich gemacht werden. Der Anspruch des Täufers, »Stimme seines Herrn« zu sein, stellt ein radikales Verständnis des göttlichen Gesandten dar. Strukturell ist so die johanneische Sendungskonzeption vorgeprägt. Sie bewegt sich damit in einer vom Täufer vorgezeichneten Bahn.

Ich halte es für gut möglich, daß der Evangelist zur Unterscheidung gegenüber dem Täufer auf die Logos-Prädikation und die Schöpfungsmittlerschaft zurückgreift. Seine Anleihen in der Tradition der Christus-Hymnen der Briefliteratur dienen auch der »Auseinandersetzung« mit dem Täufer.

Das Zeugnis des Täufers

Die erste wörtliche Rede im JohEv ist das Täuferwort: *Der nach mir kommt, war vor mir, denn er war früher als ich* (1,15). Es wird in der Folge mit Variationen wiederholt (1,26; 1,30) und als das entscheidende Täuferzeugnis bezeichnet.

Die Übersetzung des Wortes ist nicht sicher geklärt, und so ist nicht deutlich, ob es sich im zweiten Teil von vornherein schon um eine Präexistenz-Aussage nach johanneischer Art handelt. Das »nach jemandem kommen« kann durchaus im Sinne der Schülerschaft verstanden werden (gr.: *erchesthai opiso*) wie Mk 1,20; 8,34; Mt 16,24; Lk 9,23; 14,27; 21,8. – Hält man sich zum Beispiel an Joh 1,30, so kann man übersetzen: »Unter meinen Schülern ist ein Mann, der mein Lehrer ist, denn er war zuerst da« (wörtlich: Hinter mir her geht ein Mann, der vor mir steht, denn er war früher als ich). – Dieses Verständnis hätte den Vorteil, daß die Schülerschaft Jesu gegenüber Johannes dem Täufer, die die Synoptiker mit dem Bericht vom Getauftwerden durch Johannes verbinden, so auch für das JohEv gesichert ist.

Von Präexistenz wäre aber ohnehin nicht notwendig die Rede, denn es werden nur relative Zeitverhältnisse genannt. Versteht man »zeitlich« im Sinne von »nach«, »vor« und »früher«, dann kann die behauptete zeitliche Priorität des an Lebensalter doch augenscheinlich Jüngeren seinen Vorrang in der Weisheit kennzeichnen, wie es in apokalyptischen Texten[118] nicht unüblich ist. Das heißt: Normalerweise ist der Ältere der Lehrer und der Weise. Denn Anciennität und Autorität hängen zusammen. Hier ist es anders: Der Jüngere hat die größere Autorität. Ähnliches steht über Jesus in Lk 2,46–47.

Den Messias offenbar machen

Die eigentliche Aufgabe des Täufers besteht nicht in der Bußtaufe zur Vergebung der Sünden, sondern sie besteht darin, den Messias offenbar zu machen, der schon verborgen unter seinem Volk weilt und nur unerkannt ist.

Keineswegs handelt es sich hier nur um ein sekundäres Verdrängen älterer synoptischer Aussagen über die Taufe Jesu durch Johannes. Die Entdeckung des zuvor unbekannten Messias ist ein großes theologi-

[118] Vgl. auch Jub 23,26.

sches Problem jüdischer Messiaserwartungen. Denn auch in älteren Texten ist die Meinung verbreitet, der Messias sei schon gekommen, halte sich aber an unbekanntem Ort auf oder sei entrückt.[119]
Wenn Johannes der Täufer den zuvor unerkannt in seinem Volk weilenden Messias offenbar macht, handelt es sich mithin um eine gewichtige judenchristliche Konzeption. Der Messias ist schon da, aber unbekannt: »Der Christus ist unbekannt und versteht auch selbst nichts von sich« (Justin, Dial 8,4). »Er wird nicht erkannt, wer er ist; aber wenn er sichtbar und berühmt wird …« (ibid., 110,1). Nach Justin, Dial 8,3;49,1 macht Elia den Messias offenbar und salbt ihn.

Sündenvergebung?

Der Täufer bringt durch seine Taufe nicht Vergebung der Sünden, sondern er macht nur den offenbar, bezeichnet nur den, der die Sünden der Welt wegnimmt, und zwar als das »Lamm Gottes«. Eine Beziehung zwischen Taufe und Sündenvergebung ist im JohEv auch sonst nicht erkennbar. Wenn es sich in Joh 3,5 um die Taufe handelt, dann ist sie Wiedergeburt aus Wasser und Geist, Geburt vom Himmel her und steht zur Sünde in keiner erkennbaren Beziehung mehr. Wie das Lamm Gottes die Sünde der Welt beseitigt, sagt das JohEv nicht. – Im übrigen kennt das JohEv keine Sünde vor Christus. Erst und nur ihn zu verfehlen ist *die* Sünde. (Näheres dazu S. 241f.)

Jesus tauft gleichfalls

Nur das JohEv hat die Tradition bewahrt, daß auch Jesus zunächst – wie der Täufer – mit Wasser tauft (Joh 3,26) oder taufen läßt (4,2). Dabei sagt aber doch Joh 1,32 selbst, Jesus werde mit heiligem Geist taufen. Freilich tut er das nach dem JohEv erst als Auferstandener (20,22: *Empfangt den heiligen Geist*). Die Konsequenz ist: Mk 1,8 steht mit der mutmaßlich markinischen Auslegung nicht allein da.
Zur Erläuterung: Die in Mk 1,8 angekündigte Geisttaufe sieht das

[119] Vgl. BERGER/COLPE: Textbuch, Nr. 214, S. 129f: Nach dem Midrasch zu den Klageliedern Jeremiae wurde der Messias geboren, als der Tempel zerstört wurde. Er wird jetzt im Himmel aufbewahrt bis zur Zeit des Machtantritts. Vgl. ähnlich Apk 12,5.

MkEv offensichtlich erfüllt in den Exorzismen Jesu. Denn hier vertreibt Jesus die unreinen Geister mit seinem heiligen Geist. Mit diesem heiligen Geist dringt er in die Menschen ein und erfüllt sie (Mk 3). Insofern ist hier Jesus vor Ostern als der Täufer mit Geist wirksam. Sollte diese Auslegung des markinischen Befundes zutreffen, so wäre die Position des MkEv etwas riskant, denn nicht jeder versteht Exorzismen als Taufe. Für diese Auslegung des MkEv spricht, daß der Evangelist den Exorzismen eine ganz zentrale Rolle beimißt. – Ganz anders im JohEv: Dieser Evangelist weiß nichts über Jesus als Exorzisten. Daher kann er Joh 1,32 erst mit dem Erhöhten verbinden. Hier spricht nun meines Erachtens sehr viel dafür, daß wir den älteren Befund im JohEv vor uns haben:

a) Alle vier Evangelien sind sich darin einig, daß Jesus vor Ostern der einzige Träger des heiligen Geistes ist.

b) Erst der Erhöhte gibt den heiligen Geist weiter (Lk 24,48f; Act 2,4.33).

c) Die mutmaßlich markinische Lösung (Exorzismen als Geisttaufe) ist nicht auf den ersten Blick überzeugend.

d) Auch nach der Elia-Elisa-Tradition und nach dem jüdisch-hellenistischen Testament des Hiob ist die jeweilige Anteilhabe am Geist bzw. sind charismatische Erbteile erst möglich nach der Entrückung des Traditionsgründers.

Das JohEv ist daher im Bericht von Jesu Taufen im Kontrast zur Neugeburt aus Geist (Joh 3,3.5; wir würden sagen: zur nachösterlichen Taufe der Gemeinde) durchaus konsequent. Daher wird auch in Joh 3,3.5 der Ausdruck »taufen« vermieden. Während Jesus »tauft«, ist Neugeburt aus Wasser und Geist etwas anderes. Denn erst nach Ostern gibt es den Geist für andere (vgl. oben unter b). Das macht den Unterschied zwischen dem Taufen Jesu und der nachösterlichen christlichen Taufe aus. In dem »Wir« in Joh 3,11 scheint sich die Gemeinde mit Jesus zusammen zu sehen.

Ältere Tradition im JohEv liegt insofern vor, als das JohEv als einziges die Differenz zwischen Taufe Jesu und Geist-»Taufe« bewahrt.

Fazit: Das JohEv bewahrt mit seiner Auffassung von der Gabe des Geistes (erst) durch den Erhöhten genuine Tradition. Daraus folgt gleichzeitig: Seine Notizen über Jesu Taufen sind zuverlässig. Seine Auffassung, daß Jesus zu Lebzeiten auf Erden mit Wasser wie der Täufer getauft hat, ist historisch gesehen sehr gut möglich.

Keine Wunder

Deutlich wie kein anderes Evangelium sagt das JohEv: Der Täufer hat kein Wunder gewirkt, er trat nicht als Wundertäter hervor (Joh 10,41). Von daher müßte deutlich werden, welche konstitutive Bedeutung die Wundertaten Jesu nach dem JohEv haben. Nach außen hin sind sie das unterscheidende Merkmal.

In dem ersten Wunder, das Jesus in Kana wirkt, kommen gleich alle drei Jesus vom Täufer unterscheidenden Merkmale zum Ausdruck:

a) Jesus wirkt Wunder, was Johannes nicht tat.

b) Jesus bejaht den Weingenuß. Aus Krügen, die dem Wasser für die Reinigung dienten, macht er Gefäße für den messianischen Wein. Nach der synoptischen Tradition ist Johannes lebenslang Nasiräer (Lk 1,15), lebt also abstinent.

c) Jesus erfüllt mit seinem Wunder in Joh 2,1–11 die Rolle des in der Planung der Hochzeit stümperhaften Bräutigams. So wird seine Rolle als messianischer Bräutigam bildlich vorbereitet; Bräutigam und Wein sind auch nach Mk 2,18f verknüpft.

Der Bräutigam

Wie in der synoptischen Tradition steht auch im JohEv die Auseinandersetzung zwischen Jesus- und Täuferjüngern unter der für Jesus reklamierten Metapher des »Bräutigams«. Man beachte: Nach Mk 2,18 kommen *Johannes-* und Pharisäerjünger zu Jesus und beklagen sich über das mangelnde Fasten seiner Jünger. Jesus antwortet in Mk 2,19f mit dem Bild von den Hochzeitsleuten und der Vorhochzeit, die der Bräutigam feiert, solange er bei ihnen sein kann. In Joh 3,29 bezeichnet sich der Täufer als den Freund des Bräutigams, der sich freut, wenn er dessen Stimme hört, die aus dem Brautgemach ertönt und die Jungfräulichkeit der Braut feststellt. Nach dem unmittelbaren Kontext bezeichnet der Täufer deshalb Jesus als den Bräutigam, weil von Jesus gilt: »Der die Braut hat, ist der Bräutigam.« Denn nach Joh 3,26 taufte Jesus, *und alle kamen zu ihm.*

Man kann meines Erachtens die Meinung vertreten[120], die Rolle Jesu als

[120] Vgl. dazu: K. BERGER: Wer war Jesus wirklich? 3. A., Stuttgart 1995, 27–35. Ferner: DERS.: Jesus als Nasoräer/Nasiräer, in: NovTest 38 (1996), 323–335.

des Bräutigams sei seine spezielle Deutung des mit dem Täufer gemeinsamen Eheverzichts. Der Eheverzicht des Täufers ist im Sinne zeitgenössischer prophetischer und priesterlicher Reinheitsideale zu verstehen (asketisch-rituell verstandener radikaler Nasiräat). Jesus deutet seine Ehelosigkeit, die er zunächst mit seinem Lehrer teilt, um in die des Messias, der auf seine Braut, nämlich Israel, wartet. Nach der Meinung des Täufers in Joh 3,29 »hat« Jesus die Braut schon – freilich aus unserer Sicht eine gewisse Übertreibung. Aus der Perspektive des Täufers könnte es aber eine Zeit in der Wirksamkeit Jesu gegeben haben, in der die Braut »willig war«.

Kein Martyrium des Täufers

Das Martyrium des Täufers wird vom Evangelisten offensichtlich deshalb nicht berichtet, damit der Täufer *nicht neben Jesus zum Märtyrer wird.* Denn Jesus als den standhaften und siegreichen Märtyrer zu zeigen, war ja das Ziel der Darstellung des Todes Jesu im JohEv. Das heißt: Weil der Evangelist nur diese Konzeption der Kreuzigung hat, ist die täuferische Konkurrenz in diesem Punkt besonders groß.
Der Verfasser kann der Autorität des Täufers noch nicht mit der Auffassung begegnen, der Tod Jesu sei zur Wegnahme der Sünden der Welt geschehen. Theologiegeschichtlich weist das auf ein erkennbar frühes Stadium, in dem der Austausch unter frühchristlichen Gemeinden noch nicht so weit gediehen war, daß das JohEv die Konzeption des stellvertretenden Todes um der Sünden willen hatte aufnehmen können.
Zur Bedeutung des Welt-Bezugs Jesu vgl. unten S. 156.

Ältere Traditionen im JohEv: Im Zusammenhang mit Johannes dem Täufer repräsentiert das JohEv eine Fülle altertümlicher und auf die Synoptiker nicht zurückführbarer Traditionen:
– die Auffassung vom Taufen Jesu mit Wasser zur Zeit des Erdenwirkens;
– die abgewiesene Auffassung vom Täufer als Licht (Sonne);
– das Bild von Sonne und Mond im Vergleich zum Täufer aus früher Auseinandersetzung;
– den Zusammenhang von Taufe und Lehrautorität (1 Kor 1,12–17);
– die Entdeckung des Messias durch Johannes;

– die Selbstauffassung des Täufers als Stimme Gottes, die durch die johanneische Logostheologie dann überhöht werden muß;
– die Unterscheidung Jesus – Täufer dadurch, daß der Täufer kein Wunder gewirkt hat. Jesus realisiert damit die Mose- und Elia-Tradition auf ganz andere Weise;
– die Bezeichnung Jesu als des Bräutigams im Sinne früher Auseinandersetzung mit Täufergruppen, denen angeboten wird, Johannes doch »Freund des Bräutigams« zu nennen;
– die Nachricht, daß wichtige Jünger Jesu vorerst Täufer-Jünger waren (Joh 1,35–38);
– die Schwierigkeit, daß auch der Täufer den Märtyrertod gestorben war, kann der Evangelist vorerst nur durch die Ausblendung des Todes des Täufers angehen.

Die historische Frage

Man darf fragen: Wieweit ist die »Auseinandersetzung« mit täuferischen Kreisen ein Anliegen zur Zeit der Entstehung des JohEv? Denn die umfangreiche Überlieferung setzt akute Interessen voraus.
Da dem Täufer wichtige Funktionen gelassen und zugeschrieben werden, andererseits aber auch die Rangpriorität Jesu deutlich betont wird, wird man sagen müssen: Der Evangelist wirbt um weitere Jünger des Johannes. Von einer Konkurrenz zwischen Jesus und dem Täufer – etwa im Sinne rivalisierender Professoren des 19. Jh. – kann nicht die Rede sein.
Der Weg der Vereinnahmung durch Schöpfungsmittlerschaft ist strukturell ähnlich dem, was der Kolosserbrief mit den Engelmächten macht. Der Brief ordnet Engelmächte Jesus unter, indem er sie in die Schöpfung eingliedert, in der sie von Anfang an unter Jesus als dem Haupt stehen. Die »Kultrivalen« werden durch die Unterordnung unter Jesus unschädlich gemacht, indem erklärt wird, sie seien durch ihn geschaffen, er sei ihr Haupt. – Ähnlich im JohEv: Der Täufer ist nur ein Mensch (Joh 1,6), Jesus dagegen ist Ort Gottes, durch ihn ist alles geworden. So sind die Größendimensionen von Anbeginn an klar.
Der Übertritt von Schülern, der Freund des Bräutigams, der sich freut, und das wiederholte Zeugnis für Jesus – alles dieses weist in dieselbe Richtung: Daß der Evangelist sich seine Wort- und Sendungstheologie

durch den Täufer hat vorzeichnen lassen, könnte darauf hinweisen, daß er selbst zu dieser Gruppe in Beziehung stand, vielleicht sogar aus ihr stammte.

Gewiß ist hier und immer der *Welt-Bezug* Jesu wichtig gegenüber der Täufergruppe. Bei Jesus geht es immer um die ganze Welt. Sie ist durch ihn geschaffen. Er ist der Erlöser der Welt, und am Kreuz wird er alle an sich ziehen. Die Vorsicht bei der Bejahung der Heidenmission, die in Kap. 12 erkennbar wird, ist sicher auch darin begründet, daß die Anhänger des Täufers nicht als allererstes in die gefährliche Gemeinschaft mit Heidenchristen hätten treten wollen. Trotzdem ist die Universalität der erkennbare Vorzug Jesu. Sie macht seinen Rang aus.

Das kennzeichnende »Jonglieren« des Evangelisten zwischen Zuwendung zu innerjüdischen Gruppen und Heidenmission hat darin seine Ursache. Das Evangelium nach Johannes versteht sich mithin als Sammlungsbewegung zur Integration unterschiedlicher samaritanischer, jüdischer und judenchristlicher Gruppen.

§ 19
Der Menschensohn nach Johannes

Differenzen zu den Synoptikern

Im Bann der Hypothese von der Spätdatierung des JohEv hat man auch den johanneischen Menschensohn ganz im Schatten der Synoptiker gesehen. Nach R. Schnackenburg baut gar der johanneische Menschensohn auf dem synoptischen auf. Diese Thesen sind um so erstaunlicher, als man doch die Differenzen in der Vorstellung vom Menschensohn schon lange erkannt hat.

Gemeinsamkeiten: Jedenfalls auf der Ebene der Evangelisten bezieht sich der Menschensohn überall auf Jesus. Dieser redet dennoch vom Menschensohn in der dritten Person. Gemeinsam ist auch die Rede vom Hingehen des Menschensohnes (gr.: *hypagein*) und die – wenn auch sehr unterschiedliche – Ankündigung des »notwendigen« Geschicks des Menschensohnes (Joh 3,14f; Mk 8,31; 14,21). Die eschatologische Funktion des Menschensohnes ist bereits extrem unterschiedlich ausgestaltet (Joh 5,28: Auferstehung; Mk 13,27: Sammeln der Auserwählten; »Gericht« nach Mt 25,31–46 und nach Joh 5,27, aber doch sehr unterschiedlich: bei Matthäus mit Thron bei der Parusie, nach Joh 5 schon in der Gegenwart).

Die Differenzen sind: Für die Synoptiker ist der Gegensatz von verhüllter und offenbarer Vollmacht des Menschensohnes grundlegend, für das JohEv dagegen ist der Menschensohn der vom Himmel Herabgekommene, der wieder zum Himmel hinaufgeht, er ist vor allem die Gabe Gottes für die Menschen selbst. Der Aspekt der Sendung steht sehr stark im Vordergrund. Bei den Synoptikern geht es meines Erachtens immer um den Menschensohn als »Regierungspräsident« (Wesir) Gottes, und zwar entweder offen oder im Sinne paradoxer Verhüllung.

Eigenständiger religionsgeschichtlicher Ursprung

Für die Synoptiker ist der Menschensohn komplementär zum Reich Gottes, im JohEv entfällt dieser Punkt. Angesichts des Befundes im JohEv ist eine Herleitung der Vorstellung vom Menschensohn aus der apokalyptischen Szenerie der Theophanie in Dan 7 noch schwieriger als bei den Synoptikern. Denn auch wenn vom Wirken des Menschensohnes bei der Auferstehung die Rede ist (Joh 5), so ist hier doch nicht an eine Parusie auf den Wolken wie in Mk 13,22f gedacht, die sich an Dan 7 orientiert haben könnte.

Aufgrund alles dessen legt sich die These nahe, im JohEv habe die Vorstellung vom Menschensohn einen eigenen religionsgeschichtlichen Ursprung im Judentum, und zwar unabhängig von der apokalyptischen Gerichtsvorstellung. In diesem Sinne soll hier folgende These vertreten werden:

Das JohEv orientiert sich an einer Auffassung vom Menschensohn, die nicht aus der synoptischen Tradition herleitbar ist. *Sie steht vielmehr in engem Zusammenhang mit der Auffassung des Buches Ezechiel vom Propheten.* Dieser wird nicht nur mit »Menschensohn« angeredet, sondern die Auffassung seiner Sendung liefert entscheidende Voraussetzungen zum Verständnis des JohEv im ganzen. Damit wird nicht gesagt, der johanneische Menschensohn sei mit dem Propheten nach Ezechiel einfach nur »identisch«, vielmehr wird lediglich dieses gesagt: Der johanneische Menschensohn ist wesentlich im Rahmen der Wirkungs-

und Interpretationsgeschichte dieser Figur bei Ezechiel zu begreifen. So betrifft diese Beobachtung auch die Fassung des Buches Ezechiel in LXX und als Targum. Die Gründe:

1. In Ezechiel wird der Prophet von Gott als »Menschensohn« (hebr.: *ben adam*) angeredet. Da das Hebräische im Unterschied zum Griechischen einen Vokativ nicht kennt, ist der Übergang von der Anrede zum »Namen«, besser: zur Funktionsbezeichnung, kein sprachliches Problem.

Es gibt bereits einen älteren Versuch, diese Anrede bei Ezechiel für das Neue Testament ins Spiel zu bringen.[121] Dieser Versuch ist deshalb fehlgeschlagen, weil er zu sehr belastet wurde durch die Annahme, aus Ezechiel lasse sich das Leiden des Menschensohnes herleiten. Das ist in der Tat nicht möglich, und daher mußte die These in dieser Form scheitern.

2. Zumindest für spätere Leser war es leicht möglich, den »Menschen« aus Ez 1,26 und die Anrede »Menschensohn« in Zusammenhang zu bringen. Nach Ez 1,26 erscheint Gott »wie ein Mensch«, und wenn der Prophet im folgenden »Sohn des Menschen« heißt, steht er zu diesem Menschen in der Beziehung, die mit dem Wort *ben* ausgedrückt wird. Der enge Zusammenhang zwischen Gott und dem Menschensohn ist so auch in der eigenartigen »Mensch«-Metaphorik des Ezechiel begründbar.

3. Der als Menschensohn angeredete Prophet ist von Gott gesandt (Ez 2,3; 3,5; gr.: *exapostellein*). Die johanneische Konzeption der Sendung hat also einen spezifischen Ursprung auch in der prophetischen »Menschensohn-Theologie« (vgl. dazu unten).

4. Die Formel »Das Wort wurde gerichtet an ...« leitet jeweils Offenbarung ein. Im Griechischen heißt das *egeneto logos.* Sachlich bedeutet das: Das Wort Gottes wird an Ezechiel gerichtet. Wenn es in Joh 1,14 heißt: *logos sarx egeneto,* dann ist damit eine neue Qualität dieses Wortereignisses erreicht. Es wird nicht mehr »an« einen Menschen gerichtet, sondern erscheint *als dieser Mensch selbst.* Es ist schon immer aufgefallen, daß die Formulierung in Joh 1,14 sonst keine erweisbare Parallele im Griechischen hat.

[121] A. H. CURTIS: Jesus Christ the Teacher (1943), 127–143. – Vgl. dazu: C. COLPE, Art. *hyios tou anthropou,* in: ThW 8, 409f.

Nach Tg Ez 36,9 sagt Gott zu Israel: Ich selbst will mich dir offenbaren und dir meine Memra (Wort) zuwenden, um dir Gutes zu tun.

5. Der Prophet hört zuvor Gottes Wort (Ez 2,8.10) – das entspricht Joh 5,30; 8,26 *(Was ich von ihm gehört habe, das sage ich der Welt);* 8,40 etc.

Gott hat dem Propheten alles »gezeigt« (Ez 11,25 gr.: *edeixen*) – Jesus sagt: *Alles zeigt er* (der Vater) *ihm* (dem Sohn), *was er tut* (Joh 5,20). Der Prophet hat alles bei Gott gesehen (Joh 8,38 *Was ich beim Vater gesehen habe, das sage ich*).

Nach Tg Ez 2,10 offenbarte Gott dem Menschensohn, »was von Anfang an war und was am Ende sein soll« – vgl. dazu Joh 8,58 *(Ehe Abraham wurde, bin ich ...)* und 5,28 (Totenauferstehung).

6. Das Thema »Hirt« für Israel ist bei Ezechiel entfaltet, und das gilt auch für das JohEv (Kap. 10). Den »anderen Hirten« nach Joh 10,8.12f entsprechen die falschen Propheten nach Ezechiel (zum Beispiel 13,6; 34,2.5). In solchen Fällen sind die wilden Tiere bzw. Wölfe die Gefahr für die Herde (Ez 34,5b.28; Joh 10,12).

Die zerstreuten Kinder Israels sind Thema bei Ezechiel (37,21: Der Prophet will die Kinder Israels »von überall her sammeln«) wie bei Joh (11,52). In Ez 37,22–24 heißt es: *Und ich will ein einziges Volk aus ihnen machen ... und mein Knecht David soll der einzige Hirte für sie alle sein;* dem entspricht Joh 10,16: *Und es wird eine einzige Herde sein und ein einziger Hirte.*

7. Der Prophet »trägt« die Sündenschuld des Hauses Israel, vgl. dazu die Aussagen über Gottes Lamm nach Joh 1,29 und besonders Targum Ez 4,4 »Leg dich auf deine linke Seite und leg darauf die Sünden des Hauses Israel ..., du sollst tragen ihre Schuld«; 4,5 »Ich habe auf dich gelegt zwei für eine ihrer Sünden ... sollst du tragen die Sünden des Hauses Israel«; 4,6 »tragen die Sünden des Hauses Juda ..., die ich auf dich gelegt«.

In Ezechiel wird nicht erkennbar, ob sich das Tragen der Sünden zum Beispiel durch Leiden vollzieht.

8. Der Geist »der Prophetie ruhte auf mir«, dem Propheten (zum Beispiel Ez 37,1 Tg, ferner: Tg 1,3; 3,22; 8,1; 11,24; 37,1), vgl. Joh 1,33 (der heilige Geist steigt herab und ruht auf ihm). Der »Geist« stellte ihn auf (Ez 2,2). – »Wasser« und »Geist« sind nach Ez 36,25.26 Heilsgüter von Gott in der Endzeit, nach Joh 3,5 Zeichen des Christwerdens.

9. Nach Ez 47,1.9 *(und alles, was darin lebt und webt, wohin der Strom kommt, das soll leben)* sprudelt Wasser aus dem Tempel, Jesus bezieht dieselbe Erwartung auf sich, aber auch auf jeden, der glaubt (Joh 7,37f).
10. Der Prophet übt Gericht gegenüber Israel aus (Ez 22,2–16; 23,36–49) – auch nach Johannes ist Jesus gegenwärtiger Richter (zum Beispiel Joh 5,22; 12,31).
11. Das Wort Gottes wird als eßbar vorgestellt. So soll der Prophet nach Ez 2,8–3,3; 4,9f das Wort wie eine Speise essen und in sich aufnehmen. Genau so ist die Erwartung in Joh 6. Es kommt darauf an, Jesus, das Wort Gottes, zu essen.
Im Unterschied zu Ezechiel hat Jesus das Wort nicht gegessen, er ist ja das Wort selbst. Trotz dieses Unterschiedes liegt in beiden Fällen dieselbe Metaphorik vor.
12. Wie beim Propheten Ezechiel, so geht es auch bei Jesus um eine ganz harte Konfrontation des Gesandten Gottes mit seinem Volk. Diese Konfrontation ist von Mißverständnissen gesäumt. Vgl. dazu schon Ez 2,4 (»verstockte Herzen«).
Die Sünde, die Israel begeht, vollzieht sich aktuell gegen Gottes Wort, vgl. so besonders Tg Ez 3,17: »Wenn du ein Wort von meiner Memra hörst, mußt du sie warnen, nicht gegen sie zu sündigen«, vgl. Tg zu 3,27. Vgl. auch Ez 3,21. Tg Ez 20,21: »Die Kinder widersprachen meinem Wort … wer gehorchte, würde dadurch leben bis ins ewige Leben« – vgl. Joh 8,51.
13. Wer den Gesandten Gottes nicht hört, der hört auch auf den nicht, der ihn sendet (Ez 2,2).
Die Sequenz von Hören und Tun kennt Ez (33,32) wie Joh (8,38).
14. Auch Ezechiel ist – wie Johannes – daran interessiert, wo der Menschensohn »wohnt«: Nach Ez 12,2 wohnt (gr.: *katoikein*) der Menschensohn »inmitten ihrer (sc. der Israeliten) Ungerechtigkeiten«, denn sie sind »ein Haus des Widerspruchs«. Nach Ez 2,6 wohnt (gr.: *katoikein*) der Menschensohn unter Skorpionen. – Vgl. die Frage Joh 1,38.

Ergebnis: Der johanneische Menschensohn versteht seinen Beruf grundsätzlich in dem Rahmen, der durch den als »Menschensohn« angeredeten Propheten nach Ezechiel vorgegeben ist. Das gilt nicht im Sinne einer Identität, wohl aber als grundsätzliche Verwandtschaft. Die

Veränderungen betreffen die auch sonst als für das JohEv typisch erkannten Elemente. Dazu gehört zum Beispiel, daß alle Heilsaussagen christologisch besetzt werden. – Nicht erklärt werden durch Ezechiel außer Joh 1,51 (dazu s. unten) auch die Verben, die das Geschick des Menschensohnes beschreiben: weggehen, hinaufsteigen, erhöht werden, verherrlicht werden.

Die Bedeutung dieser Hypothese besteht in folgendem:

1. Die Beobachtung, daß Ezechiel für die johanneische Vorstellung vom Menschensohn wichtig ist, trifft sich mit der allgemeineren Wahrnehmung, daß Ezechiel für das Frühjudentum, insbesondere auch für frühjüdische Mystik und Neues Testament von noch unausgeschöpfter großer Relevanz ist.[122]

2. Wenn man den johanneischen Menschensohn von einer Tradition eines prophetischen Gesandten her versteht, wird plausibel, wie der Evangelist Menschensohn und Sendung zusammendenken konnte. Beides ist dann nicht mehr nur additiv nebeneinander zu stellen. – Von den nicht direkt durch Ezechiel erklärbaren Elementen können so zumindest indirekt die Verben »weggehen, hinaufsteigen« im Rahmen der Konzeption vom prophetischen Gesandten gedeutet werden.

3. Die Menschensohn-Theologie des JohEv ist nicht ein spätes und redaktionelles Bearbeitungsprodukt synoptischer Aussagen. Dieser Gedanke ist nach dem bisher Gezeigten ganz fallen zu lassen. Es zeigt sich hier ein genuiner Ursprung im Judentum, und ganz sicher kann man überlegen, ob der vierte Evangelist hier nicht die ältere Auffassung widerspiegelt. Konkret gefragt: Wie wäre es, wenn diese prophetische Menschensohn-Christologie überhaupt am Anfang stünde? So weit, das zu behaupten, möchte ich indes nicht gehen. Es genügt der Nachweis, daß es sich hier sehr wahrscheinlich um einen eigenständigen Zugang handelt.

4. Auch wenn der vierte Evangelist im angedeuteten *Rahmen* zu verstehen ist, so entfällt doch nicht sein christlich-theologischer Eigenbeitrag. Gerade in Differenz zu den Vorgaben aus der Ezechiel-Tradition wird gut erkennbar, worin er besteht. Das Wort wird nicht an Jesus gerichtet, sondern er ist es selbst, daher muß auch nicht er das Wort »essen«, sondern die Gläubigen sollen Jesus »essen«. Bote und Gabe sind in ihm zur untrennbaren Einheit verschmolzen. – In die-

[122] Vgl. zur ApkJoh BERGER: Theologiegeschichte, § 449.

sem Ansatz besteht eine alte Gemeinsamkeit mit manchen Zügen der synoptischen Tradition, und hierin kann man ein sehr altes Element erblicken.

Nach Johannes ist Jesus selbst der Tempel, aus dem das Wasser fließt. Er bewirkt selbst die Auferstehung, von der Ez 37 im visionären Bild spricht.

Ertrag für Frühdatierung: Das JohEv bietet eine selbständige Deutung des Menschensohn-Konzepts im Rahmen einer Konzeption des prophetischen Gesandten.

Menschensohn und Sendungschristologie

Nun wird im JohEv nirgends gesagt, der »Menschensohn« sei »gesandt«. Doch man darf sich nicht dadurch täuschen lassen, daß beide Lexeme nicht in demselben Satz vorzukommen pflegen. Dafür finden sie sich aber regelmäßig direkt hintereinander.

Im übrigen gehören auch das Herab- und Hinaufsteigen (vgl. § 34) sowie das »Geben« in das sachliche Themenfeld von Gottes Gesandten.

Vgl. Joh 3,13 (Menschensohn, Herabsteigen); 3,14 (Menschensohn). 16 (Geben). 17 (Sendung);
Joh 5,23 (Sendung). 27 (Menschensohn);
Joh 6,27 (Menschensohn). 29 (Sendung);
Joh 6,53 (Menschensohn). 57 (Sendung). 58 (Herabsteigen).

Fazit: Regelmäßig ist im unmittelbaren Umfeld von »Menschensohn« von »Senden« oder »Herabsteigen« oder »Geben« die Rede. Daher kann man eine sachliche Verbindung von Menschensohn und Sendung behaupten. In Dan 7 ist sie nicht gegeben.

Menschensohn und Richter

Für Joh 5,27 kann man nun freilich eine Beziehung zu LXX Dan 7,13f behaupten:

Joh 5,27	*LXX Dan 7,13f*
denn der Sohn	wie ein Sohn
des Menschen	des Menschen
ist er	kam er
und Vollmachten	und Vollmacht
gab er (sc. Gott) ihm	wurde ihm gegeben (sc. von Gott)

Das JohEv weist mit dieser Anspielung bzw. Nachbildung auf eine wichtige Verknüpfung, die hier vollzogen ist. Was hier geschehen ist, kann man generell so nennen: Der Prophet wird im Gericht wiedererwartet. Häufiger bezeugt ist das Schema für Henoch, Mose und Jeremia. Es besagt: Wer den Willen Gottes zuvor verkündigt hat, wird beim letzten Gericht dessen Einhaltung überprüfen. Er ist der geeignete Zeuge. – In der Tradition vom wiederkehrenden Propheten geht es darum, daß der Prophet jetzt und dann (bei der irdischen Verkündigung und im Gericht) Gottes Herrschaft nach dem Maßstab seines Willens durchsetzt. Man könnte auch sagen: In dem prophetischen Schema geht es um das Gesetz. Bei dem neuen prophetischen Gesandten Jesus geht es um das Leben, das Gott schenkt. Oder auch: Es geht jetzt um Gnade, das wäre dann im Unterschied zum »Gesetz« das, was Joh 1,17 sagt (Gesetz – Gnade).

Die besondere Bedeutung von Joh 5 liegt darin, daß hier nun die Menschensohntradition in dieses Schema eingeordnet wird. Einer ersten Wirksamkeit des (prophetisch-richterlichen) Menschensohnes jetzt entspricht eine ganz ähnliche am Ende, beim Weltgericht. Der Blick auf die synoptischen Evangelien bestätigt die Besonderheit des JohEv an dieser Stelle. In den Synoptikern ist immer nur entweder vom leidenden und auferstehenden oder vom auf Erden wirkenden oder vom zukünftig kommenden Menschensohn die Rede. (Lediglich Leiden und Wiederkunft sind verbunden in Lk 17,24f.)

Nur Joh 5,21–29 wagt die Verbindung zwischen der Verkündigung Jesu und seiner Rolle im Gericht, und zwar wird beides unter der Überschrift »Menschensohn« gesehen.

Die theologische Möglichkeit (als Denk-Möglichkeit) dieser Verknüpfung läßt sich nun gewiß nicht aus den Synoptikern erweisen. (Von den Versuchen der literarkritischen Aufsplitterung von Joh 5 nehmen wir hier wie überhaupt aus den schon in § 3 genannten Gründen Abstand.) Auf dem Hintergrund der dargestellten prophetischen Tradition (zum Gericht wiederkehrender Prophet) ist die Verbindung zweier sonst isolierter Menschensohn-Traditionen möglich geworden:

a) Menschensohn als Prophet nach Ezechiel,

b) Menschensohn als Bevollmächtigter Gottes in Theophanie nach Dan 7.

Erst durch die in Joh 5 sichtbare Verbindung von a) und b) wird die

»Vollmacht« von Dan 7,13 überhaupt eine Gerichtsvollmacht. In Dan 7,13 selbst ist davon nichts erkennbar (vgl. aber Dan 7,10).
Ältere Tradition im JohEv: Anhand von Joh 5,21–29 wird rekonstruierbar, was sonst regelmäßig als großes historisches und traditionsgeschichtliches Problem gilt: Wie und unter welchen Voraussetzungen es überhaupt möglich war, jüdische Menschensohnvorstellungen inklusive derer von Dan 7 auf Jesus anzuwenden, und zwar auf Jesu Erdenwirken wie auf Jesu Wiederkunft als Richter.

Die Sonderstellung von Johannes 1,51

Mit der Vorhersage von Joh 1,51 (vorbereitet in 1,50b *Du wirst noch Größeres als dieses sehen*) soll die Position des Nathanael überboten werden. Was der Leser bisher über Nathanael erfahren hatte, war dem Charakter nach streng jüdisch-national: Nathanael selbst war »echter Israelit« (1,47), er redete Jesus mit »Rabbi« an, hielt ihn für Gottes Sohn und König Israels. Diese Liste seiner Anschauungen mutet an wie eine Liste von Klischees über »national-jüdische Messiasanschauungen«. Der Evangelist legt Wert darauf, daß diese Ansichten von Anfang an überboten werden. Diese Rolle soll der Satz Joh 1,51 spielen. Denn hier geht es in jedem Fall um »Größeres als dieses«, nämlich, wie das Stichwort »Engel« in 1,51 belegt, um die himmlische Dimension, die jede nationale und irdische überragt.
Zumeist hat man Joh 1,51 im Sinne der Himmelsleiter Jakobs verstanden und die Engel entsprechend als solche, die zum Himmel hinauf- und von ihm herabsteigen, und zwar zum Menschensohn hin, so daß sie vorzustellen waren wie Telegraphenboten, die zwischen dem Menschensohn auf Erden und dem himmlischen Hof dauernden Kontakt hielten. So wie eben ein preußischer Feldherr mit »Berlin« durch reitende Boten in Verbindung stehen mußte. – Indes ist diese Vorstellung der Exegeten doch reichlich komisch, denn wozu sollte der Menschensohn, insbesondere der johanneische, auf einen derartigen Pendelverkehr angewiesen sein?
Der Schlüssel zum Verständnis von Joh 1,51 liegt meines Erachtens darin, daß zum einen die Engel nicht zum Himmel hinauf- und zum Menschensohn hinabsteigen, sondern daß sich beide Bewegungsrichtungen auf diesen beziehen, und daß zum anderen hier ein besonders interessanter Fall von flächenhaft-visionärer Darstellung vorliegt, wie

er religions- und kunstgeschichtlich im Umkreis und in der Wirkungsgeschichte der Apokalyptik belegt ist. Das heißt: Der Menschensohn ist nach der Auffassung von Joh 1,51 schlicht von Engeln *umgeben.*
Daß der Menschensohn von Engeln umgeben wird, ist geläufig aus den Texten, die vom Menschensohn und seinen Engeln sprechen, zum Beispiel Mk 8,38par *(... wenn er kommt in der Herrlichkeit seines Vaters mit den heiligen Engeln),* wo es in der Parallele Mt 16,27 heißt: ... *mit* seinen *Engeln,* ähnlich Mk 13,27; Mt 24,31; 25,31 *(und alle Engel mit ihm).*
Es ist nun Eigenart himmlischer Wesen nach visionären Darstellungen, daß sie nicht räumlich sind. Denn Raum wird mit Körper verknüpft gedacht. Himmlische Wesen aber sind körperlos, daher sind sie nicht räumlich, sondern flächenhaft. Gerade so werden in den »Hymnen« aus Qumran Engel im Himmel wie flächenhafte Zeichnungen vorgestellt.
Von daher wird es verständlich, daß die Engel, die den Menschensohn umgeben, nicht räumlich hinter ihm, vor ihm oder neben ihm stehen, sondern daß sie über ihm oder unter ihm zu stehen kommen. Gerade so würden wir ja auch zumeist »umgebende« Engel zeichnen. Das heißt: Die herauf- und hinabsteigenden Engel sind solche, die den Menschensohn umgeben, die man aber nicht anders schildern kann als nach Art flächenhafter Darstellung.
Nun bleibt Joh 1,51 im JohEv eine unerfüllte Weissagung. Zu keiner Gelegenheit wird der Menschensohn geschaut, wie er von Engeln umgeben ist. Dem Charakter nach paßt dieses Wort auch nicht zu den übrigen prophetisch orientierten Menschensohnworten des JohEv. Welche Funktion hat es hier? – Offensichtlich paßt dieses Wort, wenn nicht zu den übrigen Menschensohn-Worten des JohEv, so doch zu der Art, in der Nathanael nach dem Vorangehenden denken könnte. Ich nehme daher an: Es ist ein Wort aus seiner eigenen Tradition, judenchristlich und dazu apokalyptisch. Der Verfasser des JohEv führt dieses Wort an, um Nathanael und seine Gruppe bei ihren eigenen Traditionen abzuholen und mit deren Hilfe eine Brücke zum JohEv zu bauen. Denn Joh 1,51 spricht vom himmlischen Charakter des Menschensohnes; darin kommt es durchaus mit dem JohEv tendenziell überein, wo Jesus in 3,13 verkünden wird, der Menschensohn sei vom Himmel gekommen und zum Himmel hinaufgestiegen. Hier wird diesen Judenchristen gesagt: Seht, so etwas kennt ihr auch. Ihr müßt nur den Men-

schensohn nicht irdisch-national vorstellen (diese jüdische Auslegung von Dan 7,12 ist belegt), sondern als himmlisches Wesen. Dann denkt ihr in die richtige Richtung.
Wir halten fest: Joh 1,51 ist ein Brückenkopf für Judenchristen nach der Art des Nathanael, der Evangelist greift dieses Wort auf, um sie selbst (mit eigenen Traditionen) auf die Diskussionsebene des JohEv zu führen.

§ 20
Wunder

Das Thema Wunder wird für das JohEv extrem kontrovers diskutiert.[123] Wunder sind Offenbarung der Herrlichkeit Jesu (Joh 1,14; 2,11; 11,4.40), die schon Jesaja schaute (Joh 12,41). Während sonst im frühen Christentum gilt, daß man glaubt, was man nicht sieht (2 Kor 4,18; Hebr 11,1f), ist nach dem JohEv das Sehen die Auszeichnung der Augenzeugen, und es begründet den Zeugnischarakter des Evangeliums (auch in Joh 20,24–29). Die Leserinnen und Leser des Evangeliums sind die typischen Nicht-Augenzeugen. Der Gemeinde gehen viele Zeugen voraus. *Das Evangelium des Johannes gibt es eben deshalb, weil Glauben auf das Sehen angewiesen ist.*
Das JohEv zeigt aber auch, was Sehen ohne Begreifen bedeutet, und damit betont es auch den Stellenwert der Verarbeitung seitens der Adressaten des Evangeliums. Besonders in Joh 9 und 11 schildert das JohEv die Geschichte des Scheiterns des Wunderglaubens, um neue Impulse für den Glauben zu gewinnen. Die Diskussion über Blindheit

[123] Neuere Lit.: W. J. BITTNER: Jesu Zeichen im Johannesevangelium. Die Messias-Erkenntnis im Johannesevangelium vor ihrem jüdischen Hintergrund (WUNT II/26), Tübingen 1987. – L. JOHNS / D. B. MILLER: The Signs as Witnesses in the Fourth Gospel: Reexamining the Evidence, in: CBQ 56 (1994), 519–535. – H.-J. KUHN: Christologie und Wunder. Untersuchungen zu Joh 1,35–51 (BU 18), Regensburg 1988. – C. WELCK: Erzählte Zeichen. Die Wundergeschichten des Johannesevangeliums literarisch untersucht. Mit einem Ausblick auf Joh 21 (WUNT 69), Tübingen 1994.

in Joh 9 benennt alle Ebenen der Wahrnehmung und Verarbeitung von Wundern. Die Zeichen wurden gewirkt und gesehen, aber nicht wahrgenommen. Das war Verstockung. In dieser Situation wird ein erneutes Bedenken der Zeichen für die Adressaten zum neuen Impuls. Denn körperliche Heilung ist nur die eine Seite, Heilung im geistlichen Sehen die andere, schwierigere Seite. Aber die Wunder werden erneut erzählt, weil die Physis die Ausgangsebene ist und bleibt.
Eine wunderkritische Linie kann ich im JohEv nicht entdecken.

Kritik des Wunderglaubens?

Joh 2,23–25 gilt als *locus classicus* für die angeblich grundsätzlich kritische Position des Evangelisten gegenüber jeglichem Wunderglauben.[124] Vom Verständnis dieser Stelle aus sieht man dann auch die Rezeption der (angeblichen) Semeiaquelle durch den Evangelisten gesteuert. Die Frage ist: Geht aus diesen Versen wirklich eine Kritik »des Wunderglaubens« hervor?
Ohne Zweifel geht es um den Gegensatz zwischen den Zeugen der Wunder Jesu und Jesus selbst. Dieser Gegensatz stellt sich wie folgt dar:

»viele«	Jesus
glauben *(pisteuein)*	nicht sich gläubig anvertrauen *(heauton pisteuein)*
sahen	erkannte
Wunder	ohne Zeugnis, was im Menschen ist

Geht man von einer gewissen Entsprechung zwischen beiden Hälften des Textes aus, dann liegt dessen Intention in der Darstellung der un-

[124] Eng verbunden mit dieser Hypothese ist die Annahme einer im JohEv angeblich verarbeiteten und kritisierten Zeichenquelle. Nicht ganz untypisch für die Mentalität, die in der gegenwärtigen deutschsprachigen Erforschung des Neuen Testaments herrscht, ist, daß schon allein ein bloßes Anzweifeln dieser Hypothese mit dem Ideologieverdacht gebrandmarkt wird: »Die neuerliche Bestreitung dieser Quelle … erfolgt weitgehend aus ideologieverdächtigen Gründen (wie vor allem die Berufung auf K. Berger zeigt).« H. WEDER: Von der Wende der Welt zum Semeion des Sohnes, in: A. DENAUX (Hg.): John and the Synoptics (BEThL 101), Leuven 1992, 127–145, 128 A. 7. – Meine Argumente, auf die einzugehen Weder für unnötig hält, sind zuletzt publiziert in: BERGER: Theologiegeschichte, 715. – So wird man dem Fortgang der Johannes-»Forschung« mit Interesse entgegensehen dürfen.

terschiedlichen Art, in der sich das Publikum Jesu und Jesus orientieren. Das Schwergewicht liegt dabei auf Jesus. Die Menschen sehen die Zeichen (Wunder) und glauben. Sie sind auf das Sichtbare angewiesen. Ganz anders Jesus: Er ist überhaupt nicht auf ein Zeugnis angewiesen. Wunderzeichen sind Zeugnisse über Jesus, sie sind Argumente für ihn bei den Menschen. Jesus dagegen hat die Gabe der Herzenserkenntnis (vgl. Joh 4). Diese zeichnet ihn unter anderem als »Propheten« aus (Joh 4,20). In Wirklichkeit hat derjenige, der die Herzen erkennt, aber Anteil an Gottes eigener Fähigkeit. Denn nur der Schöpfer weiß, was in einem Geschöpf darin ist.

Der Text sagt Lobendes über Jesus aus der Perspektive derer, die seine Wunder erleben dürfen. Er sagt aber noch ganz anderes und etwas, das menschliches Beurteilen Jesu weit übertrifft, über Jesus: Jesus kann Herzen der Menschen durchschauen. Daher ist er nicht darauf angewiesen, sich seinen Partnern anzuvertrauen, wie sie sich ihm anvertrauen. Er muß nicht den Weg vom Sehen zum Glauben unternehmen. Er ist weit erhoben über alle Zustimmung dieser Art. Er selbst sieht die Menschen direkt – wie Gott. Geschildert wird daher der Unterschied zwischen Jesus und seinen Partnern auf Erden. Der Unterschied ist wie der zwischen Mensch und Gott. Von Wunderkritik ist auch nicht im entferntesten die Rede. Das gilt im übrigen auch sonst für das JohEv.

Der Text erörtert die unterschiedliche Wahrnehmungsperspektive, in der sich hier Jesus und seine Partner gegenüberstehen. Die Menschen sehen nur, was geschieht (sie können gar nicht anders!), Jesus dagegen sieht ins Herz. Die Menschen glauben aufgrund des Sehens, Jesu Aufgabe ist es nicht zu glauben, sondern ihm stehen die Menschen wie ihrem Schöpfer und Richter gegenüber. Der Evangelist beschreibt so sehr subtil die Voraussetzungen für jede Kommunikation im Evangelium. Dabei ist die Herzenserkenntnis Jesu besonders wichtig. Denn sie begründet seine Rolle in der sich vollziehenden Krisis.

Alte Tradition bei Johannes: Hier äußert sich eine prophetische Christologie. Die Wunder führen zum Glauben, der Prophet hat die Gabe der Herzenserkenntnis. Beides ist (auch in Kombination) altertümlich jüdisch.[125] Die Gabe der Kardiognosie ist auch bei der bisherigen Be-

[125] Von Gott: Jer 17,10; Ps 139,1; 1 Chron 28,9; Sir 1,30; Hen(äth) 9,5; Jub 35,3; 1 QH 1,7; 7,13; AntBibl 50,4; 16,15; PsSal 14,8; Act 1,24; 15,8; 1 Thess 2,4; Röm

handlung von Joh 4 in der Exegese regelmäßig zu kurz gekommen. Zu ihrer Bedeutung im Verhältnis von Joh 4 zu Hebr 4 vgl. unten § 40. Auch in Joh 4,46–54 geht es nicht um Wunderkritik.[126] 4,48 ist kein Tadel (warum wirkt Jesus dann das Wunder, wenn es doch nichts wert sein soll?), sondern eine Feststellung, die den Zweck des folgenden Wunders deutlich macht und zugleich die Hörer darauf festlegt. Wenn das Wunder gewirkt ist, entfällt jeder Grund, nicht zu glauben.

Symbolische Wunderdeutungen

In der sog. *symbolischen* Deutung von Wundern steht das JohEv nicht allein, es teilt diese Art der kompositorischen Einbettung der Wundererzählungen mit den Synoptikern. Gemeint sind damit vor allem durch die Komposition sich ergebende Funktionen von Wundern, die weit über das physische Wunder hinausgehen (Beispiele: Mk 8,22–26 Blindenheilung nach dem Vorwurf gegen die Jünger, blind zu sein, in 8,18 und vor dem Petrus-Bekenntnis in 8,29; Joh 6: Speisungsgeschichte und Brotrede, in der Jesus bzw. sein Wort als das wahre Brot gedeutet wird). In Mk 8,15–21 werden die Jünger angesichts der Rede vom Sauerteig der Pharisäer direkt zu symbolischer Deutung aufgefordert.

Freilich hat unsere Kategorisierung als »symbolisch« bedeutende Nachteile: Man scheidet zwischen Körper und Geist, was der Bibel fremd ist, und beeilt sich, von »nur symbolischer« Funktion zu sprechen, was die Bibel gewiß nicht intendiert. Das Verhältnis von physischem Wunder und umfassenderer Bedeutung ist vielmehr nach dem Schema von Spitze des Eisbergs und restlichem Eisberg vorzustellen.

Da Jesus offensichtlich nicht nur Wunder gewirkt hat, lag es nahe, die Wunder im biographischen Rahmen des Evangeliums in die Botschaft zu integrieren. Daß dieses bei den Synoptikern und im JohEv im glei-

8,27; Act Thomae 14; Philo, Cher 16f; 5 Esra 16,54; 1 Clem 21,9; TestXII Levi 2,3; Acta Apollonii 5; Acta Thaddaei 8 p. 278,11 (Bonnet); Herm mand 4,3,4; von Jesus: Acta Xanth Et Polyx 28. – Von Jesus: Lk 7,39; Joh 2,25; Apost Const 3,7,8; 2,24,6; – typisch von Gottes Gesandtem: Ps.-Clem Rec 1,33,1; 3,45,3: »dei veri propheta es et secreta hominum solus atque arcana cognoscis«; Hen(hebr) 11 (Henoch). – Von anderen Menschen: 1 Kor 14,25 *(Gott ist unter euch!).*

[126] Vgl. BERGER: Theologiegeschichte, § 523, S. 721.

chen Maße geschieht, und zwar besonders ausgeprägt zu den Themen Blindheit und Mahl, zeigt, daß man schon in der mündlichen Tradition vor den Evangelien auf diese Weise die partikularen Wundertaten zu Fermenten der über sie hinausgehenden und länger geltenden Botschaft machte. Dieser Vorgang ist in der Evangelien-Forschung noch zu wenig beachtet worden und tritt erst bei einer Frühdatierung des JohEv an das gebührende Licht. Denn es geht eben nicht um erst spät einsetzende Umdeutung der Wunder, sondern um frühe und grundsätzliche Versuche, sie der Botschaft zuzuordnen.

§ 21
Dämonologie

Das JohEv kennt zwar an einigen wenigen Stellen Dämonen, aber keine Exorzismen. Parallel dazu spielen auch Engel nur eine untergeordnete Rolle.

Die einzige gegnerische Macht von Bedeutung ist der Satan. Er ist auch Herrscher dieser Welt (12,31; 14,30; 16,11). Wenn der Logos daher in sein Eigentum kommt, gibt es den Streit mit dem Satan um die Weltherrschaft.

Während bei Exorzismen ganz der einzelne Geheilte im Vordergrund steht, ist dies bei dem Kampf um die Weltherrschaft anders. Die Perspektive ist daher nicht missionarisch und am Einzelfall orientiert, sondern das JohEv stellt ein weltgeschichtliches und damit apokalyptisches Drama dar.

Eine Einordnung des JohEv in die Apokalyptik ist nicht gerade üblich. Doch entscheidende Elemente sind gegeben: die Universalität der Perspektive, zwei (dualistisch konzipierte) Widersacher, ein dramatischer Entscheidungskampf, der Sieg des Repräsentanten Gottes, die Darstellung seines Reiches. Auch das Leiden des Märtyrers und der Märtyrer (Jünger) in der Welt ist wichtig und in apokalyptischen Texten nicht gerade ein Fremdkörper. So überrascht auch das apokalyptische Bild der Wehen nicht.

An der Stelle der vielen Exorzismen der Synoptiker steht hier ein einziger Exorzismus, der auch nicht zufällig mit demselben Vokabular be-

schrieben wird. Aufgrund der Erhöhung Jesu wird der Herrscher dieser Welt hinausgeworfen (Joh 12,31). Dasselbe Verb »hinauswerfen« gilt sonst bei Exorzismen.[127] Freilich wird der Satan hier nicht durch Befehle, sondern durch das Martyrium hinausgeworfen. Jesu gesamte Existenz läuft auf diesen einen entscheidenden Exorzismus zu. Analogien finden sich im Hebräer- und im Kolosserbrief, die auch sonst dem JohEv nahestehen.[128]
Im übrigen ist im Bild, das das JohEv vom Teufel entwirft, für dämonische Umtriebe kein Platz. Denn hier wie in 1 Joh wird der Teufel direkt und ohne Umschweife Mörder genannt und dem Tod Jesu zugeordnet. Man kann sagen: Die gesamte Gegenwelt (das heißt die Welt der gegnerischen Geister) wird vom Tod Jesu her interpretiert.
Und die Reinheit, die Jesus nach Markus durch seine Exorzismen herstellt (im Sinne *seiner* Art der Geisttaufe), bewirkt Jesus nach dem JohEv durch sein Wort (Joh 15,3). Daher besteht für Exorzismen kein Bedarf. Es gibt nur den heiligen Geist, aber der wird nach Ostern Jesu reinigendes Wort ersetzen. Nach Joh 20,22f vermittelt Jesus mit dem heiligen Geist Vollmacht (!) zur Sündenvergebung, nicht aber zum Exorzismus. Reinheit ist für das JohEv nach wie vor zentral, darum fehlen auch im Unterschied zum MkEv Reinheitsdebatten mit den Pharisäern. In diesem Punkt haben sie den Christen nichts vorzuwerfen.

Nun wird im MkEv die Vollmacht zum Exorzismus bereits vor Ostern von Jesus verliehen. Jede nachösterliche Bevollmächtigung schneidet das MkEv ab. Daher gibt es keine Geistverleihung an die Jünger nach Ostern, wie sie doch für Lukas und das JohEv so wichtig, für Paulus konstitutiv ist. An diesem Fall kann man die komplexen Relationen innerhalb der frühchristlichen Theologiegeschichte gut verdeutlichen. Denn das MkEv ist mit seiner vorösterlichen

127 Vgl. griech *ekballein* in Joh 12,31 mit Mk 1,34.39.43; 3,15.22.23; 5,40; 6,13; 7,26; 9,18.28.38; 16,9.17 usw.

128 Vgl. Hebr 2,14 (Durch seinen Tod hat Jesus den vernichtet, der die Gewalt über den Tod hat, nämlich den Teufel). Beachtenswert: Hier wird allein vom Tod Jesu gesprochen, nicht von seiner Erhöhung. Daß der Teufel die »Gewalt über den Tod« hat, läßt an jüdische Analogien denken, wonach die einzelnen Ressorts der Schöpfung unter bestimmte Engel aufgeteilt sind. Auch der Tod wird oft als Engel vorgestellt, z. B. im TestAbr. – Ferner Kol 2,14f: Durch den Tod Jesu werden im Triumphzug unterworfen, die dem Menschen als Ankläger Fehler vorwerfen können. – Ähnlich auch die lateinische Osterpräfation: *qui moriendo mortem destruxit …*

Bevollmächtigung zum Exorzismus durchaus konsequent, so konsequent, daß man dagegen von seiten des Paulus, des Lukas oder des JohEv nichts hätte sagen können. Bestreitet das MkEv mit der Autorität nachösterlicher Vollmachtsträger auch deren pneumatische Kompetenz? Ist die Betonung des Exorzismus ein konsequenter Gegenentwurf dazu? Ist der Evangelist »Markus« kirchenpolitisch so naiv, wie es oft erschien?

Es wurde bereits dargestellt, daß der Tod Jesu nach dem JohEv deshalb die exorzistische Wirkung hat, weil er als Vollendung des Gehorsams gegenüber Gott aufgefaßt wurde. Der Gehorsam Jesu hat den Weltherrscher besiegt – ähnlich konnte auch Paulus sagen, daß wir durch den Gehorsam des einen von der Weltherrschaft des Todes (Röm 5,17) in das Reich des Lebens und der Gnade befreit seien (Röm 5,19–21). Wo Paulus von der Regentschaft von Sünde und Gnade spricht (Röm 5,21), geht es im JohEv konkret um Satan gegen Christus, und wichtig ist, daß beide um den Gehorsam Jesu wie um die gemeinsame Mitte kreisen.[129]

Das Reich des am Kreuz Erhöhten wird darin begründet, daß er als glaubwürdiger, treu erwiesener Märtyrer alle an sich zieht. Sein Reich beruht auf dem Märtyrer-Zeugnis für die Wahrheit (Joh 18,36f). Andere Seitenstücke zu Joh 12,31 liegen besonders in Phil 2 und verwandten Texten: Hier ist freilich die Erhöhung anders konzipiert, nicht auf das Kreuz, sondern auf die Erhöhung über die himmlischen Mächte als *Akt nach dem Tod Jesu* bezogen. Aber dasselbe Wort »erhöhen« fällt auch in Phil 2 (vgl. dazu § 35).

Ältere Tradition im JohEv: In dämonologischer Hinsicht zieht sich ein Graben quer durch die urchristliche Theologiegeschichte. Nach den älteren Briefen (Paulus, 1 Petr, Hebr, Eph und Kol) hat Jesus *als der Erhöhte* die feindlichen Geistermächte besiegt oder wird sie (1 Kor 15) noch endgültig besiegen. Nach den synoptischen Evangelien dagegen

[129] Am Unterschied der Formulierungen bei Johannes und Paulus wird nochmals ein Problem der historischen Einordnung sichtbar. Denn Paulus beschreibt das Reich der Sünde und des Todes sowie das darauf folgende Reich der Gnade in hochabstrakter Sprache. Im Sinne traditioneller Theologie müßte das »ganz spät« sein. Galt doch lange Zeit in der abendländischen Erkenntnistheorie: Abstraktionen sind spät, Sinnliches ist früh. Das trifft hier nun ganz und gar nicht zu. Entscheidend ist das Milieu, in dem gemeinsame Traditionen verarbeitet werden.

treibt Jesus Dämonen aus und realisiert so Gottes Reich (Lk 11,20par). Je nach Perspektive und Gattung der betreffenden Schrift ist mithin Jesu Wirken prinzipiell identifizierbar, aber doch wesentlich unterschieden. Die Mächte heißen auch jeweils ganz anders. Man kann in diesem Zusammenhang das JohEv nicht nach dem Additionsprinzip behandeln und sagen, es hätte von beiden etwas und sei durch Mischung entstanden.
Im Blick auf die Briefliteratur ist es jedenfalls ausgeschlossen, anzunehmen, der vierte Evangelist sei zu seiner Auffassung durch redaktionelle Umdeutung der synoptischen Exorzismen gelangt. Vielmehr bildet er mit Hebr und Kol eine eigenständige Gruppe, die der paulinischen und deuteropaulinischen durchaus benachbart ist: Durch den Tod hat Jesus den Teufel besiegt. Das ist eigenständige Märtyrertheologie, der ApkJoh in diesem Punkt verwandt. So steht das JohEv hier den Briefen sehr viel näher als den Synoptikern. Dennoch ist es mit Hebr und Kol eigenständig. Nicht der einzelne Mensch ist besessen, sondern die ganze Welt wird von teuflischer Macht beherrscht. Auch die Mächte, Herrschaften und Gewalten waren Weltherrscher. Schließlich weist Paulus in 2 Kor 4,4 auf einen Weltherrscher ganz ähnlicher Art.[130] Alledem steht der vierte Evangelist nahe, und es besteht nicht der geringste Grund, ihn deswegen spät anzusetzen.

[130] Nach 2 Kor 4,4 behindert dieser Weltherrscher durch Verblendung die Mission. Ähnlich ist auch das Reich des Christus nach dem JohEv durch Blindheit (=Sünde) gefährdet, wie Joh 9,40f; 12,36b–42 nahelegen. In beiden Fällen wird die Herrlichkeit (gr.: *doxa*) Jesu Christi nicht wahrgenommen (2 Kor 4,4; Joh 12,41–43). Nach dem JohEv ist dieser Weltherrscher wenigstens prinzipiell schon besiegt. Darin steht das JohEv wieder Eph, Kol und 1 Petr nahe.

§ 22
Verhüllte und offene Rede[131]

Während die Synoptiker zu der Behauptung neigen, Jesus habe überhaupt nur in Gleichnissen gesprochen (Mk 4,34), bietet das JohEv kein einziges Gleichnis Jesu. Die liberale Forschung hielt die Gleichnisse der synoptischen Tradition für den weithin eisernen Bestand echter Jesusüberlieferung. Das Fehlen dieser Sprachform im JohEv war ein Grund mehr, dieses Evangelium für spät und sekundär zu halten. Oder: Der Evangelist habe noch nicht einmal versucht, diesem Bestand echter Jesusüberlieferung Konkurrenz zu bieten, und habe die älteren Evangelien, die er ja angeblich alle kannte, einfach mit diesem Reichtum bestehen lassen wollen.

Nun täuscht dieser augenscheinliche Befund aus mehreren Gründen:

Erstens fällt auf, daß Jesus auch bei Markus – jedenfalls nach unserem Eindruck – gar nicht ständig in Gleichnissen redet und damit Mk 4,34 durchbricht. Es ist kaum vorstellbar, daß Markus einen so offenkundigen Widerspruch hätte stehen lassen sollen. Die Lösung liegt darin, daß das griechische Wort *parabole,* das Markus hier gebraucht, nicht nur den Umfang unseres Wortes »Gleichnis« hat, sondern sehr viel mehr bedeutet, eben auch das, was in Mk 7,17 mit demselben Wort bezeichnet wird und sich dort auf Mk 7,15 bezieht: *Nicht das, was von außen hineingeht in den Menschen* … Auch bildhafte, jedenfalls erläuterungsbedürftige Worte werden so genannt.

Zweitens ist bekannt, daß das JohEv Bildmaterial aus der synoptischen Tradition verwendet, zum Beispiel das Bildfeld Schaf – Hirte – Wolf (vgl. unten § 29).

Drittens besitzen Metaphern im JohEv und Gleichnisse in der synoptischen Tradition jeweils dieselbe Funktion: Sie sind bildhafte Rede und werden von anderen, insbesondere von Außenstehenden, manchmal aber auch von den Jüngern selbst, nicht verstanden. Sie dienen somit der Scheidung, auch innerhalb des Jüngerkreises. Zu erinnern ist an Mk 4,11–12 einerseits (die Jünger verstehen nicht und müssen belehrt werden) und an Joh 6,61 andererseits (die Jünger haben die Brotrede nicht verstanden. *Wollt auch ihr gehen?*).

[131] Vgl. zur Gleichnisforschung: BERGER: Theologiegeschichte, § 461f.

Viertens kennt auch das JohEv den Gegensatz zwischen einer Zeit, in der Jesus bildhaft und rätselhaft redet, und einer Zeit, in der er den Jüngern alles erklärt und die bildhaft-verhüllende Rede aufgibt. In Joh 16,25.29 wird darüber reflektiert, und der hier verwendete Ausdruck *paroimia* (Rätselrede) ist synonym zu *parabole* (Rätselrede). Durch diesen Abschnitt in Joh 16 werden die gesamten Abschiedsreden als offene Auslegung (gr.: *en parrhesia,* »in Offenheit«) bezeichnet. Der Schnitt geht damit durch das JohEv, dessen erster Teil verhüllte Rede, dessen zweiter Teil (Abschiedsreden) offene Rede zu sein scheint. Bei Markus konnte die Auslegung direkt auf das Gleichnis folgen (Mk 4,2–9.14–20).
Bemerkenswert ist Joh 10,6 *(Diese Rätselrede sagte ihnen Jesus, jene aber verstanden nicht, was er zu ihnen sagte):* Einmal, weil hier der Ausdruck *paroimia* verwendet wird, was die Synonymie von Parabel und Paroimia bekräftigt[132], zum anderen bestätigt sich im Jüngerunverständnis die Analogie zu Mk 4,10–13. Das JohEv kommt hier am nächsten an synoptisches Gleichnisverständnis heran. Die Übereinstimmung gerade auch im Element des Unverständnisses (ohne daß das JohEv dann eine allegorische Auslegung gäbe) bekräftigt einen kennzeichnenden Zug der Bilder- und Rätselreden Jesu: Sie sind keine Allerweltsbelehrung, sondern besitzen eine scheidende Funktion.
Man kann daher sagen: Im Blick auf die alternative Aufteilung auf das JohEv und die Synoptiker sind Metaphern (johanneisch) und Gleichnisse (synoptisch) Zwillingsgeschwister.
Gerade anhand der nahe an synoptische Gleichnisse heranreichenden Stücke Joh 10 (Hirtenrede) und Joh 15 (Weinstock) werden auch die Unterschiede deutlich. In beiden Abschnitten werden nicht in sich geschlossene Vorgänge oder gar Erzählungen geboten, sondern eher Reihen von Einzelworten, die durch ein gemeinsames Stichwort bzw. Bildfeld zusammengehalten werden.

Das Fehlen der Gleichnisse hat im JohEv auch theologische Gründe:
1. Im JohEv fehlt (abgesehen von Joh 3,3.5) die Rede vom Reich Gottes. Es ist also nicht verwunderlich, daß auch Gleichnisse fehlen, waren sie doch die angemessene Form, über das Reich zu sprechen.
2. An die Stelle der Gleichnisse treten metaphorische Aussagen über

[132] Vgl. dazu die Überlegungen in: BERGER: Theologiegeschichte, 641.

Jesus selbst, besonders die metaphorischen Ich-Prädikationen wie »Ich bin das Licht der Welt«. Dieser Befund entspricht der Konzentration des JohEv auf die Christologie.

Man kann daher sagen: *Dort, wo in einem Evangelium der Schwerpunkt der Botschaft liegt, ist auch die Masse seiner Bilder angesiedelt.* Ein Blick auf apokalyptische Schriften bestätigt dieses (P Herm: Gleichnis/Vision vom Turmbau; ApkJoh: Bilder vom Untergang Roms; 4 Esra: Trauerndes und verwandeltes Sion.) Es handelt sich offenbar um ein wichtiges Gestaltungsmerkmal zeitgenössischer Offenbarungsschriften. Dort, wo die Bilder zunehmen, kulminiert die Offenbarung.

3. Zur Klärung ist hier auch die *historische* Fragestellung unabdingbar. Die Aufteilung unter den Evangelien hängt offensichtlich mit ihren Adressaten zusammen. Die Gleichnisse über das Reich Gottes (oder über Gottes Barmherzigkeit, zum Beispiel Lk 15,11–32) sind – wo auch immer ihre Herkunft liegt – jedenfalls für das Ansprechen von Heiden und die Mission unter ihnen gut geeignet. Für die ersten drei Evangelien steht fest, daß sie sich in hohem Maße jedenfalls auch an Heiden richten. Die Gleichnisse bringen das Grundsätzliche nahe, nämlich die Herrschaft Gottes. Insofern sind sie Erläuterungen und Kommentare zum Ersten Gebot.[133] Nach der hier vertretenen Auffassung ist »Herrschaft Gottes« durchaus vom Judentum her zu verstehen: Wer Gott und sein Gebot anerkennt, der tritt ein in einen neuen Zusammenhang von Tun und Ergehen, der am Ende allein von Gottes Verheißung bestimmt wird. Damit soll nicht gesagt werden, daß die Gleichnisse über das Reich Gottes nur für Heidenchristen erfunden seien; die Jesusbewegung versteht sich ja als eine innerjüdische Umkehrbewegung, die das, was sonst nur für Heiden galt, nämlich Umkehr, nun auch und zunächst von allen Juden forderte.

Das JohEv läßt Jesus aber weder Umkehr fordern noch die Herrschaft Gottes (als Anspruch und Verheißung) anmelden. Auch von Besitzver-

[133] Es ist von daher auch nicht zufällig, daß gerade die sog. Dialektische Theologie eine Fülle von Beiträgen zur Gleichnisforschung hervorgebracht hat. In demselben Augenblick, da deren Einfluß nachläßt, wie etwa in den letzten zehn Jahren der Stagnation, nimmt auch das Interesse an diesem Thema ab. Ausnahme: R. BANSCHBACH-EGGEN: Gleichnistheorie, Diss. Trondheim (vorauss. 1998). – Die Erfolge in der Auslegung des JohEv aus dieser Zeit stehen in keinem Verhältnis zu den Früchten der Gleichnisforschung.

zicht ist keine Rede; wir wissen aus jüdisch-hellenistischen Bekehrungsgeschichten, daß Bekehrung zum Judentum oft mit Besitzverzicht verbunden war, und zwar mit freiwilligem wie unfreiwilligem. Damit sind wir auf drei zusammenhängende Elemente gestoßen: Verkündigung der Herrschaft Gottes, Forderung nach Umkehr und Besitzverzicht. Für den, der sich zum Gott Israels bekehren wollte, waren sie ein sachlich zusammenhängender Komplex.

Für das JohEv ist die Jesusbotschaft *nicht* denkbar als eine an Israel gerichtete Predigt zur Umkehr, die eigentlich auch an Heiden gerichtet sein könnte. Das Problem scheint für den Evangelisten zu sein: Wenn man den Juden dieses verkündet, dann fragen sie: Und wozu dann Jesus? Für ihn liegt alles daran, daß eine Beziehung zum Gott Israels zwingend an Jesus gebunden ist. Daher kommen die zahlreichen Aussprüche nach dem Schema »Wer mich sieht, sieht den Vater« oder »Niemand kommt zum Vater, es sei denn durch mich«.

Um das zu erreichen, konnte es nicht besonders sinnvoll sein, so zu operieren, daß die jüdischen Hörer aus der Botschaft eine Zweisträngigkeit ableiteten. Sie hätten immer sagen können: Gott und sein Reich, das kennen wir schon. Jesus ist angesichts dessen nicht nötig. Damit müssen wir uns doch nicht befassen. – In dieser Hinsicht war die Situation, der sich die synoptischen Evangelien gegenüber fanden, ganz anders. – Für Johannes lag schlechterdings alles daran, keine Gelegenheit zur Aufspaltung zu geben, sondern die Botschaft radikal an den Boten zu binden. Das geschieht bereits in der Wort-Theologie. Dieser Anspruch kulminiert darin, daß Jesus denen, die ihn töten wollen, vorwerfen muß, sie kennten Gott nicht. Das ist konsequent, denn niemand kennt den Vater ohne den Sohn. Wäre es anders, dann wäre der Glaube an den Vater notwendig, der an den Sohn aber nicht.

Es sei kurz daran erinnert, wie die Synoptiker das vom JohEv gesehene Problem lösen. Wie ist dort die Anbindung der Reichsbotschaft an die Christologie? Die traditionelle Synoptikerforschung löste dieses Problem kurzerhand historisch, indem sie die Verkündigung der Herrschaft Gottes dem historischen Jesus, die Christologie dagegen im wesentlichen der Gemeinde nach Ostern zuschrieb. Dieser schlichte Lösungsversuch krankt freilich an Naivität. Die Synoptiker lösen das Problem durch die Kategorie der Kindschaft. Der König, dessen Herrschaft Jesus verkündet, hat schon einen Sohn, und er will weitere Kinder haben. Die Kraft dieser verborgenen Herrschaft Gottes wirkt

schon in Jesus und wird in der Verklärung sichtbar, aber nicht nur dort, sondern ebenso in der Freiheit Jesu von der Sorge (zum Beispiel Mt 6,26.32 »Vater«; 6,33 »Reich«), in der Frage der Kindschaft der Glaubenden überhaupt (Mt 11,11; Lk 7,28 »von der Frau geboren« – »im Reich Gottes«, das heißt: von Gott geboren).
Das JohEv aber kennt keine Verklärungsgeschichte. Jesus ist für dieses Evangelium auch nicht der Anwendungsfall der Herrschaft Gottes. Er ist nicht Sohn des Königs, sondern hat, wenn überhaupt, dann sein eigenes Reich. Allerdings kann man sagen: Jesu Königtum und seine Rede von der Wahrheit sind die johanneische Variante der Rede von der Herrschaft Gottes. Das ist wie folgt zu verstehen:

Gottes Wirklichkeit ist nach dem JohEv »die Wahrheit«, und das bedeutet Freiheit von Sünde und Tod, von Vergänglichkeit und Haß. Wo Jesus ist, wo er angenommen wird, herrscht diese Wirklichkeit. Sie ist deshalb königlich, und hier liegt der springende Punkt, weil Königsein Freisein bedeutet. Nach dem johanneischen Teilhabe-Prinzip hat derjenige, der glaubt, Anteil an der Wirklichkeit, auf die er sich glaubend einläßt. Insofern ist der Messias ein König, der wahrhaft befreit (Joh 8,31ff).

Wir halten fest: Der Verzicht des JohEv auf Gleichnisse ist ein Symptom für dessen theologischen Standort überhaupt. Er hängt zusammen mit der Betonung der Christologie und ist deren direkte Folge. Das wiederum ist im Adressatenkreis des JohEv begründet. Jesus wird untrennbar an Gott gebunden, um den nicht-christlichen Juden eine Aufspaltung der Botschaft in Aussagen über Gott und über Jesus unmöglich zu machen. Es war nicht die Höherentwicklung der Christologie »an sich« als späte Folge junger Entstehungszeit, die hier gewirkt hätte.

§ 23
Eschatologie

Gericht und Reich Gottes

Um die Eschatologien der Synoptiker und des JohEv[134] vergleichen zu können, ist es notwendig, mit der synoptischen Rede vom Reich Gottes nicht falsche Vorstellungen zu verbinden. Wenn es (oder: sein Kommen) nicht mit der Parusie identisch ist, sondern wenn es sich um den komplexen Zusammenhang von Tun und Verheißung unter Gottes Herrschaft handelt, dann ist die johanneische *krisis* bzw. die sog. präsentische Eschatologie im JohEv nicht einfach nach dem Schema futurisches Gericht – präsentisches Gericht mit der synoptischen zu verrechnen.

Unter johanneischer *krisis* ist zu verstehen: die unwiderrufliche Bedeutung der aktuellen Konfrontation mit dem Evangelium für Leben und Tod. Grundgelegt ist sie bereits in Dtn 30,15 *(Siehe, ich lege dir heute Leben und Heil, Tod und Unheil vor).*

1. Daß das JohEv zahlreiche Elemente futurischer Eschatologie kennt, ist seit langem bekannt. Diese Passagen können nicht auf dem Weg über Redaktionen und Redaktoren aus dem Evangelium herausgelöst werden.

2. Die Krisis-Elemente des JohEv treten am deutlichsten in Wendungen wie *Es kommt die Stunde, und sie ist jetzt* (Joh 5,25; 4,23; 16,31–32) hervor.

Die Funktion dieser und anderer Aussagen über die Krisis im JohEv ist zwar appellativ, in der Hauptsache aber christologisch begründet. Das rührt daher, daß die Eschatologie hier eine Funktion der Christologie ist. Dem Evangelisten geht es nicht darum, rhetorisch die Botschaft dringend zu machen, sondern: Weil Jesus der Menschensohn ist, begegnet man in ihm dem Richter. Weil in ihm Gott durch sein Wort präsent ist, bedeutet jedes Ja oder Nein zu ihm ein endgültiges Urteil des Menschen über sich selbst. Recht nahe steht hier die Menschen-

[134] Neuere Lit.: J. FREY: Die johanneische Eschatologie I. Ihre Probleme im Spiegel der Forschung seit Reimarus (WUNT 96), Tübingen 1997. – A. STIMPFLE: Blinde sehen. Die Eschatologie im traditionsgeschichtlichen Prozeß des Johannesevangeliums (BZNW 57), Berlin / New York 1990.

sohn-Konzeption nach Mt 25,31–46. Auch nach Mk 8,38 hat ja das Verhalten gegenüber dem Menschensohn direkte Gerichtsrelevanz. Weil Gott in Jesus Christus den Menschen so nahe gekommen ist, wird jede Stunde zur kostbaren und absolut zukunftsträchtigen Stunde der Entscheidung über Wohl und Wehe.
3. Andererseits ist der Krisis-Gedanke auch sonst in der urchristlichen Verkündigung geläufig, nicht nur bei den Synoptikern.

2 Kor 6,2: *Siehe, jetzt ist die Zeit der Gnade, siehe, jetzt ist der Tag des Heils.* – Für Paulus leitet sich dieser Satz ab aus der in Jesus Christus erfolgten Versöhnungstat Gottes (2 Kor 5,18–20).
Mk 1,15: *Die Zeit ist erfüllt.* – Der Satz ist die Antwort darauf, daß es nach Mk 1,11 einen Sohn Gottes unter den Menschen schon gibt.
Lk 3,9 par Mt 3,10: *Es ist schon die Axt den Bäumen an die Wurzel gelegt …*
Lk 13,6–9: Gleichnis vom unfruchtbaren Feigenbaum.
Der Hebr betont immer wieder das »heute« der Mahn- und Umkehrrede. Auch hier ist die Begründung soteriologisch: Weil das Heil so viel wirksamer ist als im alten Bund, ist auch die Verpflichtung größer, es anzunehmen.

Am deutlichsten kommen an das JohEv Worte der synoptischen Tradition heran, nach denen Jesus in der Gegenwart Scheidung, Trennung, Zertrennung und endgültige Spaltung bewirkt. Er durchschneidet geradezu die ansonsten harmonisch scheinende Wirklichkeit nach Worten wie folgenden:
Mt 10,34f: *Nehmt nicht an, daß ich kam, Frieden zu werfen auf die Erde. Ich kam nicht, Frieden zu werfen, sondern ein Schwert. Denn ich kam, aufzubringen einen Menschen wider seinen Vater …* par Lk 12,51f: *Meint ihr, daß ich, Frieden zu geben, aufgetreten bin auf der Erde? Nein, sage ich euch, vielmehr Entzweiung. Denn von jetzt ab werden fünf in einem einzigen Haus entzweit sein …* par ThomasEv 16: *Vielleicht nehmen die Menschen an, daß ich kam, zu bringen Frieden auf die Welt; und sie wissen nicht, daß ich kam, Entzweiung zu bringen auf die Erde, Feuer, Schwert, Krieg …*
Dem entsprechen Aussagen im JohEv nur teilweise. Nach diesem wird zwar auch eine Scheidung vollzogen, aber nur in der Vertikalen, nicht unter den Menschen auf Erden. Das hängt auch damit zusammen, daß im JohEv jegliche durch Katastrophen gekennzeichnete Apokalyptik fehlt. Denn konsequenter Unfrieden unter Menschen hätte ja Verrat und Krieg zur Folge. Diese Elemente sieht das JohEv zwar auch, aber nicht als Inhalt des Sendungsauftrags Jesu, sondern

als aggressives Verhalten der Welt gegenüber Jesus und seinen Jüngern.
Die Perspektive ist im JohEv demnach anders: Verfolgung wird von einer bedrängten Minderheit aus gesehen, die ihrerseits zu gegenseitiger Liebe aufgefordert ist. Die Gruppe steht (in den Abschiedsreden) der Welt gegenüber. Die oben zitierten Worte aus Q/ThomasEv dagegen fassen eher das dem vorausliegende Stadium ins Auge, in dem Jesus Menschen aus dem Volk herauslöst.
Jeweils entsprechend ist übrigens auch die Eschatologie: Nach den Synoptikern sortieren die Engel, die der Menschensohn sendet, aus der Menschheit die zu ihm Gehörigen aus – sie tun, was Jesus getan hat. Nach Joh 14,2f dagegen kommt Jesus, um die Angeredeten, die offenbar zusammen sind, zu ihrem neuen Ort zu führen. Auch auf Erden ging es Jesus entsprechend darum, den Jüngern zu zeigen, »wo er wohnt« (Joh 1,38f).
4. Bisweilen (zum Beispiel von R. Bultmann) ist die Meinung vertreten worden, Ostern sei für das JohEv mit der Parusie identisch.[135] In der Folge hat man sehr stark die Gemeinschaft mit dem Erhöhten betont. Aber dagegen lassen sich Joh 14,3 und 17,24–26 ins Feld führen, und M. de Jonge ist zuzustimmen, der dazu sagt: »... both passages do not contemplate the combined fates of individuals, but the destination of the community of believers when, in the end, it will be taken out of the world and be free from the tension and tribulation inherent to life in the interim period.«[136]

Fazit: Die besondere Akzentsetzung des JohEv in der Eschatologie rührt nicht daher, daß hier die (ursprünglicheren) zeitlichen Kategorien durch die (sekundären) räumlichen Kategorien abgelöst worden wären.[137] Bei dieser Einschätzung klappert allzu sehr das Gegensatzpaar

[135] Vgl. dazu: M. DE JONGE: The Radical Eschatology in the Fourth Gospel and the Eschatology of the Synoptics, in: A. DENAUX (Hg.): John and the Synoptics (BEThL 101), Leuven 1992, 481–487; N. A. DAHL: »Do Not Wonder!« John 5,28–29 and Johannine Eschatology Once More, in: R. T. FORTNA und B. R. GAVENTA (Hgg): The Conversation Continues. Studies in Paul and John in Honour of J. L. Martyn, Nashville 1990, 322–336.

[136] M. DE JONGE, a. a. O., 486.

[137] So aber R. SCHNACKENBURG: Das Johannesevangelium II, 1971, Exkurs 14: »Das eschatologische Denken im Johannesevangelium« (530–544).

semitisches Denken versus griechisches Denken durch. Es ist im JohEv wie auch in anderen frühen Theologien des Neuen Testaments die Christologie, die zu dieser Einschätzung führt. Wie in § 5 gezeigt wurde, ist auch das nichts notwendig Sekundäres.

Jesu zukünftige Heilstat

In Joh 14,1–3 liegt der Ton auf »viele« und auf »vorausgehen«. Der Text liegt im Rahmen der theologischen Topographie des JohEv; das ist jüdisch gedacht, denn der Ort bei Gott ist das verheißene, zukünftige Land. – Die entscheidende Rettungstat Jesu liegt (ähnlich Mk 13,22) darin, daß Jesus und die Christen wiedervereint und diese dann mit ihm sein werden.
Diese Ausrichtung auf Zukunft teilt das JohEv mit ältesten neutestamentlichen Texten wie 1 Thess 4,17b. Das zukünftige Heil besteht in der Gemeinschaft mit Jesus Christus.

§ 24
Offene Verkündigung und präsentisches Gericht

Im JohEv fehlen Hinweise darauf, Jesus habe zunächst in einem kleineren Jüngerkreis eine geheimzuhaltende Lehre verkündigt, die erst später offen hätte verkündigt werden sollen. Statt dessen ist davon die Rede, daß jede Begegnung mit Jesus die entscheidende Krisis des Gerichts bedeute.
Man kann daher sagen: Das JohEv kennt das Messiasgeheimnis nicht. Konsequent entfaltet ist nur das dem Gleichnisgeheimnis analoge Metapherngeheimnis. Denn wer nicht dazugehört, versteht Jesu Metaphern notwendig nicht oder im falschen Sinn.
Aber es fehlt eben etwas, das man mit Mk 9,9 vergleichen könnte und an dem W. Wrede eine Theorie des Messiasgeheimnisses hätte entwickeln können. Übrigens hat das markinische Messiasgeheimnis wohl eine kaum beachtete Parallele in der Logienquelle, die zugleich die Brücke zum Verständnis des JohEv bieten kann: Mt 10,27b: *Was ihr im Flüsterton hört, das ruft von den Dächern herab* (par Lk 12,3: *Was ihr*

drinnen in der Stube ins Ohr flüstert, wird man draußen von den Dächern herabrufen. V. 2: *Nichts ist verborgen, was nicht enthüllt wird*).

Die Meinung der Exegese zu Mt 10,27b ist: Jesu Botschaft ist zu Lebzeiten nur im Jüngerkreis bekannt geworden und gewesen, fast esoterisch.[138] In der Stelle Mt 10,27b par Lk 12,3 haben wir eine Art Parallel-Version der Logien-Quelle zum Messiasgeheimnis: In der Zeit nach Ostern sollen die Jünger offen verkündigen. Nun ist von Ostern nicht die Rede, aber jedenfalls steht die Beziehung zwischen Jesus und den Jüngern einerseits[139] wohl der ganz anders strukturierten offenen Verkündigung andererseits gegenüber. Man geht wohl nicht ganz fehl, wenn man in der zweiten Phase der offenen Verkündigung »von den Hausdächern aus« primär die Mission nach Jesu Weggang erblickt, jedenfalls wird man den Satz so verstanden haben.

Diese spätere Mission steht nun in deutlicher Analogie zur Aufdeckung aller Dinge im Endgericht und hat von daher einen »präsentisch-eschatologischen« Charakter. Deutlich wird das in der Abfolge Lk 12,2f: Dem Satz über die Verkündigung von den Dächern geht der Satz voraus: *Nichts ist verborgen, was nicht offenbar werden wird.* Vom Gericht gilt: Nichts ist verborgen, was nicht enthüllt wird (ThomasEv 6); bereits im direkt vorangehenden Logion wurde derselbe Grundsatz auf Mission bezogen: ThomasEv 5 (wer sich Mühe gibt zu erkennen, für den gilt das).

An Texten wie Mt 24,14 wird erkennbar, wie in der frühen synoptischen Tradition die Endzeit und die Zeit der universalen Mission eins werden.

Auf den Befund im *JohEv* angewandt heißt das: Hier entfällt jede esoterische Jüngerbelehrung. Jesus führt von vornherein und immer in die das ewige Leben hier und jetzt entscheidende Krisis, auch die eigenen Jünger. Auch das Metapherngeheimnis gilt ihnen gegenüber (Joh 6

[138] »Ins Ohr sagen« ist ein Bild für vertrauliche Rede, die geheim bleibt: Vgl. Euripides, Jon 1520; Lukian,. Nekyomant 21; Lukian, De calumnitate non temere credend 2; Martialis I 96 pauca verba Materne dicas in aurem, sic ut audiat solus et ego; Diogenes Laert, Zeno IX 26; Athenaios XI 506C: beim Symposion sagen – am Licht.

[139] b Ber 22a (= Babylonischer Talmud, Traktat Berakhot): Bar Nachum aus Gimzo flüsterte es dem Rabbi Akiba zu; Rabbi Akiba flüsterte es dem Ben Azzai zu; Ben Azzai aber ging hin und lehrte es seine Schüler auf dem Markt.

und Joh 13). Wo aber die Zeit der geheimen Belehrung entfällt, gibt es keinerlei Schonfrist mehr.

Theologiegeschichtlich bedeutet das: Die oft bemerkte Eigenart der Verkündigung Jesu im JohEv, daß sie wie präsentisches Gericht sei, besitzt in der synoptischen Tradition zwei Analogien: *Erstens* ist auch schon nach dem MkEv Jesus der Prophet, der die vollkommene Herzenserkenntnis besitzt und die Menschen »durchschaut« (vgl. Mk 2 und dann Joh 4). *Zweitens* ist Jesu Wort die direkte Konfrontation mit dem in Jesus gegenwärtigen Gott.

Das Messiasgeheimnis bei Markus bezog sich nicht auf irgendwelche Geheimlehren, sondern strikt und konsequent auf Jesu Identität. Sie galt es geheimzuhalten, auch wohl, um (so kann man den Evangelisten verstehen) den kritischen Konflikt hinauszuzögern. Diesen Weg geht der johanneische Jesus nicht. Sein christologischer Anspruch prallt direkt auf die Menschen, kein Konflikt wird hinausgezögert. Daher ist Jesu Auftreten von Anfang an sein Weg in die Passion (vgl. Joh 2,19).

Ältere Tradition im JohEv: Zunächst ist interessant, daß Markus und Q überhaupt gemeinsam die Konzeption einer »esoterischen« Lehrer-Schüler-Belehrung festhalten, und zwar sicherlich nicht aus den Gründen, die W. Wrede für sein Messiasgeheimnis postulierte. Es ist gut möglich, daß Markus und Q darin etwas Historisches bewahrt haben. Das wäre ein Zug, der für den »volkskirchlichen« Jesus des 19. Jh. schon ärgerlich genug gewesen wäre. – Das JohEv dagegen geht aufs Ganze, stellt Jesu Auftreten als unausgesetzte Konfrontation und Provokation dar. Dabei sind der Inhalt des christologischen Geheimnisses nach den Synoptikern und der christologische Gehalt der Rede Jesu nach dem JohEv identisch. Unterschiedlich ist nur der Modus der Präsentation. Nach Markus und Q erfolgt sie behutsam Schritt für Schritt über die Jünger, nach dem JohEv als Ärgernis für alle Menschen. Wie sollte man angesichts des gleichen christologischen Inhalts nach fast 2000 Jahren sagen können, wer da mehr Recht hat? Meines Erachtens ist die Perspektive, unter der das JohEv Jesu Auftreten sieht, so unmöglich nicht. Daß die johanneische Sichtweise am Sendungsbegriff hängt, mit dem im Gesandten der Sendende direkt präsent wird, ist bekannt. Auch Paulus kann sein eigenes Gesandtsein als Konfrontation mit Leben oder Tod verstehen (2 Kor 2,16).

CHRISTOLOGISCHE FRAGEN

§ 25
Gottes Präsenz in Jesus

Sowohl die synoptischen Evangelien als auch das JohEv kennen narrative Texte, die nicht durch einen christologischen Hoheitstitel[140], sondern durch das, was erzählt wird, Jesu Anspruch und Würde auf eine auch für damalige Verhältnisse außerordentlich anstößige Weise zum Ausdruck bringen. Daß man sich im Gefolge der idealistischen Philosophie, die Titel Jesu für »Begriffe« hielt und entsprechend von der sinnlichen Anschauung schied, vor allem den christologischen Hoheitstiteln zuwandte, hat diese Texte fast ganz in den Hintergrund geraten lassen.

Dabei ist überhaupt nicht ausgemacht, daß die Beschäftigung mit den Titeln exegetischen Vorrang genießen müßte. Aber es war – zugegebe-

[140] Neuere Lit.: M.-É. BOISMARD: Moses or Jesus. An Essay in Johannine Christology (BETL 84-A), Leuven 1993. – M. E. BORING: The Influence of Christian Prophecy in the Johannine Portrayal of the Paraclete and Jesus, in: NTS 25 (1978), 113–123. – J. E. FOSSUM: In the Beginning was the Name. Onomanology as the Key to Johannine Christology, in: DERS.: The Image of the Invisible God. Essays on the Influence of Jewish Mysticism on Early Christology (NTOA 30), Freiburg (Schweiz) / Göttingen 1995, 109–133. – L. HARTMAN: Johannine Jesus-Belief and Monotheism, in: L. HARTMAN / B. OLSSON (Hg.): Aspects on the Johannine Literature (CB NT 18), Uppsala 1987, 85–99. – B. HINRICHS: ›Ich bin‹: Die Konsistenz des Johannes-Evangeliums in der Konzentration auf das Wort Jesu (SBS 133), Stuttgart 1988. – M. DE JONGE: Christology and Theology in the Context of Early Christian Eschatology, Particulary in the Fourth Gospel, in: F. VAN SEGBROECK / C. M. TUCKETT / G. VAN BELLE / J. VERHEYDEN (Hg.): The Four Gospels 1992 3 (FS F. NEIRYNCK) (BETL 100), Leuven 1992, 1836–1853. – W. R. G. LOADER: The Central Structure of Johannine Christology, in: NTS 30 (1984), 188–216. – W. G. LOADER: The Christology of the Fourth Gospel. Structure and Issues (BET 23), Frankfurt/Main ²1992. – P. POKORNY: Der irdische Jesus im Johannesevangelium, in: NTS 30 (1984), 217–228. – R. SCHNACKENBURG: »Der Vater, der mich gesandt hat«. Zur johanneischen Christologie, in: C. BREYTENBACH / H. PAULSEN (Hg.): Anfänge der Christologie (FS F. HAHN), Göttingen 1991, 275–292.

nermaßen – verführerisch. Denn etwa an 1 Kor 12,3 konnte man glaubhaft machen, Titel besäßen eine besondere Affinität zu Bekenntnissen, und sofern man auf der Suche nach den ältesten Teilen des Credo war, nach Formeln des Glaubens und möglichst kleinen Elementarbestandteilen des sich verhärtenden Kerygmas, fand man in den Titeln willkommene Nahrung. Gegen die Erzählungen schien auch zu sprechen, daß sie eben nicht so einfach in jene kleinsten Einheiten zerlegbar waren, die man doch immer für das Ursprünglichste (aus und in mündlicher Tradition) halten wollte. Man kann nur staunen, wie lange sich die schlichten Grundsätze der älteren Formgeschichte kritiklos gehalten haben. Jedenfalls hat die Vorliebe für Hoheitstitel den Geschmack für eine Reihe wichtiger nicht-titularer Erzählungen verdorben.

Diese Erzählungen sind titularen Fassungen insofern in gewisser Hinsicht überlegen, als sie – ähnlich wie die Gleichnisse – dem Leser die Auflösung und die Antwort überlassen. Im Rahmen eines scheinbar alltäglichen Ereignisses wird hier regelmäßig von oder für Jesus ein Anspruch erhoben, der alles Faßbare übersteigt und der nur zwei Schlüsse zuläßt: Entweder ist Jesus wahnsinnig (abartig, zynisch, unmenschlich) – oder er ist Gott, und zwar im Sinne der »Realpräsenz« Gottes in ihm. – Diese Erzählungen werden deshalb hier erörtert, weil sie zum einen eine wichtige Brücke zwischen Synoptikern und Johannes bilden, und zwar wegen ihrer geschilderten Eigenart, und zum anderen das Märchen widerlegen, lediglich im JohEv werde ein provozierender, in Richtung Göttlichkeit weisender Anspruch für Jesus erhoben, während die Synoptiker dem noch ganz fern stünden. Nein, dies ist keine Eigenart des JohEv, sondern ist untrennbar mit dem Sinn der Evangelien überhaupt verbunden.[141]

Nach Joh 8,58 sagt Jesus: *Ehe Abraham ward, bin ich.* Der Satz konfrontiert menschliches Werden (Abraham) mit göttlichem Sein (Jesus – Gott). Schonungslos wird dargestellt, daß Jesus einer anderen Zeitdimension zugehört. In seiner lakonischen Kürze und als Schlußposition des Abschnittes Joh 8 beabsichtigt er mitleidlos Konfrontation.

Sowohl nach den Synoptikern wie nach dem JohEv kann Jesus auf dem

[141] Vgl. jetzt: D. FRICKENSCHMIDT: Evangelium als Biographie (TANZ), Tübingen 1997.

Meer gehen. Sowohl nach dem Alten Testament (LXX) wie nach den hellenistischen Quellen ist dies ein Vermögen von Göttern und Halbgöttern.

Nach Mk 11,2 läßt Jesus für eine kurze Zeit einen Esel enteignen, auf dem noch nie jemand gesessen hat. Beide Einzelzüge weisen auf denselben Tatbestand: Jesus ist der wahre Besitzer, der Schöpfer macht in ihm seinen Besitz- und Herrschaftsanspruch deutlich. Das geschieht durch Zeichenhandlungen, die in sich vergleichsweise harmlos sind, aber doch den unüberbietbaren Anspruch erkennen lassen.

Ebenso ist es mit den anderen Zeichenhandlungen in Mk 11,20ff: Die Verfluchung des Feigenbaums geschieht ausdrücklich zu einer Zeit, in der Feigen nicht erwartbar waren. Jesus verfügt daher über den Baum, wie ein Besitzer es mit seinem Eigentum machen kann, ohne daß er Rechenschaft schuldig ist und ohne daß ihn jemand hindern kann. Er läßt den Baum zum Zeichen dessen werden, daß er seinem Herrn begegnet ist. So wie nach alttestamentlichen Propheten Gott wie ein Wirbelsturm über das Land ziehen kann oder wie er »vernichtendes Feuer« genannt wird. – Auch im Tempel verhält sich Jesus beim Vorgehen gegen die Händler wie der Hausherr. Denn welche Reform auch immer ihm vor Augen stand – es war doch nicht jedermann erlaubt, nach seinem Gutdünken den Tempelbetrieb umzugestalten. Wenn er zitiert *Ihr habt mein Haus zur Räuberhöhle gemacht,* so ist der Tempel eben auch sein Haus.

Offensichtlich häufen sich die skandalösen Zeichenhandlungen während Jesu Aufenthaltes in Jerusalem. Denn wenn er sich beim Mahl salben läßt und dieses mit der Begründung rechtfertigt: *Arme habt ihr allezeit, mich aber nicht,* dann ist das nicht irgendein frommer Satz unter anderen, sondern, recht besehen, ein Satz, der entweder zynisch und unmenschlich ist oder eben keinen anderen Schluß zuläßt als den, daß in Jesus – und zwar in der begrenzten Zeit seiner irdischen Wirksamkeit – kein anderer als Gott selbst gegenwärtig ist. Jesus reklamiert nach diesen synoptischen Erzählungen das Recht des Schöpfers für seine Person. Bei Esel, Feigenbaum und Tempel geht es um das Recht des Besitzers, bei der Salbung um den Vorrang des Schöpfers vor aller Kreatur – denn wer sonst wäre den Armen vorzuordnen außer ihrem Gott im Himmel selbst? Sind doch die Armen in allen anderen Fällen die um Gottes willen besonders zu Bedenkenden (Ex 22,24–26).

Diese Präsenz Gottes in Jesus hat folgende theologische Struktur:
1. Sie verdrängt jedes andere Recht (Besitzerrecht) und jeden anderen Anspruch (den der Armen). Das ist durchaus juristisch gedacht und weist auf die Kategorie der Heiligkeit.
2. Jesus verzichtet auf jegliche Begründung; das gilt auch für die Texte im JohEv.
3. Für das JohEv wird Jesu Anspruch vor allem in zeitlichen Kategorien formuliert. Wo dies geschieht (wie in Joh 8), geht es um vollständige Unvergleichlichkeit. Auch hier erlischt jeder andere Anspruch, nämlich der der Väter auf Anciennität.
4. Über die Präsenz Gottes werden keine Erklärungen abgegeben. Der Leser allein muß sich seinen Reim darauf machen, er wird zu einer Antwort herausgefordert. Wir Modernen sind geneigt, die Antwort titular zu geben und zu sagen: Also ist Jesus der Sohn Gottes. Die Evangelien selbst halten sich hier zurück und scheinen es eher mit ThomasEv 12 zu halten. Jesus erhält dort auf die Frage, wer er sei, verschiedene Antworten (Philosoph, Engel, Gerechter). Nur Thomas erhält Recht, der sagt: »Meister, in keiner Weise wird mein Mund ertragen, daß ich sage, wem du gleichst.« Jesus ist wie Gott, wobei ganz deutlich ist, daß es sich nur um den einen Gott Israels handeln kann.
5. Nur an einzelnen Zeichen(handlungen) oder kurzen Aussprüchen wird dieser Anspruch Jesu offenbar. Ähnlich wie bei Inkognito-Visionen (zum Beispiel Jesu Brotbrechen nach dem Emmausbericht) sind es gleichsam verräterische Indizien, die offenbaren, um wen es sich handelt. Dieser Indizien-Charakter der Hinweise auf Jesu Identität macht die Erzählungen fast zu »geheimen Epiphanien«. Das heißt: Dort, wo Jesus ist, ist Gott, aber seine Präsenz blitzt nur durch wie ein Lichtstrahl durchs Schlüsselloch.
6. Anstelle der zeichenhaften Handlungen bei Markus stehen im JohEv Worte Jesu – ganz entsprechend dem Verständnis dieses Evangelisten vom göttlichen Wort.

Resultat: An dieser Stelle berühren sich die Synoptiker und das JohEv durchaus eng. Keineswegs geht es hier um die Differenz von hoher und weniger hoher Christologie. Weder schildern die Synoptiker Jesus »menschlicher« noch besteht eine Möglichkeit, den nachösterlichen Ursprung dieser Erzählungen zwingend zu erweisen. Die Zeiten sollten vorbei sein, in denen man für moderne Menschen »unpassende«

Erzählungen einfach als nachösterliche Erfahrungen deklarierte, die die Evangelisten aus undurchsichtigen Gründen in die Evangelien vorverlegt hätten. Aber die Jünger hatten vor Ostern dieselbe Weltsicht wie nach Ostern. Zweifellos waren sie nicht erst nach Ostern offen für mystische und visionäre Erfahrungen. Warum soll das alles erst zu Ostern gekommen sein und da plötzlich die natürliche und rationale Weltsicht aufgehört haben?

§ 26
Gotteslästerung und Ditheismus?

Das Problem

Es gehört zu den theologischen Standardmeinungen, daß jüdische Hörer Jesu bzw. Leser des JohEv die Aussagen über die Präexistenz des Logos, das absolute »Ich bin« und Sätze wie *Ich und der Vater sind eins* (Joh 10,30) im Sinne von Gotteslästerung aufgefaßt hätten oder haben müßten und daß hier durch den Evangelisten die Schwelle vom Judentum weg überschritten sei. Jüdische Anschauungen seien damit gesprengt.[142] Jesus sei »essentiell« Sohn Gottes, nicht mehr nur an Sohnes Statt angenommen.[143]

Ich halte es für ausgesprochen fatal, daß mit diesen Annahmen viele moderne Forscher erkennen lassen, daß sie eher auf der Seite der mißverstehenden jüdischen Gegner des Evangelisten stehen, als ihn selbst zu begreifen. Dieser Fall tritt nicht nur bei den oben genannten christologischen Aussagen ein, sondern auch zum Beispiel bei Joh 6, wo zum Stichwort Blut angenommen wird, es gehe tatsächlich um Jesu Blut und Tod, gerade so wie die nicht zur Gemeinde gehörenden Juden und unreifen Jünger es laut Joh 6,52–61 tun. – Und dabei gilt doch für die neuere Forschung: Der Evangelist ist Jude, seine Adressaten sind Judenchristen. Es wird kein neuer Gott eingeführt, sondern die

[142] Vgl. A. SCHLÜTER: Die Selbstauslegung des Wortes. Selbstreferenz und Fremdreferenzen in der Textwelt des Johannesevangeliums, Diss. Heidelberg, 1996, 130.

[143] A. SCHLÜTER, a. a. O., 130: Die Taufe Jesu fehle, der heilige Geist komme nicht als Taube.

Schrift, Mose, Abraham und Jesaja sowie Johannes der Täufer werden zu Zeugen für Jesus. Schließlich bemüht sich der Evangelist selbst nach Kräften, den Vorwurf der Gotteslästerung und des Ditheismus etc. zu widerlegen. Wer ihm dabei nicht folgt oder folgen kann, setzt sich dem Verdacht aus, ihn entweder nicht zu verstehen oder nichts vom Judentum (des Evangelisten) zu begreifen oder den Evangelisten für einen Leisetreter zu halten, der vorhandene Unterschiede heuchlerisch ermäßige.

Die Grundfrage ist die des Verhältnisses des Sohnes zum Vater. Richtig scheint zunächst dieses zu sein: Alle frühchristlichen Aussagen darüber, daß Jesus entweder selbst präexistent war oder daß in ihm der präexistente Logos erschienen ist, gehen auf den einen grundlegenden Sachverhalt zurück: In Jesu Wort ist mehr als menschliche Rede (Mk 1,22), eben schöpferisches Wort Gottes selbst und damit »ein Stück von Gott«. – Diese Anwesenheit Gottes in Jesus ist auch mit dem Bild des Tempels zu beschreiben. Der Tempel ist ganz irdisch, aber in ihm wohnt Gott. Er ist Gottes Zelt unter den Menschen. Nicht zufällig ist daher in Joh 1,14 vom Zelten Gottes unter den Menschen die Rede, und nicht von ungefähr spricht Joh 2,21 vom Tempel, der Jesu Leib ist. Denn nach jüdischer Auffassung wohnt Gott durch seinen Namen, durch seinen Geist oder seine Schekinah im Tempel. Derjenige, in dem Gott so wohnt (Jesus), durch den Gott in der Welt ist, wird damit ganz erfüllt von Gott – und bleibt doch Mensch. – Das Bild des Tempels hat den Vorzug, daß es auch für das Gespräch mit dem Judentum tauglich ist. Neu ist im Neuen Testament nicht diese Vorstellung an sich, daß ein Mensch oder mehrere Menschen zusammen Gottes Tempel sein könnten; neu ist die Exklusivität. Im JohEv kommt das darin zum Ausdruck, daß es der vollständige Schöpfungslogos ist, der in Jesus wohnt, und daß Jesus der »einzige Sohn« genannt wird. Wie soll man sich das vorstellen?

Der Logos ist in Jesus, dem Menschen, sichtbar geworden. Das ist zu denken wie eine einzigartige (weil zugespitzte und in Fülle gegebene) Inspiration und wie eine ebenso einzigartige Sendung. Hier wird erkennbar, daß zwischen Prolog und Evangelium durchaus kein Bruch besteht, wie Liebhaber der Literarkritik meinen. In Joh 1,1 wird der Logos, in Joh 1,18 wird auch Jesus »Gott« (gr.: *theos*) genannt, im Unterschied zum Vater ist er also nicht »der Gott« (gr.: *ho theos*), sondern als der Sohn »von Gottes Art«. Über viele Jahrhunderte hat man versucht, sich vorzustellen, was das bedeutet: von Gottes Art – und doch nicht Gott Vater. Auch das Judentum konnte übrigens von Mose sagen, er sei »Gott« im Sinne von »von Gottes Art«, weil er seinen Namen trug und sein Bevollmächtigter war.[144] Der Monotheismus ist damit nicht gesprengt. Auch bei Mose-Aussagen stoßen wir immer wieder auf die Kategorie der Sendung. Das Verhältnis zwischen Gott Vater und Gott Logos (Sohn) formuliert der Hebr als das Verhältnis von Stempel und Abdruck (Hebr 1,3). Der Abdruck gleicht dem Stempel, aber niemand würde den Abdruck mit dem Stempel selbst verwechseln. – Jesus birgt ein Stück von Gott bei sich selbst, er verkündet nicht nur eine Theorie, es geht nicht nur um eine Beziehung. Jesus ist Gott – mit diesem Anspruch wird der Monotheismus nicht zerstört, sondern verstärkt. *Denn wenn der eine und einzige Gott in Jesus wohnt, dann hat Jesus alle Vollmacht eben von Gott dem Vater und nicht aus sich selbst.* Aber Jesus bleibt nicht das einzige Kind Gottes, er will andere zu diesem Status hinführen, seine Kindschaft ist nicht Privatbesitz.

Eindrücklich macht der Evangelist in Joh 10,34 den Gegnern und den Adressaten deutlich: Schon die Schrift ist bei der Verteilung göttlicher Attribute nicht kleinlich *(Ihr seid Götter).* Wie Juden das verstehen könnten, zeigen die folgenden Texte: Auch hier gibt es wieder Brücken zu anderen Schriften des frühen Christentums. Nach 1 Kor 14,24f wird der durch die prophetische Gabe der Gemeinde Überführte niederfallen, Gott anbeten und sagen: *Wirklich, Gott ist in euch.* – Ähnlich Apk 3,9: Wer vor den (jetzt verfolgten) Gerechten niederfallen wird, der wird sie als Ort der Anwesenheit Gottes betrachten (vgl. Jes 60,14). Schon Hen(äth) 90,30 hatte über die Gerechten der Endzeit gesagt: »Ich sah, wie alle übriggebliebenen Schafe und alle Tiere auf der Erde und alle Vögel des Himmels niederfielen, jene Schafe anbeteten, sie anflehten und ihnen in jedem Worte gehorchten.« Wenn sicher ist, daß Gott der eine und einzige ist, dann kann man ihn auch in seinen Ge-

[144] Philo, VitMos 1,149–158: Mose verzichtete auf Besitz, sorgte sich nicht um Kleidung und Nahrung, besaß nicht einmal sich selbst. Dadurch wurde er Gott ähnlich. Denn Gottes Freisein und Königtum besteht darin, daß er keinen Mangel hat und also nichts braucht. Aufgrund dieser Ähnlichkeit mit Gott wurde Mose mit der Herrschaft über Israel beauftragt, und er erhielt Wundervollmacht, so daß die Elemente ihm gehorchten. Er trug Gottes Namen, da er Gott genannt wurde (»des Volkes Gott und König«).

rechten anbeten. Im Neuen Testament ist Jesus der eine und einzige Gerechte.

»Ich und der Vater sind eins«

Als besonderes Kennzeichen für die »hohe« und »späte« Christologie des JohEv werden immer wieder Jesu Aussagen genannt, er sei »mit dem Vater eins«. Es ist im folgenden zu zeigen, daß diese Aussagen eine Monopolisierung von Aussagen auf Jesus sind, die nicht nur anderswo im Neuen Testament, sondern auch im JohEv selbst auch von anderen Glaubenden gemacht werden. Jesus ist hier nur der Erste und das Urbild. Der christologische Gehalt ist weitgehend, aber keineswegs unerhört.

Eine bestimmte und sehr wichtige Berührung besteht zwischen diesem Themenkomplex und einem bei den Synoptikern und in 1 Kor 13,2 nachweisbaren Glaubensbegriff. Es geht um den Glauben, der Bäume und Berge versetzen sowie Kranke gesund machen kann. Auch Paulus kennt diese Art von Glauben in 1 Kor 13,2 und nennt ihn unter den Charismen in 1 Kor 12,9. Es ist ein Glaube, der reine Schöpfermacht besitzt.

Wir halten fest: Ein bestimmter Glaube verleiht dem Wort des Menschen die Vollmacht des Schöpfers.

Einige Texte verraten, wie dieser Glaube vorzustellen ist: Wenn Menschen einander vergeben oder wenn sie Frieden schließen, dann hat ihr Wort dieselbe Vollmacht. Es geht dabei offensichtlich um das »Wunder der Einheit«. Vergebung und Friedenschließen haben dieses mit dem Glauben aus der hier genannten Tradition gemeinsam, daß sie das Wunder der Einheit unter Menschen und mit Gott bewirken.[145] Denn wenn zwei Frieden machen, wenn zwei übereinstimmen, wenn sie einander vergeben, dann sind sie zu den größten Wunderdingen fähig.

[145] Bei Paulus und in Eph 2 äußert sich dieses Wunder der Einheit in der Vorstellung vom »Leib«: Daß zwei eins werden können, ist ein wunderbares Geschehnis, das für Mann und Frau und für Christus und den Glaubenden gilt (1 Kor 6,15ff). Wer auf dieser Ebene sündigt, der sündigt »gegen den eigenen Leib«, weil er die Möglichkeit des Leibes, daß aus zweien eines wird, mißbraucht. Von daher ergibt sich auch eine Möglichkeit, zwei weitere paulinische Themenkomplexe mit der

Für das JohEv besagt das: Die Aussagen über Jesu Einssein mit dem Vater sind von hier aus zu verstehen. Sie bedeuten im Lichte der synoptischen und paulinischen Tradition vom Einssein im Glauben: Was Paulus das Charisma des Glaubens nennt und was die Synoptiker mit dem Glauben meinen, der Berge und Bäume versetzt und Kranke heilt, eben dieses steht auch im Blick, wenn das JohEv vom Einssein Jesu mit dem Vater spricht.

Es besteht von hier aus eine deutlich erkennbare Beziehung zu Glaubens- und Versöhnungsaussagen (s. die vorige Fußnote 145) des Neuen Testaments.

Das Einssein Jesu mit dem Vater äußert sich in Wundern. Er ist in dieser Hinsicht das Urbild der Jünger. Aber das Einssein mit Gott ist nicht nur eine christologische Kategorie. – Natürlich ist hier die Frage nach der Einmaligkeit Jesu gravierend. Für den Evangelisten steht fest: Jesus ist zunächst der einzige und der urbildliche Charismatiker. Jesus ist der urbildlich mit Gott versöhnte Mensch. Ähnlich war es beim Apostelbegriff. Auch hier behält das JohEv etwas für die Beziehung Jesu zum Vater vor, das andernorts im frühen Christentum auch von anderen Menschen gesagt werden kann.

Die Beschränkung auf Jesus leistet der Evangelist auf dem Weg über das Verhältnis Vater – Sohn. Jesus spricht eben nicht vom »Einssein mit Gott«, sondern er sagt: »Ich und der Vater sind eins.«

Mit dem Satz *Ich und der Vater sind eins* (Joh 10,30) wird daher weder johanneische Mystik eröffnet, noch erklärt Jesus seine Identität mit dem Vater. Das Griechische läßt keine Möglichkeit, den Satz ontologisch oder auch nur genealogisch zu verstehen. Wie in vielen anderen frühchristlichen Einheits-Formulierungen geht es vielmehr um ein Verhältnis zwischen zwei unterschiedlichen Größen. Diese Einheit ist also nicht selbstverständlich, sonst müßte man sie nicht feststellen.

Daß es sich nicht um eine ontologische Kategorie im Sinne dogmatischer Gottheit Jesu handelt, geht schon aus Joh 17,22 hervor: *Und ich habe die Herrlichkeit, die du mir gegeben hast, ihnen gegeben, damit sie eins seien wie wir eins sind.* In 17,23b wird diese Relation kommentiert mit: *... du hast sie geliebt, wie du mich geliebt hast.*

Dimension des Glaubens zu »vernetzen«: Glaube und Leib Christi (1 Kor 12,12ff) sowie Glaube und Versöhnung. Der Friedensbegriff der Versöhnungslehre ist auf diese Weise an den Glauben, das Einswerden mit Gott, gekoppelt.

»Einssein« ist ein Schlüsselbegriff des JohEv und hat Bedeutung weit über die Stellen hinaus, in denen es lexikalisch belegt ist. Die theologische Struktur ist wie folgt zu beschreiben:
1. Das Stichwort »Herrlichkeit« in 17,22 schließt eine rein ethisch-voluntative Bedeutung aus. Einssein ist wie ein Wunder und ist göttlich. Auch in den Wundern Jesu nach Johannes wird ja die Herrlichkeit sichtbar.
2. Vergleichbare Stellen über das Einigsein von Menschen untereinander im frühen Christentum zeigen, daß dieses gleichfalls als göttliche Wundergabe verstanden wird.
3. Gleiches gilt vom Einssein mit Gott, welches das Neue Testament »Glauben« nennt. Aus der deutlichen Entsprechung zu den unter 2. genannten Texten in Fällen, wo es um Glauben geht, kann man folgern: Wenn der Glaube ähnlich wunderbare Konsequenzen hat, muß auch er in einem Einssein bestehen.
In diesem Sinne kann bei Wunderheilungen vom Glauben gesagt werden: »Dein Glaube hat dich gerettet«, denn es war der Glaube als Teilhabe an Gottes Schöpfermacht, der solches wirken konnte. Glaube ist daher hier keine Frage der Erkenntnis, sondern eine Teilhabe an Gottes Macht.
4. Das unter 3. Bemerkte gilt auch für das JohEv. – Man kann zum Beispiel fragen: Welche Logik steht eigentlich hinter dem Satz Joh 3,15: *… damit jeder, der an ihn glaubt, das ewige Leben hat*? Warum soll Jesus anzunehmen in der Konsequenz Anteilhabe an Gottes eigenstem ewigem Leben bedeuten? Antwort: Wer glaubt, gehört zu Jesus. Wie in der Osmose teilt sich ihm das ewige Leben mit, das Jesus durch sein Einssein mit dem Vater hat.
5. Die Botschaft des JohEv ist: Es bleibt nicht dabei, daß Gott der eine und einzige ist. Das Erste Gebot erfährt eine entscheidende Wendung. Der eine und einzige Gott will vielmehr eins sein mit anderen, mit seinem Sohn und mit allen Menschen. Dieses Einssein ist eine ganz neue Art von Einheit Gottes.
Wenn Jesus daher nach dem JohEv sagt: *Ich und der Vater sind eins,* dann meint Jesus Teilhabe an Gottes Leben. Denn alles, was der Sohn hat, das hat er vom Vater. Wo immer sich jemand ganz auf Gott verläßt und sich auf ihn einläßt, wie der Sohn es dem Vater gegenüber tut, da besteht Gottes Herrlichkeit nicht nur bei ihm selbst in statischer Art. Vielmehr wird aus der Herrlichkeit als Attribut Gottes ein wechselsei-

tiges Verherrlichen. Diese dynamische Verflüssigung des absoluten Gottes ist durchaus eine theologische Revolution. Denn obwohl das JohEv vom Bleiben spricht, das – wie die johanneische »Wahrheit« – der Festigkeitsterminologie des Hebr verwandt ist, bleibt es nicht bei diesem konservativ-statischen Aspekt.

§ 27
Die Ich-bin-Worte

Eduard Schweizer bemerkte bereits in seiner ausführlichen Arbeit zum Thema[146], daß »Johannes mit seiner völlig anders durchdachten theologischen Konzeption Jesus näher steht … als die synoptische Tradition«, und warnte auch davor, das Alte Testament als einzige »Inspiration« für die Ich-bin-Worte Jesu zu betrachten.[147] Die Forschung zu diesem Thema[148] ist seither durch folgende Elemente gekennzeichnet: 1. Von der Herleitung der johanneischen Ich-Worte aus mandäischen Analogien bzw. der Opposition zu ihnen ist man mit Recht abgerückt. 2. Ganz im Unterschied zu sonstigen Trends der Exegese werden vor allem die johanneischen Ich-bin-Worte zum Hort steilster Identitätsaussagen, die man nur als ultra-orthodox bezeichnen kann.[149] 3. Diese Tendenz geht so weit, daß jedes »ich« (gr.: *ego*) und jedes »ich bin« (gr.: *eimi*) unter den Anspruch der Gottheit Jesu subsumiert wird.[150]

[146] Lit. zu den Ich-bin-Worten: R. M. BALL: ›I Am‹ in John's Gospel. Literary Function, Background and Theological Implications (JSNT. S 124), Sheffield 1996. – H. THYEN: Ich bin das Licht der Welt. Das Ich- und Ich-Bin-Sagen Jesu im Johannesevangelium, in: JAC 35 (1992), 19–46.

[147] E. SCHWEIZER: EGO EIMI. Die religionsgeschichtliche Herkunft und theologische Bedeutung der johanneischen Bildreden (FRLANT 56), Göttingen 2. A. 1965, V–VI und 144.

[148] Vgl. dazu jetzt: H. THYEN: Ich bin das Licht der Welt. Das Ich- und Ich-Bin-Sagen Jesu im Johannesevangelium, in: JAC 35 (1992), 19–46.

[149] Vgl. z. B.: H. LAMPARTER: Die Hoheit Jesu. Eine Auslegung der Ich-Bin-Worte im Johannesevangelium, Stuttgart 1985, bes. 18. – Vgl. J. BECKER, Komm. (ÖTKNT 4,1), 1979, 210.

[150] Vgl. G. GEIGER: Die EGO-EIMI-Worte bei Johannes und den Synoptikern. Eine

4. R. Bultmanns kluger Vorschlag der Differenzierung[151] wird in dieser emphatischen Aufbruchstimmung beiseite geschoben. 5. Ein seit längerem gut zugänglicher Vorschlag der formgeschichtlichen Neubegründung der Formel Ich-bin plus Metapher blieb unberücksichtigt.[152] Vor allem möchte man bestreiten, daß es sich um »Sendung« und Elemente der Botenvorstellung handelt.[153] Der alte Streit zwischen R. Bultmann und E. Käsemann um den »auf Erden wandelnden Gott« ist offensichtlich in der deutschen Forschung noch immer nicht begraben und beherrscht als unheilvolle Alternative die Denkmuster nach wie vor. Entsprechend groß wird dann der Abstand zu Jesus gesehen, wenn man den johanneischen Christus im Sinne E. Käsemanns beurteilt.

Aus meiner Sicht ist es methodisch unmöglich, insbesondere für das JohEv eine Art Sondersprache zu postulieren, die unter Umgehung der zahlreichen Belege für *ego eimi* in der griechischen und hellenistischen Literatur[154] eine exklusive Bedeutung im Sinne des Gottesnamens annimmt, wo immer von »ich« die Rede ist. Folgende Gesichtspunkte sollten vielmehr gelten:

Rückfrage nach dem historischen Jesus, in: : A. DENAUX (Hg.): John and the Synoptics (BEThL 101), Leuven 1992, 466–472.

[151] R. BULTMANN: Komm., 167f mit Anm. 2 (Präsentation, Qualifikation, Identifikation, Rekognition).

[152] Vgl. K. BERGER: Exegese des Neuen Testaments (UTB 658), 3. A. 1991, 197f. Zur Art der Rezeption, wenn sie denn überhaupt stattfindet, vgl. H. THYEN, a. a. O., 37 A. 92. Thyen übersieht die spätägyptischen Zeugnisse und disqualifiziert Sir 24,18 und TestAbr 16 (Rez. A) als »christlich«. (In der Tat sind außer den Qumrantexten alle Zeugnisse der zwischentest. Literatur inklusive LXX von Christen überliefert. Deshalb sollte man sie eben dann wohl überhaupt nicht mehr gebrauchen.)

[153] H. THYEN, a. a. O., 27 (mit A. 40): Durch den spezifischen Gebrauch im JohEv sei die Verwendung im Sinne des »Boten« aufgehoben. Nun sehe ich aber gerade im JohEv sehr ausgeprägt Boten-Formulierungen.

[154] Vgl. z. B. Diogenes Laertius, Vit 6.60.7; 8.48.5; Plutarch, IsOs 354 C 6; Herodot, Hist. 5,111,10; Xenophon, Hell. 2,3,45,1; Cyr 4,6,2,2; Anabas 6,6,21,2. – Plato Eutyphron 11 c. 9; Phaed. 115 c. 7; Theait 148 e 8; 149 a 1; Parm 129 d 1! Symp 194 a 2; Euthd 297 b 2; Ep 310 c 5. – Diodorus Siculus 1,27,4,4–9; Lukian, Apoc 22,16,2; DialDeor 2,2,3. – Arrian 34,12,1; 36,2,2. – Dionysius v. Halikarnaß, Lys 25,69. – Cassius Dio 72,9,2a,2. – Lysias, Or 32,13,6. – Epiktet 3,1,23,4; 4,7,31,4–5. – Alexander v. Aphrodisias 594 D 5. – Vita Aesopi 29,20. – Porphyrius 28,5–6 usw.

1. Selbst innerhalb des JohEv gibt es ein Ich-bin-Wort im Munde des Täufers: *Ich bin die Stimme des Rufers ...* in Joh 1,23. Das griechische *ego* hat hier der Evangelist zur zitierten Stelle Jes 40,3 LXX hinzugesetzt. Zweifellos handelt es sich hier um die Selbstvorstellung eines von Gott Gesandten. Damit sind für das JohEv alle Texte außer Diskussion gesetzt, in denen anderes als das volle und absolute *ego eimi* zu finden ist.
2. Unbestritten gibt es in der LXX Stellen, in denen das absolute *ego eimi* zum Gottesnamen geworden ist und als solcher auch die übliche Kohärenz eines Satzes durchbricht. Hier geht es dann aber regelmäßig um eine Verdoppelung des »ich bin«. Dieser Fall ist im Neuen Testament nirgends gegeben.[155]
3. Für die Herleitung der johanneischen Redeweise »ich bin + (Metapher)« sind nach wie vor die Belege aus dem griechischsprachigen Ägypten zu nennen, in denen es sich um Selbstvorstellungen einer Gottheit (Isis), eines Engels (TestAbr) oder eines Repräsentanten Gottes (Weisheit) handelt.
Eine Gottheit oder ein Bote, der von ihr kommt, muß sich vorstellen.[156] Die übliche Selbstvorstellung Unbekannter lautet: »Ich bin + Name (oder: Name eines bekannten Verwandten mit Angabe der Verwandtschaftsrelation)«. Auch Isis kann sich vorstellen: »Ich bin alles, was war und was ist und was sein wird« (Plutarch, Is. 354 C 6). Wo eine Metapher an die Stelle des Namens tritt, geht es um die *Gabe* dessen, der sich vorstellt; daher auch bei Isis: »Ich bin die Gnadengeberin.«
4. Nur bei unabweisbarer Nähe zur LXX darf man vielleicht Anspielungen annehmen, wenn das »ich bin« absolut gebraucht ist. Alle diese – wenigen – Fälle sind kritisch zu diskutieren.

a) Joh 8,24: *Wenn ihr nicht glaubt, daß ich es bin, werdet ihr in euren Sünden sterben.* – Allerdings ist auch schon in 8,23 von Jesu Identität die Rede: Er ist von oben und nicht aus dieser Welt. Darauf nimmt 8,24 Bezug.
b) Joh 8,28: *Wenn ihr den Menschensohn erhöht, dann werdet ihr erkennen, daß ich es bin.* – Allerdings ging es in 8,25.26 bereits um die Frage »Wer bist du?«,

[155] Vgl. dazu Jes 43,25; 51,12; 52,6. An diesen Stellen heißt es: »Ich bin ›ich bin‹« oder ähnlich, vgl. dazu H. THYEN, a. a. O., 26.
[156] Vgl. BERGER: Auferstehung, 439–449.

und Jesus hatte von dem gesprochen, der ihn sendet. – Zum Vergleich berufen sich H. Thyen[157] und andere auf Jes 43,10 LXX: »Werdet Zeugen für mich, und auch ich bin Zeuge, sagt Gott der Herr, und auch der Knecht, den ich erwählte, damit ihr erkennt und glaubt und begreift, daß ich es bin. Vor mir entstand kein anderer Gott, und nach mir wird kein anderer sein.« Aber auch hier geht es doch wohl nur um ein Wiedererkennen und nicht um den Gottesnamen. Gesagt werden soll nämlich: An diesem Geschehen erkennt ihr meine Handschrift, so könnt ihr erschließen, daß ich dahinterstehe und kein anderer. So ist zwar zuzugeben, daß in Joh 8,28 eine Anspielung auf Jes 43,10 LXX vorliegen *könnte,* aber es geht doch nicht um die »allerheiligste Theophanieformel«. Im Sinne der Rekognition will H. Thyen ja auch Joh 8,25 deuten: »Genau, was ich euch von Anfang an sage!«[158]

c) Joh 8,58: *Ehe Abraham wurde (entstand), bin ich.* – Allerdings geht es hier um das dieser Satzhälfte zugehörige Verb, nicht aber um das, was oder wer Jesus ist. Der Gegensatz zwischen »ich bin« und »wurde« könnte auf der Kenntnis von Jes 43,10 beruhen (»ich bin – vor mir wurde kein anderer«), aber das »ich bin« ist dort eher Rekognition.

d) Joh 13,19: *Ich sage es euch jetzt schon, bevor es geschieht, damit ihr, wenn es geschieht, glaubt, daß ich es bin.* – Allerdings war im Satz vorher von jemandem in der ersten Person die Rede. Das »ich bin« steht daher gar nicht allein, sondern bezieht sich auf den Vor-Satz. So ist in 13,19 zu ergänzen: »…, daß ich es bin, den der Psalm meint.«

Fazit: Die Annahme, daß es sich bei den genannten Stellen um den Gottesnamen handeln könnte, ist möglich, aber mit schwerwiegenden Argumenten bestreitbar. Immer wieder geht es um denselben Fall: Im Satzgefüge des Kontextes ergeben sich Bezugspunkte zu dem »ich bin es«, so daß man immer sagen kann: Ich bin der, von dem die Rede war. Das kann man mit R. Bultmann Rekognition nennen.

5. Zur Rekognition im Sinne Bultmanns gehören auch die Ich-bin-Worte der Pseudopropheten nach Mk 13,6 (»in meinem Namen« – »ich bin es«, nämlich der mit dem Namen Genannte. Die Leute haben sich doch nicht für Gott gehalten, sondern für den wiederkommenden Jesus). Dazu gehört ferner das Wort Jesu beim Wandeln auf dem Meer (Mk 6,50par), und dazu gehören bereits entsprechende Sätze des Alten

[157] H. THYEN, a. a. O., 25.
[158] H. THYEN, a. a. O., 28 A. 48.

Testaments mit »Ich bin es, fürchte dich nicht«, denn darin wird der gute Gott der Väter wiedererkannt.[159]

Alle diese Fälle haben nichts mit einer Theophanieformel zu tun. Ebenso ist Mk 14,62 nur die bestätigende Antwort auf die vorangehende Frage. Hellenistische Parallele: Vita Aesopi 29.20: »›Bist du der neugekaufte Sklave?‹ ›Ich bin es‹« (gr.: *ego eimi*). Ganz in diesem Sinne ist auch das Agraphon in Ps.-Clem Hom 3,53 zu deuten: »Ich bin der, über den Mose prophezeit hat, indem er sagte: Einen Propheten wird euch erwecken der Herr unser Gott.« – »Ich bin der, von dem die Rede ist/war«, das ist der jeweils kontextbezogene und satzlogische Hintergrund des »absoluten Ich bin« im Neuen Testament.

Der beliebte Einwand, alle religionsgeschichtlichen und sprachlichen Argumente besagten doch nichts angesichts des jeweiligen Kontextes, der die entsprechende Färbung gebe, taugt nicht, *wenn kein einziger der genannten Texte aus den Evangelien zwingend im Sinne der Theophanieformel zu deuten ist.*

Ältere Tradition im JohEv: Das JohEv repräsentiert in dem absoluten »ich bin« nicht schon von sich aus eine hohe und späte Christologie. Der systematisch vollzogenen theologischen Überfrachtung des »ich bin« ist energisch ein Riegel vorzuschieben.

§ 28
Der Weinstock
Zur Soziologie des Johannes-Evangeliums

In Joh 15,1–8(16) bezieht Jesus das traditionelle Bild des Weinstocks auf sich. Folgende Aspekte sind in unserem Zusammenhang wichtig:
a) Der Weinstock ist sowohl ein Bild für Israel als auch für den Messias (Did 9). So kann das Bild hier ebenso Jesus bezeichnen (Joh 15,1a) wie auch die Gesamtheit seiner mit ihm verbundenen Jüngerinnen und Jünger (15,5a). Diese Bedeutung des Bildes entspricht der ellipsoiden Struktur, die wir teilweise bei neutestamentlichen Vorstellungen von

[159] Vgl. dazu G. GEIGER, a. a. O., 467 mit Hinweis auf Gen 26,24; 28,15; Jes 41,10; 43,5; Jer 1,8.19. – Vgl. dazu auch BERGER: Auferstehung, 433 A. 24f.

Messias und Menschensohn finden: Jesus ist Messias sowohl für sich als auch mit anderen zusammen (Mitregentschaft), und ähnliches gilt für synoptische Menschensohn-Aussagen (vgl. nur Mt 19,28).[160] Das Bild des Weinstocks ist in dieser Hinsicht das johanneische Äquivalent zu dieser geläufigen, charakteristisch christlichen Vorstellung.
b) Das Bild des Weinstocks klärt das sachliche Problem, inwiefern die Gemeinschaft mit Jesus ein verändertes Handeln der Christen ermöglicht. Das geschieht hier mit den Stichworten »Bleiben« und »Frucht bringen«. Sowohl für Johannes den Täufer als auch für die Synoptiker als auch für Paulus ist diese Metapher von einzigartiger Bedeutung. Dem Täufer geht es um die Früchte der Umkehr (Mt 3,8.10par), dem synoptischen Jesus um die geschuldete Frucht (zum Beispiel Lk 13,6–9; der Feigenbaum, um dessen Frucht es geht, steht »im Weinberg«), Paulus um die Frucht des heiligen Geistes (zum Beispiel Gal 5,22) im Sinne von »Werk«. Überall hat die Rede von der Frucht spezifische Konnotationen, so auch in Joh 15,2–5.8: Nur wer »in Jesus« bleibt, das heißt, wer sich von seiner Liebe führen und treiben läßt, kann Frucht bringen. – Zum anderen bleibt aber auch die Verknüpfung von Frucht und Gericht erhalten, wie sie beim Täufer und auch bei Jesus zu finden ist (vgl. außer Lk 13,6–9 auch Mt 7,19 etc.).
Man könnte sagen: Beide Aspekte zusammengenommen lassen das JohEv als Bindeglied zwischen den Synoptikern und Paulus erscheinen. Denn wie bei Paulus wird die Frage der Kraft geklärt, aus der heraus die Jünger Frucht bringen können. Mit den Synoptikern bleibt die Gerichtsdrohung erhalten.
Man kann auch sagen: Das JohEv kennt keine ethische Bedeutung des Wortes »nachfolgen«, im Unterschied etwa zu Mk 8,34; 10,28. So entfällt im JohEv das Bild des in radikaler Armut mit Jesus durch die Lande ziehenden Jüngers. Statt dessen wird »Bleiben« zur zentralen Metapher, um die ethische Bedeutung Jesu für die Jünger darzustellen.
Damit liefert das JohEv wichtige Einsichten in frühe Traditionen, die bisher verschollen schienen: Es gibt Auskunft über die Überlieferungen seßhafter Jüngergruppen der Frühzeit. Während die Synoptiker wenigstens teilweise vom Ethos der sog. Wanderradikalen geprägt zu

[160] Vgl. zum Ganzen BERGER: Theologiegeschichte, 674.

sein scheinen, ist letzteres im JohEv nicht nachzuweisen. Das Ethos des »Bleibens« weist in eine ganz andere Richtung, nämlich auf die ortsfesten Tradenten christlicher Überlieferungen.
Dem entspricht, daß nach dem JohEv Jünger auch nicht zur Mission ausgesandt werden und daß Analogien zu den ausführlichen synoptischen Aussendungsreden fehlen (vgl. nur Mt 10,5–25; Lk 9,1–6; 10,1–20). Das JohEv vertritt offensichtlich eine zentripetale, nicht eine zentrifugale Mission.
Es lohnt, unter diesem soziologischen Aspekt auch die Überlieferungsformen zu betrachten. Bei den Synoptikern überwiegen die (wenn auch zu Nestern gesammelten und so tradierten) kurzen Einzelworte und die gut merkbaren Chrien. Im JohEv dagegen finden wir lange Dialoge und Monologe, zweifellos mehr auf »Ruhe« und Schriftlichkeit ausgerichtete Formen.

Ältere Traditionen im JohEv: Das JohEv bietet in seinem Traditionsbestand die Ergänzung zur synoptischen Tradition. Während die Synoptiker zentral durch Überlieferungen von Wandermissionaren geprägt sind, ist das JohEv durch die Tradition seßhafter Jüngergruppen und ein entsprechendes Verständnis von Mission ausgezeichnet.

§ 29
Bildmotive in Johannes 10

Die drei Elemente Hirte, Schafe und Tür sind in Joh 10 miteinander verwoben. Ich möchte zeigen, daß dieses Geflecht genuin ist und nicht Zweit- oder Drittverwertung schon bekannter Evangelien. Auch Joh 6 hat Anteil an dieser Überlieferung.

Keiner darf verloren gehen

Zu vergleichen sind drei Texte aus der Evangelien-Tradition, wobei in der Fassung bei Johannes das Motiv von Schaf und Hirte fehlt.

Matthäus 18,14
So *ist es* keineswegs der *Wille* vor eurem himmlischen *Vater*, daß (gr.: *hina*) eines dieser Kleinen *verloren gehe.*

Lukas 15,4 (Q)
Er hatte *verloren* aus ihnen *eines* ...

Johannes 6,39f
Dies aber *ist der Wille* dessen, der mich gesandt hat, daß (gr.: *hina*) ich von denen, die er mir gegeben hat, keines *verliere.* Denn dieses *ist* der *Wille* meines *Vaters.*

Bei Matthäus und Lukas (Q) ist das Wort vom Verlorengehen des einen ein Kommentar zum Gleichnis vom verlorenen und wiedergefundenen Schaf. In Joh 6 ist von diesem Bezug nichts zu sehen; dort steht das Wort in der Speisungsgeschichte. Dennoch gibt es eine alte Motiv-Verbindung zwischen Speisung und Hirten-Motiv, wie aus Mk 6,34/35–43 ersichtlich ist. Wer andere in der Einöde speist, ist ein Hirte – welchen Beruf könnte er sonst haben?

Die aktive transitive (gr.: *hina*) Form »verlieren« bieten Johannes und Lukas, die Rede vom Willen des Vaters kennen nur Matthäus und Johannes. – Johannes bietet erst die negative Fassung, dann die positive. Bei Lukas fehlt hier der Vater.

Man erkennt: Es gibt Ähnlichkeiten mit Matthäus und mit Lukas. Wer annimmt, Johannes habe aus beiden gestückelt, müßte annehmen, er habe die transitive Form aus Lukas, die Rede vom Willen des Vaters aus Matthäus, von sich selbst her aber die Ich-Form, die Rede Jesu von dem, der ihn gesandt hat, das Motiv, daß der Vater ihm die Schafe gegeben hat, und die Doppelung der Rede vom Willen.

Eine derartige Aufstückelung macht aus dem Evangelisten eine Art Gegenbild des Exegeten, nämlich einen mikrologischen Puzzle-Sucher. Muß man die Entstehung wirklich analog der exegetischen Aufsplitterung verstehen? Hier sind Zweifel angebracht, weil wir auch selber die Entstehung von theologischen Texten ganz anders wahrnehmen.

Die Lösung des traditionsgeschichtlichen Problems, das die Erklärung der Ähnlichkeit zwischen den zitierten Sätze betrifft, dürfte vielmehr so aussehen:

Es gibt eine mündliche Überlieferungseinheit, in der ein Hirte nach Gottes des Vaters Willen ein Schaf oder Schafe nicht verloren gehen

lassen soll. Mit Hilfe dieses Bildes beschreibt Jesus seinen Beruf. Von Johannes wird diese Tradition zur Speisungsgeschichte in Joh 6 zitiert, weil er eben in der Speisung, die Jesus ermöglicht, solches Hirtenwerk sieht (dazu muß er Mk 6, wo sich eben diese Kombination findet, nicht gekannt haben). Lukas und Matthäus kennen den Satz als Anwendung des Gleichnisses von den 99 Schafen und dem einen. Lukas kann den Vater in 15,4 aus dem stark mündlich vorgeprägten Satz weglassen, weil er ab 15,11 (Gleichnis vom verlorenen Sohn) diese Metapher reichlich verwenden wird.
Das heißt: Die Assoziation von Speisung und Hirte/Herde war Johannes vorgegeben, deshalb zitierte er in 6,39f das Wort vom Willen des Vaters. Das Gleichnis über die Schafe (99:1) war Johannes vielleicht ebenfalls hier vorgegeben. Weil er Gleichnisse nicht schätzt, ließ er es aus.

Wölfe, Schafe, Irrlehrer

Die Stunde des Abschieds des Lehrers (oder das Ende einer größeren Rede) ist der Ort (»Sitz im Leben«), vor den nach dem Abschied des Lehrers zu erwartenden Irrlehrern zu warnen. Während der Lehrer sich als treusorgenden Hirten seiner Schafe versteht, sind die Irrlehrer das Gegenteil. Dieser einfache Grundbestand ist klar ersichtlich. Bei der Rezeption in Joh 10 wurde diese Tradition nur insofern verändert, als hier nicht die Irrlehrer nach Jesus, sondern die vor ihm da waren, genannt werden. Diese Veränderung ist aufgrund der zeitlichen Selbsteinschätzung des JohEv verständlich. Folgende Texte und Elemente sind zu nennen:

Matthäus 7,12–15	*Johannes 10,11–15*	*Acta 20,28–31*
Pforte	Tür	–
hineingehen	hineingehen	hineingehen
Wölfe	Wölfe	Wölfe
Ps.-Propheten	Diebe, Räuber, Mietlinge	Irrlehrer
Schafe	Schafe / Herde	Herde
–	Hirte	(weiden)
Untergang / Leben	Rettung / Leben / untergehen	–
seid achtsam	–	seid achtsam

Mt 7 erhält seine besondere Bedeutung als Schlußstück in der Bergpredigt. Im JohEv findet sich die Abschiedsrede mit dem Hirtenmotiv erst in Joh 21, daher ist Joh 10 nicht als Abschiedsrede, sondern als Rückblick auf die früheren und anderen Autoritäten und Lehrer zu verstehen. An dieser Stelle wird zum Beispiel erkennbar, daß Joh 21 durchaus planmäßig zum Evangelium dazugehört – anhand dessen, was in Joh 10 gegenüber dem formgeschichtlichen Schema fehlt. In Joh 10 hat er aus dem traditionellen Schema weggelassen, was er dann für den wirklichen Abschied in Joh 21 nachträgt. Weil Joh 10 keine Abschiedsrede ist, fehlt hier auch die sonst obligatorische Mahnung zur Wachsamkeit.

Tür- und Hirtenmotiv

Es gibt eine recht verbreitete frühchristliche Auffassung, wonach Jesus als »die Tür« bezeichnet wird, sie ist auch bei Ignatius von Antiochien und für den Herrenbruder Jakobus belegt. Sinn dieser kurzen, formelartigen Aussagen: Jesus ist der Zugang zu Gott, zur himmlischen Welt. Wer zu Gott gelangen will, wird es nur durch ihn können.[161]

Das Motiv der Tür hat weder etwas mit Herde und Hirt noch etwas mit Abschiedsrede zu tun. Wir können aber beobachten, daß die Verbindung zwischen dem Tür-Motiv und dem Hirten-Motiv in Joh 10 und in Mt 7 geleistet worden ist. In Mt 7 ist das nur oberflächlich geschehen, in Joh 7 dagegen integriert in das Bild von Hirten und Schafen. Anhand des merkwürdigen Befundes in Mt 7 darf man fragen: Greifen Matthäus und der Verfasser des JohEv hier auf gemeinsames Material zurück, das nach der Abfolge Tür – Hirt/Herde geordnet war? Eine Ordnung nach ähnlich lockerer Assoziation – Tür und Herde sind immerhin nicht ganz fremd – gibt es auch oft im ThomasEv.

Ähnlich war auch im vorigen Abschnitt (Mt 18,14; Joh 6,39f) die Überlieferungsnähe zwischen Matthäus und dem JohEv besonders eng.

[161] Weitere Belege für Jesus als die »Tür«: Ignatius, An die Philadelphier 9,1: »Er ist die Tür zum Vater.« – Hegesipp (2. Jh.) nach Eusebius, h. e. 2,23,12: Jakobus, der Bruder Jesu, wird aufgefordert zu sagen: »Wer ist die Tür, die Jesus ist?« – Clemens v. A., Protreptikos 1 (ein Jesus-Agraphon:) »Ich bin die Tür. Öffnet, was darin ist, und zeigt, was vorher nicht erkennbar war.« – Acta Iohannis 95 (Worte Jesu): »Ich bin die Tür für dich, wenn du bei mir anklopfst.«

Resultat

An den drei Stellen, an denen der Evangelist Johannes Hirten-Tradition verarbeitet, in den Kapiteln 6, 10 und 21, geschieht es ganz ähnlich. Zunächst zeigt der Evangelist überraschend große Vertrautheit mit dem, was man den Gesamtstrom der Evangelien-Überlieferung nennen könnte. Dabei ist Johannes den Synoptikern oft näher, als es beim ersten Hinsehen scheint. Ein Zeichen der relativ großen Freiheit, die der Evangelist gegenüber seinem Material walten läßt, ist, daß er jeweils wichtige Elemente ausläßt. In Joh 6 nennt er die Stichworte Hirt und Herde nicht, in Joh 10 polt er das Thema Abschied und Wachsamkeit um in eine Schilderung und Qualifizierung der Lehrer vor Jesus, in Joh 21 läßt er den Bezug auf Irrlehrer aus; es gab sie eben nur vor ihm, nicht nach ihm. – Schließlich zeigt er in Joh 6 und 10 die Technik der Stichwortassoziation (zum Teil über Synonyma), wie sie der Mnemotechnik mündlicher Tradition entspricht.
Ältere Tradition im JohEv: Es wurde dargestellt, wie wenig wahrscheinlich eine Verarbeitung vorhandener Evangelien als schriftlicher Vorlage ist.

§ 30
Lazarus

Für das Verhältnis zwischen dem LkEv und dem JohEv ist die traditionsgeschichtliche Einordnung der Figur des Lazarus wichtig. Im Neuen Testament wird Lazarus nur in diesen beiden Evangelien genannt. Anlaß für Fragen war besonders eine markante Übereinstimmung. Nach Lk 16,27f bittet der Reiche, der in der Unterwelt schmachtet, Abraham, er möge Lazarus zu seinen fünf Brüdern senden, um sie zu warnen: *Wenn einer von den Toten zu ihnen kommt, werden sie umdenken.* Abraham lehnt das Ansinnen ab mit der Begründung: *Wenn sie auf Mose und die Propheten nicht hören, werden sie sich auch nicht überzeugen lassen, wenn einer von den Toten aufersteht.* Das ist die Pointe dieser Erzählung. Das Thema Lazarus, Auferstehung von den Toten und weitere Analogien findet sich aber auch in Joh 11. Nur wird dort eine Auferweckung des Lazarus von den Toten nicht abgelehnt, sondern vollzogen.

Seit alters pflegt man daher in der liberalen Tradition zu fragen, ob im JohEv der lukanische Bericht nicht historisiert worden sei.[162] Was Lukas als Gleichnis erzählt, wird im JohEv zu einer Wunder-Erzählung, wobei freilich das Kernstück ins Gegenteil verkehrt worden wäre. Unter der Voraussetzung der Priorität des LkEv vor dem JohEv, bzw. der Benutzung des LkEv durch Johannes, erschien das nicht als problematisch. Die Frage ist: Darf man wirklich so großzügig mit einer Umkehrung des lukanischen Stoffes durch den Verfasser des JohEv rechnen? Hätte dieser nicht befürchten müssen, daß jemand den Schwindel bemerkt?

Eine andere Lösung liegt meines Erachtens näher:

1. Was über Lazarus berichtet wird, kann man gut auf eine gemeinsame Tradition zurückführen: Lazarus lebt – Lazarus stirbt – Rückkehr von den Toten/Auferstehung – keine Änderung bei den Juden. Bei beiden Autoren ist auch der Horizont der Erzählung unzweifelhaft das Judentum. Als Elemente einer mündlichen Tradition sind diese Punkte gut denkbar.

Entscheidend ist der »Knick« am Schluß des Materials: Nach Lukas gilt: Selbst dann werden die Juden nicht umkehren, bei Johannes: Die Auferweckung des Lazarus verändert die Juden nicht, sondern verschärft ihre Ablehnung.

2. Aus Lukas ist zu erkennen: Jesus hält sich bei der Darstellung des Geschicks des Lazarus nach dem Tod an eine verbreitete ägyptische Tradition, die im Setne-Roman und auch in späteren koptischen Erzählungen erhalten ist. – Bei Lukas spielt Abraham dabei eine besondere Rolle, der in Joh 11 nicht genannt wird.

Das Ende der lukanischen Erzählung ist eine Weissagung: Die Juden *werden sich auch nicht überzeugen lassen, wenn einer von den Toten aufersteht.* Diese Weissagung geht innerhalb des lukanischen Doppelwerkes in Erfüllung. Denn in den Judenpredigten der Apostelgeschichte argumentieren die Apostel jeweils zentral mit der Auferstehung Jesu: Durch sie sind die Juden überführt, und nun müßten sie eigentlich umkehren. In der Regel folgen die Juden diesem Aufruf nicht, oder

[162] Vgl. R. SCHNACKENBURG: Das Johannesevangelium II (1971), 429.

nur einige von ihnen. Darauf wendet sich das Evangelium den Heiden zu.

Für Lukas ist es offenbar wichtig, daß Jesus vor Ostern auch das Ergebnis der nachösterlichen Judenmission im Blick haben kann. Besonders wichtig ist dabei, daß dieses in der Erzählung Abraham, der Vater aller Juden, selbst konstatiert. – Lukas bedient sich mithin zur Gestaltung seiner Vorhersage eines sehr ungewöhnlichen Mittels. Die Gattung dieser Erzählung ist mit dem Wort »Gleichnis« denn auch kaum getroffen.

Überdies steht die Lazarus-Erzählung bei Lukas an sensibler Stelle im Evangelium, direkt nach Lk 16,16–18, wo es um die bleibende Gültigkeit des Gesetzes, aber um seine Geltung im Zeichen des universalen Evangeliums geht.

3. Bei Lukas ist Lazarus in gewisser Hinsicht »Typos« Jesu (daher auch die besondere Erzählgattung), und auch für den johanneischen Bericht hat man Ähnlichkeiten mit der Darstellung der Auferstehung Jesu feststellen können. *Beide* Autoren verfolgen damit jeweils eine konsequente Darstellungsabsicht: Lukas wagt den Vorausblick auf die Zeit nach Ostern, nach Johannes wird die sinnlose jüdische Opposition auf die Spitze getrieben: Den, der Leben gibt, töten die Juden.

Resultat: Es ist historisch gesehen unwahrscheinlich, daß Johannes der lukanische Text vorgelegen hat. Denn hätte Johannes auch nur ein Minimum an Respekt vor der Jesusüberlieferung gehabt, hätte er nicht wesentliche Teile ins Gegenteil verkehrt und Abrahams Wort mißachtet, das er ja (vgl. Joh 8) ganz gut in seinem Aufriß hätte verwenden können.

Alter der Johannes-Tradition: Wir wissen nicht mehr genau, was am Anfang stand, das heißt, wie die Johannes und Lukas gemeinsamen Elemente ursprünglich vernetzt waren. Die Beziehungen zum Setne-Roman heben sich bei Lukas deutlich aus dem gemeinsamen Gut heraus. Aber das besagt nichts über den sekundären Charakter. Beide Autoren haben sich sorgfältig bemüht, der Erzählung einen Sitz in der vorösterlichen Geschichte Jesu zu geben. Die Gestaltung als Wunder-Erzählung im JohEv ist formgeschichtlich gesehen konventioneller. Für unseren Zusammenhang genügt es, gezeigt zu haben, daß die Lukas-Fassung in hohem Maße lukanischer Theologie entspricht. Sie ist daher nicht notwendigerweise die Vorlage für Joh 11.

§ 31
Abendmahl

Zur Problemlage

Das JohEv enthält zwar einen Bericht über ein letztes Mahl[163], das Jesus mit seinen Jüngern hält und bei dem er ihnen die Füße wäscht, aber Deuteworte zu Brot und Wein werden dabei nicht gesprochen. Statt dessen erblickt man in Joh 6 einen sicheren Reflex der Überlieferung vom Abendmahl in der bekannten Form, insbesondere in den von der Schule R. Bultmanns der kirchlichen Redaktion zugeschriebenen Versen Joh 6,53b–58. Zumindest also für einen späteren Redaktor sollte ganz deutlich die kirchliche Abendmahlsüberlieferung bekannt und hier verarbeitet sein. Bei einer Entstehung des JohEv um 100 n. Chr. und bei einer Verarbeitung des Paulus wie der Synopti-

[163] Neuere Lit.: P. A. ANDERSON: The Christology of the Fourth Gospel. Its Unity and Disunity in the Light of John 6 (WUNT 78), Tübingen 1996. – R. M. BALL: S. John and the Institution of the Eucharist, in: JSNT 23 (1985), 59–68. – P. BORGEN: The Unity of the Discourse in John 6, in: ZNW 50 (1959), 277–278. – P. BORGEN: Bread from Heaven. An Exegetical Study of the Concept of Manna in the Gospel of John and the Writings of Philo (NT. S 10), Leiden 1965. – P. BORGEN: Bread from Heaven; Aspects of Debates on Expository Method and Form, in.: DERS.: Logos was the True Light – and other Essays on the Gospel of John, Trondheim 1983, 32–45. – P. BORGEN: John 6: Tradition, Interpretation and Composition, in: M. C. DEBOER (Hg.): From Jesus to John. Essays on Jesus and New Testament Christology (FS M. DE JONGE) (JSNT.SS 84), Sheffield 1993, 268–291. – G. BORNKAMM: Die eucharistische Rede im Johannesevangelium, in: DERS.: Geschichte und Glaube I (BETh 48), München 1968, 60–67. – G. BORNKAMM: Vorjohanneische Tradition oder nachjohanneische Bearbeitung in der eucharistischen Rede Johannes 6?, in: DERS.: Geschichte und Glaube II (BETh 53), München 1971, 51–64. – J. D. CROSSAN: It is Written: A Structuralist Analysis of John 6, in: M. W. G. STIBBE (Hg.): The Gospel of John as Literature. An Anthology of Twentieth-Century Perspectives (NTTS 17), Leiden / New York / Köln 1993, 145–164. – M. J. J. MENKEN: Some Remarks on the Course of the Dialogue: John 6:25–34, in: Bijdragen 48 (1987), 139–149. – M. J. J. MENKEN: John 6,51c–58: Eucharist or Christology?, in: Bib 74 (1993), 1–26. – J. PAINTER: Tradition and Interpretation in John 6, in: NTS 35 (1989), 421–450. – J. M. PERRY: The Evolution of the Johannine Eucharist, in: NTS 39 (1993), 22–35. – H. SCHÜRMANN: Joh. 6,51c – ein Schlüssel zur johanneischen Brotrede, in: BZ 2 (1958), 255–262. – L. T. WITKAMP: Some Specific Johannine Features in John 6.1–21, in: JSNT 40 (1990), 43–59.

ker durch den Evangelisten war es ja auch unvorstellbar, daß der Evangelist an diesem Brauch, der um 100 n. Chr. natürlich auch in seiner eigenen Gemeinde praktiziert worden wäre, hätte vorübergehen können.

Es ist sicher nicht nur die Spätdatierung, die zu dieser verbreiteten These Anlaß gab, sondern großenteils die Selbstverständlichkeit, mit der man meint, das Abendmahl überall voraussetzen zu müssen. Gehört es nicht zu allen Christen und daher zu jeder Gestalt von Christentum dazu? – Daß das letzte Mahl Jesu im Sinne des Abendmahls mit den Deuteworten zu Brot und Wein nur von den Synoptikern und von Paulus, nirgendwo anders im Neuen Testament bezeugt wird, war eigentlich nur ein um so kräftigerer Antrieb, an der johanneischen Version, wie man meinte, festhalten zu müssen.

Wer die Spätdatierung des JohEv bestreitet, den kirchlichen Redaktor des JohEv in Abrede stellt und davon ausgeht, daß nicht alles, was uns lieb und teuer ist[164], schon immer und überall gelehrt worden sein muß, der könnte angesichts des JohEv zu einem ganz anderen Resultat kommen. Dieses lautet in unserem Fall: Das JohEv kennt weder ein Erinnerungsmahl an Jesu letztes Mahl, noch verbindet es dieses oder sonst irgendein gemeinsames Mahl mit Deuteworten zu Brot und Wein. Jesu letztes Mahl nach Johannes erwähnt davon schlechthin gar nichts, und in Joh 6 geht es um wesentlich anderes.

[164] Es geht hier um eine hermeneutische Vorentscheidung: Muß wirklich ein Zeugnis wie das JohEv, das wir für wesentlich halten, all das enthalten, was auch für uns substantiell ist? – Freilich befürchte ich, daß es hier weniger um hermeneutisch-abstrakte Rede geht als vielmehr um emotionale Voraussetzungen sehr massiver Art. Das zeigen auch die bisherigen Diskussionen mit Vertretern anderer Deutungen zu Joh 6 (meist mündlich). Interessant ist dabei nur, daß schon seit dem Antiochenischen Zwischenfall das Thema »Mahl« fast immer das in der Kirche mit den meisten Emotionen erörterte gewesen ist. An dieser Stelle möchten alle ihre Positionen sichern oder absichern. – Es gehört zu den verhängnisvollen Vorentscheidungen vieler Arten kirchlicher Exegese, in jeder Schrift des Neuen Testaments das ganze Credo finden zu wollen. Und umgekehrt: Wenn man etwas exegetisch an einer traditionell gewohnten Stelle nicht finden kann, gilt man sofort als Verächter der Sache. Die exegetischen Theorien zu 1 Kor 14,34–36 sprechen für sich. Wer die frühchristlichen Texte einem Legitimierungsdruck aussetzt, den sie nicht haben können, verspielt seine Glaubwürdigkeit als Exeget und die schützenswerte historische und theologische Individualität der Texte.

Die *Konsequenz* aus diesem zweifellos ernüchternden Ansatz könnte sein: Der vierte Evangelist hatte eine andere Tradition über Jesu Zeichenhandlung beim letzten Mahl, die sein bisheriges Wirken in einem Bild zum Ausdruck brachte. Auch das Austeilen von Brot und Wein mit Deuteworten ist Zeichenhandlung und gehört daher zur selben Gattung. Wir finden diese johanneische Version in Lk 22,19ff mit dem markinischen Mahlbericht ansatzweise verknüpft, wir finden sie auch in Mk 10,35–45. Sie war mit der synoptischen von den Deuteworten zu Brot und Wein nicht unvereinbar, aber eben anders. – Und was Joh 6 betrifft: Wenn Jesus sich mit Brot vergleicht und wenn er sagt, ihn anzunehmen bedeute so etwas wie ihn zu essen, dann diskutiert der Evangelist hier Metaphern, die gewiß nicht sakramental verstanden sind, die aber doch in mancher Hinsicht mit den Deuteworten (jedenfalls dem Brotwort) verwandt sind und die zu ihrem Verständnis beitragen könnten. Aber klar muß sein: Joh 6 deutet nicht ein Gemeinde-Mahl und dessen Elemente, sondern hier sucht Jesus Metaphern *für sich und sein Wirken.*

Wenn das JohEv (und das gilt wohl auch für 1–3 Joh) ein Gemeindemahl mit Deuteworten nicht gekannt hat, bedeutet das *historisch*: Das JohEv steht abseits der faktischen Gemeindepraxis, wie sie in Gemeinden des paulinischen und lukanischen Bereichs geübt wurde; dort feierte man regelmäßig Abendmahl.

Doch steht im 1. Jh. das JohEv mit dieser Position nicht allein. Ein regelmäßiges Abendmahl wurde offensichtlich nur im paulinischen und dann im lukanischen Traditionsbereich gehalten, sieht man von Judasbrief 12 einmal ab. Nur in 1 Kor 11 und in Lk 22 findet sich ein »Wiederholungsbefehl«, bei Markus und Matthäus ist nicht zu erkennen, ob das letzte Mahl eine Fortsetzung in einer Gemeindepraxis gefunden hat.[165] Der Hebräerbrief gar verwirft überhaupt gemeinsame Mahlzeiten (Hebr 13,9–14), weil sie in seinem Umfeld attraktives Propagandamittel des Judentums sind.

Wenn das JohEv also kein Abendmahl mit Deuteworten zu Brot und Wein kennt und seiner Adressatenschaft möglicherweise überhaupt ge-

[165] Angesichts der großen Bedeutung gemeinsamer Mähler in der Kaiserzeit lag es gewiß nahe, auch einmalig gedachte Aktionen Jesu zu wiederholen und schlicht nachzumachen oder zu erneuern. Man sollte nur beachten, in welcher Lage man sich dann angesichts von Mt 16,16–18 befindet!

meinsame Mähler der Christen unbekannt sind, dann besagt das nichts gegen die markinischen oder paulinischen Typen des Abendmahls und auch nichts gegen das JohEv. Auch die übrigen Schriften des Neuen Testaments bezeugen, daß für viele Christen des 1. Jh. diese Tradition nicht so bedeutend war wie für viele von uns oder so allgemein bekannt wie heute.

Zum Aufbau von Johannes 6

Die seit R. Bultmanns Kommentar zum JohEv übliche Einteilung der Brotrede Jesu in Joh 6 sieht so aus:

V. 32–51a	Brot und Essen sind wie Offenbarung und Glaube. Der Vater gibt, Jesus ist das Brot.
V. 51b–58	*Kirchliche Redaktion:* Darstellung der Feier der kirchlichen Eucharistie. Vom Glauben ist keine Rede mehr, Jesus selbst – nicht mehr Gott – ist der Spender.
V. 60–65	Fortsetzung von V. 32–51.

Demgegenüber schlage ich folgende *Alternative* vor:

V. 32–46 Wer Jesus *ist* – das vom Himmel gekommene Brot
(Der Aufbau der Verse 32–46 und 47–58 ist im folgenden parallel):
Beginn: Amen, Amen …
Gegensatz zum Manna
Jesus: »Ich bin das Brot des Lebens«
Protest der Juden: Jesus ist nicht Brot, sondern Josephs Sohn

Da es hier um den grundsätzlichen Zugang geht, stehen die Themen Glauben und ewiges Leben im Vordergrund.

V. 47–58 Was das von Jesus Gegebene bewirkt: Das Brot *wird gegessen*
Beginn: Amen, Amen …
Gegensatz zum Manna
Jesus: »Ich bin das Brot des Lebens«
Protest der Juden: Wie kann man Jesu Fleisch essen?

V. 60–65 Kommentar über das Verstehen der Rede: Das Brot bzw. Fleisch und Blut, von dem Jesus geredet hat, das das Leben gibt, ist der Geist. Es handelt sich also bei der Brotrede um eine Darstellung von Jesu Wort.
V. 66–71: Deutung der Brotrede wird aufgenommen im Petrusbekenntnis.

Der Satz »Du bist der Heilige Gottes« kennzeichnet Jesus als charismatischen Geistträger.

Auswertung: Der Gedankenfortschritt in 6,47–58 gegenüber 6,32–46 besteht darin, daß im ersten Teil der Rede Jesus das Brot »ist«, daß aber im zweiten Teil dieses Brot (er selbst) auch gegessen wird. Fleisch und Blut sind daher nicht auf den Kreuzestod oder das Abendmahl zu beziehen, sondern umschreiben unmittelbar Jesus selbst.

Das Fleisch Jesu, von dem 6,51b.53 sprechen (in V. 53 in Verbindung mit seinem Blut), ist daher kein anderes als das, von dem Joh 1,14 spricht: der Mensch Jesus. Ihn essen und trinken bedeutet: ihn ganz und gar in sich aufnehmen, ihn als das Wort im Fleisch annehmen. Aus Joh 6,60–65 wird hervorgehen, daß dieses Wort nichts anderes ist als heiliger Geist. Damit wird dem Irrtum vorgebeugt, als könne es um Haut und Knochen Jesu, um einen kannibalistischen Verzehr gehen. – Andererseits aber muß Jesus doch von Fleisch und Blut sprechen, denn angenommen werden soll nicht irgendein freischwebender Geist, sondern Jesus selbst, seine historisch-individuelle Rede, die Ausdruck seiner eigensten Sendung ist. Von den Zuhörern wird daher das Ärgernis an der falschen Stelle gesucht. Verletzt wird nicht das jüdisch-alttestamentliche Gebot, kein Blut zu trinken. Das Ärgernis liegt vielmehr darin, daß es nicht mehr um Wort Gottes im allgemeinen geht, um Wahrheit und Doktrin, die wie eine Sache, wie ein Lernstoff ablösbar waren von Mose und den Propheten. Gerade Philo von Alexandrien bezeugt in der direkten Nachbarschaft des JohEv, was entsteht, wenn man eine Gotteslehre solcher Art dann mit anderen Lehren verschmilzt. Da ist dann im Prinzip kein Halten mehr – die jüdische Rezeption Philos hat hier mit verständlichem Gespür reagiert. Denn nichts ist leichter, als Theorien zu verschmelzen.

Nichts erscheint aber als schwerer, anstößiger und angreifbarer, gerade in einer solchen historischen Situation das Ruder herumzureißen und zu sagen: Diese Person ist die Wahrheit. Die Wahrheit ist absolut untrennbar mit einer Person verknüpft.

Von hier aus gesehen erscheint das JohEv mit seiner Christologie innerhalb der Geistesgeschichte des Judentums im 1. Jh. n. Chr. als ein höchst sinnvoller und, wenn man es sehen will, auch höchst notwendiger Beitrag zur Situation des Judentums selbst. Geradezu militant wird der Versuchung gewehrt, jüdische Religion als eine Theorie aufzufas-

sen, kommensurabel und versöhnbar, verknüpfbar mit anderen Gedankensystemen der Zeit. Der Mensch Jesus Christus ist mit Fleisch und Blut ein einziges lebendes Bollwerk gegen die philosophische Versuchung des (alexandrinischen) Judentums.
Die wahre Anstößigkeit liegt also in dem Menschen Jesus als dem Träger des Logos, liegt in der Aussage, daß Weltvernunft und Weltvermittler in einem individuellen, konkreten Menschen faßbar seien und sonst nicht. Gewiß kann man das nicht verstehen, aber man kann doch ahnen, was diese kühnen Sätze sagen wollen. Gott wohnt nicht im System, sondern im Leib eines Menschen (daher das Tempelbild in Joh 2). Die Entfaltung ist deshalb eine Jüngergemeinde und nicht eine johanneische Theorie.

Meint Johannes 6 das Abendmahl?

Im allgemeinen hält man die sprachlichen Berührungspunkte mit der Abendmahlstradition für so gravierend, daß man Joh 6 in enge Beziehung zur synoptischen und paulinischen Auffassung vom Abendmahl rückt. Die Argumente sind im einzelnen zu besprechen.
Erstes Argument pro Sakrament: Nur hier ist im JohEv das Element Brot mit Fleisch und Blut Jesu verbunden.
Antwort: Aus dieser richtigen Beobachtung folgt noch nicht die Anwendung auf das Abendmahl. »Fleisch und Blut« ist nicht Abendmahlsterminologie. Vor allem aber gilt: In Joh 6 werden nicht Elemente einer Mahlzeit gedeutet, die Jesus mit den Jüngern hält, sondern er deutet sich selbst als das Brot bei einer Mahlzeit. Vom Becher ist nirgends die Rede. Das Trinken wird nur assoziiert, weil zum Fleisch das Blut gehört. Gerade diese Sequenz fehlt sonst beim Abendmahl.
Zweites Argument pro Sakrament: In 6,51 ist die Wendung »Das Brot, das ich euch geben werde …« auf das reale Abendmahl bezogen. Sonst gibt Jesus kein Brot.
Antwort: Das Futur in 6,51 wird gerade im JohEv nicht durch einen Abendmahlsbericht mit Brotausteilen erfüllt. Es ist zu verstehen im Sinne der Botschaft Jesu an die Jünger. Insbesondere geht es wohl um den Geist, den Jesus als der geben wird, der dorthin hinaufgeht, wo er zuvor war (Joh 6,62f). Die Abfolge der Verse 6,62f ist nicht zufällig. Denn insbesondere der Geist, den Jesus geben wird (6,63a), doch auch

die Worte, die er bereits geredet hat (6,63b), sind das Brot/Fleisch, das er gab und geben wird.

Drittes Argument pro Sakrament: Das Verb »kauen« (gr.: *trogo*) in 6,54 geht über das Essen im allgemeinen hinaus und bezeichnet in seiner Grundbedeutung »nagen, fressen« drastisch das leibliche Essen.

Antwort: Die Anstößigkeit im Sinne krasser Metaphorik ist von Jesus beabsichtigt, um auf der nicht-metaphorischen Ebene jedes Ausweichen gegenüber der konkreten Person Jesu zu vermeiden.

Viertes Argument pro Sakrament: Der Ausdruck »mein Fleisch für das Leben der Welt« in Joh 6,51 bezieht sich auf den stellvertretenden Tod Jesu.

Antwort: Wie in Joh 1,14 bezieht sich »Fleisch« auf Jesu konkrete Existenz als Mensch. In Joh 6,51 ist weder vom Sterben noch von Stellvertretung, Sühne, Sündenvergebung oder Blutvergießen am Kreuz die Rede. Wer jede »für«-Aussage im Neuen Testament auf Jesu Sühnetod bezieht, wird sehr bald an die Grenzen seiner Exegese kommen. Eine Aussage mit »für das Leben der Welt« gibt doch nur die Zielrichtung an, für die Brot da ist, mehr nicht. (Vgl. § 34.)

Fünftes Argument pro Sakrament: Fleisch und Blut bezieht sich auf die Deuteworte bei den Synoptikern und bei Paulus.

Antwort: Von Fleisch und Blut im Sinne der beiden Bestandteile des Menschen ist bei Paulus und den Synoptikern nicht die Rede. »Blut trinken« ist für jüdisches Verstehen wirklich ganz anstößig und verlangt schon aus diesem Grund eine »metaphorische« Deutung (Näheres dazu unten beim 9. Argument). Bei Johannes fehlt die Rede vom Bund.

Sechstes Argument pro Sakrament: Das Wort »wahre Speise« in 6,55 ist im Sinne der wirklichen Speise beim Abendmahl zu deuten.

Antwort: Das Adjektiv »wahr« weist im JohEv gerade nicht auf den kreatürlichen Bereich, in dem etwas wirklich sein soll, sondern auf den Bereich Gottes, vgl. Joh 15,1: Jesus ist kein wirklicher Weinstock, kein ganz realer, sondern ein Weinstock, der das wahre, von Gott kommende Leben vermittelt.

Siebtes Argument pro Sakrament: In 6,51–55 ist nicht mehr Gott der Spender, sondern Jesus. Also geht es hier nicht mehr um Jesu Sendung durch den Vater, sondern um das Abendmahl, das Jesus reichen wird.

Antwort: Auch in 6,35 zum Beispiel spricht Jesus von sich im Ich-Stil, ohne daß man einen Einschub annähme. Außerdem reicht Jesus mit seinem Wort wirklich sich selbst zum Essen.

Achtes Argument pro Sakrament: In Joh 6,51–58 geht es höchst realiter um Speise und Trank, nicht mehr nur im metaphorischen Sinne. Bei »Blut trinken« und »Fleisch nagen« geht es um eine antidoketische Spitze.

Antwort: Doketismus als Hintergrund für das JohEv anzunehmen ist ein Anachronismus. – Auch die Jünger (Joh 6,60), nicht nur die Exegeten, waren durch die krasse Bildhaftigkeit der Rede Jesu verwirrt. Jesus gibt dafür die Aufklärung in 6,63.

Neuntes Argument pro Sakrament: Daß beim Brot/Fleisch vom »Essen« gesprochen wird, beim Blut aber vom »Trinken«, erzwingt eine eucharistische Deutung. »Für das Leben der Welt« in 6,51 und »essen und trinken« in 6,53 seien »liturgische Terminologie«.

Antwort: Diese »liturgische Terminologie« ist zur Zeit des JohEv keineswegs in irgendeiner Liturgie nachweisbar. Essen und Trinken sind außer Brot und Geben die einzigen Ausdrücke, die Analogien in den synoptisch-paulinischen Berichten haben. Insbesondere ist dort nicht davon die Rede, daß Jesu »Fleisch« gegessen wird oder sein »Blut« getrunken wird. Statt dessen ist dort vom Leib die Rede, der nun wieder in Joh 6 fehlt. Fleisch und Blut sind die Bestandteile eines Menschen. Das kann man von Leib und Bund in der paulinisch-synoptischen Tradition nicht sagen.

Zehntes Argument pro Sakrament: Der Ausdruck »Das Fleisch nützt gar nichts« in Joh 6,63b kann nicht im originalen Kontext auf die Aussagen über das Fleisch Jesu in 6,51–58 gefolgt sein. Es muß sich daher bei letzteren, wie R. Bultmann annahm, um einen sekundären Einschub handeln.

Antwort: Der Ausdruck in 6,63b klärt die Jünger über ihr kannibalistisches Mißverständnis auf. Wer Schwierigkeiten mit der Zuordnung hat, dürfte wohl den Text im ganzen auch nicht verstanden haben. Aus meiner Sicht geht es um die Bindung des Wortes an die Person Jesu. Das Fleisch Jesu essen heißt: nichts anderes als ihn selbst auf- und annehmen. Das aber geschieht, indem man Gottes heiligen Geist durch sein Wort annimmt. Vereinbar ist das sehr wohl, es geht um ein einziges Konzept.

Beziehungen zum Abendmahl

Trotz der im wesentlichen negativen Auskunft, die soeben gegeben wurde, hat Joh 6 einen Platz in der weiteren Genealogie der Abendmahlsworte Jesu nach paulinisch-synoptischer Tradition. – Keine Beziehung besteht freilich zum Bund und zum gewaltsamen Tod Jesu, zum Wein und zum Wort über die bevorstehende Zeit, in der Jesus seine Mahlteilhabe unterbrechen wird. Alles dieses fehlt vollständig in Joh 6.

Klar erkennbar dagegen ist eine enge Verwandtschaft in der Brot-Metaphorik. Nach dem synoptisch-paulinischen Typ des Abendmahls nimmt Jesus ein Stück Brot und sagt, er sei wie Brot. Denn der Ausdruck »Leib« steht für den ganzen Menschen. Jesus sagt also beim letzten Mahl: Ich bin wie Brot. – Es muß daher eine metaphorische Beziehung zwischen Brot und Jesus geben. Wie bei Metaphern üblich, wird diese Beziehung nicht expliziert. Im metaphorischen Spiel wird darauf vertraut, daß die Angeredeten diese Relation begreifen, daß sie ihnen evident ist.

In Joh 6 wird diese metaphorische Beziehung evident. Insofern kann der heutige Leser die Aussagen in Joh 6 über die Beziehung Jesus – Brot als Kommentar zum Brotwort der synoptisch-paulinischen Form der Deuteworte begreifen. Dieser Kommentarcharakter besteht in folgendem: 1. Wie das Manna in der Wüste, so ist Jesus vom Himmel gekommen. Er ist das wahre Himmelsbrot. 2. Denn dieses Brot ist Brot zum ewigen Leben. Das wird sich auch darin auswirken, daß man nach Joh 6,40 Jesus die künftige Auferstehung verdanken wird. 3. Die grundsätzliche Beziehung besteht daher in der für die antiken Menschen selbstverständlichen Beziehung Brot – Leben. Wie Brot vor dem Sterben bewahrt, so beschützt dieses Brot vor dem ewigen Tod. In 6,54 wird daher die Auferstehungsaussage wiederholt. 4. Es besteht eine alte Beziehung zwischen Brot und Wort, die auch die synoptische Tradition kennt: Mt 4,4 zitiert Dtn 8,3 *(Der Mensch lebt nicht vom Brot allein, sondern von jedem Wort, das aus Gottes Mund kommt).* Diese Tradition wird übrigens auch gestützt durch das Eucharistiegebet in Didache 9,3: »Wir danken dir, unser Vater, für Leben und Erkenntnis, die du uns kundgetan hast durch Jesus, deinen Knecht.« »Leben und Erkenntnis« kann man also zu Brot assoziieren.

Wir halten fest: Auf dem Hintergrund von Joh 6 wird die Brotaussage in der synoptisch-paulinischen Tradition der Deuteworte verständlich. Aber in Joh 6 ist nur die Gleichsetzung von Jesus und Brot belegt, ohne den Kontext eines Mahls. Denn in Joh 6 wird das Aufnehmen der Botschaft als Essen von Jesu Fleisch und als Trinken von Jesu Blut aufgefaßt.

In der Genealogie der Aussagen von Joh 6 und der synoptisch-paulinischen Tradition der Deuteworte steht auch – weit oben – die Konzeption vom Essen und Trinken der personifizierten Weisheit, wie sie besonders aus Sir 24,17–22 LXX bekannt ist (»Die mich essen, hungern nach mehr, und die mich trinken, dürsten nach mehr«), ähnlich Prov 9,5 (»Kommt, eßt von meinem Brot und trinkt von dem Wein, den ich gemischt habe«).

Resultat: Die Deuteworte beim Abendmahl stehen in einer älteren, vorausgehenden Metapherntradition. Wer das nicht beachtet, verbaut sich die Brücken zum Verständnis. Gleichzeitig aber wird im Rahmen dieser Tradition die besondere Rolle von Joh 6 erkennbar. Denn hier geht es nicht um ein Mahl, schon gar nicht um das letzte Mahl und eine Deutung des Todes Jesu. Aber zwischen Jesus und Brot ist eine metaphorische Beziehung installiert. Sie findet sich vergleichbar in Didache 9,3. Und sie bildet *für einen Teil* der synoptisch-paulinischen Tradition der Deuteworte einen guten Verstehenshintergrund, den diese Deuteworte selbst nicht ohne weiteres erkennen lassen.

Ältere Tradition im JohEv: Die aufgewiesene Vorgeschichte des Metaphernfeldes ermöglichte es, von Joh 6 her einen Teil der Abendmahlstradition zu verstehen. Undenkbar wäre es allerdings, von dieser Grundlage her Joh 6 als Umformung der synoptisch-paulinischen Deuteworte zu verstehen. Das Ziel von Joh 6 ist christologischer Art, nicht Sakramenstheologie. Bund und Jesu Tod stehen hier einfach nicht zur Debatte. Die Tradition über Brot, Leben, Wort Gottes und Erkenntnis genügt völlig, um Joh 6 traditionsgeschichtlich einzuordnen. Die Kenntnis von Deuteworten zu Brot und Wein beim (letzten) Mahl ist mithin aus Joh 6 nicht herzuleiten.

Besonders der Ausblick auf die nachösterliche Geistverleihung in Joh 6,62f bindet das Kapitel eindeutig an das Thema Wort und Geist.

§ 32
Die Fußwaschung

Jesus stellt in Joh 13,10 fest, daß die Jünger bereits »gewaschen« sind, und nach 13,10b sind sie »rein«. Wie wir aus Joh 15,3 erfahren, sind die Jünger rein durch Jesu Wort. Jesus hat also durch seine Wortverkündigung den Jüngern etwas vermittelt, das sich mit dem paulinischen Pneuma vergleichen läßt, welches ebenfalls durch die Wortverkündigung vermittelt wird. Dieser Vergleich ist auch deshalb wichtig, weil auch Paulus ja von seiner Pneuma-Verkündigung sagt, sie mache eine Wassertaufe eigentlich unwichtig.

Trotz dieser schon geschehenen Reinigung ist es nötig, sich durch Jesus die Füße waschen zu lassen. Nach 13,8b sagt Jesus zu Petrus: *Wenn ich dich nicht wasche, hast du keinen Anteil an mir.*

Petrus mißversteht: Er meint, es gehe um körperliche Reinheit, und will in dieser Hinsicht ganz rein sein. Er mißversteht die Zeichenhandlung.

Aber warum ist die Fußwaschung notwendig? Offenbar geht es darum, den persönlichen Dienst Jesu anzunehmen. Mithin reicht nicht das in der Predigt empfangene, rein machende Wort. Das könnte auch ein Engel ausrichten. Es kommt darauf an, den Dienst des Menschen Jesus anzunehmen.

Ein Vergleich mit der Johannestaufe legt sich nahe. Vergebung der Sünden hätte man schon aufgrund von Sündenbekenntnis und Umkehr erwarten dürfen; das wäre das klassische deuteronomistische Schema. Sich überdies einer Wassertaufe zu unterziehen bedeutet speziell: die persönliche Anerkennung des Propheten Johannes. Gerade in diesem Sinne wurde sie gehandhabt. Sie schafft Schüler, weil sie Anerkennung des Lehrers ist.

Ähnlich versteht auch Paulus die Wassertaufe: Er selbst kann deshalb darauf verzichten, weil sie jedenfalls in seinem Überlieferungsbereich und so, wie er sie versteht, Anerkennung einer Lehrautorität ist. Ähnlich ist es offenbar mit der Fußwaschung im JohEv. Wenn man sich diese gefallen läßt, erkennt man Jesus persönlich als Lehrer an. So ist es kein Zufall, daß direkt in diesem Zusammenhang Jesus sich »Lehrer« nennt (13,14).

Man kann daher festhalten, daß es strukturelle Übereinstimmungen folgender Art gibt:

Johannes der Täufer – Wassertaufe nach Umkehr – Anerkennung als Lehrer
Vollzug der Wassertaufe in Korinth – Wassertaufe nach Bekehrung – Anerkennung als Autorität
Fußwaschung im JohEv – Waschung nach Verkündigung – Teilhabe am Lehrer

Die Annahme des physischen Dienstes Jesu steht zu Joh 1,14 in Beziehung. Denn es geht um das Annehmen seiner konkreten physischen Existenz. Sie ist nicht ablösbar von dem Wort, das er ausgerichtet hat.
Und genauso geht es dann auch darum, daß die Jünger gegenseitig ihre konkrete physische Existenz annehmen. Denn erst das schafft ein Miteinander in der Gemeinde. Auf diese Weise hängt Jesus als Mensch zusammen mit der konkreten Existenz der christlichen Gemeinschaft der Jünger (»Gemeinde«) im JohEv. Die Seligpeisung in 13,17 ist so zu verstehen, daß dieser persönlich-physische Aspekt zum Verstehen hinzutritt und notwendig ist. Nach Joh 15,20 wird dann bei der Verfolgung auch die physische Existenz der Jünger betroffen sein.
Nach antiken Berichten ist der Verzicht auf Bedienung durch Sklaven und die Bedienung der Gruppenmitglieder untereinander Merkmal von idealtypischen Freundschaftsbünden unter Männern. Das gilt für Philos Therapeuten wie für die Nabatäer samt König nach Strabo.
Das Akzeptieren der physischen Zuwendung hat nach dem JohEv konstitutiv ekklesiologische Funktion und wird »lieben« genannt. Die Jünger sollen dieses einander tun, das heißt, sie sollen einander in ihrer physischen und persönlichen Existenz annehmen. – Indem Judas Jesus übergibt, leistet er Anti-Diakonie. Nach Joh 3,16 liebt Gott die Welt, indem er Jesus sendet. Die Liebe, verstanden im Sinne von Joh 13, hat daher in Gottes eigenem Handeln ihren Ursprung.
Bei der Frage der physisch-persönlichen Annahme von Jesu Dienst als Mensch geht es nicht um die Frage des Doketismus; diese Problematik in das JohEv einzutragen wäre, wie bereits gesagt, vollständig anachronistisch. Vielmehr ist das Problem: Ist das Christentum eine mehr oder weniger allgemeine Heilslehre – oder wird der Mensch Jesus als der Messias akzeptiert? Das scheint auch das Problem des 1 Joh nach 4,2

zu sein. Auch darin hat 1 Joh recht: Ein solches Bekenntnis hat unmittelbar ekklesiologische Folgen. So hängen Einander-Lieben und das christologische Bekenntnis auf dieser Basis eng zusammen, wie 1 Joh immer wieder betont. Man könnte daher Joh 13 als ein Seitenstück zu 1 Joh ansehen.

Ältere Tradition im JohEv: Wenn Joh 13 über Jesus als Lehrer und die Waschung diskutiert, die als Realsymbol seinen Dienst darstellt, dann bewegt sich dieses Kapitel noch auf der Ebene von 1 Kor 1,13–17 und in der Diskussion um das Erbe Johannes des Täufers. Denn die Fußwaschung ist kein beliebiges Dienen, sondern mit Absicht eine Waschung. Das alles aber kann nicht »spät« datiert werden, es sei denn, man sagt wieder einmal: Einzeltraditionen mögen alt sein, das Ganze aber ist jung.

§ 33
Die Passionstradition

Die Datierung

Nach dem JohEv stirbt Jesus am Tag vor dem Passahfest, nicht am ersten Tag des Passahfestes selbst, wie es die Synoptiker voraussetzen. Übereinstimmend ist, daß Jesus an einem Freitag stirbt. Nach dem JohEv war dann das Passahfest an einem Samstag (Sabbat; Joh 19,31). Für diese Datierung spricht selbst innerhalb der synoptischen Tradition, daß nach Mk 14,1f die jüdischen Autoritäten Jesus »nicht am Fest« umbringen wollen, »damit kein Aufruhr im Volk« entstehe. Zum Vergleich: Würde man als Besatzungsmacht am 1. Weihnachtstag in der Hauptstadt eine Exekution vollziehen? – Zudem datiert Mk 15,42 die Kreuzigung Jesu noch auf den Rüsttag (sc. vor dem Passah = Sabbat).[166] Jede Art von Gerichtsverhandlung wäre zudem ein Bruch des Sabbatgebots gewesen.

[166] Vgl. dazu G. THEISSEN/A. MERZ: Der historische Jesus, 1996, 376: »Daß das Passahfest, eins der drei großen Wallfahrtsfeste, nur als ›Rüsttag‹ zu einem dem Passa folgenden Sabbat bezeichnet sein sollte, ist unwahrscheinlich.«

Wenn Paulus nach 1 Kor 5,7 Jesus als Passahlamm bezeichnet, dann setzt er – nach allem, was er erkennen läßt – bei der Datierung des Todes Jesu an; die Kreuzigung Jesu aber war nach Joh 18,28 zu der Zeit, da die Passahlämmer geschlachtet wurden.[167] Irgendwelche anderen Gründe, nach denen Jesus so genannt worden sein könnte, werden hier nicht erkennbar.

Auch nach dem PetrusEv 5 (Kap. 2) wurde Jesus am Vorabend des Passah hingerichtet.

Pilatus bat um den Leib (des noch lebenden!) Jesus: »Herodes sprach: Bruder Pilatus, auch wenn niemand um ihn gebeten hätte, würden wir ihn begraben, da ja auch der Sabbat aufleuchtet ... Und er übergab ihn dem Volke am Tag vor den ungesäuerten Broten, ihrem Fest« (es folgt die Passion).

Auch die von allen vier Evangelien berichtete Amnestie am Passahfest (Freilassung des Bar Abbas) war dazu gedacht, daß alle und mit ihnen eben auch der Freigelassene Passah zusammen feiern konnten. Am Passahtag selbst wäre es dafür zu spät gewesen.

Die Folge wäre: Jesu letztes Mahl war kein Passahmahl. Davon lassen aber die synoptischen Evangelien, was den Verlauf des Mahles betrifft, ohnehin nichts erkennen.

Ältere Tradition im JohEv: Die Datierung des letzten Mahles und des Todes Jesu durch das JohEv ist historisch wahrscheinlicher. Paulus (1 Kor 5,7) und das PetrusEv bezeugen ältere judenchristliche Tradition. Daß die Synoptiker anders datieren, könnte daher rühren, daß man in ihrem Bereich das Passahmahl bereits durch die Feier des Abendmahls ersetzt hätte.[168] Das würde freilich bedeuten, daß man den Wiederholungsbefehl, den von den Synoptikern nur Lukas kennt, für alle drei Evangelien voraussetzen müßte.

[167] Die Deutung von Joh 19,36 auf den Ritus des Passahlammes (»kein Bein zerbrechen«) halte ich nicht für wahrscheinlich, da im JohEv eine typologische Identifikation Jesus/Passahlamm eben gerade noch nicht erfolgt, auch nicht bezüglich der Todesstunde; es fehlt auch die leiseste Andeutung. Man darf hier für das JohEv nicht die Kenntnis des Paulus voraussetzen.

[168] Auch noch später gab es Christen, die das Abendmahl offensichtlich nur jährlich feierten: die Quartodecimaner.

Kein Gethsemane: Johannes 12 als Schlüssel für vorsynoptische Überlieferung

In Joh 12 liegt eine eigenständige Verarbeitung von Stoffen vor, die bei Markus in Gethsemane und Verklärung gespalten sind. Joh 12 bietet hier einen Einblick in vorsynoptische Tradition.[169]

In Joh 12,23–30 finden sich Elemente wie bei Jesu Verklärung (Stimme Gottes, Verherrlichung, Audition) und wie in Gethsemane (die »Stunde« am Beginn des Leidens Jesu, Jesu emotionale Erregung, das Gebet zum Vater um Rettung, das Jesus dann selbst korrigiert etc.). Gemeinsam ist überall das Mißverstehen der Zeugen in Verbindung mit dem Epiphaniegeschehen an Jesus. Denn in jedem Fall gewinnt er Kraft zum Leiden.

Man kann daher sagen: In Joh 12 liegt noch ineinander, was im MkEv in die beiden bedeutenden Szenen der Verklärung (Mk 9,2–8) und Gethsemane (Mk 14,32–42) entfaltet ist. Besonders wichtig sind in dieser Tradition folgende Elemente:

– Gott selbst äußert sich in Mk 9,7 und in Joh 12,28b mit eigener Stimme erstmalig öffentlich zu Jesus (Mk 1,11 war nur an Jesus gerichtet).

– Zentral ist die Beziehung Vater – Sohn (Mk 9,7: *Dieser ist mein geliebter Sohn;* Mk 14,36 Gebetsanrede: *Abba, Vater*; Joh 12,27f Gebetsanrede: *Vater*).

– Epiphanie-Elemente: Stimme, Verklärung, Aufstehen nach Hinfallen aus Schwäche (Gebet als Kräftigung).

– Beziehung zum Leiden: Die Verklärung ist im MkEv die Peripetie: Der Weg vom Berg herab führt in das Leiden (Mk 9,9–12), Gethsemane handelt von Jesu Todesangst, Joh 12 von der »Rettung aus der Stunde« (12,27; vgl. Mk 14,35).

Alle diese Elemente sind Bestandteile einer zentralen und typischen Szene aus dem Leben Jesu, insbesondere in der Stunde, in der die Leidenszeit beginnt.

Ältere Tradition im JohEv: Die Fassung der Tradition in Joh 12,23–30 kann nicht aus der Verarbeitung von Mk 9 plus Mk 14 erklärt werden. Die Szene in Joh 12 ist ebenso eigenständig wie geschlossen. Man kann

[169] Vgl. den versuchten Nachweis in BERGER: Theologiegeschichte, § 473 »Verklärung und Gethsemane« (S. 657).

es schon daran erkennen, daß die Gottesstimme ganz anders lautet *(Ich habe verherrlicht und werde weiterhin verherrlichen)* als in Mk 9,7 und dabei ein zentrales Stichwort der johanneischen Theologie aufgreift (vgl. § 37). Ein Redaktor am Schreibtisch verändert nicht das zentrale und jeweils entscheidende Wort Gottes vom Himmel über Jesus. Die großen Divergenzen zwischen dem MkEv und dem JohEv an dieser Stelle zeigen andererseits, daß sich die gemeinsamen Traditionen schon über längere Zeit hin auseinanderentwickelt haben werden.

Die Verhandlung

Nach Mk 14,55–64 par Mt 26,59–66 wird eine regelrechte Gerichtsverhandlung vor dem Synhedrium geführt, die mit dem Todesurteil endet (Mk 14,64; Mt 26,66). Dieser Bericht ist für viele historisch problematisch, da umstritten ist, ob Juden überhaupt die Kapitalgerichtsbarkeit besaßen, und da ferner – jedenfalls nach späterem jüdischem Recht – nächtliche Gerichtsverhandlungen untersagt waren. Lk 22,66–71 folgt zwar im wesentlichen der Mk-Überlieferung, läßt aber Zeugenaussagen und Urteilsspruch aus. Daher kann man sagen, daß es sich nach Markus um ein Gerichtsverfahren, nach Lukas nur um ein Verhör handelt.

Das JohEv berichtet nur von einer Befragung (»Verhör«?) Jesu durch Kaifas (nachdem Jesus zuerst bei Hannas war), bei der offenbar nur dessen Sklaven zugegen sind (Joh 18,19–23). Eine offizielle Vorführung in Fesseln erfolgt erst nach Joh 18,24. Der Rahmen des Ganzen ist sehr viel bescheidener und historisch weniger problematisch als der Bericht des MkEv. Hat Lukas schon einen Ausgleich versucht?

Ältere Tradition im JohEv: Sofern sich überhaupt Sicheres über das Verfahren des Prozesses gegen Jesus ausmachen läßt, ist nach gegenwärtigem Kenntnisstand die Version des JohEv die historisch wahrscheinlichere. Schon Lukas versucht möglicherweise einen Ausgleich mit Markus.

Gründe für Jesu Hinrichtung

Im Zentrum der Aussagen des JohEv über die Gründe für die Hinrichtung Jesu steht der Rat des Kaifas, es sei besser, einen hinzurichten, als das ganze Volk den Römern auszuliefern (Joh 11,49f; wiederholt in Joh 18,14). Hinter diesem Rat werden im Laufe des JohEv Züge sichtbar, die erkennen lassen, weshalb man Jesus als politische Gefahr ansah: Der Titel »Nazoraios« (nach Joh 19,19f auch Kreuzesinschrift) bezeichnet Jesus wahrscheinlich als Volkshelden und Charismatiker unterhalb der Schwelle des Königtums, vergleichbar den Richtergestalten der Vorzeit. Nach Joh 6,15 wollen Menschen Jesus entführen (»rauben«) und zum König machen. Andererseits wird nicht nur aus Joh 11,49f der politische Opportunismus der Juden deutlich, sondern auch aus Joh 19,12: Wer sich zum König macht, wie Jesus es angeblich tut, der »widersetzt sich dem Kaiser«; wenn Pilatus ihn freilasse, sei er, Pilatus, »kein Freund des Kaisers«. Der Evangelist bemüht sich zu zeigen, daß in diesem Opportunismus die Gründe für Jesu Hinrichtung lagen, nicht aber in den nur vorgeschützten theologischen Argumenten gegen Jesu christologischen Anspruch.

Verhältnis zu Lukas in den Osterberichten

Das LkEv und das JohEv teilen den Aufriß der Osterberichte: Frau(en) am Grab – Petrus am Grab – Erscheinung in zunächst verhüllter Gestalt – Erscheinung vor den Zwölf.

Überdies sind beide auch verbunden durch die Architektonik der Erzählung der Einzelszenen: Nach Lukas ist Jesus jeweils entschwunden oder verborgen zwischen zweien: Zwei Engel sind am Grab, zwischen zwei Jüngern wandert Jesus nach Emmaus. Nach PetrusEv 39f kommt Jesus aus dem Grab, gestützt von zwei Engeln. In Joh 20,12 wird dasselbe Darstellungsprinzip gewahrt: Engel sitzen an Kopf- und Fußende. In der Mitte zwischen beiden ist der Herr entschwunden, ebenso aber auch in Joh 20,6f: Das Schweißtuch, das Jesu Haupt bedeckt hatte, liegt getrennt von den anderen Tüchern, zwischen beiden »fehlt« Jesus. Das ältere Prinzip, daß der Herr zwei Jünger vor sich hersendet, bleibt auch hier.

§ 34
Der Kreuzestod

Zur Forschungslage[170]

R. Bultmann hatte bemerkt, daß »der Gedanke vom Tode Jesu als dem Sühnopfer bei Johannes keine Rolle« spielt[171], fügte aber hinzu: »... und sollte er ihn aus der Gemeindetradition übernommen haben, so wäre er bei ihm ein Fremdkörper.« Letzteres erwägt Bultmann für Joh 1,29, hier sei auch gewiß an ein Opfer zu denken. Aber habe der Evangelist dies nur im Tode gesehen?[172] Allerdings argumentiert Bultmann im Johanneskommentar anders: Bei der Rede vom Fleisch in Joh 6,52 sei (kirchliche Redaktion!) »zweifellos an Jesu Hingabe in den Tod gedacht, der ja nach urchristlicher Anschauung ein Tod *hyper* ist« (zitiert werden zum Beleg dann 1 Kor 15,3 und 2 Kor 5,21).[173] Unter den neueren Autoren nimmt lediglich U. B. Müller[174] die Position R. Bultmanns wieder auf: Einen Sühnetod kann er im JohEv in den zentralen Deutungen des Todes Jesu nicht finden, der Tod Jesu habe überhaupt

[170] Neuere Lit.: P. BÜHLER: Ist Johannes ein Kreuzestheologe? Exegetisch-systematische Bemerkungen zu einer noch offenen Debatte, in: M. ROSE (Hg.): Johannes-Studien. Interdisziplinäre Zugänge zum Johannes-Evangelium (FS J. ZUMSTEIN), Zürich 1991, 191–207. – C. DIETZFELBINGER: Sühnetod im Johannesevangelium?, in: J. ÅDNA / S. J. HAFEMANN / O. HOFIUS (Hg.): Evangelium. Schriftauslegung. Kirche (FS P. STUHLMACHER), Göttingen 1997, 65–76. – B. H. GRISBY: The Cross as an Expiatory Sacrifice in the Fourth Gospel, in: JSNT 15 (1982), 51–80. – M. HENGEL: Die Schriftauslegung des 4. Evangeliums auf dem Hintergrund der urchristlichen Exegese, in: JBTh 4 (1989), 249–288. – T. KNÖPPLER: Die theologia crucis des Johannesevangeliums. Das Verständnis des Todes Jesu im Rahmen der johanneischen Inkarnations- und Erhöhungschristologie (WMANT 69), Neukirchen-Vluyn 1994. – H. KOHLER: Kreuz und Menschwerdung im Johannesevangelium. Ein exegetisch-hermeneutischer Versuch zur johanneischen Kreuzestheologie (AThANT 72), Zürich 1987. – U. B. MÜLLER: Die Bedeutung des Kreuzestodes im Johannesevangelium. Erwägungen zur Kreuzestheologie im Neuen Testament, in: KuD 21 (1975), 49–71.

[171] R. BULTMANN: Theologie des Neuen Testaments, Tübingen 6. A. 1968, 407.

[172] R. BULTMANN, a. a. O., 406.

[173] R. BULTMANN: Das Evangelium nach Johannes, Göttingen 16. A. 1959, 175.

[174] U. B. MÜLLER: Zur Eigentümlichkeit des Johannesevangeliums. Das Problem des Todes Jesu, in: ZNW 88 (1997), 24–55.

keine spezifische Heilsbedeutung. Einen eigenen Akzent setzt Müller insoweit, als er davon ausgeht, allein Verherrlichung und Erhöhung Jesu garantierten das jenseitige Heil.[175] Nicht der Tod Jesu könne Heilsbedeutung haben, sondern nur seine Erhöhung. Die verbleibende Stelle Joh 1,29.36 (Lamm Gottes) wird der Redaktion der johanneischen Schule zugeteilt.[176]

Die traditionell konservative Position ist dagegen in jüngster Zeit unterstützt worden durch die Arbeiten von Th. Knöppler (1994) und H. Kohler (1987).[177] Der jüngste Beitrag, der diese Richtung vertritt, aus der Hand von C. Dietzfelbinger[178] dagegen liest sich »merkwürdig«. Denn überall, wo Dietzfelbinger den exegetischen Befund des JohEv darstellt, findet er heraus, die Rede vom stellvertretenden Sühnetod habe »in keiner der von Johannes selbst entwickelten Strukturen einen Platz«[179], der Evangelist habe sie nur »als Vorstufe seiner Interpretation gelten lassen«[180]. Jenseits aller Erweisbarkeiten gilt für Dietzfelbinger nämlich der Satz M. Hengels von der Sühnevorstellung als dem »Integral des Evangeliums«. Dann folgt salomonisch der Satz Dietzfelbingers: »Wenn die Sühnevorstellung das Integral johanneischer Christologie ist, dann sind jene anderen Interpretationen« – die vom Evangelisten entwickelten Vorstellungen, »in denen der Begriff der Sühne gar nicht und der der Stellvertretung nur sehr verwandelt vorkommt« – »ziemlich überflüssig.«[181] Mit dem Bejahen seiner Traditionen habe der Evangelist »auch die Sühnetheorie bejaht«.[182] Wieso nun das vom Evangelisten selbst Entwickelte überflüssig sein soll, das verstehe, wer will. Die traditionellen Stellen seien Joh 1,29.36: Jesus sei »sühnendes und

[175] U. B. Müller, a. a. O., 47

[176] U. B. Müller, a. a. O., 51. Müller rechnet damit, der ganze Satz des Täufers Joh 1,29 könne literarkritisch sekundär sein (S. 52).

[177] Th. Knöppler: Die theologia crucis des Johannesevangeliums (WMANT 69), Neukirchen 1994; H. Kohler: Kreuz und Menschwerdung im Johannesevangelium (AThANT 72), Zürich 1987.

[178] C. Dietzfelbinger: Sühnetod im Johannesevangelium?, in: FS P. Stuhlmacher, Tübingen 1996, 65–76.

[179] Ders., a. a. O., 74.

[180] A. a. O., 76.

[181] A. a. O., 74.

[182] A. a. O., 70.

stellvertretendes Opfer«[183], das Lamm soll natürlich das von Jes 53,7.12 sein.

Fazit: Immer wieder zeigt sich, daß es offensichtlich schwierig ist, den Sühnetod aus dem JohEv zu erweisen. Für alle Autoren sind die Verse Joh 1,29 und 36 dabei fraglos im Sinne der stellvertretenden Sühne zu deuten.

Jesu Tod als Sieg

Das JohEv kennt, das soll im folgenden begründet werden, weder die Vorstellung eines Sühne- oder Opfertodes Jesu noch einen stellvertretenden Tod Jesu, mit dem die Sündenschuld der Menschen in der Welt ausgeglichen würde, noch überhaupt einen stellvertretenden Tod Jesu, mit dem dieser in irgendeinem Sinne Erlösung der Menschen vor Gott bewirkte.

Es soll nicht bestritten werden, daß sich einige dieser Vorstellungen in anderen Schriften des Neuen Testaments finden, zum Beispiel bei Paulus und in seinem Umfeld. Ihre neutestamentliche Absicherung steht daher gar nicht in Frage. Andererseits vertritt das JohEv eine andere Deutung des Todes Jesu, die bisher noch nicht genügend herausgearbeitet wurde. Gemeint ist die Auffassung vom Sieger und von seiner siegreichen Liebe.

Um die These zu erhärten, werden in der Folge die Texte, die man gewöhnlich für eine Deutung des Todes Jesu im Sinne des stellvertretenden Heilstodes heranzieht, gründlich besprochen.

1. Das Lamm Gottes (Joh 1,29.36)

Nach Joh 1,29 sagt der Täufer über Jesus: *Seht, er ist Gottes Lamm, er trägt weg die Sünde der Welt.* Der Ausdruck »Gottes Lamm«[184] besitzt

[183] A. a. O., 75.

[184] Vgl. dazu den neuesten Beitrag von P. STUHLMACHER: Das Lamm Gottes – eine Skizze, in: FS M. HENGEL, Tübingen 1997, III 529–542. – Stuhlmacher rückt ab von der verbreiteten Passahlamm-Theorie zur Erklärung von Joh 1,29.36. Das ist zu begrüßen. Er setzt aber ohne weiteres voraus, daß es sich um ein geschlachtetes Lamm handeln müsse, und geht von daher auf das Tamidopfer als historischen Hintergrund. Des weiteren wird Jesu Tempelreinigung nun mit Jesu Sühnopfer verknüpft: »Mit der Tempelreinigung hat Jesus sein eigenes Leben als das wahre Lösegeld und Sühnopfer für Israel eingesetzt, das bis dahin durch die täglichen Tamid-

seine nächste Analogie[185] in dem Ausdruck »Gottes Heiliger«, gleichfalls eine Bezeichnung Jesu (Joh 6,69; Mk 1,24). Beide Wendungen werden sehr betont wie ein Bekenntnis auf Jesus angewendet. Sie sind auch, wie zu zeigen ist, inhaltlich weitgehend deckungsgleich.

Der Ausdruck «Heiliger Gottes« bezeichnet die kultisch begründete Reinheit und Erwähltheit; eine Beziehung zum Titel *Nazoraios / Naziraios* scheint zu bestehen.[186] In Mk 1,24 kennzeichnet der Titel (in Verbindung mit dem wohl aus *Naziraios* abgeleiteten *Nazarenos*) die Heiligkeit Jesu, die durch seinen heiligen Geist begründet ist und sich im Vertreiben unreiner Geister bewährt hat.

Der Ausdruck »Lamm Gottes« ist zuvor nicht belegt und bezeichnet Jesus offenbar als den Gerechten. Denn die weiße Farbe der Wolle des jungen Lammes ist in den apokalyptischen Tiervisionen stets das Merkmal der Gerechtigkeit. Die Deutung des Lammes als bildlich-metaphorische Beschreibung der Gerechtigkeit Jesu ist mit Abstand die ungezwungenste.

Es ist an dieser Stelle nicht unüblich, alle biblischen Lämmer, an die man sich überhaupt erinnert, über einen Kamm zu scheren und theologisch per Handstreich gleichzusetzen. Mit dem »Lamm Gottes« soll angeblich das Passahlamm identisch sein, dieses soll wiederum die Vorlage für das geschlachtete Lamm von Apk 5 sein, und außerdem zögert man nicht, hier auch sogleich auf das für den Gottesknecht in Jes 53 gebrauchte Bild des Lammes zu verweisen. Alle diese Lämmer sollen für ein- und dasselbe stehen: für den stellvertretenden Sühnetod des Gottesknechts nach Jes 53. Dazu ist zu bemerken:

a) In Jes 53,7 ist der Vergleich mit dem Lamm völlig untergeordnet. Das Lamm steht hier für nichts anderes als für den Verzicht des leidenden Gerechten auf Widerstand. Das Lamm wird stumm zur Schlachtbank geführt und tut seinen Mund vor dem Scherer nicht auf. Allein dieser Punkt ist hier wichtig.

b) Jesus wird »Passahlamm« ausdrücklich nur in 1 Kor 5,7 genannt.

opfer repräsentiert worden war« (a. a. O., 537). Im übrigen soll der Zebedaide Johannes diese Bekenntnisrede vom Lamm von Jesus her überliefert haben. Ach, wären doch die Texte, die so Wichtiges enthalten sollen, etwas deutlicher!

185 P. Stuhlmacher erörtert sofort den jesaianischen »Knecht Gottes« als Analogie und übersieht den Befund des JohEv selbst.

186 Vgl. dazu K. Berger: Jesus als Nasoräer/Nasiräer, in: NovTest 38 (1997), 323–335.

Hier geht es aber nun gerade nicht um irgendeine Art von stellvertretender Bedeutung des Todes. Der Vergleichspunkt ist das Beseitigen des alten Sauerteiges am Passahfest. Der Tod Jesu markiert damit den Anbruch der Zeit, in der der alte Sauerteig nicht mehr erlaubt ist.

c) Ob in Joh 19,14.36f auf das Passahlamm angespielt wird, ist zumindest sehr umstritten und meines Erachtens auszuschließen. Zwar wird Jesus in der Stunde gekreuzigt, in der üblicherweise die Passahlämmer geschlachtet wurden, doch das wird eben nicht ausdrücklich gesagt. Und die Stelle »ihr sollt an ihm kein Bein zerbrechen« kann man zwar auf das Passahlamm beziehen (Ex 12,46; Num 9,12), genausogut aber und wohl leichter auf den leidenden Gerechten nach Psalm 34,21. Nimmt man dies an, so ist doch wenigstens ein vergleichbarer Zusammenhang gegeben: Der Gerechte muß leiden, doch der Herr trägt Sorge, daß seine Gebeine nicht zerbrochen werden.

d) In Apk 5,6 ist das geschlachtete Lamm (gr.: *arnion,* nicht: *amnos*) Bild für Jesus. Und wiederholt wird dann gesagt, die Christen hätten ihre Gewänder, das heißt: sich, gereinigt im Blut des Lammes.

Aber weder ist der Verfasser des JohEv identisch mit dem der Apk, noch ist das Lamm von Apk 5 das Passahlamm oder das von Jes 53 (dort steht für das Lamm gr.: *probaton*). In Apk 5 geht es bei der Metapher des Blutes des Lammes sehr wohl um den stellvertretenden Tod Jesu. Aber für das JohEv ist daraus keine Folgerung zu ziehen.

e) Der Ausdruck »die Sünde wegtragen« findet sich im zeitgenössischen Judentum[187] in einer Aussage über die Fürsprecher-Rolle des gerechten Henoch. Henoch wird in Hen(slav) 64,5 sehr ehrenvoll angeredet: »Du wirst verherrlicht vor dem Angesicht des Herrn in Ewigkeit, weil dich der Herr erwählt hat mehr als alle Menschen auf der Erde. Und er hat dich zum Schreiber seiner sichtbaren und unsichtbaren Geschöpfe eingesetzt und *zum Wegnehmer der Sünden der Menschen* und zum Helfer deiner Hausgenossen.« Die Ausdrücke »Wegnehmer der Sünden« und »Helfer« interpretieren sich gegenseitig. Wie diese Funktion vorzustellen ist, zeigt Hen(slav) im Kontext: In 53,1–3 sagen die Kinder Henochs: »Unser Vater Henoch ist mit Gott, und er wird für uns eintreten und uns herausbitten aus den Sünden«, und in 53,2 ist vom »Helfer für einen Menschen, der gesündigt hat«, die Rede. – Das

[187] Nicht bekannt bei B. JANOWSKI: Er trug unsere Sünden, in: ZThK 90 (1993), 1–24. – Auf ihn beruft sich P. Stuhlmacher.

altslavische Wort für Wegnehmer entspricht laut dem Übersetzer C. Böttrich dem griechischen *airein* (Übers., 994), und »Helfer« ist eine mögliche Übersetzung für das johanneische *parakletos.* – Der religionsgeschichtliche Kontext in der Henochliteratur steht also dem JohEv sehr nahe. Ganz deutlich ist dabei, daß es sich nicht um einen stellvertretenden Tod handelt, sondern um die Rolle Jesu, der nach Joh 14 sich selbst ja als Helfer (14,16 *einen anderen Helfer wird er euch geben*) bezeichnet und nach 1 Joh 2,1 vor Gott eben die Rolle des Fürsprechers einnimmt, die die Henochliteratur ähnlich Henoch zuschreibt. Das heißt: Das Wegnehmen der Sünden bezieht sich in Hen(slav) wie in Joh und 1 Joh deutlich auf den zu Gott Erhöhten, sei dieser nun Henoch oder Jesus. Dieser beseitigt durch seine Fürbitte die Sünden der Menschen.

Damit aber steht bei dem Satz *Gottes Lamm, er trägt weg die Sünde der Welt* nicht der Tod Jesu zur Diskussion, sondern seine Rolle als Erhöhter bei Gott. Unbestritten ist, daß er damit die »Sünde der Welt« aufheben kann. Gerade so berichtet es ja auch Hebr 7,25; 9,24; so wird es in 1 Petr 3,21 und in Act 7,59 vorausgesetzt.

Gewiß ist diese Erhöhung im Falle Jesu nur über den Tod möglich geworden. Doch nicht dieser, sondern Jesu Eintreten bei Gott ist entscheidend. Joh 1,29 setzt damit de facto das in 1 Joh 2,1 Beschriebene voraus. Es fällt leichter, dieses anzunehmen, wenn man ohnehin von einer Frühdatierung des 1 Joh ausgeht. Zudem spricht Jesus in Joh 14,16, an der ersten Stelle, die überhaupt den Parakleten erwähnt, von diesem als dem »anderen« Parakleten. Das heißt: Jesus ist der eine, der Geist der andere. In diesem Sinne nennt 1 Joh 2,1 Jesus als Parakleten.

Zuzugeben ist, daß nach einer Reihe frühchristlicher Aussagen der Tod Jesu als Märtyrer und dann seine Rolle als Fürsprecher bei Gott in enger Beziehung zueinander stehen. Hier besteht eine noch wenig aufgeklärte Relation Märtyrer – Fürsprecher.[188] Sie gilt auch für 1 Joh. Aber im JohEv ist diese enge Verbindung von *martyr* und *intercessor* nicht zu

[188] Diese Relation hat den bedeutenden Vorzug, daß ein Automatismus von Blutvergießen und Vergebung ausgeschlossen ist. Wenn der Märtyrer als Fürbitter vor Gott erscheint, wird die Bedeutung seines Todes faßbarer gegenüber einer »sakramentalistischen« Wirkung des Blutes an sich (sozusagen ex opere operato) und aus sich heraus.

erkennen. Der Erhöhte ist viel weniger aktiv, als es zum Beispiel für U. B. Müller den Anschein hat.[189]

So ist, wenn wir über den Wortlaut der Parallele in Hen(slav) hinausgehen, im zeitgenössischen Judentum die Rede davon, daß ein Gerechter als Gerechter den Ausgleich für die Sünden der anderen darstellt.[190] Wenn man also nicht mit einer Verknüpfung des JohEv mit 1 Joh 2,1 ausgehen will, kann man immerhin auf diese Tradition verweisen.

Schon R. Bultmann hatte für Joh 1,29 angenommen: »Nichts fordert, daß der Evangelist dieses Opfer nur im Tode und nicht, seiner Gesamtanschauung entsprechend, im gesamten Wirken Jesu gesehen haben müßte«, und das Verb *airein* bedeute eben nicht »auf sich nehmen«, sondern »fortschaffen«, »wegtragen«.[191] Jedenfalls kann keine Rede davon sein, der Evangelist schließe hier »ostentativ« an Jes 53 an.[192]

Fazit: Joh 1,29 bezieht sich nicht auf den Tod Jesu, sondern auf seine interzessorische Funktion bei Gott oder auf seine grundsätzliche Bedeutung als Gerechter überhaupt.

2. Fleisch für das Leben der Welt (Joh 6,51)

Wenn Jesus sagt: *Das Brot, das ich euch geben will, ist mein Fleisch für das Leben der Welt,* dann wird das von sehr vielen Auslegern nicht nur auf das Abendmahl, sondern auch auf den Sühnetod Jesu bezogen. Doch weder das eine noch das andere läßt sich wirklich belegen. Folgende Gründe sind zu nennen (vgl. oben § 31):

[189] Vgl. U. B. MÜLLER, a. a. O., 44f.

[190] Vgl. dazu 1 QS 8,1–3, wo es von den zwölf Männern und den drei Priestern heißt: »vollkommen in allem ... aus dem ganzen Gesetz ..., Schuld zu sühnen, indem sie Recht tun und Drangsal ertragen«, und Philo, Sacr 121.128 (»Der Gerechte ist Lösegeld für den Schlechten«).

[191] R. BULTMANN: Theologie des Neuen Testaments, 6. A. 1968, 406 m. A. 1.

[192] So P. STUHLMACHER, a. a. O., 539. Aus dem griechischen Satz in Joh 1,29 »Lamm Gottes, das wegnimmt die Sünde der Welt« haben im ganzen Kapitel Jes 53 nur das »Lamm« (und zwar das, das vor seinem Scherer verstummt und den Mund nicht öffnet) und die Sünde (in Jes 53,12 im Plural!) eine Entsprechung, sonst leider nichts. – Das Insistieren auf Jes 53 hat wohl eindeutig eher frömmigkeitsgeschichtliche als exegetische Gründe. Beides ist je für sich ernstzunehmen, aber zu unterscheiden.

a) Das Futur *das ich euch geben werde* ist nicht auf das Abendmahl zu beziehen. Denn einmal gibt es im JohEv kein Abendmahl, bei dem Jesus den Jüngern Brot reicht, zum anderen ist das Futur (gr. *doso*) auch im Sinne des Wollens oder Beabsichtigens lesbar, keineswegs nur im Sinne eines strikten Futur. Es geht damit um Jesu Wollen und Ziel im Ganzen, nicht notwendig um einen einzelnen Akt. Daher ist oben übersetzt: *Das Brot, das ich euch geben will.*
b) Beim Abendmahl ist nicht vom »Fleisch« Jesu die Rede. Die synoptischen Berichte nennen Jesu »Leib«. Fleisch meint einen anderen Aspekt, nämlich die gesamte sterbliche Existenz während des Erdendaseins Jesu. Der theologische Sinn ist daher: Jesus schenkt den Jüngern sein ganzes irdisches Dasein.
c) Die Aussage *für das Leben der Welt* gibt den Zweck dieses Schenkens an. Jegliche Sühneaussage oder dergleichen ist von diesem Ausdruck strikt fernzuhalten. Wenn man sagt, ein Arzt sei »*für* das Wohl seiner Patienten« tätig, so ist damit gleichfalls der Zweck gemeint, und nichts von einem stellvertretenden Sterben ist erkennbar. Ganz anders wäre die Lage, wenn der Satz hieße »für unsere Sünden«, dann ginge es nicht um den Zweck im Sinne des zu erreichenden Zieles, sondern um das, was stellvertretend beseitigt würde. Aber das steht eben nicht da.
Fazit: Der Satz Joh 6,51 bezieht sich weder auf das Abendmahl noch auf den Tod Jesu noch auf eine stellvertretende Leistung Jesu angesichts der Sünden der Menschen. Naheliegend ist doch wohl diese Bedeutung: Jesus spricht über Sinn und Ziel seines Erdendaseins, seiner Sendung. Sie läßt sich vergleichen mit Brotausteilen. Dessen Ziel ist Leben für alle, die dieses Brot empfangen. Gerade so gibt Jesus Leben.

3. Sein Leben einsetzen (Joh 10,11.15.17; 15,13)
Der »gute Hirte« nach Joh 10 setzt sein Leben für seine Schafe ein. Der Ausdruck *tithenai psychen* bedeutet im Griechischen sein Leben zugunsten von jemandem oder für eine Sache einzusetzen, zu riskieren und es ihm auf diese Weise zu schenken. Der Ausdruck bedeutet *nicht:* sich in den Tod geben, sich »dahingeben«, sich (in den Tod hinein) opfern, den Tod für jemanden suchen oder aktiv das stellvertretende Martyrium erstreben. Von einer »heilswirksamen Stellvertretung« oder gar von einer stellvertretenden Sühne ist keine Rede. Alle diese Konnota-

tionen haben sich im Laufe der Jahrhunderte an dieser Stelle eingeschlichen, sind aber von der ursprünglichen Bedeutung fernzuhalten.
Diese Deutung bestätigt sich, wenn wir von Petrus lesen, *mein Leben werde ich für dich riskieren* (Joh 13,37.38). Im Griechischen steht derselbe Ausdruck *psychen tithenai*, wörtlich: das Leben »setzen«, »zur Verfügung stellen«. Und es ist ganz ausgeschlossen, daß Petrus sein Leben »als Sühne für Jesus geben« wollte oder sollte. Jede Art von Stellvertretung im Sinne des Heilserwerbs ist daher diesem johanneischen Ausdruck ganz fremd. Das JohEv weiß, daß Petrus den Märtyrertod sterben wird (vgl. Joh 21,18). Aber gerade Joh 21 macht auch deutlich, daß Petrus das Martyrium nicht *sucht,* denn er wird dorthin geführt werden, wohin er nicht geführt werden will. Vielmehr riskiert er eben (nur) sein Leben für seinen Herrn.
Daß es sich hier bei dem »für« um Märtyrersprache handelt, machen die Makkabäerbücher deutlich, die davon sprechen, daß Juden »für das Gesetz« (2 Makk 6,28; 7,9; 8,21) gestorben sind (gr.: *hyper tou nomou*). »Für das Gesetz sterben« heißt: Um des Festhaltens am Gesetz willen sterben müssen. Dem Märtyrer ist das Gesetz (oder bei Petrus: das Bekenntnis zu seinem Herrn) so viel wert, daß er eher sterben will als dieses aufgeben. Das Sterben »für« ist daher ein Ausdruck, der die Treue bezeichnet, mit der der Märtyrer zu etwas hält.
In diesem Sinne ist auch Joh 15,13 zu verstehen: *Eine größere Liebe hat niemand, als wer sein Leben wegen seiner Freunde riskiert.* Diese Stelle wird von den Kommentaren einhellig im Sinne des stellvertretenden Sühnetodes verstanden. Das scheint mir aus folgenden Gründen nicht richtig zu sein:
a) Hier steht derselbe Ausdruck »das Leben setzen« wie an den oben genannten Stellen, wonach auch Petrus »für« Jesus sterben wird.
b) Wie in der traditionellen Märtyrersprache ist das »für« (gr. *hyper*) verwendet, um die Treue zu beschreiben, mit der jemand zu dem steht, an das oder an den er sich gebunden hat.
c) Auch die verwandten griechischen Belege über den Tod des einen Freundes »für« den anderen stehen unter dem Vorzeichen der sich bewährenden Freundestreue. Nirgends geht es um eine soteriologische Stellvertretung, nirgends stirbt jemand, um die Sünden seines Freundes vor Gott oder Göttern zu sühnen.
Fazit: Die Liebe Jesu zu seinen Freunden läßt ihn sein Leben riskieren, indem er treu zu ihnen hält.

Von dieser Deutung der Stelle Joh 15,13 her wird nun einmal der nähere Kontext verständlich: Nach 15,12 *(Dies ist mein Gebot, daß ihr einander liebt, wie ich euch geliebt habe)* ist Jesu Liebe Urbild und Vorbild, sie kann weitergegeben werden. Aber sie ist gerade nicht Sündensühne, denn in dieser Hinsicht könnte Jesus sie nicht weitergeben und könnten die Jünger Jesus nicht »nachahmen«. Im Verhältnis von 15,12 zu 15,13 geht es aber nicht um den einmaligen Charakter der Liebe Jesu, sondern darum, daß sie nachgeahmt werden kann. Auch Joh 15,14 wird von daher verständlich: *Ihr seid meine Freunde, wenn ihr tut, was ich euch sage.* Der Satz bestimmt im Sinne Jesu, worin nun die Treue der Jünger gegenüber Jesus besteht. Sie folgen seiner Liebe, wenn sie seinem Gebot folgen, nämlich einander lieben.

Zum anderen wird aufgrund von Joh 15,12 gut erkennbar, warum Judas im JohEv so wichtig ist: Er ist das Gegenbild des treuen Freundes, er übergibt den Freund. Andererseits wird auch die Affinität der Verleugnung Petri zu dieser Thematik greifbar. Denn er verspricht ja gerade, sein Leben in Treue für seinen Meister zu riskieren, kann aber genau das nicht leisten, was Jesus tut. Doch als er eine zweite Chance bekommt, fragt Jesus ihn nach seiner (Freundes-)Liebe (Joh 21). Auch diese enge Verbindung von Joh 21 mit dem Thema Freundesliebe ist ein wichtiges Argument für dessen genuine Zugehörigkeit zum JohEv. Petrus gelangt also erst auf dem Umweg über seine Verleugnung zur wahren Freundesliebe, wie Jesus sie fordert. Es ist auch nicht zufällig, daß Joh 21 dann zielbewußt die Hirten-Thematik von Joh 10 wiederaufnimmt. Wenn Petrus Jesus liebt, wie Jesus die Seinen geliebt hat, dann kann er Hirte sein wie Jesus, und dann kann er auch sein Leben für seinen Herrn riskieren, wie es in Joh 21 angedeutet wird.

Was aber bedeutet dann, so könnte man fragen, der Tod Jesu theologisch, wenn er *nur* Ausdruck der Treue Jesu zu seinen Freunden ist? Antwort:

a) Es geht nicht speziell um Jesu Tod, sondern darum, daß Jesus sein ganzes Leben für die Jünger einsetzt und in dieser Hinsicht auch riskiert. Das ist auch sprachlich die nächstliegende Deutung.[193] Dieser

[193] Vgl. dazu ThW VIII, 155 (C. MAURER, Art. *tithemi*): »Alle griechisch-hellenistischen Parallelen, die das Verbum *tithemi* (sc. bei *psyche*) verwenden, drücken nicht

Sprachgebrauch bestätigt sich in frührabbinischen Texten, in denen »sein Leben geben« keineswegs den Tod voraussetzt.[194] Auch beim Geben und Wieder-an-sich-Nehmen des Lebens in Joh 10,18 geht es um die göttliche Hoheit des Sohnes, nicht aber um die Heilsbedeutung des Todes.[195] Damit steht – wie auch sonst im JohEv – die Sendung Jesu im Vordergrund. Ihr bleibt er treu.

b) Jesu ganze Existenz, besonders aber sein Tod, wird Ausdruck seiner Liebe und Treue und eben gerade darin Gemeinde gründend. Jesus stellt auf seinem Weg etwas dar, was strikt weitergegeben werden kann. Seine Liebe zu den Freunden ist kein Einzelfall, sondern genau das Grundgesetz seiner Jüngergemeinde. Er hat das vorgelebt, von dem und wodurch auch die Jüngergemeinde leben kann.

c) Wie gleich zu zeigen ist, bedeutet der Tod Jesu den Sieg über die »Welt« und ihren Herrscher. Das gilt eben deshalb, weil Jesu Treue und liebevolle Existenz bis in die letzte Konsequenz dem Grundgesetz der Welt und ihres Herrschers entgegensteht, nämlich dem Haß. In der Welt gilt Haß gegeneinander und gegen die Gemeinde.

Das Ganze ist deshalb schlüssig, weil Jesus nicht nur bis zum Tod treu liebt, sondern weil er eben auch aufgrund des Hasses der Welt und ihres Herrschers sterben muß. Daß Jesus den Märtyrertod aufgrund ei-

die tatsächlich vollzogene Hingabe des Lebens aus, sondern meinen nur das in Kauf zu nehmende Risiko *paratithemai ten psychen* ›sein Leben aufs Spiel setzen‹. Auf der gleichen Linie bewegt sich das alttestamentliche ›sein Leben in die Hand jemandes legen‹ ...« Maurer denkt an Joh 10,11, aber auch an Joh 13,37f und 15,13 sowie 1 Joh 3,16b (»sein Leben aufs Spiel setzen«). – R. BULTMANN, Das Evangelium des Johannes, 282 A. 2 zu Joh 10,11 hatte für diese Stelle »und vielleicht auch für 13,37f.15,13« den Sinn angenommen: »das Leben einsetzen, riskieren, zu seiner Hingabe bereit sein, wie LXX Jdc 12,3; 1 Reg 19,5; 28,21«. Begründung: »Denn für einen Hirten ist es wohl charakteristisch, daß er sein Leben für die Schafe riskiert, nicht aber, daß er es für sie opfert.« B. weist darauf hin, daß das rabbinische *nathan nafso al* beide Bedeutungen haben könne, und verweist auf Schlatter und Billerbeck zu Mt 20,28 und zu Act 15,26.

194 P. FIEBIG hatte in Angelos I (1925), 58f auf Mekh zu Ex 15,1 verwiesen: »Jede Sache, für die ein Mensch seine Seele gibt, wird nach seinem Namen genannt.« So heiße der Tempel Haus Davids, weil David »seine Seele für ihn gegeben habe«. In Mekh zu Ex 12,1 heißt es: »Du findest überall, daß die Väter und die Propheten ihre Seele für Israel hingaben«, dabei werde an Jona und David erinnert. Bei Mose, Jona und David sei, so Fiebig, das Geben der Seele »nicht in dem Sinn überliefert, daß ihr Eintreten für das Volk zu ihrem gewaltsamen Tode führt«.

195 So auch U. B. MÜLLER, a. a. O., 50.

nes Justizskandals stirbt, offenbart genau das Gegenprinzip zum Leben Jesu, nämlich den Haß.
Von daher gilt abgestuft für das JohEv ein »ordo amoris«:
I. Gott – Jesus: Liebe
II. Jesus – Jünger: Liebe
III. Jünger untereinander: Liebe
IV. Petrus – Jesus: zeitweilige Untreue: Verleugnung, dann Liebe
V. Judas – Jesus: Untreue – Übergabe
VI. Welt – Jesus (und Gemeinde): Haß
Die Konsequenz ab Stufe V ist der Tod, die Konsequenz in Stufe I–III (IV) ist Leben.
d) Jesu Tod kann deshalb im JohEv nicht als stellvertretende Sühne der Sünden verstanden werden, weil es Sünde im eigentlichen Sinn erst seit dem Widerspruch gegen Jesus gibt.
Wenn Jesus als Lamm Gottes dennoch die »Sünde der Welt aufhebt«, dann geht es anders als bei Paulus nicht um die Sünden seit Urzeiten, sondern um die Sünde im Widerspruch und Widerstand gegen Jesus und die Jünger. Genau das macht auch 1 Joh 1 deutlich: 1 Joh erörtert, inwiefern es auch in der Gemeinde noch Sünde gibt, und der Brief im ganzen macht deutlich: wegen der falschen Einstellung zu Jesus als dem Messias, der »im Fleische« erschienen ist, und wegen der mangelnden Weitergabe seiner Liebe. Aber das alles sind erst christliche Sünden.
Mit der Gestalt des Täufers ist das deshalb verbunden, weil er ja Taufe »zur Vergebung der Sünden« verkündigte, wie die anderen Evangelien (Mk und Lk) es wissen. Das Stichwort »Sünde« ist daher mit dem Täufer verknüpft. Das JohEv läßt den Täufer hier zu diesem Stichwort auftreten, macht aber gleichzeitig deutlich: Jetzt hat Jesus hier das Monopol.
e) Jesu Treue bis zum Tod ist relevant für das Heil, weil »Bleiben« und »in Treue Bleiben« Merkmale Gottes sind. Jesus ist Gegenwart Gottes auf der Erde, und zwar als Leben und Liebe. Wäre dieses Leben nicht ewig, das heißt dauerhaft, so wäre es nicht von Gott. Würde Jesus seiner Sendung und seinen Jüngern untreu, so wäre seine Liebe nicht von Gott. Insofern ist Jesu Ausharren der notwendige Erweis, daß es sich bei der Botschaft und den Gaben Jesu um Gottes eigenste Gaben handelt. Jedes Abbrechen wäre Entlarvung von Vergänglichkeit und damit bloßer Kreatürlichkeit. Merkmal Gottes in der Welt ist die Treue.

So wird verständlich, warum das Bleiben für das JohEv so wichtig ist und warum es in Joh 13,1 heißt, daß Jesus »die Seinen bis in den Tod liebte«. Eben darin erweist sich der Ursprung des Ganzen in Gott. Ähnlich wie bei Markus, aber doch wieder ganz anders, ist daher auch im JohEv der Tod Jesu die Spitze seiner Legitimation.

4. Das Martyrium Jesu als Sieg

Nach Joh 12,31 wird mit Jesu Todesbereitschaft *der Herrscher dieser Welt hinausgeworfen werden.* Das wird als der entscheidende Akt des Gerichtes angesehen.

Siegen im Kampf: Wo Herrscher beseitigt werden, handelt es sich jeweils um den Sieg über sie. Zu nennen sind daher auch Texte, nach denen Jesus oder die Jünger die Welt besiegt haben (Joh 16,33). Auch hier ist die Terminologie durch Martyrien vorgeprägt.

Bereits in jüdischen Texten der zwischentestamentlichen Zeit, besonders aber in der Apk wird der Märtyrer als der Sieger dargestellt.[196] Denn das Martyrium ist ein Ringkampf, in dem der Zeuge des Glaubens mit dem tyrannischen Widersacher ringt (Test Hiob 27,5f). Der Widersacher versucht ihn von seinem Glauben abzubringen, der Märtyrer widersteht. Der Preis ist hoch: sein leibliches Leben. Aber der Widersacher hat verloren, weil es ihm nicht gelungen ist, dem Zeugen das Kostbarste, um das er ihn offenbar beneidet, zu rauben: seinen Glauben, die Identität. Auch in der Apk wird das Lamm in diesem Sinne als Sieger dargestellt, und der Sieg wird in der Auferstehung des Lammes nurmehr sichtbar und anschaulich.

Ein ähnlicher Zusammenhang ist im JohEv gegeben. Der Herrscher »dieser Welt« hat deshalb verloren, weil Jesus standhaft geblieben ist. Denn er hat zum einen seinen Auftrag als Gottes Gesandter erfüllt, indem er gegen Mißverstehen und Ärgernisnehmen Gottes Leben stiftende Wirklichkeit unter die Menschen gebracht hat. Und er hat zum anderen gegenüber allem Haß der Welt seine Jünger geliebt und damit Gottes Ziel und Sein geoffenbart. – Wer sich so dem Mißverstehen und dem Haß aussetzt, geht in der Tat keinen Kompromiß ein. Hier liegt die Zielsetzung des sog. johanneischen Dualismus. Daher wird

[196] Vgl. 4 Makk 1,11 (den Tyrannen durch Geduld besiegen); von Jesus: Apk 5,5; 17,14.

von Nikodemus in Joh 3,1–5 nicht Bewunderung gefordert, sondern daß er sich taufen läßt. Alles liegt an der kompromißlosen Eindeutigkeit des Bekenntnisses.
Weil selbst die Jünger Jesus mißverstehen (Joh 6,66f), gilt, daß Jesu gesamtes Auftreten eine einzige Versuchung zum Abfall von Gott war, so wie es Lk 22,28 formuliert *(Ihr habt mit mir ausgehalten in meinen Versuchungen ...).* Weil Jesus – im Unterschied zu Judas und zu Petrus – seiner Botschaft treu war und sich mutig durch die Proklamation von Gottes Gegenwart in ihm selbst allen Haß der Welt gegen Gott zugezogen hat, kann er auch seinen Weg am Kreuz beenden mit dem Wort: *Es ist vollendet* (Joh 19,30).
So wird an dieser Stelle erkennbar, daß die Christologie des JohEv, die in Aussagen wie *Ehe Abraham ward, bin ich* gipfelt, ihr Widerlager im Verhältnis zwischen Gott und Welt besitzt. Indem die »Welt« Jesus nicht annimmt, nimmt sie Gott selbst nicht an. Bei Jesus hat man es mit Gott zu tun, nicht mit einem jüdischen Wanderlehrer. Jegliche Neutralität oder Indifferenz verbietet sich angesichts dieser Feindschaft, die im Tod Jesu dokumentiert ist. Die Situation von Haß und Verfolgung polarisiert daher die Fronten und profiliert die Christologie.
Fazit: Das JohEv greift auf jüdische Märtyrertheologie zurück. Das gilt für den Sieg des Märtyrers wie für den Ausdruck »sterben für jemanden/eine Sache«. Die übrigen Evangelien weisen diesen Zug nicht auf.
Ältere Tradition im JohEv: Im Unterschied zu Paulus, 1 Petr und Hebr, also zu den drei antiochenischen Säulen, kennt das JohEv noch keine Deutung des Todes Jesu im Sinne des stellvertretenden Todes zur Beseitigung der Sünden. Formeln wie 1 Kor 15,3 *(gestorben für unsere Sünden ...)* haben den vierten Evangelisten *noch nicht* erreicht. Jesus ist in seinem Sterben der standhafte Märtyrer. Das hat auch direkte Beziehungen zur Situation der verfolgten Gemeinde im JohEv. Nicht vorstellbar ist, daß der Verfasser des JohEv Sühnetodaussagen aus anderen frühchristlichen Schriften vorgefunden und nicht akzeptiert haben sollte.
Die starke Polarisierung zwischen Jesus und Gott auf der einen, der »Welt« auf der anderen Seite weist auf ein Milieu hitziger Auseinandersetzung zwischen Judenchristen und Juden. Im Prinzip ist das im 1. Jh. n. Chr. immer möglich Aber ganz deutlich ist, daß die provozierenden

»hohen« christologischen Aussagen nicht Produkt immanenter Gemeindefrömmigkeit sind, die zur sich steigernden Vergottung neigte, sondern von außen her verursacht wurden.

Gemeindebezug

Daß Jesu Sterben vor allem als das Sterben des Märtyrers dargestellt wird, hat direkte Relevanz für die in den Abschiedsreden angesprochenen Jünger. Zu einem ganz großen Teil (Joh 15,18–16,33) erweisen sich diese Abschiedsreden als Vorbereitung auf die eigene Verfolgung. Insofern haben sie vor der Schilderung von Jesu Martyrium einen guten Sinn. Jesu Tod wird nachahmbar sein. Er wird ein Muster sein für alle Jünger. Der Paraklet erhält wesentlich seine Funktion im vor der Welt fortgesetzten Prozeßverfahren.
Auch die synoptischen Abschiedsreden Jesu weisen dieses Element auf, aber nur kurz und eingebettet in eine umfassendere Apokalypse (Mk 13,9–13; Mt 24,9–14; Lk 21,12–19). Beziehungen zur Passion Jesu ergeben sich auch hier (zum Beispiel im »übergeben«).
Ältere Traditionen im JohEv: Deutlicher als die synoptischen Vergleichstexte sind die johanneischen Abschiedsreden auf die Nachahmung der Passion Jesu angelegt. Sie sind daher wirklich eine damals in jeder Hinsicht zeitgemäße *applicatio passionis.* Der Prozeß, dieses im JohEv alles umgreifende Geschehen, wird fortgeführt. In diesem juristischen Sinne gilt für das JohEv: Die Sache Jesu geht weiter.

Der Tod Jesu als Hinauswerfen des Teufels

Mit Kol 2,14 und Hebr 2,14 teilt das JohEv eine alte Tradition über die Besiegung des Teufels (des Weltherrschers) durch den Tod. Paulus hat möglicherweise durch Röm 8,3b Anteil an dieser Tradition. Das Verurteilen der Sünde bedeutet nämlich das Entthronen der derzeitigen Weltherrscherin, und nach Röm 8,3 geschieht dieses durch Jesu »Fleisch«, das heißt dadurch, daß er an der sterblichen Natur der Menschen (konsequent) teilhat. Hebr, Kol und das JohEv hätten damit auf den Tod zugespitzt, was bei Paulus eher inkarnatorisch gedacht war (vgl. Joh 1,14!).
Ältere Tradition im JohEv: Das JohEv hat hier Anteil an einer älteren Tradition der Briefliteratur. Die Logik dieser Vorstellung könnte aus

Röm 8,3 deutlich werden. In diesem Falle würde sie johanneisch gestützt durch die Rede vom Fleisch des Messias in Joh 1,14.

Der Erhöhte wird alle an sich ziehen

Im Unterschied zur Deutung bei U. B. Müller kann ich in Joh 12,32 keine Anspielung auf den erhöhten Herrn im Himmel erblicken.[197] Eine klare Trennung zwischen Kreuzestod und Erhöhung liegt zwischen Joh 12,31 und 12,32 gerade nicht vor. Denn in 12,33 heißt es: *Dieses sagte er und deutete so an, welchen Todes er sterben werde.* Hier geht es daher eindeutig um den Tod.

Anders als in Phil 2,9–11 ist es eben nicht erst der Erhöhte, dem alle zujubeln werden, es ist der Gekreuzigte. Woran denkt der Evangelist hier? Es geht wohl um den Märtyrereffekt, der von der Kreuzigung Jesu ausgeht. Darunter verstehe ich, daß die Diskrepanz zwischen dem Hingerichteten und der Hinrichtungsart ein schreiender Gegensatz im wörtlichsten Sinne des Wortes ist und als solcher Aufmerksamkeit erregt. Daß dieses geschah, wissen wir aus dem Zeugnis des Mara bar Serapion, der die Justizmorde an Sokrates und Jesus vergleicht. So gewinnt der Märtyrertod Jesu von sich aus internationale Dimensionen.

Ältere Tradition im JohEv: Gerade in frühen Zeugnissen wird der – uns Heutigen leider abhanden gekommene – Skandal der Kreuzigung Jesu sichtbar. Dazu gehört auf besondere Weise die Kreuzestheologie in 1 Kor 1,18–31; 2,6, die ein besonderes Seitenstück zu Joh 12,32 ist. Denn bei Paulus wird der unvorstellbare Skandal der Kreuzigung Jesu zur Darstellung des Kontrastes zwischen Gott und Welt überhaupt. Mit dem Stichwort »Welt« sind hier die universalen Dimensionen des JohEv an dieser Stelle erreicht.

Soteriologische Fragen

Die Auffassung des JohEv vom Heil ist nun nicht schon durch den

[197] U. B. MÜLLER, a. a. O., 43f. – Müller wendet sich gegen die »paradoxe« Identität von Kreuzigung und Erhöhung. Daran wird man indes festhalten müssen, auch wenn man – wie Müller – das Wort »paradox« nicht liebt. Man könnte auch von »Euphemismen« sprechen. Zum Problem vgl. § 35.

Hinweis auf die christologischen Metaphern (Brot, Wasser, Licht) erklärt und sicher auch nicht durch den Hinweis auf Jesu Tod als Sieg des Märtyrers.

Die noch offenen Fragen konzentrieren sich um den Begriff »Sünde«. Nach Joh 9,39ff besteht Sünde nur noch in der Ablehnung Jesu. Alles andere, was je vorher so genannt wurde, ist wesenlos geworden angesichts dessen, der Leben und Auferstehung ist. Daß das JohEv daher die Krisis in der Begegnung mit Jesus so stark betont, ist nicht als düsterer Zug aufzufassen, sondern als Befreiung. Ähnlich wie bei Paulus ist »Sünde« im Singular der Gegenbegriff zum christologisch vermittelten Heil.

Wie ist aber dann Joh 1,29 zu verstehen? Wir hatten bereits geklärt: Jesus heißt hier »Lamm« als der Heilige und der Gerechte. Die Analogie im Slavischen Henochbuch und der Gebrauch von »Paraklet« in 1 Joh 2,1 und in Joh 14,16 legten den Gedanken an Fürbitte nahe. – Nähere Auskunft über diesen Punkt erhalten wir nun in Joh 17. Jesus beseitigt die Sünde der Welt, die in Gottferne und Tod besteht, indem er den Vater darum bittet, sie vor dem Bösen zu bewahren (17,15), besonders aber: sie zu heiligen (17,17). Nach 17,19 sieht Jesus seine gesamte Wirksamkeit in diesem Sinne: *Für sie heilige ich mich, damit auch sie geheiligt sind in der Wahrheit.* In diesem schwer verständlichen Satz heißt »in der Wahrheit«: »in der Kraft und im Raum von Gottes Wirklichkeit«. »Heiligen« bedeutet: dem profanen Gebrauch entziehen, zu Gottes Eigentum machen, nur noch von seinem Willen bestimmt sein lassen, so daß nur noch sein Gesetz und seine Regeln gelten, seinem Schutz unterstellen (vgl. so auch 1 Kor 7,34). Nur in manchen Fällen ist damit der Opfergedanke verbunden; in Joh 17,17 eindeutig nicht, denn die Gemeinde der Jünger wird nicht zum Opfer erklärt. Wer durch Gott geheiligt wird, ist damit zugleich auch aus dem Bereich von Schuld und Sünde genommen – in diesem Sinne kann man wohl 1 Thess 5,23; 1 Kor 1,2 und besonders 1 Kor 6,11 (neben »reingewaschen« und »gerecht gemacht«) sowie Eph 5,26 auffassen *(damit er sie heilige, sie reinigend mit dem Bad des Wassers).* – So sind bereits profane Analogien zu verstehen wie die Scholien zu Apollonius Rhodius 3,62 («Zeus erbarmt sich seiner und nimmt ihm die Schuld ab«; gr.: *hagnizei*). – Aus diesen Beobachtungen ergeben sich wichtige Konsequenzen für die Auffassung vom Heil durch Jesus nach dem JohEv:

– Jesus selbst hat sich Gottes Willen unterstellt (zum Beispiel auch Joh 4,34: ... *ich tue den Willen dessen, der mich gesandt hat, und vollende sein Werk*). So ist er gerecht und heilig.
– Als ganz gerecht und heilig kann er bei Gott Fürbitte leisten für andere. Ähnlich betet auch Paulus fortgesetzt für seine Gemeinden (auch hier wieder Entsprechung von Apostolat und Christologie).
– Indem Jesus um Heiligung der Gemeinde bittet, veranlaßt er Gott, die Jünger aus dem Bereich der Sünde und der Macht des Bösen herauszunehmen. Wenn die Jünger so geheiligt sind und zu Gott gehören, sind sie aus dem Raum der Schuld und des Todes in den Raum des Lebens übergegangen.
– Es wird nicht gesagt, wie Gott diese Heiligung bewirkt. Weder Taufe noch Blut Jesu noch heiliger Geist verursachen diese Heiligkeit. Im Rahmen jüdischer Denk-Möglichkeiten ist die Fürsprache Jesu dabei auch vollständig ausreichend.
– Joh 1,29 ist also wie folgt zu verstehen: Weil Jesus der Heilige und Gerechte ist (das Lamm), kann er durch seine Fürsprache bei Gott bewirken, daß Gott die Jünger von Sünde, Tod und Teufel befreit und in den Bereich des (ewigen) Lebens stellt.
Das aber bedeutet: In soteriologischer Hinsicht vertritt das JohEv eine sehr archaische Christologie. Als der Gerechte (Lamm Gottes) ist Jesus der Fürsprecher («intercessor«, Anwalt, Patron, Heilsmittler) schlechthin. Durch das fürbittende Gebet, das Jesus in Joh 17 für die Jünger spricht, vermittelt er ihnen Freiheit von der Sünde und Heil.

Ältere Tradition im JohEv: Eine Beschränkung der Heilsvermittlung Jesu auf die Fürsprache des Gerechten findet sich immer an Stellen, die von der Forschung als besonders alt angesehen werden (1 Thess 1,10; Röm 8,34; Hebr 7,25; 9,24; Mk 8,38par). Überall hier ist Jesu Wirken unabhängig von seinem Tod am Kreuz oder der Sendung des heiligen Geistes. Lange bevor man diese beiden Größen besonders in Anspruch nahm, sah man Jesu heilsmittlerisches Wirken »nur« in seiner Fürsprache bei Gott.
Das Wörtchen »nur« kann leicht irreführend sein, die Anführungszeichen signalisieren die Gefahr. Der alte Trugschluß-Mechanismus, wonach »Einfaches« besonders alt und »weniger Hoheitsvolles« besonders früh sei, ist hier zu vermeiden. Die Aussage, daß Jesus »der Gerechte schlechthin« sei, ist im Horizont des apokalyptischen Ju-

dentums nichts Geringes, sondern die grundlegende Aussage über Jesus. Darauf beruhen alle anderen Hoheitsaussagen, auch die über die Wirkung von Jesu Blut und Tod bei anderen Autoren. Die Frage ist nur, ob die Zuordnung mancher Aussagen, die wir uns als »Entwicklung« vorstellen, auch umgekehrt vorstellbar ist. Und da gilt: Differenzierte Aussagen über die Wirkung des Todes Jesu etwa im Sinne von Röm 3,25 oder Gal 3,13 sind im Verhältnis zum JohEv nicht in umgekehrter Abfolge denkbar. Gleiches gilt für paulinische Aussagen über Apostolat und Fürbitte des Apostels im Verhältnis zum JohEv. Es ist nicht vorstellbar, daß das JohEv in Kenntnis des Paulus und insofern »nach ihm« Aussagen über Jesus macht, die Paulus von sich selbst machen konnte.

Der Text in Joh 17 trägt – das ist auch ein Ergebnis unserer Überlegungen – den alten Namen »Hohepriesterliches Gebet Jesu« insofern zu Recht, als es sich dabei um kultisch-stellvertretende Interzession handelt. Mit dem Tod Jesu hat das »Heiligen«, von dem Jesus hier spricht, allerdings nichts zu tun.

§ 35
Erhöhung

Kreuzigung als Erhöhung

Es herrscht Konsens darüber, daß Jesu Erhöhtwerden nach dem JohEv sich nur auf Jesu Tod bezieht, nicht auch auf Jesu Auferweckung. Dieser Sprachgebrauch ist im Blick auf Phil 2,9–11 atypisch, abweichend und rätselhaft. Auch in dem Wort der Logienquelle *Wer sich erniedrigt, wird erhöht werden* ist mit der Erhöhung sicher nicht die Kreuzigung gemeint. Auch in den Judenpredigten der Apostelgeschichte (zum Beispiel Act 5,31) ist es ausschließlich Gott, der Jesus erhöht.

Alle Leidensweissagungen Jesu nach dem JohEv sind mit dem Verb »erhöht werden« formuliert, so Joh 3,13–15; 8,28f und 12,32, zweimal ist dabei vom Menschensohn die Rede. Im Blick auf die verkehrten Osterthesen der liberalen Theologie ist besonders aufschlußreich, daß nach dem JohEv die christologische Erkenntnis aufgrund der Erhöhung Jesu eintreten wird, eben seiner Kreuzigung und nicht etwa der Auferstehung. Joh 8,28: *Wenn ihr den Menschensohn erhöhen werdet, dann werdet ihr erkennen, daß ich es bin und daß ich nichts von mir aus tue, sondern so rede, wie es mich der Vater gelehrt hat.*

Märtyrersprache

Die Kreuzigung als Erhöhung zu bezeichnen (und nicht als ersten Schritt der wahren Erhöhung in den Himmel anzusehen) ist nicht »paradoxer« Sprachgebrauch, sondern Merkmal typischer Märtyrersprache.

In dieselbe Richtung weisen: das Königtum des Märtyrers (zum Beispiel Joh 18,36f; Apk 20,4–6), seine Krone (zum Beispiel Mart Polyk 17,1; Apk 2,10) und das Siegen als Vorgang und Vollzug des Martyriums. Wichtig ist dabei: Nicht nachher wird man »König«, sondern als Märtyrer ist man König. Wenn der Gekreuzigte eine Dornenkrone aufgesetzt bekommt, wird die Wahrheit zum Spott gemacht. Für die frühchristliche Christologie ist dieser Sprachgebrauch wichtig, da das Martyrium nicht nur der unumgängliche Weg zur Herrlichkeit ist, sondern weil der Märtyrer im Martyrium bereits Anteil hat an der Welt der Herrlichkeit[198] (vgl. Stephanus in Act 7,55–56). Am Stil späterer christlicher Martyrien kann man dies gut nachweisen, auch wenn sie in dieser Hinsicht unter dem Einfluß des JohEv stehen sollten (was ich nicht annehme). Es handelt sich um ein Stilmerkmal der Gattung von großer inhaltlicher Bedeutung.

Ältere Tradition im JohEv: Das JohEv stellt Jesus als Märtyrer dar. Jesus ist von Anfang an auf diesem Weg. Insofern als frühchristliche Märtyrer auch sonst schon jetzt selig genannt werden können (1 Petr 4,14; Mt 5,11f) und bereits auf dem Weg Anteil haben an der Herrlichkeit des Ziels, ist die Herrlichkeit Jesu insgesamt, wo immer sie sichtbar wird, die Herrlichkeit des Siegers. Es geht nicht um Vorwegnahme, sondern um Offenbarsein des Verborgenen. Das JohEv hat daher in seiner Christologie Anteil an älterer Märtyrertheologie.

198 Zu diesem präsentischen Gebrauch von Heils- und Hoheitsaussagen in der Märtyrersprache vgl. auch 1 Petr 4,14: Der Geist der Herrlichkeit ruht schon auf denen, die geschmäht werden.

Erhöhung als Legitimation

Hier ist zu fragen: Worin besteht der Erkenntnisgewinn durch Jesu Kreuzigung? Was wird erkannt? Die Antwort auf diese Frage gibt Joh 8,28: … *und daß ich nichts von mir aus tue, sondern so rede, wie es mich der Vater gelehrt hat.* Handelte er von sich aus, dann liefe Jesus weg vor dem Tod oder brächte sich in Sicherheit, würde es nicht bis zum äußersten kommen lassen. Denn jeder Mensch, der bei Vernunft ist, wird den Tod meiden. Jesus aber handelt nicht von sich aus, er folgt dem sonst selbstverständlichen Instinkt zum Leben, dem Vitaltrieb, nicht. Da ist ein anderer dazwischen. Jesus handelt fremdbestimmt, sonst hätte er zum eigenen Vorteil gehandelt und den Verlust des Lebens nicht in Kauf genommen. Gemeint ist mithin die Selbstlosigkeit Jesu, bezogen auf seine Sendung.

Ähnliches, aber in der Formulierung ganz Unabhängiges ist aus den synoptischen Kreuzigungsberichten bekannt: Der Gekreuzigte verweigert die Selbsthilfe (»Wenn du der Sohn Gottes bist …«) und erweist gerade dadurch, daß er auf Gott hofft und von Gott her gesandt ist. Der Verzicht auf das von Natur aus Nächstliegende, nämlich sich mit allen Mitteln aus der Zwangslage am Kreuz zu befreien, weist auf einen ganz anderen Auftraggeber, in dessen Hände Jesus sein Leben legt, so wie er von ihm seine Sendung empfangen hat.

Das Thema ist hier (Joh 8,28) wie dort (synoptische Passionsberichte): Inwieweit läßt das Sterben Jesu klarer als alles andere seine Legitimität erkennen?

Das JohEv hat hier einen alten Überlieferungszug bewahrt, der in den synoptischen Kreuzigungsberichten wichtig ist, nicht aber in dem des JohEv selbst – bei Johannes taucht dieses Element nur im Vorfeld der Kreuzigung auf!

Vorbereitung: Die erhöhte Schlange

Der eigenartige johanneische Sprachgebrauch von Erhöhung wird im JohEv durch 3,14 vorbereitet und soteriologisch begründet. Der Ausdruck »erhöhen« findet sich nicht in der biblischen Vorlage (Num 21,6–9 *hängte sie an eine Stange*), wenn auch bei Philo die Erzählung schon auf »Umkehr« und Sündenbekenntnis bezogen wird (Leg Alleg

II 78).[199] Unabhängig von Joh 3,14 wird die Erzählung auch in Barn 12 christlich rezipiert, hier aber darauf gedeutet, daß der Leidende lebendig machen kann, während man meint, er sei umgekommen. So konnte auch die tote Schlange lebendig machen.

Warum aber gibt der Glaube an den Erhöhten das ewige Leben? Im Unterschied zum Barn spricht das JohEv nicht von der toten Schlange und dem toten Christus, auch fehlt hier jede Rede von Sünde und Sündenvergebung. So bleibt nur, den Erhöhten im Sinne von Joh 8,28 als den Anlaß des Glaubens zu sehen. Da das »Verhalten« Jesu am Kreuz die Legitimität seiner Sendung offenbar werden läßt, bezieht sich der Glaube eben auf den gekreuzigten Gesandten Gottes. Seine am Kreuz zur Vollendung gebrachte Liebe und »Selbstlosigkeit« sind der Grund, an ihn zu glauben. Die Fußwaschung verdeutlicht, worum es im ganzen Leben Jesu geht. Am Kreuz kulminiert das nur.

In dem Abschnitt Joh 8,21–29 wird über das Sterben Jesu gesprochen; das Ganze hat den Charakter einer Art Leidensweissagung. Das Stichwort »suchen« weist auf die Elia-Tradition, denn Elia wurde erhöht und erfolglos gesucht. Wie alle Elemente der Elia-Tradition im Neuen Testament weist auch dieses Stück auf eine Frühzeit der Diskussion. – Für den Gebrauch des Wortes »töten« führt dieses Stück eine Art Sprachspiel ein: Weder wird Jesus sich selbst töten noch die Juden ihn. Sie erhöhen ihn vielmehr. Töten wäre etwas Endgültiges, und das kann für Jesus nicht gelten. Der Tod blüht dem Mörder, nicht dem Gemordeten. Der Tod blüht dem »Sünder«, nicht aber Jesus. Jesu Gang führt nicht in den Tod, sondern zum Vater. Eben dorthin können die Juden nicht kommen.

Das Glauben in Joh 3,14f könnte auch ein Zeichen der Gefolgschaft sein. Wer an Jesus glaubt, teilt seinen Weg. Insofern könnte es dann hier auch um die Situation einer verfolgten Gruppe von Christen gehen. Aber das Ziel dieses Weges ist ewiges Leben wie bei Jesus selbst.

Alte Tradition bei Johannes? Altertümlich ist an dem hier Aufgezeigten die auch von den Synoptikern geteilte Auffassung, daß das Kreuz letztlich offenbart, wer Jesus ist, wer ihn gesandt hat und wozu er dagewesen ist. Jesu Verzicht auf Selbsthilfe am Kreuz und sein offensichtlicher

[199] Vgl. H. MANESCHG: Die Erzählung von der ehernen Schlange (Nu 21,4–9) in der Auslegung der frühen jüdischen Literatur, Frankfurt / Bern 1981; J. FREY: Wie Mose die Schlange in der Wüste erhöht hat, in: Schriftauslegung im antiken Judentum und im Urchristentum (WUNT 73), Tübingen 1994, 153–205.

Gehorsam gegenüber einem Dritten (Gott) werden für die frühen Christen zu entscheidenden Argumenten für seine Legitimität als göttlicher Gesandter.

Beziehung zu Philipper 2,6–11

Die Gemeinsamkeiten zwischen Phil 2,9–11 und dem JohEv bestehen in folgenden Punkten:
a) Jesus wird am Ende seines irdischen Daseins »erhöht« (Phil 2,9; Joh 12,32).
b) Diese Erhöhung ermöglicht auf irgendeine Weise die Rückkehr Jesu in seinen früheren Status (Phil 2,6.11 und Joh 17,5).
c) Die Erhöhung bedeutet vor allem die Unterwerfung der Geistermächte, die dem Menschen Unheil bringen (Phil 2,10; Joh 12,31).
d) Die Erhöhung ist die Voraussetzung für das Bekenntnis (Phil 2,11; Joh 8,28).
e) Die Erhöhung hat universalen Charakter und begründet wenigstens prinzipiell die universale Ausbreitung der christlichen Botschaft. Phil 2,6–11 hat als frühe Ätiologie der Universalität des Christentums ein Seitenstück in Joh 12,32.
f) Sowohl im JohEv als auch in Phil 2 steht der Vorgang der Erhöhung im Kontext der Rede von Jesu Gehorsam bzw. gehorsam vollzogener Sendung (Phil 2,8; Joh 19,30 und 10,18; 12,49; 14,31).

Die Rede vom Erhöhtwerden hat auch eine Entsprechung in Q (Lk 14,11; 18,14; Mt 23,12), die im MtEv sichtlich christologisch gefüllt ist, worauf unter anderem die Synonymität von »demütig« und »sanftmütig« hinweist (Mt 11,29). Eine gewisse Nähe zwischen dem MtEv und dem JohEv ist auch sonst öfter feststellbar.

Wie ist das Verhältnis zwischen Phil 2 und JohEv *historisch* zu beurteilen? Für seine Terminologie von der Erhöhung orientiert sich der Evangelist an der »erhöhten Schlange« (Joh 3,14), wobei er aber das Wort »erhöht werden« in die Tradition einträgt. Sachlich setzt die Verwendung des Wortes »Erhöhen« für »Kreuzigung« schon eine gewisse, wie wir es nennen würden, kontrafaktisch orientierte Ironie voraus. Aber das ist nicht anders, wenn in den Briefen der ApkJoh und anderswo die Märtyrer als Sieger bezeichnet werden. Diese »Ironie« ist vielmehr Ausdruck eines dualistisch ausgerichteten Glau-

bens in der Situation einer verfolgten Gemeinde. Für den, der so leidet und so glaubt, *ist* Martyrium Sieg und *ist* Aufgehängtwerden Erhöhtwerden. Von daher kann man wohl sagen: Das JohEv übernimmt die Rede von der Erhöhung mit ihren Implikationen aus dem Umfeld, in dem Phil 2,6–11 entstanden ist. Der Evangelist verändert den Sprachgebrauch im Sinne seiner dualistischen Märtyrertheologie. Vielleicht kann bei dieser Gelegenheit deutlich werden, daß von einem johanneischen Triumphalismus oder einer illegitimen und übersteigerten *theologia gloriae* bei ihm nicht die Rede sein kann.
Resultat: Die Auffassung des JohEv von Erhöhung ist traditionsgeschichtlich jünger als die in Phil 2, aber konsequent im Sinne der Märtyrertheologie des Evangelisten.
Ältere Tradition im JohEv: Das JohEv teilt mit Phil 2,6–11 den grundsätzlichen Aufriß und ist eine eigenständige Umsetzung. Da man voraussetzen darf, daß Phil 2,6–11 ein vorpaulinisches Konzept ist, kann gelten, daß außer Paulus eben nur noch das JohEv auf diesen Entwurf zurückgreifen konnte.

§ 36
Auferstehung

Eine Station auf dem Weg Jesu

Es ist schon häufiger bemerkt worden, daß die Auferstehung Jesu für den vierten Evangelisten nicht so isoliert und exklusiv zentral steht wie beispielsweise für das MkEv. Im JohEv ist die Auferstehung Jesu eine Art Zwischenstation zwischen dem »Sieg« Jesu in der Erhöhung am Kreuz und der Vollendung seines Weges mit dem Ankommen beim Vater. Den Auferstandenen darf Maria Magdalena noch nicht kniefällig wie Gott verehren (Joh 20,17). Der Weg Jesu ist – anders als etwa bei Matthäus – mit der Auferstehung noch nicht vollendet. Noch ist er dabei, zum Vater hinaufzugehen (20,17).
Wir können uns ein Christentum kaum vorstellen, für das die Auferstehung Jesu nicht der entscheidende Mittelpunkt ist. Das JohEv belehrt uns eines anderen. Für den Evangelisten ist die Auferstehung Jesu nicht das zentrale Ereignis, sondern sie ist eingebettet in den Weg zwi-

schen Sendung und Rückkehr zum Vater. Sie hat zwar Anteil am Verherrlichtwerden Jesu am Ende seines Weges. Aber entscheidend ist nicht sie, sondern das, was den Jüngern infolge seines Weggangs geschenkt werden kann.

Weder Erhöhung noch Verherrlichung haben einen direkten Bezug zur Auferstehung. Nach Joh 2,22 und 12,16 und ähnlich nach 2,19 und 13,32 sind aber Auferweckung und Verherrlichung austauschbar. Eine andere Beobachtung bestätigt das: Als Auferstandener gibt Jesus den Geist (20,22), und in Joh 7,39 heißt es: *Es gab noch kein Pneuma, weil Jesus noch nicht verherrlicht war.* Das bedeutet: Auferweckung ist zumindest ein Teil der Verherrlichung. Und man kann sagen: Nach 13,32 und 17,5 muß die Verherrlichung erst an Jesus selbst geschehen, bevor er dann seinerseits verherrlichen kann. Erst der Auferstandene ist dazu in der Lage. Diese Gottesnähe geht über das »Einssein mit dem Vater« noch hinaus. – Nach 20,17 ist das Aufsteigen nicht schon durch das Erhöhtwerden am Kreuz erfolgt und kann erst durch die Auferweckung geschehen. Ostern ist ein Stück auf dem Weg zur erneuten Verherrlichung (17,4).

Rechtfertigung Jesu

Doch hat die Auferstehung Jesu sicher die Funktion der Rechtfertigung Jesu, wenn sie auch in dieser Hinsicht nur der Anfang des Weges ist. Nach Joh 16,10 wird der Paraklet die Welt »der Gerechtigkeit überführen«, das heißt: Er wird ihr in der prozeßhaften Auseinandersetzung um Jesus durch das Zeugnis der Jünger zeigen, wer das Recht auf seiner Seite hat. Das geschieht, indem er die Jünger zu dem Zeugnis befähigt, *daß Jesus zum Vater geht* (16,10). Dadurch aber wird erwiesen, daß Jesus nicht ein am Kreuz bestrafter Verbrecher, sondern Gottes Gesandter und Sohn ist.

Alter der johanneischen Tradition: Die Auffassung von der Auferstehung als Rechtfertigung Jesu ist sicher vorjohanneisch.[200] Sie liegt auch in 1 Tim 3,16 vor *(Er wurde gerechtfertigt durch den Geist)* und ist eine der Deutungsmöglichkeiten von Röm 4,25 *(Er wurde auferweckt wegen unserer Rechtfertigung);* denn die Auferstehung Jesu kann begründen, daß nicht nur Jesus, sondern auch die Christen durch Teilhabe daran

[200] Vgl. BERGER: Theologiegeschichte, 712.

gerechtgesprochen werden; das Auferstehungsleben ist Leben in und aus Gerechtigkeit.

Auferstehung Jesu als seine Rechtfertigung zu begreifen, das kommt auch den Judenpredigten der Apostelgeschichte nahe, denn die angesprochenen Juden sind durch die Auferweckung Jesu ihrer Unwissenheit und Schuld überführt worden. Die Predigten der Apostel sollen ihnen dieses vor Augen führen und sie zur Umkehr bewegen. Der Kontrast zwischen dem Handeln der Juden an Jesus und dem Handeln Gottes an ihm hat deutlich das Ziel, aufzudecken, daß die Juden im Unrecht waren. – Auch 1 Petr 4,6 ist in diesem Zusammenhang zu nennen: ... *sie werden gerichtet nach Menschenart* heißt: Sie müssen sterben, der Tod ist das Gericht über ihre Sünde. Er ist das sichtbar vollzogene Urteil. Wenn aber jemand ohne Sünde stirbt, bedarf er schnellstens der Rehabilitierung. So bei Jesus: Er hat nicht gesündigt und wird durch die Auferstehung wieder ins Recht gesetzt. Die Auferstehung ist seine Rechtfertigung, denn sie zeigt, daß er zu Unrecht getötet worden ist.

Alter der johanneischen Tradition: Die Auferstehung Jesu hat nurmehr argumentativen, noch nicht soteriologischen Charakter.

Zahl der Zeugen

Im Unterschied zu den Synoptikern berichtet Joh 20,1.11–18 nicht von drei Frauen am Grab, sondern nur von einer einzigen (Maria Magdalena). Es wäre ganz unverständlich, hätte der vierte Evangelist die von den Synoptikern überlieferte Dreizahl künstlich dezimiert. Waren doch – ganz gleich, ob männlich oder weiblich – drei Zeugen für die zu bezeugende Sache günstiger als nur einer. – Und selbst wenn man hervorhebt, daß Maria Magdalena in Joh 20 nicht die Engelsbotschaft am leeren Grab vernimmt, es sich also um einen anderen Typ von Erscheinung handelt, wäre es im Blick auf Mt 28,8–10 vorteilhafter gewesen, für eine Christusvision auf zwei Zeuginnen zu verweisen, nicht aber eine Frau fallen zu lassen. Und selbst wenn man einwenden kann, die Vision des Herrn in Joh 20,14–18 sei eine Vision »in verhüllter Gestalt« gewesen – auch für solche Visionen waren, wie an den beiden Emmausjüngern ersichtlich, zwei Figuren günstiger als eine.

Resultat: Daß der vierte Evangelist ihm vorliegende Berichte mit mehreren Zeugen künstlich auf Maria Magdalena reduziert haben könnte, ist so gut wie ausgeschlossen. Vielmehr zeigt die Konzentrierung auf Maria Magdalena, daß hier ein sicheres (stabiles) und sehr altes Element vorliegt.

Zwei Jünger am leeren Grab

Für Petrus und den Lieblingsjünger (»Wettlauf«) in Joh 20,4–6 hat man auf Lk 24,12 gewiesen und von daher einen sekundären Charakter der Johannes-Fassung gegenüber der Lukas-Fassung erschlossen und ferner einen sekundären Ursprung der Tradition »Männer am leeren Grab« gegenüber der älteren mit den »Frauen am leeren Grab« behauptet. Denn von Petrus als Auferstehungszeugen sei eben zuerst in Visionsberichten, nicht aber in Berichten vom leeren Grab die Rede.

Nun ist die letztere Behauptung sicher die angreifbarste, denn sie entstand unter den Prämissen, daß Lukas und Johannes »spät« seien und daß man sich bei »konkurrierenden« oder scheinbar additiven Berichten (Vision – leeres Grab) für einen entscheiden müsse.

Nun fällt ferner auf, daß die Berichte vom Typus »Männer am leeren Grab« sich gravierend von den Frauen-Berichten synoptischen Typs unterscheiden: In diesen Berichten gibt es weder Engel noch Osterbotschaft, gemeinsam ist ihnen aber – im Unterschied zu den Frauen-Berichten – die Wahrnehmung der Grabtücher als des einzigen Restes, wodurch zweifellos ein Diebstahl der Leiche ausgeschlossen wird bzw. werden soll. Eine Zurückführung dieser Berichte auf die Erzählungen über die Frauen am leeren Grab ist von daher ausgeschlossen.

Bei Lukas und im JohEv finden sich diese Berichte innerhalb eines vergleichbaren Gesamtaufbaus: Frau(en) am Grab, zunächst ohne »glaubhaftes« Zeugnis – Petrus (und Lieblingsjünger) am Grab – Erscheinung Jesu in verhüllter Gestalt – Erscheinung Jesu vor den Zwölf. Dieses Geflecht setzt voraus, daß zunächst das Zeugnis der Frau(en) unzureichend ist (Maria Magdalena berichtet eine Art Diebstahlsvermutung in Joh 20,2) oder nicht geglaubt wird (Lukas). Erst in der darauf folgenden Erzählung wird dann mit den Grabtüchern, die Petrus oder der Lieblingsjünger und Petrus sehen, ein »handfester« Beweis geliefert. Dann erst folgt die Steigerung: Der Herr selbst erscheint, wenn auch zunächst verhüllt. Schließlich die Krönung: Der Herr erscheint vor den Zwölf.

Man sieht: Die Abfolge der Berichte ist so aufgebaut, daß die Glaubwürdigkeit gesteigert wird. Niemand wird nur wegen dieses Arrangements, das Lukas und Johannes trotz aller Differenzen im einzelnen vorgegeben war, behaupten können, alles sei insgesamt »Legende«. Aber darum geht es hier auch gar nicht. Diese Berichte sind eben geschlossen (nicht nur im einzelnen, sondern auch als Komposition) anders als die bei Markus und Matthäus.

Die entscheidende historische Frage ist: Bedeutet das Anderssein sekundär sein? Wenn man nicht – wie es in der älteren Forschung geschah – sehr schnell bei der Hand ist, divergierende Berichte auf einen einzigen Typus zurückzuführen, wird man diese Frage unentschieden lassen müssen.

Resultat: Lukas und das JohEv verfügen über zahlreichere und andersartige Osterberichte als Matthäus und insbesondere Markus. Da es nicht möglich ist, diese historisch monokausal zu erklären und auf wenige »historische« Daten zurückzuführen, ist diese Andersartigkeit und größere Vielfalt festzustellen und gelten zu lassen.

Die Verweigerung der Anbetung

Nach Joh 20,17 weigert sich Jesus, sich durch Maria Magdalena kniefällig verehren, das heißt: mit Proskynese anbeten zu lassen. Das *Berühre mich nicht!* kann sich nach dem unmittelbaren Kontext nur auf ein Hindern am Weitergehen beziehen *(Denn noch bin ich nicht hinaufgegangen zum Vater ...).* Aus der Entsprechung bei Matthäus kann man erschließen, daß sich das Berühren auf das Umschlingen der Füße bei der Proskynese handelt. Jesus verweigert nach Johannes hier die Anbetung, weil er seinen Weg als Gesandter noch nicht zu Ende gegangen ist. Die Auferstehung ist eben nicht die Erhöhung.

In Matthäus 28,9 dürfen die beiden Frauen (Maria Magdalena und die andere Maria) dieses sehr wohl tun: *... sie traten hinzu, hielten ihn an den Füßen fest und beteten ihn an.* Was ist angesichts dieser offenkundig divergierenden Verwandtschaft von der These der Forschung zu halten, der vierte Evangelist habe das MtEv benutzt?

Die Verweigerung der Anbetung ist ein Topos, der der Legitimation des göttlichen Boten dient. Läßt er sich die Anbetung gefallen, dann ist er nicht Bote von Gott. Ein gutes Beispiel im Neuen Testament liefert Apk 22,8f: Der Seher Johannes fällt dem Engel zu Füßen, der *ihm*

dieses gezeigt hat. Der Engel lehnt dies ab: *Tu es nicht. Denn ich bin dein Mitsklave ... Bete Gott an.* Umgekehrt verlangt der Teufel von Jesus Anbetung in Mt 4,9f. Jesus lehnt ab mit dem Hinweis: *Du sollst den Herrn, deinen Gott, anbeten.*
Ich halte es nicht für möglich, daß der Verfasser des JohEv eine Jesus nach Mt 28 zuteil gewordene Ehrung nachträglich streicht und seinen Rang mindert. Ich habe zwar oben ausgeführt, daß ich Hypothesen im Rahmen der sich ständig steigernden Anschauung von Jesus als Gott nicht für tragfähig halte, Echtheitsfragen zu entscheiden. Das bedeutet indes nicht, daß man das Gegenteil für möglich halten darf: daß spätere Autoren eine Jesus zuteil gewordene göttliche Ehrung zurücknehmen könnten. Das heißt: Eine lineare Aufwärtsentwicklung anzunehmen, halte ich für methodisch ungerechtfertigt. Aber eine Abwärtsentwicklung halte ich für nicht möglich.

Resultat: Joh 20,17 ist mit Mt 28,9 unvereinbar. Insbesondere aber ist es unmöglich, Mt 28,9 für die frühere, Joh 20,17 für die spätere, überarbeitete Version zu halten. Vielmehr ist – unabhängig von der Hypothese irgendeiner literarischen Beziehung der Stellen zueinander – Joh 20,17 die theologiegeschichtlich frühere Stufe. Denn hier wird Jesus noch ausschließlich als Bote Gottes bewertet und nicht als Sohn Gottes im Sinne des Matthäus, bei dem Jesus schon von Anfang an Sohn Gottes ist.
Ältere Tradition bei Johannes: Im Vergleich zum MtEv ist Joh 20,17 Repräsentant einer weit weniger »hoch« entwickelten Christologie, als sie im MtEv vorliegt. Sie ist älter als diese, denn es ist nicht vorstellbar, daß Johannes den matthäischen Standpunkt abgelehnt und zurückentwickelt hätte.

§ 37
Verherrlichung

Nach den Synoptikern gibt es Herrlichkeit erst, wenn der Menschensohn zur Parusie kommt (Mk 8,38; 13,26; Mt 25,31). Offenbar wird die Herrlichkeit des Sohnes Gottes allerdings schon in der Verklärung nach Mk 9,7–9; auch wenn das Wort »Herrlichkeit« nicht fällt, so offenbart doch das Reich Gottes seine verwandelnde Macht (Mk 9,1) an dem, der Kind des Königs ist.

Auffällig ist im Blick auf das JohEv:

1. In Mk 8,38 ist die Rede vom Menschensohn, der in der Herrlichkeit »seines Vaters« kommt. Von der Herrlichkeit in Beziehung zum Vater spricht auch das JohEv öfter. Ein Vater des Menschensohnes ist dagegen in der Tradition der Menschensohnaussagen ungeläufig. Es entsteht daher der Verdacht, daß hinter der Formulierung in Mk 8,38 so etwas wie johanneische Tradition stehen könnte.

2. In Mk 9,1 fällt das Stichwort »Macht«, und wir hatten es verwendet, um die »Herrlichkeit« des Verklärten zu deuten. Daß diese Deutung nicht unsinnig ist, zeigt Mk 13,26: Der Menschensohn kommt *mit viel Macht und Herrlichkeit.*

3. Die Verklärung in Mk 9 ist wohl überhaupt eine Brücke zur johanneischen Christologie. Hier wird die Herrlichkeit des »Sohnes« offenbar, und zwar ähnlich als Gottesgestalt, wie es Joh 17,4 nahelegt. Es ist wohl auch kein Zufall, daß eine tiefgreifende Verwandtschaft zu Phil 2,6–11 besteht. Denn hier verzichtet Jesus auf die Gestalt Gottes, die er in Mk 9 für einen Augenblick zurück erhält (und die Gottgleichheit, auf die Jesus verzichtet, war die Herrlichkeit, die Jesus nach Joh 17,4 beim Vater hatte). Aus beiden Texten wird deutlich: Sterben und Tod sind der radikale Verzicht auf diese Art von Gottesgestalt.

Auch im JohEv bricht die Herrlichkeit im Sinne von Einzeloffenbarungen durch, so in den Wundern Jesu; das erste und das letzte Wunder werden so, die anderen rahmend, kommentiert.

In *theologischer* Hinsicht bedeutet das: Für die Synoptiker wie für Johannes ist Jesus der göttlichen Herrlichkeit nicht ganz fern. Man kann sie sogar partiell sehen, so in den Wundern nach dem JohEv, im Einssein der Gemeinde, in der Vision der Verklärung nach dem MkEv. Es besteht auch kein Zweifel, daß diese Herrlichkeit so etwas wie Gestalt Gottes ist. Mk 9 impliziert gewiß keine Präexistenz-Aussage, aber der Text steht solchen Aussagen nicht ganz fern, wonach die Gottesgestalt Jesus »eigentlich« zukommt.

§ 38
Herabsteigen und Hinaufsteigen

Zur Vorgeschichte der Metaphern

Der Befund: Als einzige frühchristliche Schrift spricht das JohEv vom Herab- und vom Hinaufsteigen Jesu (Joh 20,17), des Menschensohnes (Joh 3,13) oder des Himmelsbrotes (Joh 6,33.58). Das Problem: Inwieweit sind diese Texte metaphorisch zu verstehen, inwieweit wörtlich? Kann die These J.-A. Bühners zu Recht bestehen, das JohEv setze eine »alt-johanneische« Theorie vom Aufstieg Jesu nicht am Ende, sondern zu Beginn seines Auftretens voraus, bei dem Jesu seine himmlische Initiation erfahren habe?[201] Ferner: Was ist der theologische Sinn der Rede vom Herab- und vom Hinaufsteigen?
Anhand der Belege für die Terminologie ergibt sich aus dem Frühjudentum und dem Neuen Testament: Vor dem JohEv hat offenbar niemand das Herab- und Hinaufsteigen einer Person einander zugeordnet. Das geschieht hier erstmalig, und zwar eher traditionell und für Engel (Joh 1,51) und dann für Jesus.
Der Ertrag einer knappen Analyse der Analogien ergibt folgendes:
Wo die Rede vom *Herabsteigen* von Personen ist, geht es um Gott oder um seine Repräsentanten, zumeist Engel oder eben der Herr/Menschensohn oder Jesus. Oder es handelt sich (ähnlich wie beim herabsteigenden Brot nach Joh 6,33.58) um Gottes Heilsgabe schlechthin, so in Apk 21,2 um das vom Himmel herabsteigende neue Jerusalem. Immer aber handelt es sich, soweit ich die Belege überschaue, um ein Herabsteigen zu heilvollem Zweck. So steigt nach Joh 5,4 (nach einigen Handschriften) von Zeit zu Zeit ein Engel des Herrn herab, um das Wasser des Siloa-Teiches zur Heilung zu bewegen, nach Mt 28,2 steigt ein Engel vom Himmel, um den Stein vor Jesu Grab hinwegzuwälzen. Gott selbst »steigt herab, um der Toten seines Volkes zu gedenken und ihnen die Frohbotschaft zu verkünden«, das heißt, um ihnen Leben zu geben, nach dem bei einigen Kirchenvätern (zum Beispiel Irenäus von Lyon, adv haer 3,20,4 u. ö.) bewahrten Ps.-Jeremia-Zitat, das gewiß Ähnlichkeit zu Joh 5,24–26 besitzt. Hier ist es der Men-

[201] J. A. BÜHNER: Der Gesandte und sein Weg im 4. Evangelium (WUNT), Tübingen 1977.

schensohn, der den Toten Leben schenkt, nach 5,26 wird ausdrücklich gesagt, daß der Sohn hier Anteil an der Vollmacht des Vaters hat, also als sein Repräsentant wirkt. Man kann daher annehmen: Nach Joh 5 nimmt Jesus (als Menschensohn) stellvertretend die Belebung der Toten des Gottesvolkes wahr, die sonst Gottes Werk in der Endzeit ist.
Nach Apk 10,1; 18,1 steigen Engel vom Himmel herab, um für die Gemeinde Förderliches oder Hoffnungmachendes zu verkünden oder zu bewirken. So ist auch die Mutmaßung über die »Götter« nach Act 14,11 zu erklären.
Nach Weish 7,27 steigt die Weisheit, Gottes Repräsentantin, in die Seelen ein und macht sie zu Freunden Gottes und der Propheten.
Wir halten fest: Wo Gott selbst oder seine Repräsentanten vom Himmel herabsteigen, hat dies stets heilvolle Bedeutung. Im Falle des Manna nach Joh 6 und des neuen Jerusalem nach Apk 21 geht es um Gottes heilvolle eschatologische Gabe an die Menschen.
Konsequenz für die Christologie des JohEv: Wenn Jesus hier der genannt wird, der herabsteigt, dann ist er als Repräsentant Gottes bzw. als Gottes Heilsgabe an die Menschen verstanden. Deutlich erkennbar wird die völlig einheitliche Zugehörigkeit zum Motivfeld des Gesandten.

Anders beim *Hinaufsteigen.* Zum Vergleich mit dem JohEv kommen wohl nur Texte in Frage, wonach Gottes Boten oder Zeugen in ihrem Tod oder anstelle des Todes, jedenfalls bei ihrem Abschied von der Erde, »hinaufsteigen«, so besonders Apk 11,12: Nach ihrer Auferweckung nach drei Tagen erhalten die beiden Zeugen die Aufforderung: *Steigt hier herauf! Und sie stiegen hinauf in den Himmel in der Wolke, und ihre Feinde sahen sie.* Die Vorstellung einer Abfolge von Auferweckung (11,11) und »Hinaufgehen in den Himmel« (11,12) ist ganz ähnlich wie im JohEv (vgl. Joh 20,9 und 20, 17)und auch Barn 15,9 (Tod, Auferstehung und Hinaufsteigen Jesu) und vielleicht auch AscJes (Himmelfahrt des Jesaja) 2 (unter den vegetarisch und als Unheilspropheten Wirkenden gibt es viele, die den Glauben haben, »hinaufzusteigen«). – Wichtig ist: Nach Joh 20; Apk 11 und Barn 15 folgt auf die Auferstehung das Hinaufsteigen. Von daher wird verständlich, daß in Joh 20,17 mit der Erklärung Jesu *Ich bin noch nicht hinaufgestiegen* angedeutet wird: Der Prozeß der Verherrlichung Jesu ist noch nicht zu Ende. Die Hypothese, es gebe im JohEv Spuren einer »anabatischen Initiation« Jesu (ähnlich Philo, Quaestionen in Exodum II 48), ist meines Erachtens nur schwer zu beweisen und – da sich Joh 3,13 wohl einfacher erklären läßt – nicht »elegant« genug, da dem Prinzip der Einfachheit von Hypothesen entgegen.

Der Ansatz im Johannes-Evangelium

Das JohEv verknüpft Herabsteigen und Hinaufsteigen (zum Beispiel 3,13) für die Person Jesu. Der Verfasser ist sich offenbar bewußt, daß diese Verknüpfung hier erstmalig vollzogen ist: *Nur der hinabgestiegen ist, ist auch hinaufgestiegen* – mit diesem Satz wird die zentrale Frage nach der Legitimität Jesu und seiner soteriologischen Funktion (Heilsgabe Gottes) verknüpft mit der Deutung seines umstrittenen Geschicks (Hinaufsteigen). So sind zwei traditionelle Motive (Sendung und Entrückung) geschickt miteinander verbunden worden. Dabei dient sowohl das Herabsteigen als auch das Hinaufsteigen der Bekräftigung der Legitimität. Beides, von Gott her zu kommen wie auch zu Gott zu gehen, kennzeichnet Jesus als Boten Gottes. Die Nachbarschaft zur Sendungstheologie ist gut erkennbar gegeben – ein Scharnier johanneischer Theologie wird sichtbar.

Mit der Zuordnung des Herab- und des Hinaufsteigens schafft der Evangelist den Rahmen für sein Evangelium.

Schon öfter ist aufgefallen, daß die Auferstehung Jesu im JohEv nicht die zentrale Bedeutung hat wie im MkEv. Die Auferstehung erscheint hier als nur ein Ereignis neben der Erhöhung am Kreuz und dem Hinaufgehen zum Vater (bzw. dem Hingelangen in den Himmel). Das ganze Geschehen wird als Verherrlichung gedeutet. Mit dem Hingelangen zum Vater wird Jesus die Herrlichkeit des Präexistenten wiedererlangt haben (Joh 17,5).

Ältere Tradition im JohEv: Mit dem Herab- und Hinaufsteigen hat der Evangelist einen eigenständigen Rahmen für eine Darstellung des *gesamten Wirkens und Daseins Jesu auf Erden* geschaffen. Dieser in sich geschlossene Rahmen ermöglichte ihm überhaupt erst eine Darstellung des Lebens Jesu. Hier liegt daher der eigenständige Schlüssel zum Verständnis der johanneischen Jesus-Biographie. Die Rede vom Herabsteigen schließt auch eine Annahme Jesu zum Gottessohn in der Taufe aus (Joh 1,28–34). Der Rahmen, den das JohEv dem Leben Jesu gibt, ist originell, in sich geschlossen und keineswegs auf die Evangelien nach Markus und Matthäus zurückführbar. Denn diese beiden Evangelien kennen keinen Akt des Hinauf- oder Weggehens Jesu nach der Auferstehung. Nur Lukas bietet mit dem Verschwinden Jesu in Lk 24,51 ein gewisses, doch nicht ebenbürtiges Pendant. Rein gewohnheitsmäßig sind wir sehr stark am Aufriß des MkEv orientiert, der sich als angeblich »selbstverständlich« und historisch am wahrscheinlichsten eingeprägt hat: Beginn mit der Taufe und Ende mit der Auferstehung. Auch die Leidens- und Auferstehungsweissagungen des MkEv haben dieses Bild bekräftigt. Um das JohEv zu verstehen, müssen wir uns wirklich ganz darauf einlassen: Keine Taufe Jesu am Anfang, Auferstehung nur als Teil im Geschehen der Rückkehr zum Vater. Daher hat auch der Evangelist des vierten Evangeliums die Erscheinung(en) vor Frauen längst noch nicht durch die Mehrzahl der Zeuginnen abgesichert, wie es Markus, Matthäus und Lukas tun.

Für das MkEv ist die Auferstehung Jesu der Zielpunkt. Nachdem Jesus die Versuchungen in Gethsemane und am Kreuz bestanden hat, erweist Gott als der Auferwecker Jesu Gottessohnschaft in der Auferstehung. Das JohEv folgt dagegen konsequent dem Schema Hinabsteigen – Hinaufsteigen, wobei es das Hinaufsteigen mit Apk 11 und Barn 15 an die vorausliegende Auferstehung bindet. Aus den Parallelen wird erkennbar: Das JohEv denkt und erzählt nicht willkürlich, sondern folgt einem etablierten Schema.

TEIL IV
DIE POSITION DES JOHANNES-EVANGELIUMS IM THEOLOGISCHEN UMFELD

§ 39
Paulus und Johannes

Stellenwert der Frage

Mit dem Thema »Paulus und Johannes« stehen zunächst die Querverbindungen zwischen den echten Paulusbriefen und dem JohEv im Blick, sodann aber auch zusätzlich die Verbindungen zwischen den Briefen im direkten Umkreis des Paulus (Epheser, Kolosser, Pastoralbriefe) und den Johannesbriefen. Die Beziehungen hat man auch früher schon beobachtet und hat je nach der Großwetterlage der Forschung Konsequenzen daraus für ihre theologiegeschichtliche Position gezogen.

Zumeist geht man davon aus, daß das JohEv als »spätes« Produkt eben nicht nur die Synoptiker, sondern auch Paulus kenne und voraussetze. Das Tübinger Modell vom JohEv als Synthese zwischen Judenchristentum (Synoptiker) und Heidenchristentum (Paulus) schlägt hier voll durch. Die unbestreitbaren Ähnlichkeiten werden auch heute noch zumeist auf diese Weise erklärt. Der vierte Evangelist erscheint dabei als eine Art Endverwerter aller frühchristlichen Theologien.

Das ältere Modell R. Bultmanns findet dagegen kaum noch Anhänger. Demnach seien die Ähnlichkeiten zwischen Paulus und Johannes so zu erklären, daß beide auf einer gemeinsamen Grundlage paganer Gnosis fußten. Nun scheint mir die Auffassung von einer gemeinsamen Grundlage prinzipiell angemessener als eine einseitige Abhängigkeit (Einbahnstraße) des Johannes von Paulus. Doch vielleicht bestehen die Beziehungen zwischen beiden auf mehreren und unterschiedlichen Ebenen von differierender Tragweite.

Es könnte zum Beispiel sein, daß die Beziehungen zwischen beiden überhaupt so erkennbar ausgeprägt sind, weil beide einem verwandten kulturellen und geistigen Grundmilieu angehören. Dieses könnte man, wie in § 2 erwähnt, »religiöse Philosophie der Kaiserzeit« nennen.[202] Darunter ist eine außerchristlich und jüdisch wie christlich gegebene Denkrichtung zu verstehen, für die die Stichworte Dualismus (Licht – Finsternis; Leben – Tod), Abstraktnomina (Wahrheit, Liebe, Licht) und eine weisheitlich verstandene Belehrung (Gattung des Protreptikos) und Bekehrung typisch sind. – Auf dieser Grundverwandtschaft aufbauend, teilen Johannes und Paulus judenchristliche Gemeinsamkeiten wiederum mit anderen frühchristlichen Schriften (zum Beispiel die Rede vom Reich Gottes, Jesus als Sohn Gottes). Im Rahmen der frühchristlichen Theologiegeschichte teilen sie Merkmale des großen Überlieferungskomplexes der Gemeinsamkeiten der Evangelien (insgesamt) mit antiochenischer Briefliteratur (Paulus, Umkreis des Paulus, 1 Petr und Hebr).

Um alles das geht es hier nicht. Im Blick stehen nur die *exklusiven* Gemeinsamkeiten zwischen Paulus und Johannes im oben beschriebenen Sinn. Nur selten wird es nötig sein, auf andere (Hebräerbrief) einzugehen und sie miteinzubeziehen.

Das Modell

Das Vorstellungsmodell, von dem wir uns leiten lassen[203], geht von folgendem aus: In einer frühen Phase seines Christseins hatte Paulus Kontakt mit Judenchristen, aus deren Kreis später 1 Joh und das JohEv hervorgingen. Auch andere Autoren wie die Verfasser von Kol und Eph sowie wohl auch der Verfasser des Hebr hatten teilweise, wenn auch nicht so intensiv, Kontakt mit diesem judenchristlichen Milieu, das man meinetwegen prä-johanneisch nennen könnte, ohne daß damit besondere systematische oder gar literarkritische Ambitionen verbunden wären. Der Ausdruck »prä-johanneisch« bezieht sich mithin nicht auf bestimmte Inhalte im Unterschied zu 1 Joh oder zum JohEv, sondern auf das Milieu, in dem beide entstanden.

[202] Vgl. oben Anm. 7.

[203] Gewonnen wurde dieses Modell auf empirischer Basis, indem zunächst per Konkordanz die Gemeinsamkeiten zwischen Paulus und Johannes ermittelt und dann auf eine mögliche und im Rahmen des derzeit Vorstellbaren im frühen Christentum anzunehmende historische Situation bezogen wurden.

So gehe ich davon aus, daß Paulus und Johannes unter anderem an derselben theologischen Grundlage teilhaben. Das bedeutet nicht, daß beide nicht auch noch jeder für sich an anderen Traditionen teilhätten. Selbstverständlich ist das gemeinsame paulinisch-johanneische Gut nicht alles an Traditionen, was sie jeweils voraussetzen. Aber dieses Gut ist ein wichtiges Stück Gemeinsamkeit. Im Zeitalter, da Gemeindebriefe »die« christliche Form der Übermittlung schriftlicher Verkündigung waren, ist auf johanneischer Seite daraus 1 Joh entstanden. Später, als es nahelag, ein Leben Jesu[204] zu schreiben, ist daraus das Evangelium nach Johannes entstanden.

Das Johannes-Evangelium zwischen Briefliteratur und Jesus-Biographie

Die Bedeutung der Gemeinsamkeiten zwischen Johannes und Paulus besteht in folgendem: Das JohEv wird erkennbar als Bindeglied zwischen Brief- und Evangelienliteratur. Das betrifft sowohl besondere formale Merkmale wie auch weite Passagen des »Inhalts«.

In *formaler* Hinsicht: Wie Hebr und Kol weist das JohEv in der Anfangsphase ein »Logos«-Enkomion (»Hymnus«) auf, das auch deutliche Ähnlichkeit zu Phil 2 besitzt. Durch abgegrenzte Phasen sind diese kurzen Texte in Segmente geteilt. Im JohEv wird dieser Abschnitt »Prolog« genannt. – Die *zweite* formale Besonderheit des JohEv gegenüber den anderen Evangelien sind die extrem ausgebauten *Abschiedsreden.* Dieser Teil ist nun nicht als formgeschichtliche Spätstufe zu beurteilen, sondern im Gegenteil wird hier das Jesus in den Mund gelegt, was in den Briefen die Apostel auf ihre Weise versuchen, nämlich dem Christentum eine Anwendung für die Gegenwart der betreffenden Gemeinde zu geben. Das heißt: In den Abschiedsreden des JohEv werden diejenigen Elemente, die thematisch sonst in Briefen mit der Autorität der Apostel behandelt werden, nun als Rede aus dem Munde Jesu gebracht. Dazu gehören zum Beispiel: Bewältigung der Verfolgung, Gabe des Geistes (Paraklet) und seine Funktion, Liebe und Zusammenhalt der Christen untereinander, Begründung der christlichen Ethik (zum Beispiel Weinstock-Gleichnis), Mahnung zur Treue (die johanneische Rede vom »Bleiben«), Wie-

[204] Vgl. dazu jetzt D. FRICKENSCHMIDT: Evangelium als Biographie, Tübingen 1997.

derkunft Christi. – Es gibt noch einen weiteren Versuch im frühen Christentum, die Botschaft für die aktuelle Zeit der Gemeinden Jesus selbst in den Mund zu legen, und zwar in der ApkJoh. Die Gemeindebriefe sind dem Seher Johannes vom erhöhten Christus diktiert und tragen alle das Siegel seiner Selbstvorstellung. Nur spricht hier eben der Erhöhte und nur in der Vision Zugängliche, während im JohEv die entsprechenden Reden alle noch vor der Passion gehalten werden.

Die inhaltlich übereinstimmenden Elemente werden uns in der Folge beschäftigen.

Vorab nur dieses: Wenn das JohEv Bindeglied zwischen Briefliteratur und Biographien Jesu ist, dann gibt es möglicherweise auch genuine Gründe, aus denen heraus der Evangelist sein Evangelium verfaßte. So entsteht die Frage: Hat er sich nur einer Mode angeschlossen? Lag die Abfassung von Evangelien in der Luft? – Sicher gilt die Beobachtung, daß im Rahmen des Autoritäten-Gewirrs insbesondere der nach-apostolischen Zeit eine Rückwendung zur Jesusüberlieferung auf der Hand lag. Aber zum Beispiel die besondere Auffassung des vierten Evangelisten vom Wort Gottes gab schon eine eigene Perspektive zur Abfassung eines Evangeliums. Das heißt: Der vierte Evangelist ist nicht notwendigerweise nur Nachahmer oder Konkurrent des Markus. Seine Konzeption ist so eigen, daß sie notfalls gut erklärt werden kann aus dem Zusammenschluß dreier Elemente:

- Prolog in Aufnahme der Christus-»Hymnen« aus den Briefen;
- Nachrichten aus palästinischer Tradition über Jesus;
- Abschiedsreden als Erörterung der Gemeindeprobleme (Verwendung von Jesus-Überlieferung dabei ist nicht auszuschließen!).

Christologie

Paulus und das JohEv partizipieren an einer gemeinsamen »Sendungschristologie«, die Ausdruck in einem Wortgefüge gefunden hat, das die Elemente »Gott sandte seinen Sohn, damit« + (Heilsaussage) umfaßt. Schon 1 Joh hat an diesen formelartigen Wendungen Anteil. Von daher kann man vermuten, daß es sich um einen alten und eben recht grundlegenden Ansatz handelt. Von der Sendung des Sohnes ist ja auch in dem altertümlichen Gleichnis von den bösen Winzern die Rede (Mk 12,1–11, V. 6; Mt 21,37). Der Sprachgebrauch hat dann auch auf 1 Joh 4,10.14 und Joh 10,36 übergegriffen und spielt eine Rolle, wo vom aussendenden »Vater« die Rede ist. Wir haben hier also eine der Keimzellen johanneischer Christologie vor uns. – Dieses Wortfeld, das schon E. Schweizer diagnostizierte, kann man als eine Art Musterfall für theologiegeschichtliche Zusammenhänge im frühen Christentum ansehen.

Noch interessanter ist, daß die in diesem Rahmen (»Sendungstheologie«) vorgezeichnete Verwandtschaft sich auch auf den Apostelbegriff erstreckt. Denn man kann sehen, daß eine Reihe von zentralen Elementen des paulinischen Apostelbegriffs in der johanneischen Christologie gleichfalls verwendet wird. Dazu gehören:

nichts von sich aus sagen	Gal 1,1 – Joh 8,28b.29
von Gott alles empfangen haben	2 Kor 10,18 – Joh 5,31f
nicht die Ehre bei Menschen suchen	1 Thess 2,6 – Joh 7,18
selbst Vollmacht ausüben	2 Kor 10,8 – Joh 5,27
vor die Alternative Leben oder Tod stellen	2 Kor 2,16 – Joh 5,24–27
Zeichen wirken	2 Kor 12,12 – Joh passim
den Adressaten vorwerfen, sie nähmen andere gern auf	2 Kor 11,4 – Joh 5,43b
der Gesandte heißt a*postolos*	Paulus passim – Joh 13,16[205]
in diesem Zusammenhang ist der Vater (Gott) wichtig	Paulus: Präskript der Briefe (Paulus Apostel ... von Gott unserem Vater) – Joh 10,36 etc.
stellvertretendes Affiziertsein	*Ihr habt mich aufgenommen wie Jesus, den Christus* (Gal 4,14) – *Wer mich sieht, sieht den Vater* (Joh 14,9)

Man kann diese Elemente nicht aus dem allgemeinen Botenbegriff herleiten, dafür sind sie zu speziell und zu nahe beieinander.

Die Bedeutung des Phänomens liegt in folgendem: Es ist nicht vor-

[205] Joh 13,16 ist auf das Verhältnis Gott – Jesus zu beziehen, nicht auf das Verhältnis Jesus – Jünger. Argumente: Die Jünger werden ausdrücklich vom Sklavenstatus befreit (Joh 15,15), sie werden nirgends im Evangelium Apostel genannt. Der Ausdruck »der Sendende« bezeichnet im JohEv immer den Vater, nie Jesus. – Jesus macht mit diesem Vers deutlich: Er ist nur gesandt, nicht selbstherrlich. Der Satz fungiert hier im Sinne einer allgemeinen Sentenz. Der Vergleichspunkt zum Kontext ist die Niedrigkeit.

stellbar, daß das, was Paulus vom menschlichen Apostel sagt, sekundär vom Evangelisten auf Jesus, den Gottessohn, angewandt wird. Das würde doch heißen, daß das JohEv den Herrn mit denselben Zügen ausstattet, die der Evangelist zuvor bei dessen Sklaven und Boten gefunden hat. – Dieser Tatbestand (und die daraus sich ergebende *deductio ad absurdum*) läßt keinen anderen Schluß zu, als daß Paulus und der Evangelist eben unabhängig voneinander auf dasselbe Material zurückgegriffen haben. Der eine hat es in Richtung Apostelbegriff, der andere für die Christologie entfaltet. Auch von hier aus darf man noch einmal fragen, ob das JohEv wirklich eine »fast unverantwortlich hohe« Christologie vertritt. Ein nicht unwichtiger Nebenaspekt: Die enge Relation zwischen Jesus Christus und Paulus geht sehr weit und läßt den Apostel als »rechte Hand seines Herrn« erscheinen.[206] Der Apostel ist dasjenige von Jesus, das zu den Menschen dringt – wie der Geruch, der von ihm ausgeht. Ähnliches läßt sich vom Verhältnis zwischen Gott und Jesus nach dem JohEv sagen.

Verkündigung als pneumatisches Geschehen

Paulus und das JohEv teilen die Auffassung, daß in der Verkündigung selbst der heilige Geist mitgeteilt wird, und zwar durch Vermittlung der Person des Verkündigers. Man vergleiche 1 Kor 2,4f; Gal 3,1f mit Joh 6,63b; 20,22. Die Verkündigung ist der soteriologische Vorgang, der Verkündiger ist so gesehen Mittler.[207]

Was entsteht, wenn man sich dem Geist der Verkündigung aussetzt, ist ein neuer Mensch. Nach Paulus ist das der »innere Mensch« aus heiligem Geist (2 Kor 4,16; Röm 7,22, vgl. auch Eph 3,16), nach Joh 1,13 ist es die Identität derer, die aus Gott geboren sind, und damit rechnet auch Joh 3,3.5. Auch nach Johannes existiert dieser so geborene Mensch verborgen »in, mit und unter« dem alten Menschen.

Auch die Existenz des Logos in Jesus ist wohl ähnlich zu denken wie die des inneren Menschen nach Paulus: als selbständige, unsichtbare Identität.

[206] Vgl. dazu: J. SCHRÖTER: Der versöhnte Versöhner. Paulus als Mittler im Heilsvorgang (TANZ 10), Tübingen 1993.

[207] Vgl. BERGER: Theologiegeschichte, § 309 (Die Struktur des Gläubigwerdens nach Paulus).

Von daher läßt sich vielleicht das Wort »Fleisch« in Joh 1,14 verstehen: Nachdem gerade in 1,13 erklärt worden war, Gottes Kinder würden nicht »aus dem Willen des Fleisches« gezeugt, erscheint doch in 1,14 das »Fleisch« als Ort, an dem der Logos sichtbar wird und erscheint. Auch nach Paulus existiert der Mensch, der den Geist empfing, als Fleisch weiter.

Ältere Tradition im JohEv: Am JohEv werden in durchaus eigener Konstellation (Geburt und Zeugung aus Geist gibt es nicht bei Paulus) Grundlagen mit Paulus gemeinsamer Anthropologie und Christologie greifbar. Jedenfalls aber kann von einem wie auch immer gearteten Doketismus im JohEv weder als eigene Position noch als bekämpfte Größe die Rede sein – das wäre ein völliger Anachronismus.

Gesetz des Christus

Paulus spricht ausdrücklich vom Gesetz des Christus (Gal 6,2), nach dem JohEv (13,34f) gibt Jesus ein neues Gesetz. Beidemale ist dessen Inhalt direkt oder indirekt als »Liebe« zu bezeichnen. In Gal 6 wird die Gegenseitigkeit (»einander«) und das gemeinsame Teilhaben an Gütern betont (gr.: *koinonein*). Eine Opposition gegen das Judentum oder gegenüber dem Gesetz vom Sinai ist weder bei Paulus noch bei Johannes erkennbar. Wie wäre es daher, wenn man eine neue Begründung versuchte, die Paulus und Johannes gemeinsam vertreten haben könnten? Gemeint ist: Das Gesetz des Christus ist die jeweils schöpfungstheologisch begründete Teilhabe an Jesus Christus, die Art der Lebensgemeinschaft mit ihm, die nicht anders als in Liebe verwirklicht werden kann.

Für *Paulus* kann gelten: Das Gesetz des Christus entspricht der neuen Schöpfung (Gal 6,15) »in Christus«, in der es keine trennenden Unterschiede mehr gibt (Gal 6,15a; 3,28). Diesen Charakter hat die neue Schöpfung als pneumatische (1 Kor 15,45–50), denn der Geist Gottes ist es, der die trennenden Unterschiede aufhebt. Die Wirkung der Zugehörigkeit zu Jesus Christus ist der heilige Geist in den Christen. Im Leben nach dem Gesetz des Christus wird diese neue Gemeinschaft aller Kreatur nachvollzogen.

Für *Johannes* gilt: Mit Jesus ist der Schöpfungsmittler unter den Menschen. Daher kann, gegenüber den Bedenken in 1.2 Joh, erst das Joh-

Ev offen von einem neuen Gesetz sprechen, denn die Schöpfungsmittlerschaft fehlte noch in 1.2 Joh. Das bedeutet: Das alte Gesetz ist hier nun wirklich (im positiven Wortsinn) aufgehoben in der Gnade (Joh 1,17). Denn jetzt, seitdem Jesus unter den Menschen ist, gilt allein die Lebensbeziehung zwischen dem Vater und dem Sohn als das Lebenprinzip der Welt. Diese Beziehung ist jetzt erst aufgetan worden und zugänglich. Bleiben im Sohn heißt auch bleiben in der Liebe. Auch im JohEv geht es daher um Teilhabe an Jesus Christus, in dem das Weltgesetz neu und erstmalig zugänglich geworden ist. Im neuen Gesetz, das Jesus gibt, wird die Welt einbezogen in das Verhältnis zwischen Gott und seinem Sohn. Daß es sich um Liebe handelt, wird besonders aus der Begründung in 13,34 deutlich.
Resultat: In der Vorstellung vom Gesetz Jesu Christi zeigen Paulus und Johannes eine sehr tief auch in der jeweiligen Theologie verwurzelte Gemeinsamkeit, die auf einen alten gemeinsamen Ursprung weist. Auch hier hielte ich es für absurd, den einen Autor als sekundären Verwerter des anderen vorzustellen. Denn was Paulus pneumatologisch begründet, ist für das JohEv mit der Relation Vater – Sohn, bzw. Sohn – Jüngerschaft gegeben.
Anders, im Sinne der Kult-Metaphorisierung, deutet Barn 2,6 das »neue Gesetz unseres Herrn Jesus Christus«. Tritt hier eine noch tiefere (bei den Hellenisten verankerte) Wurzel zutage (vgl. den Begriff »nicht von Hand gemacht«)?

Der zweifache Helfer

Wichtig ist das Prinzip der beiden »Helfer« bzw. »Fürsprecher«: Für Johannes und für Paulus (nur für diese beiden) gibt es je zwei Helfer oder Fürsprecher, und zwar Jesus Christus und den Parakleten/den heiligen Geist. Der eine der beiden befindet sich jeweils auf Erden, der andere im Himmel. Das heißt: Nach der Erhöhung Jesu ist Jesus Anwalt im Himmel bei Gottes Thron, der Geist/Paraklet aber Helfer und Fürsprecher der Christen auf Erden. In beiden Fällen ist das Grundgeschehen forensisch gedacht. Denn vor Gottes Thron wie angesichts der Welt ist der Helfer derjenige, der als Entlastungszeuge für die Christen eintritt oder ihnen Nützliches zur Verteidigung eingibt.
Jesus Christus ist in der Gegenwart nach seiner Erhöhung Fürsprecher

der Seinen bei Gott. Seine Fürsprache hat Wirkung, weil er Märtyrer ist, er ist *martyr intercessor.* (Diese Vorstellung ist im frühen Christentum weiter verbreitet.) Wenn Jesus nach Joh 14,16 von einem »anderen Helfer« spricht, den er senden werde, setzt das voraus, daß er selbst nach seiner Erhöhung als Helfer gilt, und das belegt 1 Joh 2,1, nicht ausdrücklich das JohEv selbst – einer der Hinweise für eine Priorität des 1 Joh vor dem JohEv. Der andere Helfer ist der Geist, der als Paraklet nach Johannes vor allem den Christen angesichts der gegnerischen Welt hilft und ihr gegenüber das Zeugnis der Christen erstellt und garantiert. Nach Paulus ist der heilige Geist weniger vor der Welt als vielmehr vor Gott wichtig als der Dolmetscher der Gebete der Christen.

Die *theologische* Bedeutung dieses Prinzips des doppelten Helfers ist gar nicht zu überschätzen. Das gilt ganz abgesehen davon, daß hier so intensiv wie nirgendwo anders Grundlagen der Trinitätstheologie gelegt werden.

Die Bedeutung besteht in folgendem:

1. Hier geht es – trotz der gegenüber Paulus eingeschränkten Bedeutung des Parakleten bei Johannes – um ein theologiegeschichtlich frühes Gleichgewicht zwischen Sohn und Geist.
2. Das Modell der beiden Helfer läßt gedanklich nachvollziehbar die soteriologische Funktion des Sohnes wie des Geistes verständlich werden.
3. Es geht für beide Helfer um ein Sprachproblem im Verhältnis Mensch – Welt – Gott. Beispiel: Beim Konzept des *martyr intercessor* wirkt der stellvertretende Tod Jesu nicht automatisch oder als stummes Ereignis, sondern im Munde des Anwalts vor Gottes Thron wird er bei Gott zur Sprache gebracht. Ebenso vermittelt der Geist beim Beten zwischen der unvollkommenen und unwürdigen Sprache der Menschen und Gott.

Stiftung der Einheit

Häufig ist sonst im Neuen Testament der heilige Geist der Garant der Einheit unter Christen (Paulus, Lukas, besonders im Pfingstgeschehen). Das ist im JohEv anders. Jesus selbst hat mit seinem Martyrium einigende Bedeutung (Joh 11,52; 12,32). Kriterium und Urbild der Einheit ist das Verhältnis zwischen Vater und Sohn (Joh 17,22f). Und

das Kreuz stiftet auch deshalb Einheit, weil es die Gelegenheit ist, bei der die Menschen Jesu Gesandtsein erkennen können (Joh 8,28 und 17,23).
Ältere Tradition im JohEv: Der Verfasser des JohEv kennt noch nicht das Konzept der Überwindung der Grenzen durch den heiligen Geist.

Weltherrscher

Nach 2 Kor 4,4 hat der »Gott dieser Weltzeit« die Nichtglaubenden »geblendet« – der wahre Gott dagegen hat aus Finsternis Licht gemacht. Der Gott dieser Welt ist der Satan, und die Mission ist als Verkündigung des Evangeliums der Kampf gegen ihn. – Nach Joh 12,31f wird der Kampf gegen den »Herrscher dieser Welt« durch das Martyrium des Gekreuzigten so vollzogen, daß er alle »an sich ziehen wird«. Damit ist zweifellos der Vorgang der Mission gemeint. (Nach Lk 3 wird der, der Reiche zu vergeben hat, als Weltherrscher dargestellt; Jesus überwindet ihn, indem er die Versuchung besteht. Im JohEv ist der Ort dieser Überwindung das Kreuz.) Unmittelbar daran anschließend ist in Joh 12,35f von der Opposition Licht – Finsternis die Rede.
Ältere gemeinsame Tradition: Nach Paulus wie nach dem JohEv vollzieht sich in der Mission die Zurückdrängung des bisherigen Weltherrschers. Dies ist der Sieg des Lichtes über die Finsternis. Paulus und das JohEv teilen in diesem Punkt nicht nur ein Motiv, sondern auch ein Wortfeld.
Nach Phil 2,10f und Joh 12,31f ist die (universale) Zuwendung zu allen an die Überwindung von Geistermächten gebunden.

Weitere Elemente der Christologie

Die Passah-Typologie ist möglicherweise beiden gemeinsam, ferner die Deutung des Todes Jesu als Freundestat.
Der Status der Christen wird als Immanenz beschrieben, als »in Christus« oder »stehen in der Gnade« bei Paulus, als »bleiben in Christus« bei Johannes.

Eschatologie

Wenig beachtet ist, daß Paulus und Johannes einen fast vollständig parallelen Aufriß in der Eschatologie kennen.

Für Johannes und Paulus ist der Tod schon überwunden, und zwar beim Eintritt der Menschen in das Christentum. Bei Johannes und Paulus liegt der bereits überwundene Tod im Christenleben schon relativ lange Zeit zurück. Das entscheidende Geschehen ist weit vorverlagert.

Jede begütigende platonisierende Deutung sollte hier ferngehalten werden. Das heißt: Für Johannes und Paulus ist der Tod, den der Christ schon hinter sich hat, nicht der eigentliche und geistige Tod, während der leibliche und materielle noch folgte. Vielmehr kennen beide Autoren keine Trennung von Materie und Geist. Leib ist für das Neue Testament in jedem Fall eine sehr komplexe und differenzierte Größe, die Biologisch-Physisches, Psychisches, Soziales und Religiöses umfaßt.[208]

Das Entscheidende, vor dem man Angst haben müßte oder könnte, ist schon geschehen, der Tod liegt schon im Rücken der Christen. Dies ist die gemeinsame Botschaft der beiden Autoren, die sie dann je verschieden ausgestalten.

Wenn der Tod schon hinter den Christen liegt, dann sind sie wie auf einem Flug, der die dunkle Wolkendecke schon durchstoßen hat. Dann wird der biologische »irdische« Tod geringer eingestuft, das heißt: Er verliert sein Gewicht und seine Schwere.

Der Tod an der Schwelle zum neuen Leben

Nach Johannes ist »Tod« die Wüste des kaum lebenswerten Lebens vor der Begegnung mit Jesus. Ähnlich ist es übrigens im Gleichnis vom verlorenen Sohn, wo es vom Sohn über die Zeit seines Elends heißt: *Er war tot* (Lk 15,24.32). Ähnlich sind auch nach Kol 2,12 die Menschen vor der Taufe »tot« in ihren Sünden. Diese Auffassung rührt zunächst daher, daß die Menschen während der Phase, in der sie noch Götzen verehren und nicht den lebendigen Gott, eben toten

[208] Die Übersetzung des neutestamentlichen Verständnisses von Tod in unser zeitgenössisches Begreifen von Tod ist von daher eine extreme Herausforderung.

Göttern dienen, nur tote Werke vollbringen und an deren Totsein buchstäblich Anteil haben. Der Gott der Bibel dagegen wird nicht nur in toter Materie nicht abgebildet, sondern überhaupt nicht, denn er ist der lebendige und nicht festzulegen.
Etwas anders denkt Paulus an dieser Stelle den Tod, nämlich als Sterben und *Abschiednehmen* von der Verfilzung im Bisherigen (Röm 6,3–5). Paulus denkt daher nicht an die lange Dauer der Wüste vor dem Christwerden, sondern es ereignet sich der Tod, wenn der »alte Mensch« mit seinem Leib, der Summe seiner Beziehungen und Verflechtungen, sich löst aus seiner bisherigen Nachbarschaft und seine neue Familie und den neuen Kreis von Freunden gewinnt, eintritt in eine neue Hoffnung.

Das neue Leben schon empfangen

Nach Johannes und Paulus wirkt der Beginn des Christseins wie eine massive Vitalitätsspritze und umfaßt darin den ganzen Menschen – daher auch das Wunder als Anfangserfahrung. Bei der ersten Begegnung mit der Botschaft bzw. mit Gottes Boten besteht dieses Wunder in der besonderen Anteilhabe an dem Leben, das Gott selbst ist.
Nach Johannes haben die Christen Anteil am »ewigen Leben«, und zwar durch Jesu Wort bzw. durch den heiligen Geist. Konkret heißt das: Jesus belehrt nicht über irgendwelche Inhalte, sondern in ihm begegnet der Mensch dem lebendigen Gott, Jesus selbst ist Ort seiner Gegenwart, er ist das Sichtbarwerden Gottes. Weil er Gott zum Anschauen und zum Anfassen ist, bedeutet auf sein Wort zu hören und zu seinen Jüngern zu gehören schon ganz von selbst Anteilhabe an Gottes eigenem ewigen Leben. Dieses ewige Leben wird nach Johannes über die Schwelle des Todes hinweg »bewahrt«: Der Christ empfängt dieses Geschenk in der Gegenwart, aber es *fließt hinüber zum ewigen Leben* (Joh 4,14). Bei Johannes vermittelt Jesus dieses Leben, weil er der Menschensohn ist. Denn beim Gericht ist der Menschensohn derjenige, der Leben oder Tod zuspricht. Dieses Gericht ist nach dem JohEv in bestimmter Weise gegenwärtig. Denn jeder spricht es in der Reaktion auf Jesus sich selbst zu. Der Mensch wird am Ende seiner biologischen Existenz nicht plötzlich mit dem Tod konfrontiert, nach dem dann das »ewige Leben« anbräche. Vielmehr liegt für den, der sich zu Jesus bekehrt, der Tod schon in der Vergan-

genheit, und das ewige Leben hat schon begonnen. Dadurch wird der leibliche Tod relativiert. Man kann fragen: Bedeutet das eine Umwertung in den Begriffen, daß man eben nun vom »eigentlichen« Leben und vom »eigentlichen« Tod spricht? Und worin besteht diese Umwertung? Ist sie nur platonisch in dem Sinne, daß das Geistige, Nicht-Körperliche jetzt allein zählt? – Das Letztere ist wohl sicher nicht richtig und eher ein Ergebnis der späteren Fehldeutungen in der Kirchengeschichte. Denn im JohEv geht es nicht um das Geistige oder nur um ein Bewußtsein, sondern um die unsichtbare Welt Gottes. Ihre Wirklichkeit ist nicht »unkörperlich« zu nennen, sondern wird als Liebe konkret, allerdings nicht freischwebend, sondern in der Gemeinschaft der Jesusjünger.

Nach Johannes gebraucht Jesus immer wieder ganz einfache Bilder, mit denen er sagt, was Leben ist. Er spricht vom Trinkwasser, vom Brot, sagt, daß und wie aus Toten Lebende werden, spricht vom Sehen, das elementar zum Leben gehört, weil es Wahrnehmung ist, nennt sich selbst Leben und Auferstehung.

Auch nach Paulus ist das neue Leben jetzt in Jesus Christus begründet. Es besteht als Teilhabe an seiner Auferstehung (Röm 6,13). Für Paulus war ja schon der vorangehende Tod auf Jesus bezogen, und zwar als Mitgekreuzigtwerden. So ist auch bei dem neuen Leben die intensive Gemeinschaft mit Jesus selbst entscheidend. Ähnlich wie bei Johannes äußert sie sich durch heiligen Geist, aber auch noch gewissermaßen einen Schritt weiter in der Dimension des »inneren Menschen«. Damit meint Paulus die unsichtbare neue Wirklichkeit, die Gottes Geist in den Menschen schafft und wirkt. Es geht dabei um eine neue »Identität«, wenn auch nicht um eine neue Person.

Paulus gebraucht zur Verdeutlichung dessen, was der »innere Mensch« ist, ein eindrucksvolles Bild. Der innere Mensch, sagt er, wächst in dem gleichen Maße, in dem unser äußerer Mensch dem Tod entgegeneilt und buchstäblich »immer weniger« wird. Der leibliche Tod ist nur der Schlußpunkt eines langen Prozesses.

Wir halten fest: Bei Paulus wie bei Johannes ist der Christ so voller hoffnungsfrohen Lebens, daß sie es »ewiges Leben« oder »Leben wie aus Auferstehung« nennen können. Das ist nicht nur unbedingte Lebensbejahung, es ist auch ein starkes Gegengift gegen die Fixierung auf den leiblichen Tod. Paulus und Johannes fordern nur dazu auf, dieses neue Leben auch wirklich wahrzumachen, die prozessuale Dimension des

punkthaft Zugeeigneten ernst zu nehmen. Und wie bei allem Leben, so hängt das auch hier mit Liebe zusammen.
Bei Johannes wie bei Paulus wird die Botschaft von Jesus sehr radikal auf den Menschen angewandt und für ihn so umgesetzt, daß Jesus Christus nicht ein Gegenüber mit fremden Worten und Taten bleibt. Vielmehr ist er selbst Teil des eigenen Lebens in den Christen geworden, bei Paulus sogar – in Gestalt des »inneren Menschen« – ihre eigene unsichtbare künftige leibhaftige Identität. Wirkung Jesu ist eine Gabe, nicht ein Bewußtsein, eine Lehre oder eine Idee.

Der leibliche Tod

Für Johannes und für Paulus ist der leibliche Tod nur eine Station auf dem Weg. Beide können davon sprechen, der Tote »schlafe« nur (1 Thess 4,14; Joh 11,11), denn der Tote ist ja ansprechbar für den Ruf dessen, der ihn auferweckt (Joh 11,43; 5,24.28; vgl. die Rolle der Posaune in 1 Kor 15,52).
Wie ist der leibliche Tod vereinbar damit, daß der Christ doch schon Anteil hat am ewigen Leben? – Bei Johannes gibt Jesus die Lösung dieses Problems, wenn er sagt: *Wer an mich glaubt, wird in Ewigkeit leben, auch wenn er stirbt* (11,25). Zwischen dem irdischen Tod und der Auferweckung ist der Mensch »gestorben« oder »schläft«.
In seinen frühen Briefen spricht Paulus vom Schlafen des toten Christen »im Herrn«. Anders und wieder ganz im Sinne der intensiven Gemeinschaft mit Jesus Christus faßt er in seinen späteren Briefen den Tod des Christen auf, vor allem, wenn er an seinen eigenen Tod denkt. Er rechnet damit, daß der Glaubende unmittelbar nach dem Tod schon »beim Herrn« ist, und deutet (spätestens jetzt) die »Heiligen«, die beim erhöhten Herrn sein und bei Christi Wiederkunft mit ihm kommen werden, als die Christen. Hier nun kommt der »innere Mensch« zum Zuge. Er wird umkleidet mit einem »Haus vom Himmel«, das heißt mit einem himmlischen Leib, mit dem er beim Herrn sein kann. Danach gibt es dann aber sicher noch das Gericht, bei dem jeder einzelne offen Lob und »Herrlichkeit« (Ruhm, Glanz, Ansehen) oder Tadel für seine Werke empfängt.
Der Christ erhält nach diesen paulinischen Aussagen einen himmlischen Leib schon beim Eintritt in die Christusgemeinschaft nach dem Tod.

Aber Auferstehung bedeutet noch mehr. Das betrifft vor allem ihre öffentliche, »soziale« Dimension.

Auferstehung nach Paulus und Johannes

Für Paulus wie für Johannes steht am Schluß des Weges die leibliche Auferstehung. Für Johannes wird hier der Faden wieder aufgegriffen, der geknüpft worden war im Aufnehmen des lebendigen Wortes, das Jesus gesprochen hatte und das im JohEv vorliegt.

Bei Paulus hat die Auferstehung mehrere Aspekte. Den erlösten Menschen wird die Herrlichkeit Gottes sichtbar verliehen, und die ganze Kreatur wird einbezogen in den Sieg über Tod und Vergänglichkeit. Wichtig ist bei beiden Akten, daß sie weltumspannend öffentlich und sichtbar sind. Dagegen ist es in der Gegenwart und für jetzt unsichtbar, wenn verstorbene Christen wie Paulus »mit Christus« sind. Das Reich des Christus, das unsichtbar jetzt vor allem im Himmel gegeben ist, hat eben darin nur einen beschränkten Charakter, ist vorläufig, unsichtbar und erfaßt nicht einmal alle Menschen, geschweige denn alle Dinge. Zur oben gestellten Frage ist daher zu sagen: Die Art, in der der Christ nach seinem Tod bei Jesus ist, bedeutet seine Teilhabe am unsichtbaren Reich des Christus.

Am Ende aber, bei der Auferstehung, wird nach Paulus das Reich des Christus, in dem der Christ bis dahin (eben auch nach seinem Tod) verweilte, aufgelöst: Christus gibt sein Mandat an Gott »zurück«. Auferstehung ist ein umfassendes Geschehen, das alle Kreatur endgültig von der Sklaverei der Vergänglichkeit erlöst. Laut Paulus wird dann Gott »alles in allem« sein, das heißt, es gibt nichts mehr, das ihm fremd oder feindlich wäre. Denn wenn der Tod beseitigt ist, hat das Leben umfassend gesiegt.

Wir halten fest: Nach Paulus und Johannes ist der irdische Tod nicht mehr die entscheidende Grenze. Das christliche Leben ist ein umfassender Prozeß. Sein Höhepunkt liegt beim Christwerden, in der ersten Begegnung mit dem lebendigen Gott. Dann aber liegt der eigentliche Tod, der zählt, schon hinter ihm. Der vollständige Tod wird nach Paulus und Johannes erst am Ende offenbar. Insofern sind der Glaubende und der Nicht-Glaubende einander entgegengesetzt: Der eine hat den Tod immer schon hinter sich, der andere hat ihn immer noch und in unterschiedlichen Formen vor sich.

Paulus und Johannes teilen daher die Struktur der Eschatologie: Der Tod liegt hinter den Christen, das ewige bzw. Auferstehungs-Leben ist ihnen schon zugänglich, der leibliche Tod ist nur ein Übergang, die Toten sind nicht allein oder schlafen nur, die leibliche Auferstehung ist für die Christen zu erwarten.

Das Samenkorn in der Erde

Zur Diskussion stehen hier die Texte Joh 12,24: *Amen, Amen, ich sage euch: Fällt das Weizenkorn nicht in das Erdreich und stirbt es nicht ab, so bleibt es allein. Stirbt es aber ab, so bringt es viele neue Körner als Frucht hervor* und 1 Kor 15,42–44: *Gesät wird Vergängliches, auferweckt wird Unvergängliches. Gesät wird Glanzloses, auferweckt wird Herrliches. Gesät wird Schwaches, auferweckt wird Starkes. Gesät wird ein kreatürlicher Leib, auferweckt wird einer, der vom Geist Gottes erfüllt ist. Wenn es das eine gibt, gibt es auch das andere.*

In beiden Texten wird der Tod Jesu bzw. auch der von Christen so gedeutet, daß er notwendige Vorbedingung für die Vervielfältigung des Heils ist, die über die Person Jesu grundsätzlich hinausgeht.

Zugleich ist in eindrücklicher Übereinstimmung vom Sterben als Bedingung die Rede:

1 Kor 15,36: *Wenn es nicht stirbt …*

Joh 12,24: *Wenn es … nicht stirbt …*

Fazit: In beiden Texten wird das Bild des Samenkorns in der Erde verwendet, um das Sterben als notwendige Vorbedingung zum Heil zu bezeichnen, und dieses Heil betrifft jeweils die ganze Menge der Christen.

Nun sind die religionsgeschichtlichen Parallelen bekannt, die man gewöhnlich als Basis für jeden dieser beiden Texte gesondert anführt: Sanh 62b »Wenn das Weizenkorn, das nackt in die Erde gelegt wird, in vielen Umkleidungen wieder hervorwächst, um wieviel mehr gilt das von den Gerechten, die in ihren Gewändern begraben werden und dereinst in ihnen auferstehen werden« (ähnlich Pirqe R. Eliezer 33). Freilich geht es hier gar nicht um den Tod und seine Notwendigkeit, sondern um einen Schluß vom Geringeren auf das Größere zwischen Weizenkorn und Gerechtem. Das Weizenkorn wird nackt begraben, der Gerechte in Kleidern. Dereinst wird der Gerechte also noch mehr Kleider anhaben. Die Zahl der Kleider steht möglicherweise für die Herrlichkeit der Beschaffenheit des Leibes. Das ist freilich

eine vermutete Deutung. Dem Wortlaut nach geht es an beiden rabbinischen Stellen um die Frage, ob die Gerechten nackt oder in ihren Kleidern auferstehen. Die vermutete Deutung knüpft an 2 Kor 4 an, wo Paulus die Annahme für das zukünftige Ergehen der Gerechten vermeiden will, daß sie nackt seien. Hier ist Nacktheit auf die Eigenart des Leibes bezogen.
Die zweite Stelle betrifft Adonis und seine Auferstehung im Vergleich zu den Früchten der Erde, die gesät werden und auferstehen. Es handelt sich hier freilich um eine christliche Interpretation durch Origenes. Alle anderen Belege derselben Sache weisen nicht einen derartig christlich gefärbten Sprachgebrauch auf.[209]
Die jüdischen und hellenistischen Analogien reichen mithin weitaus weniger weit, als man allgemein annimmt.

Die Spärlichkeit der außerchristlichen Belege legt es nahe anzunehmen, daß es sich bei Paulus und bei Johannes um eine gemeinsame Tradition handelt, die sehr charakteristisch Unterschiede und Gemeinsamkeiten erkennen läßt.
In Joh 12 geht es um die multiplikatorische Funktion des Todes Jesu. Das ist ganz im Sinne von Joh 8,28: *Wenn ihr den Menschensohn erhöht habt, dann werdet ihr erkennen, daß ich es bin ...* Ähnlich Joh 12,32: *Wenn ich erhöht sein werde von der Erde, werde ich alle an mich ziehen,* bezogen auf die Anfrage der Griechen in diesem Kapitel.
Vom Tod Jesu wird nach dem JohEv mutmaßlich aus folgenden Gründen eine große missionarische Wirkung ausgehen: Jesu Standhaftigkeit erweist seine Treue und die Legitimität seiner Sendung, der Justizskandal erweist das Unrecht seiner Gegner und läßt die Gerechtigkeit Jesu leuchtender erstrahlen. Man kann sagen: Das JohEv baut auf den Märtyrereffekt des Todes Jesu, wie er auch bei modernen Märtyrern bekannt ist und gefürchtet wird und wie ihn die alte Kirche in dem Satz formulierte: S*anguis martyrum semen christianorum.* Schon das 2. und das 4. Makkabäerbuch gestalten das Martyrium der getreuen Juden zur werbenden Mission für das Judentum. Die »viele Frucht« in Joh 12 sind daher die vielen Christen. Historisch gesehen ist es nicht unwahrscheinlich, daß die Bewegung der Hellenisten in der frühen Zeit der Gemeinde in Jerusalem an dieser

[209] Vgl. dazu: BERGER/COLPE: Textbuch, Nr. 306, S. 174f. – Zu nennen ist auch der Gebrauch des Bildes vom Keim/Samen in der antiken Consolationsliteratur; vgl. K. BERGER, Hellenistische Gattungen im Neuen Testament, in: ANRW II 25,2, 1200, A. 170.

Stelle der Botschaft über Jesus ansetzen und eine Brücke finden konnte.

Anders dagegen in 1 Kor 15. Hier geht es gewiß nicht um die missionarische Breitenwirkung des Martyriums Jesu. Aber diese Verse handeln gleichfalls von der Art, in der Jesus »multipliziert« wird, nun nicht in der Mission, sondern in der eschatologischen Auferstehung. Anstelle der horizontalen Ausbreitung der Botschaft Jesu steht hier die vertikale Ausbreitung seines Geschicks. Alle Toten in Christus werden an seinem Geist Anteil haben und so verherrlicht werden wie er. Voraussetzung für diese vertikale Ausbreitung des Geschicks Jesu ist hier wie in Joh 12 der Tod Jesu.

In beiden Texten bekommt der Tod Jesu eine unrevidierbare Schlüsselfunktion für das künftige Heil.

Kein Zweifel: Die Deutung der Funktion des toten Samens in der Erde in Joh 12 ist missionarisch, die in 1 Kor 15 eschatologisch. In beiden Fällen aber ist der sterbende, vergehende Same in der Erde zunächst Jesus. Joh 12 deutet von Anfang an christozentrisch, aber auch bei Paulus wird dieses durch 1 Kor 15,45 deutlich erkennbar.

Die aufgezeigten Unterschiede aber entsprechen nun sehr genau der jeweiligen theologischen Eigenart des Paulus und des Johannes: Für das JohEv ist die Zustimmung in der Mission sich vollziehende Eschatologie. Für Paulus liegt bei der Eschatologie der Ton darauf, daß die Christen durch das Pneuma Jesu erweckt und verherrlicht werden. Nun kennt auch das JohEv eine künftige Auferstehung, und auch Paulus kennt eine gegenwärtige Wirkung des Geistes, nur ist das Schwergewicht ganz unterschiedlich gesetzt, jedenfalls was die Verwendung des Bildes vom Samenkorn betrifft.

Die missionarische Fülle, die das JohEv als Wirkung des Kreuzes erwartet, ist die johanneische Version der Vervielfältigung des Geschicks Jesu bei der Auferstehung der Gerechten. Nach dem JohEv ist das Samenkorn Christus in der Erde Ursache für die entscheidende missionarische Multiplikation, die aber zugleich Krisis und endgültig ist. Für Paulus wird der Weg Jesu als Prototyp der Auferstandenen vervielfältigt durch seinen Geist. Eben dieser wird auch nach Paulus in der Missionsverkündigung vermittelt.

Das christologische Zentrum liegt jeweils an anderer Stelle: bei Johannes im Tod Jesu am Kreuz, bei Paulus in dem mit der Auferstehung von Jesus ausgehenden lebendig machenden Pneuma.

Das JohEv hat daher stärker im Sinne der berühmten »präsentischen« Eschatologie gedeutet, Paulus im Sinne der futurischen. Bei Paulus spielt der heilige Geist eine größere Rolle. Die Krisis-Linie ist im JohEv vorverlagert.

Ältere Traditionen im JohEv: Das JohEv betont den Ausgangspunkt bei der Kreuzigung, Paulus den Endpunkt bei der Auferstehung. In der Mitte steht das Bild vom notwendigen Sterben des Samenkorns in der Erde als Vorbedingung des Heils für alle Christen. Paulus und das JohEv sind hier auf ihre Weise komplementär. Sie haben das gemeinsame Bild jeweils vollständig in ihre Theologie resorbiert. Von daher ist es sicher unmöglich, das Bild im JohEv als Resultat der Rezeption paulinischer Theologie zu bezeichnen. Beide Autoren verwenden hier sehr alte und lange vor ihnen entstandene christliche Tradition.

§ 40
Beziehungen zum Kolosser- und Hebräerbrief

Abgesehen von den paulinischen Briefen (vgl. oben § 39) gibt es besonders intensive Verbindungen zwischen dem JohEv und den Briefen an die Kolosser und die Hebräer, die nicht durch Paulus vermittelt sind. Diese Beziehungen sind wohl nur historisch (nicht literarisch) durch eine enge Bekanntschaft zwischen den Autoren dieser Briefe erklärbar.

Nimmt man die Beziehungen zu Paulus hinzu, so wird man sagen müssen: Diese vier Autoren (die Verfasser des JohEv, des Hebr, des Kol und Paulus) teilen so viele Grundüberzeugungen, daß sie eine Zeitlang in intensivem Austausch gestanden haben müssen. Generell ist wohl davon auszugehen, daß theologische Gemeinsamkeiten zwischen frühchristlichen Schriften in der Regel nicht literarisch, sondern durch gemeinsam durchlebte Phasen begrenzter kollegialer Kooperation und Kommunikation[210] zu erklären sind. Im Verhältnis Paulus – Verfasser

[210] Diese für das frühe Christentum offenbar weitgehend singulären Strukturen sind noch überhaupt nicht zur Kenntnis genommen worden, geschweige denn aufge-

des Kol kam die Schülerschaft hinzu. – Folgende Gemeinsamkeiten lassen sich feststellen:

Schöpfungsmittlerschaft

Jesus Christus wird mehr oder weniger identifiziert mit der Entstehung der ganzen Welt durch Gottes Wort:

Joh 1,3 *Alles ist durch ihn* (den Logos) *geworden, und ohne ihn ist nicht ein einziges geworden von dem, was geworden ist.*
Hebr 1,3 *Er trägt das All mit seinem kräftigen Wort*
Kol 1,16 *Durch ihn wurde alles geschaffen … alles ist durch ihn und auf ihn hin geschaffen.*
1 Kor 8,6 *Durch ihn sind alle Dinge und wir durch ihn.*

Diese Sätze stehen jeweils in kurzen, gebundenen Textabschnitten, die man Hymnen oder Enkomien genannt hat. Sie befinden sich meistens am Anfang der betreffenden Schriften. Im JohEv und im Hebr spielt das »Wort« eine große Rolle.
Subtil ist die Verwandtschaft zwischen Kol und JohEv darin, daß nach Kol 1,15 Jesus »Bild des Unsichtbaren« ist, das heißt: der unsichtbare Gott wird in ihm anschaubar. Nach Joh 1,18 hat niemand Gott gesehen, und gleichzeitig gilt: *Wer mich erblickt, erblickt den Vater* (Joh 12,45).
Aufgrund der Schöpfungsmittlerschaft des Wortes gilt auch: Weder Kol noch das JohEv haben eine destruktive Eschatologie. Wenn das Wort die Welt trägt, kann die Welt nicht zur Wiederkunft Christi in Unordnung geraten.

Sieg durch den Tod

Durch seinen Tod (am Kreuz) hat Jesus den Tod oder den jeweils entscheidenden Machthaber über die Welt besiegt.

Joh 12,31 *Jetzt ist Gericht über diese Welt, jetzt wird der Herrscher über diese Welt hinausgeworfen werden* (zum Tod Jesu)

klärt und dargestellt. Das Gemeinte geht über das von W.-H. OLLROG: Paulus und seine Mitarbeiter, Neukirchen 1979, Dargestellte natürlich hinaus.

Hebr 2,14 … *damit er durch seinen Tod vernichte den, der die Gewalt des Todes hat, den Teufel.*
Kol 2,14f *Er hat den Schuldnachweis, der gegen uns ist, ans Kreuz geheftet, die Mächte und Gewalten abgetan und durch ihn im Triumphzug herumgeführt.*
Vgl. auch Röm 8,3 *Er hat die Sünde verurteilt im Fleisch* (das heißt: in seiner Menschengestalt).

In allen genannten Fällen ist der Tod Jesu ein Instrument gegen den mächtigsten Feind der Menschen. Auffallend ist Röm 8,3: Hier wird nur die Weltherrscherin Sünde gerichtet, und zwar durch Jesu sterbliche Existenz als Mensch. Die Besiegung des Todes ist nach Paulus ausgespart. Denn nach 1 Kor 15,26 steht sie noch aus, damit dann Auferstehung sein kann. In allen Fällen geht es nicht um Tilgung der Sünden durch den Tod, sondern um die direkte Besiegung der Gegenmacht. Wie Joh 12,31, so spricht auch Röm 8,3 von einem Verurteilen.
Daß die oben genannte Schöpfungsmittlerschaft sich in denselben Schriften findet wie die Besiegung des Weltherrschers, ist gewiß nicht zufällig. Denn derjenige, durch den die Welt geworden ist, kann auch allein diese Welt befreien von dem, der sich darin widerrechtlich breit gemacht hat.
Es liegt hier demnach eine zweigliedrige urchristliche Tradition vor, nach der der Mittler der Schöpfung auch zugleich der Sieger über die menschenfeindlichen Mächte ist, die aus der Sicht mancher schließlich mit dem Tod identisch sind. So wird das Besiegen der Feinde, das seit je Aufgabe des Messias war, vor einem kosmischen Hintergrund verständlich.
Alte Tradition im JohEv: Das JohEv steht in diesen beiden Punkten inmitten einer Diskussion, die es mit der Briefliteratur teilt. Es besteht kein Anlaß, diese bereits vorpaulinische Tradition für »spät« zu halten.

Auferweckung in der Taufe

Mit Kol 2,12f teilt Joh 5,25f die Auffassung, daß »die Toten« bzw. die Menschen, die bisher in Schuld und Gottesferne ohne Leben waren, durch Jesus Christus schon das Leben haben. Nach Kol 2,12f geschieht das so, daß die Christen (in der Taufe) mit Christus gemeinsam auferweckt werden. Nach Joh 5,25f hat der Menschensohn

die Vollmacht, bei der Begegnung mit ihm dieses Leben zu vermitteln. – In beiden Fällen liegt das alles entscheidende Geschehen schon hinter den Christen, denn sie haben durch Jesus Christus das neue Leben schon empfangen. Wer schon mitauferweckt ist, wie die Christen nach Kol, hat genauso die Kehre der Heilsgeschichte hinter sich gebracht wie der, der die Krisis (Joh 5,27) überstanden hat. Nur die Perspektive ist verschieden: Was bei Johannes aus der Vollmacht des Menschensohnes erklärt wird, ist in Kol durch die Geschicksgemeinschaft zustande gekommen.
Auch nach Paulus hat der Christ in Röm 6,11 schon Anteil am neuen Leben, und in den folgenden Versen zeigt Paulus, daß hier der entscheidende Herrschaftswechsel (von der Sünde zur Gerechtigkeit) stattgefunden hat.
Ältere Tradition im JohEv: Wie Jesu Vorgehen gegen dämonische Mächte ausgeweitet wurde zum Heilsgeschehen überhaupt, so macht in 5,27 das JohEv einen möglichen Ansatzpunkt im Leben Jesu sichtbar, seine Vollmacht.

Weinstock und Leib Christi

In Joh 15,1–8 und Kol 2,19 werden verwandte Bilder gebraucht, um die Verbundenheit der Christen mit Jesus Christus zu beschreiben. Beide Bilder orientieren sich an komplexen Organismen: der ganze Leib (mit vielen Gliedern), die unterschiedlichen Trauben am Weinstock (vgl. auch § 28). Die Zugehörigkeit zum jeweiligen Organismus ist die Bedingung des Lebens. An der Stelle des Fruchttragens beim Weinstock steht das Wachstum beim Leib.
In beiden Fällen werden Versuche unternommen, die Gemeinschaft derer, die zu Jesus Christus gehören, auf eine vor-juristische Weise in den Blick zu bekommen und zu ordnen. Beide Autoren verfügen noch über kein anderes Mittel als über diese eindrücklichen Bilder.
Der Kol nimmt durch den Hinweis auf Christus als das Haupt den Engelmächten jede Autorität und läßt nach 2,11 alle trennenden Unterschiede zwischen den Menschen verschwinden. Der vierte Evangelist kann das Bild des Weinstocks auch dazu verwenden, die unterschiedlichen Gruppen, die er anspricht und integrieren möchte (vgl. dazu § 7), durch die Zugehörigkeit zu dem einen Weinstock zu »binden«.

Krisis durch den Logos

Nach Hebr 4,12f gilt vom Wort Gottes: *Lebendig nämlich ist Gottes Wort* (gr.: *ho logos tou theou*) *und kräftig zu wirken. Schärfer als jedes zweischneidige Schwert dringt es durch und trennt Seele und Geist, Mark und Bein – ein Richter über alle Gedanken und Pläne des Herzens. Und kein Geschöpf kann vor ihm unentdeckt bleiben, alles liegt nackt und bloß vor seinen Augen. Vor ihm haben wir Rechenschaft abzulegen.*

Der Hebr bewahrt in diesem Abschnitt ein Stück, das zur Logos-Theologie des JohEv gut paßt. Denn Jesus zeigt hier zum Beispiel im Gespräch mit der Samaritanerin Joh 4,16–19, daß er die Herzen der Menschen durchschaut und durchdringt. Seine Funktion der Krisis (Joh 5,27) ist es, jetzt eine Scheidung herbeizuführen. Der Text in Hebr 4,12f schlägt auch die Brücke zum synoptischen Wort vom Schwert. Wenn Jesus sagt: *Ich bin nicht gekommen, Frieden zu bringen, sondern das Schwert* (und dann in der Folge von der Trennung unter den Hausgenossen spricht), ist grundsätzlich die Scheide-Funktion gemeint, die der johanneische Jesus stets vollzieht.

Ältere Tradition im JohEv: Hebr bezieht in seinem »Hymnus« Aussagen auf den Logos, die im JohEv konsequent mit der Jesusüberlieferung verbunden werden. Dazu gab es Anlaß, denn auch in Q gibt es die Auffassung, daß angesichts Jesu ein klares Ja oder Nein unumgänglich ist. Auch in diesem Punkt steht das JohEv in eindrücklicher Weise zwischen Briefliteratur (Hebr) und synoptischer Tradition (Q). Hebr zeigt, was man in diesem Umfeld über den Logos Gottes dachte, integriert es aber nicht in seine Christologie. Im JohEv geschieht es, da nach der Jesusverkündigung, die dem Evangelisten vorlag, dieses Element bedeutend war.

Vielleicht kann gerade an diesem Einzelfall klarer werden, was der Evangelist getan hat: Er schlägt Brücken zwischen der frühen Theologie, wie sie sich bei Paulus und in seinem Umkreis widerspiegelt, zu Jesustraditionen, die wir durchaus auch in den Synoptikern finden können. Dabei verschärfen und intensivieren sich Traditionen der Briefe und der Jesusüberlieferung gegenseitig. Das gilt vor allem für den Kairos der unausweichlichen Begegnung mit Gottes Wort (Logos).

Wahrheit und Festigkeit

»Wahrheit« ist nach dem JohEv keine Frage der »richtigen« Aussage, sondern ist ein Attribut der Welt Gottes. Entsprechend meint das Adjektiv »wahr« zum Beispiel in dem Ausdruck »Ich bin der wahre Weinstock« nicht den »echten« oder »wirklichen« Weinstock (der Jesus gar nicht ist), sondern den Weinstock, von dem im Zusammenhang mit Gott die Rede sein muß. Und die »Wahrheit, die frei macht«, ist nicht Aufklärung (über Vergangenheit), sondern Gottes heilsame, wahre Wirklichkeit, die von Sünde befreit. Die »Spiritualität« des JohEv besteht in diesem Punkt darin, daß Begegnung mit der wahren Wirklichkeit den Menschen zum Frieden mit sich selbst und den anderen bringt. Das Zeugnisgeben für die Wahrheit in Joh 18,37 bezieht sich deshalb auf ein Königtum (18,33.36–37), weil die Berührung mit der Wahrheit Gottes Freiheit von Sünde und Tod[211] bedeutet.

Hebr kennt etwas Ähnliches, wie es im JohEv die Wahrheit ist. In Hebr heißt das »Festigkeit« (gr.: Stamm *bebaio-*). Alles liegt daran, fest zu werden und zu bleiben, denn das ist Ähnlichkeit mit Gott. Nicht zufällig ist im JohEv der Rede von der Wahrheit das »Bleiben« zugeordnet.

Ferner: Kol wie das JohEv sprechen von der »Fülle« Gottes (gr.: *pleroma*), die durch Jesus zugänglich geworden sei (Joh 1,16; Kol 1,19; 2,9). Nur hier und im Eph ist, sieht man von der wohl sicher anders zu begreifenden Stelle Röm 15,29 ab, die »Fülle« christologisch verortet.

Wie der Hebr verwendet das JohEv das Wort »vollenden« (gr.: *teleioun*) im Sinne der göttlichen Sphäre.

[211] Im Hintergrund dieser Andeutungen stand die Frage: Inwiefern kann Jesus nach Joh 18,33–37 von einem Königtum sprechen? Die Antwort gibt zunächst V. 37: Auf die Stimme eines Königs hört man. Dann aber weiter: Warum besteht Jesu Königtum darin, »für die Wahrheit Zeugnis zu geben« (V. 37)? Antwort: Königsein ist dasselbe wie frei sein. Mit Joh 8,33 nehme ich an: Wer König im Sinne Jesu ist, der ist frei von Sünde und Tod. Dies ist in der Wirklichkeit Gottes begründet. Diese erreicht die Menschen in und durch Jesus. Wenn er Zeugnis abgibt und die Menschen hören, dann ist Gottes Wirklichkeit bei den Menschen angekommen. Sie macht sie zu Königen. – Man kann durchaus sagen: Dies ist die johanneische Variante der Rede Jesu von der Herrschaft Gottes.

§ 41
Johannes und Matthäus

Das Verhältnis des JohEv zum MtEv ist bisher weder Gegenstand eines Aufsatzes noch gar einer Monographie gewesen. Dabei liegt ein solches Vergleichen nahe, da zum Beispiel das judenchristliche Element bei beiden sehr ausgeprägt ist und da die gemeinsame Affinität zur Logienquelle mehr als einmal eine Brücke bildet. – Beide Evangelien nehmen jeweils eine unterschiedliche Traditionen und Positionen integrierende Rolle ein.

Verfolgung

In Mt 10 und Joh 15 sowie in Mt 10 und Joh 13 liegen zwei Abschnitte vor, nach denen Matthäus und Johannes jeweils eng verwandt sind. Vergleichen wir zunächst Mt 10 und Joh 15:

Matthäus	*Johannes*
10,22 gehaßt	15,18 haßt
wegen meines Namens	15,21 wegen meines Namens
10,24 Ein Sklave ist nicht	15,20 Ein Sklave ist nicht
über seinem Herrn	größer als sein Herr

In Mt 10,20 sowie in Joh 15,26 – also jeweils in gewisser Nähe – steht etwas über die Rolle von Gottes Geist bei der Verfolgung; er inspiriert die Verfolgten. An beiden Stellen haben nun Matthäus wie Johannes das gemeinsame Gut um Stoffe ergänzt, die jeweils typisch für ihr Interesse sind. Matthäus spricht von Geduld, von der notwendigen Flucht von einer Stadt in die andere und von den Städten Palästinas («Israels«), die die Jünger bis zum Kommen des Menschensohnes nicht alle gesehen haben werden. – Im JohEv dominiert hier das Thema »Welt« (gr.: *kosmos*). Sie haßt, aus ihr hat Jesus erwählt. Man könnte demnach – in traditioneller exegetischer Terminologie – die Ergänzung des gemeinsamen Materials an beiden Stellen »redaktionell« nennen, wäre das Problem nicht vielschichtiger. Denn jede Redaktion fußt auch ihrerseits auf einer bestimmten Tradition.

Daß die hier diskutierte mündliche Tradition dem JohEv nicht fernstand, zeigt vielleicht auch noch Mt 10,21, wo immerhin von einer strengen Scheidung unter den Menschen die Rede ist – eine Variante der johanneischen Krisis?

Abgesehen davon handelt es sich bei dem oben genannten Gut um ein typisches Beispiel gemeinsamer mündlicher Tradition. Denn die am stärksten ausgeprägten Gemeinsamkeiten beziehen sich auf ein formelhaftes Stück («wegen meines Namens«) und auf eine Sentenz (Sklave – Herr). Beides gehört zu den typischen Elementen, die in mündlicher Überlieferung stabil zu sein pflegen. Das gilt im übrigen auch von der Gattung (Trostrede für Verfolgte). Denn bekanntlich sind überall im frühen Christentum diejenigen Traditionen besonders »zäh« und »fest« gemeinsam verbreitet, die ihren »Sitz im Leben« an der Grenzlinie nach außen haben, sei es in Form apologetischer Schriftbeweise, sei es – wie in diesem Falle – als Deutung der Verfolgung.

Ein Teil des eben behandelten Materials wird auch in Mt 10 und Joh 13 zitiert:

Matthäus	*Johannes*
10,24 Ein Jünger ist nicht über dem Lehrer,	13,13 Ihr nennt mich Lehrer und Herr
ein Sklave ist nicht über seinem Herrn	13,16 Ein Sklave ist nicht größer als sein Herr
10,25 Dem Jünger muß es genügen, wenn es ihm ergeht wie seinem Lehrer,	
der Sklave ist wie sein Herr	(13,16 der Sklave ist nicht größer als sein Herr)

Johannes bietet zusätzlich in 13,16b: *Auch ist ein Apostel nicht größer als der, der ihn gesandt hat.* Auffällig ist: Johannes kennt nicht das Sprichwort vom Lehrer (Mt 10,25), bietet aber in 13,13 das Stichwort »Lehrer« im Zusammenhang mit »Herr«. Das kann nur heißen: Dem Sprichwort vom Sklaven und vom Herrn wird von jedem Evangelisten zusätzlich eine Analogiebildung beigesellt: bei Matthäus wird es in dem Wort über Jünger und Lehrer in 10,24 weitergetrieben, bei Johannes in dem Wort über Apostel und Aussendenden in 13,16. Der Verfasser des JohEv hätte keinen erkennbaren Grund gehabt, das Wort über Jünger und Lehrer (Mt 10,24a) auszulassen. Matthäus doppelt die Tradition mit Abweichungen: In 10,25 fehlt das doppelte »über«; Joh 13,13–16 kennt gar kein »über«. Der dem MtEv und dem JohEv vorgegebene gemeinsame Rahmen ist die Belehrung der Jünger über die zu erwartende »Niedrigkeit«. Im JohEv ist diese weniger weit entfaltet als bei Matthäus. Denn weder hat Johannes Worte mit »über« noch eine Sentenz über Lehrer/Jünger. Das JohEv hat die Tradition zudem doppelt rezipiert. Während das MtEv alles in den Topf »Verfolgung« wirft, kann Johannes noch differenzieren zwischen Jüngerstatus im Sinne des Einander-Dienens (intern; 13,16) und der Verfolgung (extern; 15,18–20). Das JohEv bewahrt demnach im Unterschied zum MtEv zwei unterschiedliche Verwendungen derselben Tradition.

Der vierte Evangelist kann das gut zum Ausdruck bringen, indem er mit dem Wort über Sklave und Herrn jeweils ganz unterschiedliches weiteres Gut verbindet:

Joh 13,13–16: Sklave und Herr + Lehrer

Joh 15,18–21: Sklave und Herr + hassen, »wegen meines Namens«.

Damit wird deutlich: Joh 13 betrifft den Status im Jüngerkreis, Joh 15 das Ergehen seitens Außenstehender.

Ältere Tradition im JohEv: Im vorliegenden Fall hat das JohEv eine ältere Differenzierung und entsprechend eine Plazierung in unterschiedlichen Kontexten bewahrt. Das MtEv hat dagegen alles ineins geworfen. Das wird der ursprünglichen Differenzierung der Tradition nicht mehr gerecht. Denn diese ist auch bei Matthäus noch erkennbar, nur ist sie im gegenwärtigen Kontext ohne Funktion.

Gehaßtwerden und Abfallen

Nach Joh 16,1 ebenso wie nach Mt 24,10 erteilt Jesus vor dem Eintreffen der apokalyptischen Ereignisse eine entsprechende Belehrung, damit die Jünger sich bei deren Eintreffen nicht wundern und dann abfallen. Ganz speziell geht es um die Vorhersage von Gehaßtwerden (Joh 15,25; Mt 24,9f) und Verfolgung. Dieses Wortfeld findet sich an beiden Stellen zusammen mit dem Stichwort »Ärgernis« (gr.: *skandalon*). – Auch hier geht es wieder um Klärung der Außenbeziehungen.

Juden und Samaritaner

Das MtEv hält wie das JohEv den vorösterlichen Jesus konsequent von jeder Berührung mit Heiden fern und schildert ihn exklusiv als Messias Israels.
Nach Mt 10,5 dürfen die Jünger eine samaritanische Stadt nicht betreten; auch nach Joh 4 scheint sich Jesus daran zu halten: Er betritt die Stadt nicht, sondern bleibt am Brunnen. Liegt hier gemeinsame Tradition vor?

Beurteilung der Heilsgeschichte

Sehr interessant ist die Beziehung Matthäus – Johannes dort, wo sie erkennbar gemeinsame Traditionen voraussetzen, sie aber gegenteilig beantworten:
1. Nach Mt 17,12f wird Johannes der Täufer von Jesus ausdrücklich mit Elia gleichgesetzt, nach Joh 1,21 verneint er dieses. Gemeinsam: das Thema wurde diskutiert.
2. Nach Joh 7,31 erwarten die Juden von ihrem Messias nicht, daß er so zahlreiche Wunder wirkt, wie Jesus es tut; nach Mt 11,2 heißen die Wunder Jesu ausdrücklich »Werke des Christus«, als wolle Matthäus jedem Einwand begegnen. Das Problem wird gesehen und diskutiert.
3. Joh 7,41f bestreitet, daß Jesus in Bethlehem geboren ist, Matthäus behauptet es.

Christologie

Die Erstvision des Auferstandenen geschieht vor Frauen, nach Joh 20 vor Maria Magdalena, die Jesus nicht berühren darf, nach Mt 28,8–10 vor zwei Frauen (eine ist Maria Magdalena), die Jesus berühren dürfen, da sie vor ihm niederfallen und seine Füße ergreifen.
Nach Mt 25,31–46 übt der Menschensohn das künftige Gericht aus, nach Joh 5,27 schon das gegenwärtige. Gemeinsam ist beiden Aussagen: Der Menschensohn ist Richter. Nach Joh 1,51 wie nach Mt 16,27 hat der Menschensohn eigene Engel. – Besonders wichtig ist, daß alle Menschen nach Mt 25,31–46 in den Notleidenden hier und jetzt dem

Menschensohn und Weltrichter begegnen. Genau diese Präsenz des Richters in der Gestalt des Menschensohnes Jesus ist der eschatologische Sinn der Christologie im JohEv. In Mt 25 »solidarisiert« sich der Menschensohn mit den Notleidenden, im JohEv bleibt Jesu Anspruch unverhüllt.

Andererseits scheinen das MtEv und das JohEv gerade darin unterschieden zu sein, daß nach Mt 12,32a (par Lk 12,10a) es vergeben werden kann, wenn man »ein Wort gegen den Menschensohn« sagt, nicht dagegen, wenn man ein Wort gegen den Geist sagt. Im JohEv scheint das zusammenzufallen. Der Geist ist nicht getrennt vom Menschensohn, sondern der Logos ist in ihm. Jede Schonfrist entfällt. Eine Sünde gegen den heiligen Geist kennt das JohEv nicht. Historisch gesehen liegt hier eine Verschärfung des Standpunktes von Q durch das JohEv vor. Oder umgekehrt: Q erscheint als Abmilderung des radikalen Standpunktes des JohEv und sucht eine Art Mittelweg zwischen Markus und dem JohEv. Denn bei Markus (3,29) wird nur das Lästern gegen den Geist nicht vergeben, im JohEv steht an dieser Stelle die Ablehnung des Menschensohnes. Q gibt der Mk-Position Recht und hebt die des JohEv in ihrer Schärfe auf.

Nach Mt 11,25–30 agiert Jesus als die *Weisheit* unter Menschen; nach Joh 7,37f empfiehlt Jesus sich selbst, wie es sonst die Weisheit tut. In beiden Texten fordert Jesus auf, doch zu ihm zu kommen, damit er ihren Mangel beseitige: Mt 11,28 *Auf! Kommt zu mir alle, die ihr mühselig … seid;* Joh 7,37: *Wenn jemand dürstet, er soll zu mir kommen und trinken.*

In der Terminologie der *Erhöhung* zeigt sich wenigstens insofern eine Ähnlichkeit, als Mt neben Phil 2,10 und den Judenpredigten der Act die Dimension der Erhöhung überhaupt christologisch verwendet, freilich auch hier wieder anders als das JohEv.

Für Phil 2,9.11 wie für Mt 28,16–20 wie für Joh 12,32 beginnt nach dem Tod Jesu direkt die Heidenmission, auch wenn für das JohEv nicht die Auferstehung Jesu dazwischenliegt.

Bild der Gemeinde

Nach Joh 6,39f ist es der Wille dessen, der Jesus gesandt hat, daß Jesus keines von denen, die Gott ihm anvertraut hat, verloren gehen läßt, nach Mt 18,14 ist es der Wille »eures Vaters«, daß keines von diesen Kleinen verloren gehe.

Joh 10 verwendet die Bilder von Tür, Schafen und Herde, die auch in Mt 7,13–17 vorkommen (vgl. § 29). Das Hirtenbild wird in Joh 21 ausgeweitet.
Die Rolle des Petrus ist in beiden Evangelien sehr ausgeprägt, insbesondere konvergierend darin, daß nur in diesen beiden Evangelien Petrus eine Hirtenfunktion erhält: im MtEv die zum Binden und Lösen, im JohEv die zum Weiden der Schafe. Im MtEv steht Petrus hier freilich als Repräsentant der »Gemeinde« (gr.: *ekklesia*), im JohEv als Repräsentant Jesu.
Nur im MtEv und im JohEv gibt Jesus eine Vollmacht, die sich positiv oder negativ an der Grenze zur Gemeinde auswirkt:

Mt 16,19 (18,18)	Schlüssel	lösen	binden
Joh 20,23	Geist	Sünden vergeben	Sünden behalten

In beiden Fällen ist die Vollmacht unbegrenzt und von absoluter Gültigkeit. Offensichtlich haben wir es hier mit frühen Ausprägungen gemeindlichen Rechtsverständnisses zu tun, das auf unbegrenzte Vollmacht zurückgeführt wird, die Jesus selbst verliehen habe.

Dieselbe Frontstellung

Als Gegenbild kennen im NT nur das MtEv und das JohEv den Typus des blinden Pharisäers (Mt 15,14; Joh 9,39–41). Das weist darauf, daß beide dieselben Gegner haben: nichtchristliche Pharisäer.

Beurteilung

Beide Evangelien erörtern viele speziell judenchristliche Probleme. Das ist für den wichtig, der aufgrund der Forschungsgeschichte vom judenchristlichen Charakter des JohEv vielleicht noch nicht überzeugt ist.
Die größte Ähnlichkeit besteht in einigen christologischen Traditionen und in den Anschauungen zur Hirtensorge im allgemeinen und zur Funktion des Petrus im besonderen.
Es wurde in den jeweiligen Einzelparagraphen gezeigt, daß das JohEv nicht auf das MtEv zurückgehen kann. Die Querverbindungen sind meines Erachtens auf der Basis besonderer Kontakte unter Judenchristen zu erklären. Die Tatsache, daß besonders die bei Matthäus

nachweisbare Form von Q oftmals dem JohEv entspricht[212], weist gleichfalls auf Kontakte im Vorfeld der Entstehung des JohEv.

§ 42
Bemerkungen zur Evangelienbildung

1. Mit dem Tod der beiden für die Adressaten wichtigen Zeugen (Petrus und Lieblingsjünger) ist ein Notstand eingetreten, den das Evangelium als schriftliches Zeugnis überwinden will. In diesem Sinne galt Schriftlichkeit auch zum Beispiel in der Testamenten- und Henochliteratur des Frühjudentums als Garant der Konservierung. Im JohEv garantiert aber vor allem der Paraklet als Erinnerer die Integrität des Zeugnisses.
2. Von daher halte ich es für möglich, daß das MkEv und das JohEv unabhängig voneinander entstanden sind; vielleicht hatte es sich aber auch herumgesprochen, daß es nun (am Ende der ersten apostolischen Generation) fällig sei, das Jesusgut zu sichern. Der vierte Evangelist steht dabei, wie zu zeigen war, zwischen Briefliteratur und Jesustradition. Sein »Evangelium« geht durch Präexistenz (Prolog) und Postexistenz (Joh 20f) weit über das hinaus, was biographische Texte sonst bieten können. Das ist nicht »spät«, sondern orientiert sich an Jesus als Offenbarergestalt, das heißt an seiner Besonderheit.
3. Die Bedeutung der »Weisheit« für das JohEv ist bekannt[213]; im Falle des JohEv hat die Größe Weisheit eine weitere Gattung (vgl. Weisheit und Geschichtsüberblick in Weish Sal 10ff; Weisheit und Epiphanie in Bar 3,38–4,1) ergriffen, nämlich die biographische Darstellung. Bei denen, die Repräsentanten der Weisheit waren (Lk 11,49; 7,35; Mt 11,19.28–30; 1 Kor 1,24), ging es schon immer um ihre Werke (Mt 11,19). So schafft denn auch Jesus mühelos die Werke des Schöpfers in seinen Wundertaten. Weil er von Gott gesandt ist, bewahrt er den Logos treu wie eine gekalkte Zisterne. Weisheitlich ist

[212] Vgl. BERGER: Theologiegeschichte, § 515, S. 705–707.
[213] Zur weisheitlichen Orientierung des JohEv vgl. z. B. das Verhältnis von Prov 8,23ff zu Hen(äth) 48,36 (Hinweis M. Theobald).

im JohEv nicht zuletzt die Alternative Leben – Tod. Angesichts der Epiphanie von Gottes Weisheit werden zwei Linien offenbar (wie in Lk 2,35b vorhergesagt):

Leben	Jesus	seine Wunder-Taten	Leben bringend
Tod	seine Mörder	ihre mörderische Tat	Leben nehmend

Fazit: Das JohEv schildert in den Wundern Jesu seine »Werke der Weisheit«.

4. Die Übereinstimmungen in der Passionstradition sind wohl deshalb am größten, weil hier ein Rahmen harter Fakten vorlag.

5. Die *Jesusüberlieferung*, an der der Evangelist teilhat, nahm wohl grundsätzlich drei Wege:

a) in Richtung von Traditionen, die dem MkEv und dem JohEv gemeinsam sind, darunter auch die Passionstradition;

b) in Richtung von Traditionen, die Q (Logienquelle) und dem JohEv gemeinsam sind;

c) Sondergut.

6. Von besonderer Bedeutung für das JohEv sind dabei die Abschiedsreden. Sie haben folgende Funktion:

a) Sie erklären, daß der Tod Jesu die Voraussetzung für andere Heilsgaben (zum Beispiel den Parakleten) war. Insofern sind sie Trostrede, bezogen auf eine Wunde, die noch schmerzt (Frühdatierung!).

b) Sie bereiten die Adressaten selbst auf Leiden und Verfolgung vor und sind insofern Anwendung der Passion auf Jesu Jünger.

c) Die Abschiedsreden benennen das, was in der Gegenwart der Jünger aktuell ist. Insofern steht das JohEv auch durch diese Passagen zwischen Briefen und Evangelien.

7. Die Position des JohEv innerhalb des Geflechts urchristlicher Theologien wird exemplarisch deutlich an den Aussagen über Fruchtbringen und den Fall, daß Früchte nicht gebracht werden. So kann je nach Position gelten:

Johannes der Täufer (Mt 3,10; Lk 3,9): ohne Frucht – ausroden – Feuer
Johannes 15,5f: ohne Frucht – Feuer
Jesus nach Synoptikern (Lk 13,6–9): ohne Frucht – ausroden

Das JohEv steht deutlich der Verkündigung des Täufers näher. Doch entscheidend ist – sicher gerade im Unterschied zu Johannes dem Täufer – die starke Christologisierung im JohEv: *Ohne mich könnt ihr*

nichts tun hatte Jesus in Joh 15,5 erklärt. Da wir andererseits wissen, wie intensiv das JohEv um die Gewinnung täuferischer Gruppen bemüht ist, wird sowohl in Übereinstimmung als auch in Differenz etwas Wichtiges erkennbar: Die starke und intensive *Christologie des JohEv hängt nicht zuletzt zusammen mit dem Bemühen, theologisch eine Alternative zum Täufer zu schaffen und ein bedeutsames Gegengewicht zu liefern.* Christologische Verstärkung ist hier mithin ein Instrument, um bestimmte Gruppen zu gewinnen.
An demselben Problem wird der Unterschied zwischen JohEv und Paulus exemplarisch deutlich:

Paulus (Gal 5,22): Geist – Frucht
JohEv (15,5.7–9): in Jesus bleiben, seine Worte, seine Liebe – Frucht

Auch hier ist es eindeutig die christologische Lösung der ethischen Zentralfrage, die das JohEv von Paulus unterscheidet.
Das heißt: Die in Joh 15,4–6.10 angedeutete Verbindung mit Jesus, dem Weinstock, die ermöglicht, Frucht zu tragen, erläutert mustergültig die Position des JohEv zwischen Täuferjüngern, Paulus und Synoptikern.

Ältere Position im JohEv: Die Position des JohEv ist jünger als die täuferische, weil hier die Suche nach christologischer Anbindung sehr offenkundig ist. Sie ist unabhängig und parallel zu der des Paulus; man kann beobachten, daß im Neuen Testament der heilige Geist nur bei Paulus eine Rolle spielt. Der Evangelist verfügt für seine Ethik noch nicht über den Hinweis auf den heiligen Geist. Er muß das schwierige Problem, woher die Christen die Kraft zum Handeln nach dem neuen Gebot nehmen, christologisch lösen.
Die Wahl der biographischen Form durch den Evangelisten ist mithin durchaus auch situationsbedingt. Wir wissen, daß aufgrund der täuferischen Taufkonzeption die Autorität des Lehrers Johannes des Täufers bei seinen Schülern sehr groß war. Auch um diese Autorität zu überbieten, wählt der Evangelist die biographische Form.

AUSBLICK

§ 43
Muß die Jesus-Überlieferung neu gedeutet werden?

Wer auch nur begonnen hat,
sich in den Gebirgsmassiven
des vierten Evangeliums
heimisch zu fühlen,
ist schon ein anderer geworden.

Mit einer Frühdatierung des JohEv steht die gesamte Jesusüberlieferung in neuem Licht.

Gleichrangigkeit

Bisher galten die synoptischen Evangelien als Hauptquellen für ein zuverlässiges Bild von Jesus. Nur für Details sah man das JohEv als »zuverlässig« an. In den hier vorgelegten Überlegungen wird vorgeschlagen, das JohEv im ganzen als mit den Synoptikern (und dem ThomasEv) gleichrangig zu behandeln, und zwar als eigenständigen Entwurf neben den anderen.
Damit ist keineswegs alles aus allen vier Evangelien als »echt« erklärt, vielmehr erscheint für Evangelien des 1. Jh. die Frage nach der Echtheit prekärer, ja auch sinnloser als je zuvor.

Komplementarität

Das Modell der («ökumenischen«) Komplementarität zwischen dem JohEv und den Synoptikern kann veranschaulichen, daß die Jesus-Überlieferung offenbar nicht ganz zufällig in recht unterschiedlichen Strängen anzutreffen ist. Da das JohEv Spuren auch der synoptischen Überlieferung zeigt und umgekehrt, ist erkennbar, daß hier Beziehungen bestehen, die etwas subtiler sind, als es die gewöhnlichen Benutzungshypothesen nahelegen. Die Synoptiker, so zeigt sich jetzt, bieten nurmehr eine bestimmte Auswahl aus diesen Überlieferungssträngen, nicht das Ganze.

Auch die Existenz der Logienquelle (Q) neben dem MkEv erscheint von hier aus in neuem Licht. Da Q in mancherlei Hinsicht dem JohEv verwandt ist[214], bedeutet das: Selbst im Bereich der synoptischen Tradition gab es Strömungen, die zur markinischen Auswahl eine gewisse Alternative boten. So ist es mit dem JohEv insgesamt. Immer wird, sei es im MkEv, sei es in Q oder im JohEv, nur eine bestimmte Auswahl unter bestimmter perspektivischer Sicht geboten. Absolutheits- oder Prioritätsansprüche sind unangebracht. Das ist das Neue gegenüber der in der Forschung doch sehr weit verbreiteten Hypothese von der absoluten Geltung der Markus-Traditionen.

Die theologischen Konsequenzen aus diesem Ansatz sind vielfältig:

Seßhafte Gemeinden

Während die synoptischen Evangelien der Tradition der frühen Wandermissionare nahestehen und »Nachfolgen« mit Absage an Besitz und Familie zum Leitbild erhoben haben, repräsentiert das JohEv offensichtlich seßhafte Gemeinden. Es fehlen die Traditionen über den Besitzverzicht und das Verlassen der Familie sowie die metaphorische Bedeutung des Nachfolgens. Statt dessen wird die Beziehung Jesu zu den Jüngern im vergleichsweise statischen Bild des Weinstocks dargestellt, und die entscheidende Aktivität der Jünger ist das »Bleiben«.

Nun ist sicher, daß es von Anfang an auch seßhafte Jünger gegeben hat. Ohne sie hätten die wandernden Jünger keine Bleibe bei gastfreundlichen Christen gefunden, die ja schon in den Aussendungsreden schlicht vorausgesetzt werden (vgl. zum Beispiel Mk 6,8–10).

Fazit: Im Unterschied zu den bei den Synoptikern überwiegenden Materialien repräsentiert das JohEv die Traditionen seßhafter Jüngergruppen an einzelnen Orten. Damit liefert das JohEv einen entscheidenden Baustein für die frühchristliche Theologiegeschichte, der bislang zu fehlen schien.

[214] Vgl. dazu BERGER: Theologiegeschichte, § 515.

Christologie

Nach dem JohEv spricht Jesus vor allem von seiner Würde und Sendung. Für die klassische liberale Jesusforschung war und ist dies der Hauptgrund, das JohEv für historisch durch und durch unzuverlässig zu halten und eben deshalb »spät« zu datieren. Denn Jesus habe doch bekanntlich nicht von sich, sondern vom Reich Gottes gesprochen. Das sei sicheres Resultat der Forschung. Es handelt sich aber eher um eine Prämisse und eine Gewohnheit als um ein »Resultat«. Es wäre an der Zeit, dieses Postulat auch für die Erforschung der Synoptiker aufzugeben, die ihrerseits ebenfalls viel Christologisches bieten. Aber das JohEv betont weniger die apokalyptische Eschatologie und nennt kaum das Reich Gottes. Für seinen Adressatenkreis ist offenbar (und man kann zeigen, warum) eine starke Betonung der Christologie angebracht, und das andere fehlt ja doch auch nicht ganz.
Als Adressatenkreis hatten wir eine besondere Gruppe Judenchristen bestimmt, für die nicht der Gott Israels, sein Reich und die Bekehrung zu ihm sowie die mit Bekehrung verbundene Absage an den Besitz wichtig waren, sondern allein die Rolle Jesu.
Das JohEv bestätigt mit komplementärer Intensität, was auch für die Synoptiker gilt: Botschaft und Person Jesu sind untrennbar verbunden. Gewiß hat man eben deshalb seit der Aufklärung das JohEv so wenig geliebt und zum Sorgenkind der Exegeten verkommen lassen. Denn das Grundanliegen der kirchenkritischen Aufklärung ist es immer gewesen, einen Keil zu treiben («Teile und herrsche«) zwischen Botschaft und Person, zwischen Reich Gottes und Christologie, zwischen Eschatologie und Dogma.
Aufgrund unserer historischen und theologischen Einordnung des JohEv wird dieser Lust zur Trennung sachlich die Legitimität entzogen. Das heißt: Jesus hat nicht Programme und Ideen verkündigt, sondern auch und wesentlich die physische, heilvolle Präsenz Gottes in sich selbst. Daher kann man Gott nur annehmen, wenn man ihn annimmt. Denn Gott bleibt verborgen. In Jesus allerdings wird anschaubar, wer er ist.
Ich halte diesen Zug im Sinne historischer Plausibilität für unentbehrlich, um die Entstehung des Christentums überhaupt historisch verständlich zu machen.
Angesichts dieser provozierenden, stellenweise unzumutbaren Aus-

sagen über die direkte Berührung mit Gott, die in Jesus erfahrbar ist, werden auch viele Aussagen der synoptischen Tradition wieder verständlicher. Etwa wenn Jesus beim Besuch des Hauses des Zakchäus sagen kann: *Heute ist diesem Haus Heil widerfahren* (Lk 19,9). Die reine Gegenwart Jesu bei dem Zöllner bedeutet nichts Geringeres als das Heil. Ähnliches gilt auch sonst für die Überlieferungen von Jesu Wirken bei Sündern und Zöllnern (Mk 2,14–17; Lk 7,47–50). Denn Jesus verlangt von diesen Menschen jedenfalls nicht als erstes ein Sünden- oder Glaubensbekenntnis, sondern heilt sie durch bloße Zuwendung und Gegenwart, durch Tischgemeinschaft und Annehmen ihrer Sehnsüchte im Sinne von Glauben (Lk 7,50).

Von der heilvollen Präsenz Gottes in Jesus her sind sehr viele der als »anspruchsvoll« geltenden Aussagen Jesu nach dem JohEv über sich selbst zu verstehen. Von daher ist auch die Zuspitzung der Christologie in den Metaphern (Brot, Wasser, Licht, Leben etc.) zu verstehen.

Könnte man die Grunderfahrung der Menschen mit Jesus (vor Ostern) nicht so beschreiben: Dieser Jesus ist durchsichtig auf unseren Gott hin. Der Gott der Väter – so ähnlich müßte er sein, so streng und barmherzig, so geduldig und kinderlieb, so kritisch und sanft, so verbindlich und langmütig.

Aber wenn Jesus »Hohes« über sich selbst sagt, dann doch eben nicht über sich persönlich, sondern über Gott in ihm selbst, wobei ganz gleichgültig ist, ob man das Sendung oder Repräsentation nennt.

Besonders in der frühjüdischen Weisheitsliteratur ist diese Kategorie wichtig geworden. Die Größen Weisheit, Logos, Memra, Kabod und Schekinah stehen alle mehr oder weniger im Blick, wenn es um Gottes Gegenwart außerhalb seiner selbst, das heißt: in der Welt, geht. Im Neuen Testament hat das JohEv mit seiner Konzeption von Logos und Sendung Jesu, von Gott-Sein Jesu und stellvertretendem Affiziertsein Gottes durch das, was man Jesus antut, großen und bedeutenden Anteil an diesen Auffassungen über die Vermittlung zwischen Gott und Welt.

Wunder

Die Wunder Jesu werden nicht in erster Linie als hilfreiche Taten Jesu erfahren, die ein Wohltäter (gr.: *euergetes*) wirkt, um sich für seine Königswürde zu qualifizieren (dieser Zug nur in Joh 6,15). Die Verbindung der meisten Wunderberichte mit Streitgespräch und Monolog (Joh 5; 6; 9; 11) hebt etwas ganz anderes hervor, das auch den Synoptikern nicht völlig unbekannt ist: Die Wunder sind überaus ärgerliche Steine des Anstoßes. Auf ihnen gründet der Streit um Jesus und der Kampf gegen Jesus. Denn sie sind immer wieder Gottes eigene Taten, die man nach Jesaja für die Endzeit von Gott selbst – und nur von ihm – erwartete. Nicht die Messianität, die Gottessohnschaft oder die Davidssohnschaft Jesu steht bei den Wundern zur Diskussion, sondern Gottes Präsenz in Jesus.

Weisheit und Wunder

Alle Evangelien bieten in der Mitte ihrer Darstellung »Weisheit und Wunder«. In der Art, auf die das geschieht, unterscheiden sich die ersten drei Evangelien vom vierten. Für die Wunder wurde das bereits gesagt. Was »Weisheit« betrifft: Die synoptischen Evangelien haben vieles gemeinsam mit den *Logoi Sophon* (Worten der Weisen); die Logienquelle, das ThomasEv und das PhilippusEv sind ganz in dieser Form gehalten. Bei den Synoptikern ist die Neigung unverkennbar, Jesu Weisheit in Form von Chrien (biographisch gerahmten Einzelsprüchen) zu überliefern. Diese Reihung von weisen Worten eines Meisters ist besonders in der hellenistischen Literatur geläufig. Wenn man auf diese Weise Jesusworte sammelt und publiziert, hat man es daher schon der (im Rahmen der Biographie Jesu gebotenen) Gattung nach mit einer Werbeschrift für Heiden zu tun.

Anders das JohEv. Es orientiert sich nicht an der Sammlung einzelner Weisheitsworte. Es setzt die Identifikation Jesu mit der Weisheit höher an. Indem der Schöpfer-Logos in ihm wohnt, hat er auch die traditionellen Funktionen der Weisheit (Repräsentanz Gottes; Präexistenz; Schöpfung nach Weish Sal 9,1) in sich aufgenommen. Auch hier vermittelt Q (die Logienquelle), indem nach Lk 7,35 entweder Jesus und Johannes der Täufer oder aber ihre Jüngerinnen und Jünger »Gottes Kinder« genannt werden; ähnlich Mt 11,19, wo Jesus und der Täufer Werke der Weisheit wirken. Jedenfalls ist in Q die Weisheit bereits personifiziert (so auch Mt 11,28–30) und nicht mehr nur in der Wortüberlieferung greifbar. Jesus ist nach Q ihr Repräsentant, ihr Darsteller, nicht nur ein weiser Verkündiger.

Ältere Tradition im JohEv: Jesus »ist« die personifizierte Weisheit schon nach 1 Kor 1,24 *(Gottes Kraft und Gottes Weisheit).*
Korrektur des bisherigen Jesusbildes: »Weise« ist nicht nur Attribut von Jesusworten, sondern Attribut von Jesus selbst: Menschen treffen bei der Begegnung mit Jesus auf die Weisheit Gottes in Person. Wieder geht es darum, daß Botschaft und Person nicht trennbar sind.
Der Hauptunterschied des JohEv gegenüber den Synoptikern in der Darstellung Jesu liegt darin, daß das JohEv wesentlich strenger auf Jesus und das Thema Christologie zugeschnitten ist als die Synoptiker. Als Beispiel mag Mk 12,13–34 dienen. Die Themen Steuer, Sadduzäer (Auferstehung) und Liebesgebot besitzen keine christologische Relevanz; noch nicht einmal das Thema Auferstehung wird zur Auferstehung Jesu in Beziehung gesetzt (Mk 12,18–27). Wichtig sind sie für Heidenchristen im Rahmen der Gesamteinführung in die neue Religion. Über die Frage der Echtheit besagt das alles gar nichts, aber das JohEv bringt einfach die andere Seite viel stärker zur Geltung: *Jesu Gottesverhältnis, seine Beziehung zum Vater als Maßstab aller Dinge; das gilt durchaus im wörtlichen und umfassenden Sinne. Was wir oben als Jesu Durchsichtigwerden für Gott bezeichneten, ist der Kern des christologischen Geheimnisses.* Daß das JohEv davon ein ganz großes Stück bewahrt hat, dürfte nicht strittig sein. Aber genau hier liegt sein Wert.
In einer Zeit wie jetzt, in der alles daran liegt, das Wesentliche zu gewinnen und sich nicht in Randfragen zu verzetteln, ist es von größter Bedeutung, den Lebensnerv darzustellen. Wo anders kann er liegen als im Gottesverhältnis Jesu?

Hohe Christologie?

Die Christologie des JohEv gilt als »hoch« und deswegen als »jung«. Die Synoptiker dagegen zeigten Jesus ganz als Menschen in Palästina, sozusagen »mit Erdgeruch«. – Dieses Denkschema ist schon an sich in mehrfacher Hinsicht von zweifelhaftem Wert. Im sachlichen Detail aber zeigte sich immer wieder, daß die Vermutung hoher Christologie auf ungeprüften Vorurteilen beruhte. »Ich und der Vater sind eins« bedeutet: Willenskonformität. »Erlöser der Welt« und »Lamm Gottes, das der Welt Sünden tilgt« bedeutet: Fürsprache des Gerechten bei Gott. Die Aussagen über die Sendung fanden wir beim paulinischen Apostolat wieder, das Herab- und Hinaufsteigen auch bei Engeln, also anderen Gesandten Gottes. Die »Gegenwart Gottes in Jesus« ist ein Aspekt der Sendung, denn immer dort, wo Gottes Wort verkündigt wird, ist der Herr selbst gegenwärtig. Das Verhältnis des Logos zu Jesus ist im Sinne einer »absoluten Inspiration« zu denken. Und die Präexistenz-Aussagen des Irdischen («Ehe Abraham ward, bin ich«) deuten auf ununterbrochene Verbindung des Schöpfungswortes in Jesus mit Gott. Daß, wer Jesus anblickt, Gott anblickt, gehört zur Sendung. Aussagen, wonach Gottes Gesandter »Gott« sei (im Sinne der Repräsentation durch einen anderen), finden sich auch für Mose.

Nun sind die johanneischen Aussagen über Jesus gewiß auch keine schlichten Niedrigkeitsprädikationen.

Vielleicht hilft die Beobachtung weiter, daß es immer wieder die draußen stehenden und prinzipiell blockierten, mißverstehenden und bornierten nicht-christlichen Juden sind, die das JohEv in den christologischen Aussagen gerade so steil und fremd, so hoch und nun wirklich den Monotheismus gefährdend verstehen wie vielfach die »liberale« Exegese dieses Jahrhunderts, die – mit diesen »Ergebnissen« in der Hand – dann das JohEv als antijüdisch, spät, proto-gnostisch usw. einstufte. Der Evangelist bemüht sich meines Erachtens nun wirklich redlich, diese Unterstellungen abzuweisen. Aber die damaligen Juden sind ihm genauso wenig gefolgt wie die modernen Exegeten. Beispiel: der »über die Erde wandelnde Gott«, der Jesus nach dem JohEv sei (E. Käsemann).

Tod Jesu

Jesus stirbt nach dem JohEv nicht wie der leidende Crucifixus der Gotik, der sein Blut für die Sünden vergießt und der mit Meßopfer und Abendmahl zusammengesehen wird. Ich gestehe gern zu, daß sich dieses Bild zum Teil auf Paulus gründen kann. Ich weiß auch nicht, ob ich eher lachen oder weinen soll, wenn ich sehe, wie intensiv dieses Bild die Herzen der Exegeten gefangen hält. – Die Deutung des Todes Jesu im JohEv ist eine andere. Sie entspricht eher den Kreuzesdarstellungen der Romanik, die Jesus als den Sieger im Martyrium kennen, als den wahren und wirklichen König. Das JohEv vertritt eine besondere Märtyrer-Apokalyptik. Nicht die Sünden der Menschen sind wichtig am Kreuz, sondern der Sieg über den Herrscher dieser Welt.

Entfernung vom Judentum?

Anders, als die meisten Forscher annehmen, ist festzustellen: Nichts in den Aussagen des JohEv über Jesus bedeutet eine Trennung vom Judentum. Der Evangelist selbst weist in Joh 10,34 seine Hörer darauf hin, daß auch schon die Schrift gar nicht zimperlich ist, wenn es um göttliche Würde von Kreaturen geht (Ps 82,6).
Anders als das Forschungs-Klischee ausweist, ist das JohEv eben nicht zeitlich spät anzusetzender Höhepunkt und Schlußpunkt einer sich immer weiter steigernden Abkoppelung des Christentums vom Judentum, in deren Verlauf das Christentum zu immer höheren Aussagen über Jesus gelangt sei, die den Graben zwischen Judentum und Christentum unüberwindlich gemacht hätten. In Wirklichkeit gilt: Alle christlichen Positionen des 1. Jh. n. Chr. sind auch jüdische. Wer nur intensiv genug hinschaut, wird dies sicher finden. Weil alle neutestamentlichen Autoren Judenchristen sind, kann man den Ansatz gar nicht begreifen, wonach es stets das erste Ziel dieser Menschen gewesen sein soll, den Boden, auf dem sie standen, das Judentum, zu zerstören. Wer so meint, jüdisch-christliches Gespräch führen zu können, leistet beiden Partnern einen Bärendienst.
Angesichts dieses Befundes ist der Verdacht wohl nicht ganz von der Hand zu weisen, daß oft Menschen, die um des jüdisch-christlichen Dialoges willen auf christlich-neutestamentliche Positionen meinen verzichten zu müssen, oft nur auf diesem Wege eine Bestätigungsurkunde für ihr liberal-modernistisches Bekenntnis erlangen möchten. Unter dem moralischen Druck der jüdisch-christlichen Annäherung schlägt man so zwei Fliegen mit einer Klappe: Man wird lästige Positionen im eigenen Lager los und meint gleichzeitig, dem jüdischen Partner (gewissermaßen auf kostengünstige Weise) Steine aus dem Weg geräumt zu haben.

Briefe und Evangelien

Man hat oft gefragt, wie denn wohl die Jesus-Verkündigung ausgesehen habe, die den neutestamentlichen Gemeindebriefen vorauslag.

Diese ist ja nicht erhalten. Bewahrt sind nur die Briefe als Reaktion auf Fragen oder Mißstände in den Gemeinden. Diese Frage ist zweifellos sehr brisant, da im Falle völliger Dunkelheit der Verdacht neu aufkommen könnte, Jesus sei diesen Gemeinden von vornherein als eine Art Mysteriengottheit verkündet worden. Mit unserer theologischen Ortsbestimmung des JohEv sind wir einer Antwort auf diese Frage zumindest etwas näher gekommen.

Von allen bestehenden Evangelien steht das JohEv einer Jesus-Verkündigung im Umfeld der Briefliteratur am nächsten.

Die Beobachtung, daß das JohEv zwischen Briefen und Evangelien steht, gilt nicht nur für Christus-Enkomien, Eschatologie und »Gesetz Christi« bzw. »neues Gebot«. Sie gilt auch für die Anrede als »Kinder Gottes« (gr.: *tekna theou*), die sich in der ganzen Bibel überhaupt nur bei Paulus und im JohEv findet. Vor allem gilt sie für die Darstellung Jesu, die »wie aus einem Guß« zu sein scheint. Das betrifft nicht nur die Zuordnung von Schöpfungsmittlerschaft und nicht-destruktiver Eschatologie, es gilt auch für die Entsprechung von Herabsteigen und Hinaufsteigen, von Herrlichkeit in der Präexistenz und Herrlichkeit des Erhöhten. Alles dieses sind Züge, die den für unsere Vorstellungen »üblichen« Stoff von Evangelien zeitlich und sachlich weit übergreifen und für die sich Analogien überall in der Briefliteratur finden.

Aufgrund der besonderen Beziehungen des JohEv zum Corpus der Briefe des Paulus, zu Kol und Hebr, aber auch zu 1 Joh kann man sich vorstellen, daß das JohEv die Jesusverkündigung widerspiegelt, die im Umkreis einer dieser Schriften gegolten hat. Kurz gesagt: So ähnlich wie das JohEv Jesus präsentiert, könnte die zu diesen Briefen passende Jesusverkündigung ausgesehen haben. Das aber schließt eine späte Entstehung des JohEv geradezu aus.

Entscheidungs-Rigorismus

Oft wird die Meinung vertreten, Jesus unterscheide sich vom JohEv dadurch, daß es nicht vorstellbar sei, er hätte an dessen Dualismus (Licht – Finsternis, Jesus – Satan etc.) teilhaben können. Unsere Untersuchung zeigte dagegen: »Dualismus« ist nicht eine spätere, nurmehr halb-philosophische und gar nicht »palästinische« religionsgeschichtliche Neuerwerbung des JohEv, sondern steht in engem Zusammenhang mit einem gegenüber der überwiegenden Masse der Texte bei den Synoptikern anderen Zeitverständnis: Wo hier und jetzt das Ja der Adressaten erwartet wird, gibt es nur das Dunkel der Vergangenheit und das Licht des Neubeginns. Ein Übergang fehlt, ein Drittes fehlt ebenso.

Diese Auffassung von Zeit finden wir in offensichtlich sehr alten Texten auch der synoptischen Tradition, und zwar in den Jüngerberufungen. Jesus ruft die Jünger – und sie folgen ihm ohne Wenn und Aber, ohne Bedingung (Mk 1,16–20; 2,14). Ausdrücklich wird gesagt, daß Jesus selbst zum Abschiednehmen von den Verwandten keine Zeit läßt (Lk 9,59–62). Denn zwischen Ruf und Antwort gibt es keine neutrale Zeit. Und wenn Jesus die Zurückgelassenen Tote nennt, die man unter sich lassen soll, dann kann auch hier der Dualismus kaum schärfer formuliert sein (Lk 9,60; Mt 8,22).

Ältere Tradition im JohEv: Der »Dualismus« des JohEv und sein Entscheidungsradikalismus besitzt größte Ähnlichkeit mit der Radikalität der Jüngerberufungen nach der synoptischen Tradition. Das JohEv bewahrt diese Tradition und macht sie generell verbindlich.

Apokalyptik

Ein Großteil der Verkündigung Jesu ist der sog. Apokalyptik zuzuordnen. Ältere Ängste, Jesus (und das JohEv) mit der Apokalyptik in Beziehung zu setzen, und der Versuch, Apokalyptik von Eschatologie künstlich zu trennen, waren apologetisch motiviert und sind gegenstandslos.

Das JohEv gehört in folgender Hinsicht in den Bereich der Apokalyptik:

a) Es ist von Martyrium (Jesu) und vom Weltherrscher die Rede. Mit dem Sieg über den Weltherrscher (Joh 12,31f) ist die apokalyptische Wende eingetreten («Märtyrerapokalyptik«).

b) Es ist von kommender Verfolgung die Rede (Joh 15f).

c) Dazu wird das Bild der Wehen verwendet (Joh 16,21) – ein traditionell apokalyptisches Bild (vgl. Röm 8,22–26).

d) Die zumindest teilweise negativ konnotierte Rede von der Welt (gr.: *kosmos*) findet sich in vergleichbaren jüdischen Texten vor allem in älteren Apokalypsen.

Schlußbemerkung

Zufällig finde ich bei Eric Voegelin folgende Sätze über das Johannes-Evangelium: »Der einzige Inhalt des Evangeliums ist nicht eine Lehre, sondern das Ereignis, daß Gott in Jesus präsent war. Das ist ein Ereignis – gelehrt wird überhaupt nichts. Daß also hier ein Mensch ist, in dem Gott so präsent ist, der für die göttliche Präsenz so durchlässig ist, daß er in seinem Leben konkret diese Präsenz überzeugend darlegt – das ist wahrscheinlich auch das Geheimnis des Erfolges von Jesus und der Wirkung auf seine Freunde, die Apostel usw. gewesen, die von der göttlichen Präsenz im täglichen Leben, in der Aktion, im Handeln, so beeindruckt waren ... Es ist keine Lehre von irgendetwas, sondern der Eindruck, den ein Mensch macht, der vollständig durchlässig ist für die göttliche Präsenz in seiner Existenz. Das ist ein Ereignis, das in dieser Art neu ist.«[215]

Weil das Johannes-Evangelium diesen Primär-Eindruck von Jesus so unvergleichlich intensiv schildert, steht es sachlich und zeitlich am Anfang.

[215] E. VOEGELIN: Evangelium und Kultur, München 1997, 70–72.

Neueste und wichtige ältere Literatur zum Johannes-Evangelium

Kommentare

ASHTON, J.: Understanding the Fourth Gospel, Oxford 1991.

BARRETT, C. K.: Das Evangelium nach Johannes (KEK Sonderband), Göttingen 1990.

BAUER, W.: Das Johannesevangelium (HNT 6), Tübingen ³1933.

BEASLEY-MURRAY, G.: John (WBC 36), Waco 1987.

BECKER, J.: Das Evangelium nach Johannes. Kapitel 1–10 (ÖTK 4/1), Gütersloh / Würzburg ³1991.

BECKER, J.: Das Evangelium nach Johannes. Kapitel 11–21 (ÖTK 4/2), Gütersloh / Würzburg ³1991.

BRODIE, T. L.: The Gospel according to John. A Literary and Theological Commentary, New York / Oxford 1993.

BROWN, R. E.: The Gospel according to John I (AB 29), New York 1966.

BROWN, R. E.: The Gospel according to John II (AB 29a), New York 1970.

BÜCHSEL, F.: Das Evangelium nach Johannes (NTD 4), Göttingen 1934.

BULTMANN, R.: Das Evangelium des Johannes (KEK 2), Göttingen ²¹1986.

GNILKA, J.: Johannesevangelium (NEB 4), Würzburg ²1985.

HAENCHEN, E.: Das Johannesevangelium. Ein Kommentar aus den nachgelassenen Manuskripten (hg. v. U. BUSSE), Tübingen 1980.

DE JONGE, M.: Johannes. Een praktische bijbelverklaring (tekst en toelichting), Kampen 1996.

SCHLATTER, A.: Der Evangelist Johannes: Wie er spricht, denkt und glaubt. Ein Kommentar zum vierten Evangelium, Stuttgart ⁴1975.

SCHNACKENBURG, R.: Das Johannesevangelium. Einleitung und Kommentar zu Kapitel 1–4 (HThK 4/1), Freiburg / Basel / Wien ⁶1986.

SCHNACKENBURG, R.: Das Johannesevangelium. Kommentar zu Kapitel 5–12 (HThK 4/2), Freiburg / Basel / Wien ⁴1985.

SCHNACKENBURG, R.: Das Johannesevangelium. Kommentar zu Kapitel 13–21 (HThK 4/3), Freiburg / Basel / Wien ⁵1985.

SCHNACKENBURG, R.: Das Johannesevangelium. Ergänzende Auslegungen und Exkurse (HThK 4/4), Freiburg / Basel / Wien 1984.

SCHNEIDER, J.: Das Evangelium nach Johannes (ThHK Sonderband), Berlin ²1978.

SCHULZ, S: Das Evangelium nach Johannes (NTD 4), Göttingen ¹⁶1987.

STRATHMANN, H.: Das Evangelium nach Johannes (NTD 4), Göttingen [6]1951.

Übrige Literatur

BERGMEIER, R.: Gottesherrschaft, Taufe und Geist. Zur Tauftradition in Joh 3, in: ZNW 86 (1995), 53–73.

BEUTLER, J.: Martyria. Traditionsgeschichtliche Untersuchungen zum Zeugnisthema bei Johannes (FTS 10), Frankfurt/Main 1972.

DE BOER, M. C.: Narrative Criticism, Historical Criticism, and the Gospel of John, in: JSNT 47 (1992), 35–48.

DIETZFELBINGER, C.: Aspekte des Alten Testaments im Johannesevangelium, in: CANCIK, H. / LICHTENBERGER, H. / SCHÄFER, P. (Hg.): Geschichte – Tradition – Reflexion III. Frühes Christentum [hrg. v. H. LICHTENBERGER] (FS M. HENGEL), Tübingen 1996, 203–218.

FREY, J.: Heiden – Griechen – Gotteskinder. Zu Gestalt und Funktion der Rede von den Heiden im 4. Evangelium, in: FELDMEIER, R. / HECKEL, U. (Hg.): Die Heiden. Juden, Christen und das Problem der Fremden (WUNT 70), Tübingen 1994.

FREY, J.: »Wie Mose die Schlange in der Wüste erhöht hat …«. Zur frühjüdischen Deutung der ›ehernen Schlange‹ und ihrer Rezeption in Johannes 3,14f., in: HENGEL, M. / LÖHR, H. (Hg.): Schriftauslegung im antiken Judentum und im Urchristentum (WUNT 73), Tübingen 1994, 153–205.

FREYNE, S.: Locality and Doctrine. Mark and John Revisited, in: VAN SEGBROECK, F. / TUCKETT, C. M. / VAN BELLE, G. / VERHEYDEN, J. (Hg.): The Four Gospels 1992 3 (FS F. NEIRYNCK) (BETL 100), Leuven 1992, 1879–1900.

GAWLICK, M.: Mose im Johannesevangelium, in: BN 84 (1996), 29–35.

HOEGEN-ROHLS, C.: Der nachösterliche Johannes. Die Abschiedsreden als hermeneutischer Schlüssel zum vierten Evangelium (WUNT II/84), Tübingen 1996.

JOHNS, L. / MILLER, D. B.: The Signs as Witnesses in the Fourth Gospel: Reexamining the Evidence, in: CBQ 56 (1994), 519–535.

KORTING, G.: Die esoterische Struktur des Johannesevangeliums. Teil 1 und 2 (BU 25), Regensburg 1994.

LEE, D. A.: The Symbolic Narratives of the Fourth Gospel. The Interplay of Form and Meaning (JSNT.SS 95), Sheffield 1994.

LINCOLN, A. T.: Trials, Plots and the Narrative of the Fourth Gospel, in: JSNT 56 (1994), 3–30.

MANESCHG, H.: Die Erzählung von der ehernen Schlange (Num 21,4–9) in der Auslegung der frühen jüdischen Literatur (EHS.XXIII 157), Frankfurt / Main / Bern 1981.

MUSSNER, F.: Die johanneische Sehweise und die Frage nach dem historischen Jesus (QD 28), Freiburg / Basel / Wien 1965.

MUSSNER, F.: Die »semantische Achse« des Johannesevangeliums. Ein Versuch, in: FRANKEMÖLLE, H. / KERTELGE, K. (Hg.): Vom Urchristentum zu Jesus (FS J. GNILKA), Freiburg / Basel / Wien 1989, 246–255.

NEYREY, J. H.: The Footwashing in John 13:6–11: Transformation or Ceremony?, in: WHITE, L. M. / YARBROUGH, O. L. (Hg.): The Social World of the First Christians (FS W. A. MEEKS), Minneapolis 1995, 178–197.

NICHOLSEN, G. C.: Death as Departure: the Johannine Descent-Ascent-Schema (SBLDS 63), Missoula 1983.

PILGAARD, A.: The Gospel of John as Gospel Writing, in: HARTMAN, L. / OLSSON, B. (Hg.): Aspects on the Johannine Literature (CB NT 18), Uppsala 1987, 44–55.

RUCKSTUHL, E.: Die Speisung des Volkes durch Jesus und die Seeüberfahrt der Jünger nach Joh 6,1–25 im Vergleich zu den synoptischen Parallelen, in: VAN SEGBROECK, F. / TUCKETT, C. M. / VAN BELLE, G. / VERHEYDEN, J. (Hg.): The Four Gospels 1992 III (FS F. NEIRYNCK) (BETL 100), Leuven 1992, 2001–2019.

RUCKSTUHL, E.: Jesus und der geschichtliche Mutterboden im vierten Evangelium, in: FRANKEMÖLLE, H. / KERTELGE, K. (Hg.): Vom Urchristentum zu Jesus (FS J. GNILKA), Freiburg / Basel / Wien 1989, 256–286.

SANDELIN, K.-G.: The Johannine Writings within the Setting of Their Cultural History, in: HARTMAN, L. / OLSSON, B. (Hg.): Aspects on the Johannine Literature (CB NT 18), Uppsala 1987, 9–26.

SCHLÜTER, A.: Die Selbstauslegung des Wortes. Selbstreferenz und Fremdreferenzen in der Textwelt des Johannesevangeliums, Dissertation Heidelberg 1996.

SCHNACKENBURG, R.: Synoptische und johanneische Christologie. Ein Vergleich, in: VAN SEGBROECK, F. / TUCKETT, C. M. / VAN BELLE, G. / VERHEYDEN, J. (Hg.): The Four Gospels 1992 III (FS F. NEIRYNCK) (BETL 100), Leuven 1992, 1723–1750.

SCHWANKL, O.: Licht und Finsternis. Ein metaphorisches Paradigma in den johanneischen Schriften (HBS 5), Freiburg / Basel / Wien / Barcelona / Rom / New York 1995.

SCOTT, M.: Sophia and the Johannine Jesus (JSNT.S 71), Sheffield 1992.

SÖDING, T.: Wiedergeburt aus Wasser und Geist. Anmerkungen zur Symbolsprache des Johannesevangeliums am Beispiel des Nikodemusgesprächs (Joh 3,1–21), in: KERTELGE, K. (Hg.): Metaphorik und Mythos im Neuen Testament (QD 126), Freiburg / Basel / Wien 1990, 168–219.

SÖDING, T.: Die Schrift als Medium des Glaubens. Zur hermeneutischen Bedeutung von Joh 20,30f., in: BACKHAUS, K. / UNTERGASSMAIR, F. G. (Hg.): Schrift und Tradition (FS J. Ernst), Paderborn 1996, 343–372.

STAUFFER, E.: Historische Elemente im vierten Evangelium, in: AMBERG, E. H. / KÜHN, U. (Hg.): Bekenntnis zur Kirche (FS E. SOMMERLATH), Berlin 1960, 33–51.

STIBBE, M. W. G.: John as Storyteller. Narrative Criticism and the fourth Gospel (MSSNTS 73), Cambridge 1992.

STEGEMANN, E. / STEGEMANN, W.: König Israels, nicht König der Juden? Jesus als König im Johannesevangelium, in: STEGEMANN, E. (Hg.): Messias-Vorstellungen bei Juden und Christen, Stuttgart / Berlin / Köln 1993, 41–56.

STIBBE, M. W. G.: The Elusive Christ: A New Reading of the Fourth Gospel, in: STIBBE, M. W. G. (Hg.): The Gospel of John as Literature. An Anthology of Twentieth-Century Perspectives (NTTS 17), Leiden / New York / Köln 1993, 231–247.

THEOBALD, M.: Gott, Logos und Pneuma. »Trinitarische« Rede von Gott im Johannesevangelium, in: KLAUCK, H.-J. (Hg.): Monotheismus und Christologie. Zur Gottesfrage im hellenistischen Judentum und im Urchristentum (QD 138), Freiburg / Basel / Wien 1992, 41–87.

THEOBALD, M.: Gezogen von Gottes Liebe (Joh 6,44f.). Beobachtungen zur Überlieferung eines johanneischen »Herrenwortes«, in: BACKHAUS, K. / UNTERGASSMAIR, F. G. (Hg.): Schrift und Tradition (FS J. Ernst), Paderborn 1996, 315–342.

THEOBALD, M.: Der Jünger, den Jesus liebte. Beobachtungen zum narrativen Konzept der johanneischen Redaktion, in: CANCIK, H. / LICHTENBERGER, H. / SCHÄFER, P. (Hg.): Geschichte – Tradition – Reflexion III. Frühes Christentum [hg. v. H. LICHTENBERGER] (FS M. HENGEL), Tübingen 1996, 219–256.

THÜSING, W.: Die johanneische Theologie als Verkündigung der Größe Gottes, in: DERS.: Studien zur neutestamentlichen Theologie [hg. v. T. SÖDING] (WUNT 82), Tübingen 1995, 124–134.

THÜSING, W.: Die Bitten des johanneischen Jesus in dem Gebet Joh 17 und die Intentionen Jesu von Nazaret, in: DERS.: Studien zur neutestamentlichen Theologie [hg. v. T. SÖDING] (WUNT 82), Tübingen 1995, 265–294.

TOBLER, E.: Vom Mißverstehen zum Glauben. Ein theologisch-literarischer Versuch zum vierten Evangelium und zu Zeugnissen seiner Wirkung (EHS.T 395), Bern / Frankfurt/Main / New York / Paris 1990.

TRUMBOWER, J. A.: Born from Above. The Anthropology of the Gospel of John (HUT 29), Tübingen 1992.

WEDER, H.: Die Asymmetrie des Rettenden. Überlegungen zu Joh 3,14–21 im Rahmen johanneischer Theologie, in: DERS.: Einblicke ins Evangelium. Exegetische Beiträge zur neutestamentlichen Hermeneutik. Gesammelte Aufsätze aus den Jahren 1980–1991, 435–465.

ZUMSTEIN, J.: Der Prozeß der Relecture in der johanneischen Literatur, in: NTS 42 (1996), 394–411.

ZUMSTEIN, J.: Zur Geschichte des johanneischen Christentums, in: ThLZ 122 (1997), 417–428.

Verzeichnis der Bibelstellen